# 梦溪笔谈全译

全本·精译

[宋]沈括 著
金良年 胡小静 译

上海古籍出版社

图书在版编目(CIP)数据

梦溪笔谈全译 / (宋)沈括著; 金良年, 胡小静译
—上海: 上海古籍出版社, 2013.6 (2017.1 重印)
ISBN 978-7-5325-6834-5

Ⅰ.①梦… Ⅱ.①沈… ②金… ③胡… Ⅲ.①笔记—中国—北宋 ②《梦溪笔谈》—译文 Ⅳ.①Z429.441

中国版本图书馆CIP数据核字(2013)第102040号

梦溪笔谈全译
[宋]沈括 著
金良年 胡小静 译
上海世纪出版股份有限公司
上 海 古 籍 出 版 社 出版
(上海瑞金二路272号 邮政编码200020)
(1) 网址:www.guji.com.cn
(2) E-mail:guji1@guji.com.cn
(3) 易文网网址:www.ewen.co
上海世纪出版股份有限公司发行中心发行经销
启东市人民印刷有限公司印刷
开本 889×1194 1/20 印张17.2 插页2 字数350,000
2013年6月第1版 2017年1月第6次印刷
印数:12,501—15,600
ISBN 978-7-5325-6834-5
G·576 定价: 36.00 元
如有质量问题,请与承印厂联系

# 前　言

胡道静

当今社会上流行着这么一句话："好人是座桥。"由这么五个常见汉字组合的朴实无华的句子，其蕴意乃是十分丰富的。听到这一颇含哲理的话语，我首先想到的是那些将人类的发现、发明及才智传递给世人的英才。正是由于他们的努力、他们的工作、他们的奋斗，才使得他们的智慧结晶化为无数座各式各样的桥梁，帮助人们与自然界沟通，与古今中外对话，以求得对世界的认识，对资源的开发，对未来的展望。可见英才属"好人"之列，他们架设的是沟通心灵的"桥梁"。如果我的上述想法不偏离"好人是座桥"的价值判断，那么，我在此则要向大家推崇的好人就是出现在中国11世纪的一位英才——沈括，而他在人世间架设的桥梁，一座为世人瞩目的桥梁便是《梦溪笔谈》。

九百年前的今天，我国宋代一位杰出的政治家、科学家，一位伟大的爱国主义学者沈括（1031-1095）在润州（今江苏镇江）梦溪园黯然逝世，值得告慰的是，他晚年在梦溪园以笔砚为伴，"所录唯山间木荫率意谈噱"而集成的《梦溪笔谈》，将他毕生对于祖国的文学、艺术、科学、技术和历史、考古等研究心得告白于人世，其中好些重要的创见，至今为举世学人称道不衰，正因为此，英国著名的科学史专家李约瑟（Dr.Joseph Needham, 1900-1995）以敬佩的口吻称沈括是"中国科学史上最奇特的人物"，而沈括的著述《梦溪笔谈》则可作为"中国科学史上的坐标"，我国勤劳智慧的祖先在认识世界和改造世界上所作出的不可掩抑的光芒，也由此书的记载得到举世的认可，而《梦溪笔谈》也成为我们极其宝贵的文化遗产之一。

对于这本宋人的笔记，我在家父胡怀琛的指导下，曾于十数岁时，便已爱不释手，在近七十年的岁月中，时时与它作伴，并已撰述《梦溪笔谈校证》（1955年中华书局出版）、《新校证梦溪笔谈》（1957年上海古籍编辑所出版），时下正在着手《梦溪笔谈补证》的工作。就我个人的理解，这部笔记特别值得引人注意的，则是沈括在《梦溪笔谈》中的记述，在于他平时对周围事物的细心观察，而观察的视线不是出于汉代学者强调的"经"，而是"物"，是现实生活中随处可见的"物"，这种研究的意识，使得他能切实地将那个时代我国劳动人民在工艺、工程上的杰出发明记录下来。如制造铜镜的技术，早在我国春秋时代就相当发达了，当时墨家著述《墨经》就有关于凸面镜成像的论述了。《梦溪笔谈》中则详细写下了镜面曲度与成像大小的关系："古人铸鉴，鉴大则平，鉴小则凸。凡鉴洼则照人面大，凸则照人面小。"（见第327条）再者对于非常微小的地磁偏角，沈括是这样写的："方家以磁石磨针锋则能指南，然常微偏东，不全南也。"（见第437条）这一记载，比之哥伦布在1492年航海时的发现要早400年。又如关于石油的开采及用途，我国劳动人民早在汉代就已知道使用。沈括却能对当时延州一带百姓采集利用石油的情况作出不同一般人的考察："鄜延境内有石油，旧说高奴县出脂水即此也。生于水际沙石，与泉水相杂，惘惘而出，土人以雉尾裛之，乃采入缶中，颇似淳漆，燃之如麻，但烟甚浓，所沾幄幕皆黑。"并由此断言石油及其制品，"后必大行于世"（见第421条）。正是沈括这样注重对"物"的细心观察，不仅让后人了解了事物的本质表象，启开了人们穷究事物的心扉，也在不少方面向全人类揭示了中华文明在世界文明史上的价值。

对于事物的细心观察，且能加以记载，这当然是治学的重要环节，如果仅仅停留在这点上，那么对事物的认识就有很大的片面性。尤其是自然科学现象，只有经过反复核验，才能由表象揭示出事物的本质，才能在认识上有所突破，而不囿于古人的定见。沈括的《梦溪笔谈》中就有不少求真务实的核验。如对于日蚀和月蚀，我国古代已有惊人的发现和研究。就眼下所得资料，早在公元前13世纪的甲骨文和公元前8–9世纪的钟鼎文中都有不少有关记载。到了公元前104年汉朝颁行了《太初历》，公元237年魏国颁行了《景初历》，以后又有隋朝的《皇极历》、唐朝的《大衍历》等等。沈括则进一步核验："日月之行，月一合一对而有蚀、不蚀，何也？"（见第131条）他的回答则是对黄道和白道的关系作出形象而直观的比喻，又系统地阐述了日月交蚀发生的条件及日蚀月蚀初亏和复圆的方位，精确地指出黄白道交点每月沿黄道由东向西移动1度多（现在天文学计算是1° 5′），达到了那个时代最高的科学水平。又如，汉朝以前都认为北极星在天空的正中，所以称它为"极星"。沈括在《梦溪笔谈》127条则详述了自己接受诏令主管司天监后，多方考察星象和历法，然后知道北天极是在离极星3度多的地方，并把黄昏、半夜、拂晓时亲自核验的情况分别画成图，一共画成200余幅，才否定了前人的误说，足见沈括的记载之所以有科学性，是他注重核验这一实践后取得的真知和创见。难怪明代学者沈儆炌在刊刻《梦溪笔谈》所作的跋中指出："《笔谈》上稽朝典，下逮方言，神怪人理，鸟兽草木，搜奇抉秘，罗列星分，沨沨乎博而综，该而典，核而不诡，精实而可考镜。"

再从另外一个角度来认识沈括对此类"物"的记载，我们不难发现，他把当时认为是“卑贱者”的“布衣”作为中国科学技术的人才加以发扬光大。如在我国11世纪40年代创制了活板印刷技术的毕昇，今人之所以能如此详尽地知道这门技术的来龙去脉，并使“布衣”毕昇获得了此项发明的专利权的，就是取自《梦溪笔谈》第307条的唯一记载。他如10世纪末到11世纪初为人们口碑传颂的一位“匠师”喻皓，曾总结了我国历来木构建筑工作的经验，但在那个社会里，竟已失传，是沈括在《笔谈》中做了一个又一个摘要（见第299、312条），才使今人见到劳动人民在此技术上的一鳞半爪。在11世纪40年代，黄河在商胡（今河南濮阳县东）决口，洪流滔滔，大官郭申锡督导的河工无法填补决口，是当时的一位默无声息的工人高超提出了三节分压工作法才遏制住这场危害人民的自然灾祸。照说这样一件大事，是该大书特书的，然而在“高文典册”的正史中，一点痕迹也没记下，而是沈括在《笔谈》中以赞扬的态度记述了下来（见第207条），使我们在900年后的今天，还是抱着钦敬的态度来怀念这位历史上治河工人中的模范。类似这样的记述，在《笔谈》中还有好些，就不一一例举了。

总之，沈括是那样地好学深思，加之他仔细观察事物，求真务实的核验，并能忠实地将这些现象和心得记录下来，并不就停留在感性认识阶段，而是精确的辨认现象，通过分析、研究和思索其内在、外在的联系，进而提高到理性认识的阶段，使得我们能清楚地认识到我国学者在科学知识方面曾提出过极其光辉的见解。如有关光线穿过小孔与焦点形成“光束”的光学理论（见第44条），有关由海滨的介壳和淤泥论断河流的浸蚀和沉积作用，并据古生物的遗迹推断海陆变迁的成因（见第430条），从地下发现的竹林化石，指出延州“旷古以前，地卑气湿而宜竹”的气候变迁情况（见第373条）等等，特别是关于浙江雁荡山地面被流水侵蚀，挖切成为山岭的理论（见第433条），在地形学上宣布了这个基本原理比英国科学家郝登（James Hutton）早了600年。在数学、化学、药物学等方面，沈括同样是下了很大的苦功将有关观察和心得记录了下来，给后人的研究和再发现以重大的启迪。

如果我们把《梦溪笔谈》仅仅局限为一部自然科学著作，则是片面的，因为全书（有《梦溪笔谈》、《续笔谈》、《补笔谈》三部分）共有记述609条，其中自然科学方面的内容13类、189条，而人文科学方面的内容18类、420条。可见，自然科学的内容只占全书的三分之一弱。不过．正是由于这三分之一的记述，显现了我国人民在11世纪中叶以前的智慧和才能，也反映了沈括的才智，这是其他一些著述，不管是同时代的，抑或是以后的，所不见或少见的，所以引起了世界的注目。1847年，法国学者斯丹斯拉斯·茹莲（Stanislas Julien）就在巴黎出版的《亚洲杂志》（Journal Asiatique）第2卷上发表了一篇研究活字印刷术起源的文章，用法文翻译了《笔谈》中的有关记述。1915年，意大利汉学家瓦萨（G.Vacca）在《中国笔记》中着重评介了《梦溪笔谈》。1923年，德国柏林国家图书馆中文部主任霍勒博士（Dr.Herman Hulle）写了一本《古老的中国活字印刷术及其在远东地带的发展》，其中用德文翻译了《笔谈》中的有关记述。此后，美国学者汤·弗·卡特（Tomas Francis Carter）、日本著名数学家三上义夫，以至英国著名科学史专家李约瑟博士，都对《梦溪笔谈》做了概括而十分恰当的评述。日本学界更是看重此书，自1968年就组织人马准备全译《梦溪笔谈》，至1981年分为3册正式出版。

今天，我国学术界对沈括和《梦溪笔谈》的注重和研究也是前所未有的。这样一部博大精深的著述，在今天改革开放的年代更受到重视，足以证明"科学技术是第一生产力"的论断其影响是巨大的。当然，由于时代的局限，沈括的著述中还有不可避免的糟粕存在，特别要指出的是他的"宿命论"思想是相当浓厚的。《梦溪笔谈》中第二十卷"神奇"、第二十一卷"异事"，大部分被神秘主义色彩所笼罩，我们应当加以必要的扬弃。

沈括晚年隐居梦溪园，曾作过一首《游花山寺》的诗，其中有这样两句："嗟我有身无处用，强携尊酒入峥嵘。"由此，我们会发现沈括的"深居绝过从"（《梦溪笔谈》自序），是迫不得已的，然而他并不因此而消沉，而是通过自己对周围一切的回忆、发现、探索、认识，做着更有意义的工作，恰如退而吐丝结茧的春蚕一样。正是这样一位英才、一个好人，不仅是九百年后的今天我们要缅怀他，还有一千年、甚至更久远的年代我们同样要缅怀他，因为他为我们留下了一部弥足珍贵的《梦溪笔谈》——一座认识过去，改造今天，开发未来的桥梁。

《梦溪笔谈全译》书中各篇的标题为译注者所加，卷九至卷二十三，以及《补笔谈》的部分（第552条－第571条、第599条－第609条）由胡小静执笔，卷一至卷八、卷二十四至卷二十六，以及《补笔谈》的部分（第508条－第551条、第572条－第598条）则由金良年先生执笔，在他们的工作中曾参考了不少国内外已出版的有关《梦溪笔谈》的译注著述，限于篇幅，不一一开列，但在此表示衷心的谢意。

我亦知道，对于《梦溪笔谈》的译注工作，尽管搞了六十多年，但仍有不尽人意之处。我想眼下还在进行的《梦溪笔谈补证》不能辍止，就算对自己的鞭策吧。总之，我希望将《梦溪笔谈》这一中国，乃至世界的科技名著完善地介绍给世人，让其真正成为沟通中西科技文化的桥梁。

1995年12月

写于沈括诞生九百周年之际

# 目 录

梦溪笔谈卷四

辩证二



梦溪笔谈卷五

乐律一



梦溪笔谈卷六

乐律二

## 梦溪笔谈卷七

### 象数一



## 梦溪笔谈卷八

### 象数二



## 梦溪笔谈卷九

### 人事一

## 梦溪笔谈卷十

### 人事二



## 梦溪笔谈卷十一

### 官政一



## 梦溪笔谈卷十二

### 官政二



## 梦溪笔谈卷十三

### 权 智

## 梦溪笔谈卷十四

### 艺文一



## 梦溪笔谈卷十五

### 艺文二



## 梦溪笔谈卷十六

### 艺文三



## 梦溪笔谈卷十七

### 书画

## 梦溪笔谈卷十八

### 技 艺



## 梦溪笔谈卷十九

### 器 用



## 梦溪笔谈卷二十

### 神 奇

## 梦溪笔谈卷二十一

### 异　事异疾附



## 梦溪笔谈卷二十二

### 谬　误谲诈附



## 梦溪笔谈卷二十三

### 讥　谑谬误附

## 梦溪笔谈卷二十四

### 杂志一



## 梦溪笔谈卷二十五

### 杂志二



## 梦溪笔谈卷二十六

### 药 议

## 补笔谈卷一

### 故 事



### 辩 证



### 乐 律



## 补笔谈卷二

### 象 数

官 政



权 智



艺 文



器 用



## 补笔谈卷三

异 事



杂 志



药 议



## 续笔谈

# 梦溪笔谈卷一

## 故事一

### 1. 亲郊庙次序

上亲郊，郊、庙册文皆曰“恭荐岁事”。先景灵宫，谓之“朝献”；次太庙，谓之“朝飨”；末乃有事于南郊。予集《郊式》时曾预讨论，常疑其次序，若先为尊则郊不应在庙后，若后为尊则景灵宫不应在太庙之先。求其所从来，盖有所因。按唐故事，凡有事于上帝则百神皆预，遣使祭告，唯太清宫、太庙则皇帝亲行，其册、祝皆曰“取某月某日有事于某所，不敢不告”。宫、庙谓之“奏告”，余皆谓之“祭告”，唯有事于南郊方为正祠。至天宝九载乃下诏曰：“告者，上告下之词。今后太清宫宜称‘朝献’，太庙称‘朝飨’。”自此遂失“奏告”之名，册文皆为正祠。

【译文】皇上亲亲郊，郊、庙祝的册文都称“恭荐岁事”。先享景灵宫，称为“朝献”；接着享太庙，称为“朝飨”；最后才祀上帝于南郊。我编修《南郊式》时曾经参予讨论，常怀疑它的次序，如果先享者为尊则南郊不应排在太庙后面，假如后享者为尊则景灵宫不应排在太庙前面。寻求它的由来，是有原因的。根据唐代成例，凡祭享上帝则各种神灵都附带祭祀，派遣使者祭告，只有太清宫和太庙是皇帝亲自去，册、祝文都称“取某月某日有事于某所，不敢不告”。太清宫、太庙称为“奏告”，其他都称“祭告”，只有祀南郊才属于正祠。到天宝九载皇帝下诏说：“告是上对下言事之词。今后享太清宫应称‘朝献’，祀太庙应称‘朝飨’。”从此就取消了“奏告”的称谓，册文都和正祠一样了。

### 2. 驾头扇筤

正衙法座香木为之，加金饰，四足，堕角，其前小偃，织藤冒之。每车驾出幸，则使老内臣马上抱之，曰“驾头”。辇后曲盖谓之“筤”，两扇夹之，通谓之

“扇筤”，皆绣，亦有销金者，即古之华盖也。

【译文】正衙的法座以香木制作，外表加金饰，四条腿，圆角，前面稍许凹进，织藤作为座面。每当皇上出行，让年纪大的宦官在马上抱着，叫做“驾头”。座车后的曲盖称为“筤”，左右两扇相夹，通称为“扇筤”，都绣花纹，也有饰绣金线的，这就是古代的华盖。

### 3. 唐翰林院

唐翰林院在禁中，乃人主燕居之所，玉堂、承明、金銮殿皆在其间。应供奉之人，自学士已下，工伎群官司隶籍其间者皆称“翰林”，如今之翰林医官、翰林待诏之类是也，唯翰林茶酒司止称“翰林司”，盖相承阙文。

【译文】唐代的翰林院设在禁苑里，是皇帝休息的地方，学士院、集贤书院和金銮殿都在它的附近。在那里供职的人，从学士以下，工匠、艺人以及各个机构归属翰林院的官员都称“翰林”，如同现在的翰林医官、翰林待诏之类一般。唯独翰林茶酒司只称“翰林司”，大概是沿袭中略去的。

### 4. 学士院故事

唐制，自宰相而下，初命皆无宣召之礼，惟学士宣召。盖学士院在禁中，非内臣宣召无因得入，故院门别设复门，亦以其通禁庭也。又学士院北扉者，为其在浴堂之南，便于应召。今学士初拜自东华门入，至左承天门下马，待诏、院吏自左承天门双引至閤门，此亦用唐故事也。唐宣召学士自东门入者，彼时学士院在西掖，故自翰林院东门赴召，非若今之东华门也。至如挽铃故事，亦缘其在禁中，虽学士、院吏亦止于玉堂门外，则其严密可知。如今学士院在外，与诸司无异，亦设铃索，悉皆文具故事而已。

【译文】唐代的制度，从宰相以下，初次任命都没有召见的礼节，只有学士受召见。大概是学士院在禁苑中，不是内官传令召见就不能进入，所以院门之外另设门户，也因为它要与内廷相通的缘故。学士院有北门，是因为它在浴堂殿南侧，便于应承皇帝的命令。现在学士初次任命从东华门进入，到左承天门下马，由待诏和院吏从左承天门双双迎接到閤门，这也是袭用唐代成例。唐代召见学士从东门进入，因为那时学士院在宫廷的西部，所以从翰林院东门去见皇帝，和现在的东华门不一样。至于拉门铃的成例，也因为它在禁苑中，即使是学士院的办事人员也止步于玉堂门外，其管理之严密可想而知。现在的学士院在禁苑之外，和其他机关没有两样，也设有拉铃的绳索，全都是为了成例才设置的。

## 5. 玉堂

学士院玉堂，太宗皇帝曾亲幸，至今唯学士上日许正坐，他日皆不敢独坐。故事，堂中设视草台，每草制则具衣冠据台而坐。今不复如此，但存空台而已。玉堂东承旨阁子窗格上有火燃处，太宗尝夜幸玉堂，时苏易简为学士，已寝遽起，无烛具衣冠，宫嫔自窗格引烛入照之。至今不欲更易，以为玉堂一盛事。

【译文】学士院的玉堂，太宗皇帝曾亲自到过，到现在只有学士们在每月初一才允许到厅上就坐，其他的日子都不敢单独去坐。按成例，玉堂中设有视草台，每当代皇帝起草命令时便穿上官服坐在台上。现在不再这样了，仅剩下空台而已。玉堂东侧承旨阁子窗框上有火燎的痕迹，太宗皇帝曾晚上来到玉堂，当时苏易简是学士，已经就寝而匆忙起身，没有灯烛穿戴衣冠，宫女就从窗格间伸进灯烛照明。到现在不打算换去这个窗框，把它视为玉堂的一大盛事。

## 6. 东西头供奉官

东、西头供奉官本唐从官之名。自永徽以后，人主多居大明宫，别置从官，谓之“东头供奉官”，西内具员不废，则谓之“西头供奉官”。

【译文】东、西头供奉官本是唐代属官的名称。自从永徽以后，唐代皇帝多居住在大明宫，另外设置属官，称为“东头供奉官”，大内原有属官不撤消，则称为“西头供奉官”。

## 7. 供奉班序

唐制，两省供奉官东西对立，谓之“蛾眉班”。国初，供奉班于百官前横列。王溥罢相为东宫，一品班在供奉班之后，遂令供奉班依旧分立。庆历中，贾安公为中丞，以东西班对拜为非礼，复令横行。至今初叙班分立，百官班定乃转班横行，参罢复分立，百官班退乃出，参用旧制也。

【译文】唐代的制度，中书、门下两省官员在朝会上分东西对立，称为“蛾眉班”。本朝初年，供奉班在百官之前横列。王溥罢相任东宫官，由于他所在的一品班排在供奉班之后，皇上便命令供奉班按过去那样东西分列。庆历年间，贾昌朝任御史中丞，认为东西班对揖不合礼仪，又下令改为横列。现在供奉班在初叙班时分东西排列，百官重新排班时改为横列，奏事之后再分东西排列，百官分班退出之后才出殿，是参酌采用了过去的制度。

## 8. 衣冠故事

衣冠故事多无著令，但相承为例。如学士舍人蹑履见丞相、往还用平状、扣阶乘马之类，皆用故事也。近岁多用靴简。章子厚为学士日，因事论列，今则遂为著令矣。

【译文】翰林学士的日常礼仪大多没有正式条令，仅仅沿袭以前的做法作为成例。例如学士穿鞋见宰相、与中书省来往公文用平行文书、骑马进入宫门之类，都是沿用成例。近年学士见宰相多穿靴执笏。章惇当学士时，趁见宰相的机会议论过这些做法，于是现在就定出了正式的条令。

## 9. 衣冠用胡服

中国衣冠，自北齐以来乃全用胡服。窄袖绯绿短衣、长靿靴，有蹀躞带，皆胡服也。窄袖利于驰射，短衣、长靿皆便于涉草。胡人乐茂草，常寝处其间，予使北时皆见之，虽王庭亦在深荐中。予至胡庭日，新雨过，涉草衣袴皆濡，唯胡人都无所沾。带衣所垂蹀躞，盖欲佩带弓剑、帉帨、算囊、刀砺之类，自后虽去蹀躞而犹存其环，环所以衔蹀躞，如马之鞦根，即今之带銙也。天子必以十三环为节，唐武德、贞观时犹尔，开元之后虽仍旧俗，而稍褒博矣，然带钩尚穿带本为孔，本朝加顺折，茂人文也。

【译文】中国的官员冠服，从北齐以来全都采用少数民族的服式。像小袖口绯绿色短衣服、长皮靴，有蹀躞的带子，都是少数民族的服式。小袖口便于骑马射箭，短衣、长靴都便于走草地。少数民族人喜欢茂盛的青草，经常坐卧起居其中，我出使辽国时都曾见到过，即使是王庭也在深草丛中。我到达王庭那一天，刚下过雨，走草地时衣裤都沾湿了，只有那些契丹人一点都没有弄湿。衣带上所挂的蹀躞，大概是用于佩带刀剑、弓箭、手巾、算囊、打火石之类东西的，后来虽去掉了蹀躞却留下了那些挂环，环是用来连接蹀躞的，就好像马具上的鞦带，就是现在的带銙。皇帝必须饰有十三块带銙，唐武德、贞观年间仍是这样，开元之后虽然沿袭旧俗，但衣、带都稍为宽大了，不过带钩仍然钩在带身的孔中，本朝有所沿袭也有所改革，以繁荣礼教文化。

## 10. 幞头

幞头一谓之“四脚”，乃四带也，二带系脑后垂之，二带反系头上，令曲折附顶，故亦谓之“折上巾”。唐制，唯人主得用硬脚，晚唐方镇擅命，始僭用硬脚。本朝幞头有直脚、局脚、交脚、朝天、顺风，凡五等，唯直脚贵贱通服之。又庶人所戴头巾，唐人亦谓之“四脚”，盖两脚系脑后，两脚系颔下，取其服劳不脱也，无事则反系于顶上。今人不复系颔下，两带遂为虚设。

【译文】幞头又称为“四脚”，因为有四根带子，其中两根在脑后打结垂下，另两根翻系头上，使之顺着头形附在顶上，所以也称为“折上巾”。唐代的制度，只有皇帝才能用硬脚幞头，唐末地方割据，才越级使用硬脚幞头。本朝的幞头有直脚、局脚、交脚、朝天、顺风，共五种，只有直脚幞头不论贵贱都能使用。平民百姓所戴的头巾，唐代人也称为“四脚”，是两根带子系在脑后，两根带子系在颌下，为了戴着做事不会脱落，休闲时就把它们翻系到头顶上。现在的人不再系在颌下，这两条带子就成为虚设了。

## 11. 堂帖

唐中书指挥事谓之“堂帖”。予曾见唐人堂帖，宰相签押，格如今之堂札子也。

【译文】唐代中书省处理公务的文书称为“堂帖”，我曾见过唐人的堂帖，由宰相签署花押，格式类似现在的堂札子。

## 12. 宣头

予及史馆检讨时，议枢密院札子问宣头所起。余按唐故事，中书舍人职掌诰诏，皆写二本，一本为底、一本为宣，此“宣”谓行出耳，未以名书也。晚唐枢密使自禁中受旨出付中书，即谓之“宣”。中书承受，录之于籍，谓之“宣底”。今史馆中尚有故宣底二卷，如今之圣语簿也。梁朝初置崇政院，专行密命，至后唐庄宗复枢密使，使郭崇韬、安重诲为之，始分领政事，不关由中书直行下者谓之“宣”，如中书之敕，小事则发头子、拟堂帖也。至今枢密院用宣及头子。本朝枢密院亦用札子，但中书札子宰相押字在上、次相及参政以次向下，枢密院札子枢长押字在下、副贰以次向上，以此为别，头子唯给驿马之类用之。

【译文】我担任史馆检讨时，曾参与讨论枢密院询问宣头由来的札子。我查考唐代成例，中书舍人负责起草诏令文书，都缮写二份，一份是底、一份是宣，这个“宣”是颁发出去的意思，还没有作为文书的名称。唐代后期枢密使在宫中领受诏令交付中书省，便称为“宣”。中书省接受之后，登录在案，称为“宣底”。现在史馆中还有后梁的宣底二册，类似现在记载皇帝指示的簿册。后梁朝设置崇政院，专门下达皇帝的机密指示，后唐庄宗时恢复枢密使，由郭崇韬、安重诲担任，才负责部分政务，凡不经过中书省直接下达的命令称为“宣”，如同中书省的敕，小事情则发头子、拟写堂帖。这就是现在枢密院所用的宣和头子。本朝枢密院也用札子，但中书省的札子宰相的花押在上、次相以及参知政事依次往下签押，枢密院的札子长官的花押在下、副长官及属官依次往上签押，以此作为区别，头子只有在派给驿马之类的事情上使用。

## 13. 引见仪制

百官于中书见宰相，九卿而下，即省吏高声唱一声“屈”，则趋而入。宰相揖及进茶皆抗声赞唱，谓之“屈揖”。待制以上见则言“请某官”，更不屈揖，临退仍进汤。皆于席南横设百官之位，升朝则坐，京官已下皆立。后殿引臣僚，则待制已上宣名拜舞，庶官但赞拜，不宣名、不舞蹈。中书略贵者，示与之抗也；上前则略微者，杀礼也。

【译文】百官在政事堂见宰相，四品以下的官员，由办事人员高声传呼一声“屈”，就快步进入。宰相行礼和上茶时办事人员都高声传呼，称为“屈揖”。四品以上的官员见宰相则称“请某官”，不行屈揖礼，将退出时才上茶。百官的位子都横设在宰相座次之南，宰相上朝有坐位，而一品以下的官员都站着。皇帝在后殿召见官员，四品官以上要自报姓名、跪拜舞蹈，其他的官员则仅仅跪拜，不报姓名、不舞蹈。在中书省省略官品高的礼节，是表示他们与宰相对等；在皇帝面前省略官品低的礼节，是降低礼仪等级。

## 14. 笼门谢

唐制，丞郎拜官即笼门谢。今三司副使已上拜官则拜舞于子阶上，百官拜于阶下而不舞蹈，此亦笼门故事也。

【译文】唐代制度，被授予丞、郎官职的聚集殿门谢恩。现今被授予三司副使以上官职的在子阶上跪拜、舞蹈，除此以外则在阶下跪拜而不舞蹈，这也是聚集殿门的成例。

## 15. 槐厅

学士院第三厅学士閤子当前有一巨槐，素号“槐厅”。旧传居此閤者多至入相，学士争槐厅，至有抵彻前人行李而强据之者，余为学士时目观此事。

【译文】学士院第三厅学士閤子正前方有一棵大槐树，向来称为“槐厅”。过去传说住在这个閤里的人大多会升为宰相，学士们都争住槐厅，甚至有人搬去先进入者的行李而强行占据，我当学士时曾亲眼见过这样的事。

## 16. 带坠

谏议班在知制诰上，若带待制则在知制诰下，从职也，戏语谓之“带坠”。

【译文】谏议的班次在知制诰之上，如果带待制衔则排在知制诰之下，因为这个职务所致，被戏称为“带坠”。

## 17. 三馆职事称学士

《集贤院记》：开元故事，校书官许称学士。今三馆职事皆称学士，用开元故事也。

【译文】据《集贤院记》载：开元成例，校书官可以称学士。现在三馆职事官都称学士，是采用开元成例。

## 18. 雌黄改字

馆阁新书净本有误书处，以雌黄涂之。尝校改字之法，刮洗则伤纸，纸贴之又易脱，粉涂则字不没，涂数遍方能漫灭，唯雌黄一漫则灭，仍久而不脱。古人谓之"铅黄"，盖用之有素矣。

【译文】馆阁新抄写的誊清本有写错的地方，用雌黄来涂抹。我曾经比较过改字的方法，刮洗会损坏纸张，用纸粘贴又容易脱落，用胡粉涂抹则字迹不容易掩没，要涂好几遍才能完全遮盖，只有雌黄一涂就能掩盖字迹，而且经很长时间不脱落。古人称为"铅黄"，可见使用它已有很久了。

## 19. 五司厅

余为鄜延经略使日新一厅，谓之"五司厅"。延州正厅乃都督厅，治延州事；五司厅治鄜延路军事，如唐之使院也。五司者，经略、安抚、总管、节度、观察也。唐制，方镇皆带节度、观察、处置三使。今节度之职多归总管司，观察归安抚司，处置归经略司，其节度、观察两案并支掌推官、判官，今皆治州事而已。经略、安抚司不置佐官，以帅权不可更不专也。都总管、副总管、钤辖、都监同签书，而皆受经略使节制。

【译文】我任鄜延路经略安抚使时新设置一个办公场所，称为"五司厅"。延州衙门的办公处是地方官署，处理延州的政事；五司厅负责鄜延路的军事，就好像唐代的节度使官署。所谓五司，是指经略、安抚、总管、节度、观察使署。唐代成例，地方军政长官都兼节度、观察、处置三使。现在节度使的职掌多归总管司，观察使的职掌归安抚司，处置使的职掌归经略司，而节度、观察这两个司及下属的办事人员，现在都只处理州的政务而已。经略、安抚司不设置助理官员，是因为其长官的职权必须专一。都总管、副总管、钤辖、都监以及签书判官厅公事等官员，都受经略安抚使管辖。

## 20. 银台司

银台司兼门下封驳，乃给事中之职，当隶门下省，故事乃隶枢密院。下寺监皆行札子，寺监具申状，虽三司亦言"上银台"。主判不以官品，初冬独赐翠毛锦袍，学士以上自从本品，行案用枢密院杂司人吏，主判食枢密厨，盖枢密院子司也。

【译文】银台司所兼管的门下封驳之责，乃是给事中的职责，应当隶属门下省，而相沿成例则隶属枢密院。它行文到寺、监都用札子，而寺、监向它行文则用申状，即使是三司也称"上银台"。主管官员不管是什么官品，初冬特别赐给翠毛锦袍，若学士以上官员任主管则赐服根据其本身官品，其办理公务用枢密院非主要机构的办事人员，主管官员按枢密院的级别发给伙食补贴，实际上是枢密院的下属机关。

## 21. 勘箭

大驾卤簿中有勘箭，如古之勘契也，其牡谓之"雄牡箭"，牝谓之"辟仗箭"。本胡法也，熙宁中罢之。

【译文】皇帝仪仗中有勘箭，类似古代的勘契，插入的称为"雄牡箭"，被插入其中的称为"辟仗箭"。这本是少数民族的做法，熙宁年间被撤除。

## 22. 馆阁藏书

前世藏书分隶数处，盖防水火散亡也。今三馆、秘阁凡四处藏书，然同在崇文院，其间官书多为人盗窃，士大夫家往往得之。嘉祐中置编校官八员，杂雠四馆书，给吏百人，悉以黄纸为大册写之，自此私家不敢辄藏。校雠累年，仅能终昭文一馆之书而罢。

【译文】前代藏书分别存放在几个地方，是防止水火灾害和散失亡佚。现在三馆和秘阁虽分四个地方藏书，但都在崇文院，这里面的官书多被人盗窃，士大夫家常能得到。嘉祐年间设置编校官八名，综合校雠四馆藏书，并配给抄书人员一百名，都用黄纸做成的大册子抄写，从此私人不敢随便收藏。校雠多年，仅能完成昭文馆一个馆的藏书而已。

## 23. 学士家贫

旧翰林学士地势清切，皆不兼他务。文馆职任，自校理以上皆有职钱，唯内、外制不给。杨大年久为学士，家贫请外，表辞千余言，其间两联曰："虚忝甘泉之从臣，终作若敖之馁鬼。从者之病莫兴，方朔之饥欲死。"

【译文】过去翰林学士职位清贵而接近皇帝，都不兼其他职务。三馆和秘阁的职务，校理以上都有职钱，唯独内、外制没有。杨亿任学士多年。家中贫困而要求改任外官，写了近千言的辞职报告，其中有两句说："虚担了甘泉从臣的名声，免不了若敖饿鬼的下场。孔子的随从饿得爬不起身，武帝的东方朔穷得难以度日。”

## 24. 学士院敕设不用女优

京师百官上日，唯翰林学士敕设用乐，他虽宰相亦无此礼，优伶并开封府点集。陈和叔除学士，时和叔知开封府，遂不用女优。学士院敕设不用女优，自和叔始。

【译文】每逢上日，京城百官中只有翰林学士的敕设有伴乐，其他即使是宰相也没有这样的礼仪，陪酒的歌伎都由开封府召派。陈绎任翰林学士，当时已兼任开封府知府，便不用歌伎。翰林学士院的敕设不用歌伎陪酒，从陈绎那时开始。

## 25. 礼部试士

礼部贡院试进士日，设香案于阶前，主司与举人对拜，此唐故事也。所坐设位供张甚盛，有司具茶汤饮浆。至试学究，则悉彻帐幕毡席之类，亦无茶汤，渴则饮砚水，人人皆黔其吻。非故欲困之，乃防毡幕及供应人私传所试经义，盖尝有败者，故事为之防。欧文忠有诗：“焚香礼进士，彻幕待经生。”以为礼数重轻如此，其实自有谓也。

【译文】礼部在贡院进行进士科考试那天，在台阶前设置香炉和案桌，主持考试的官员与考生相对作揖，这是唐代成例。考生坐位的布置与陈设极为隆盛，有关部门还准备了茶水饮料。到了进行学究科考试时，则把帐幕和毡垫、坐席之类都撤掉了，也不供茶水，考生口干就喝用来研墨的水，人人都弄黑了嘴唇。这并不是故意为难他们，而是防止设置毡幕和供应茶水的人员暗中传递考试答案，这种事情曾经被查出来过，所以就这样来预防。欧阳修有诗句说：“焚着香礼迎进士，撤去幕帐待经生。”认为两者礼仪轻重悬殊，其实是自有其道理的。

## 26. 御试许详定官别立等

嘉祐中进士奏名讫，未御试，京师妄传王俊民为状元，不知言之所起，人亦莫知俊民为何人。及御试，王荆公时为知制诰，与天章阁待制杨乐道二人为详定官。旧制，御试举人，设初考官先定等第，复封弥之以送复考官再定等第，乃付详定官，发初考官所定等以对复考之等，如同即已，不同则详其程文，当从初考或从复考为定，即不得别立等。是时王荆公以初、复考所定第一人皆未允当，于行间别取一人为状首，杨乐道守法，以为不可，议论未决。太常少卿朱从道时为封弥官，闻之谓同舍曰：“二公何用力争，从道十日前已闻王俊民为状元，事必前定，二公恨自苦耳。”既而二人各以己意进禀，而诏从荆公之请，及发封乃王俊民也。详定官得别立等自此始，遂为定制。

【译文】嘉祐年间进士科的录取名单已上报，还没有经皇上御试，京城里就谣传王俊民被取为状元，不知道消息是怎么传起来的，人们也不知道王俊民是什么人。及至皇上御试，当时王安石任知制诰，和天章阁待制杨畋二人担任详定官。按过去规定，御试由所设初考官先定名次，然后把试卷密封起来送复考官再定名次，于是移送详定官，打开密封的初考官所定名次与复考官所定名次核对，如果相同就正式确定，不同则要仔细检核考生答卷，确定应当在两者中采纳谁的方案，不能另外再立名次。当时王安石认为初考官、复考官所定的第一名都不恰当，就在录取者中另外选定一个为状元，杨畋遵守制度，认为不能这样做，两人争持不下。太常少卿朱从道当时担任封弥官，听说后对同事们说："他们二位何必费力争执，我在十天前就已听说王俊民是状元，此事必定在冥冥中早有定数，他们二位是自讨苦吃。"结果他们二人都把自己的意见禀报皇上，皇上下令采纳王安石的方案，等到打开试卷密封，状元正是王俊民。详定官能另外确定名次，由此成为制度。

## 27. 步行学士

选人不得乘马入宫门。天圣中选人为馆职，始欧阳永叔、黄鉴辈皆自左掖门下马入馆，当时谓之"步行学士"。嘉祐中于崇文院置编校局，校官皆许乘马至院门。其后中书五房置习学公事官，亦缘例乘马赴局。

【译文】选人不得骑马进入宫城门。天圣年间选人担任馆职，欧阳修、黄鉴等都在左掖门下马入馆，当时称为"步行学士"。嘉祐年间在崇文院设立编校局，编校官都允许骑马到院门口。后来中书省五房设立习学公事官，也援例骑马抵达官署。

## 28. 御前卫士

车驾行幸，前驱谓之"队"，则古之清道也。其次卫仗，卫仗者视阑入宫门法，则古之外仗也。其中谓之"禁围"，如殿中仗。天官"掌舍，无宫则供人门"，今谓之"殿门"。天武官，极天下长人之选八人，上御前殿则执钺立于紫宸门下，行幸则为禁围门，行于仗马之前。又有衡门十人、队长一人，选诸武力绝伦者为之，上御后殿则执檛东西对立于殿前，亦古之虎贲、人门之类也。

【译文】皇上出行，队伍前的前驱称为"队"，那是古代的清道。其次有卫仗，卫仗就相当不得随便进入宫门的执法，那是古代的外仗。再里面称为"禁围"，就好比是殿中的仪仗。《周礼》说，"掌舍的职责，王暂时驻留就派人守门"，现在称为"殿门"。有天武官，选天下最长的八个人，皇上在前殿上朝就执着钺站在紫宸门边，皇上出行则担任内卫之责，走在仪仗马队之前。此外又有衡门十名、队长一名，挑选武艺、膂力超群者担任，皇上在垂拱殿听政就执着挝东西对立在殿前，也就是古代虎贲、人门之类的卫士。

## 29. 后唐案检

余尝购得后唐闵帝应顺元年案检一通，乃除宰相刘昫兼判三司堂检，前有拟状云："具官刘昫。右，伏以刘昫经国才高，正君志切，方属体元之运，实资谋始之规。宜注宸衷，委司邦计，渐期富庶，永赞圣明。臣等商量，望授依前中书侍郎兼吏部尚书、同中书门下平章事，充集贤殿大学士，兼判三司，散官、勋封如故，未审可否。如蒙允许，望付翰林降制处分。谨录奏闻。"其后有制书曰："宰臣刘昫。右，可兼判三司公事，宜令中书、门下依此施行。付中书、门下。准此。四月十日。"用御前新铸之印，与今政府行遣稍异。本朝要事对禀，常事拟进入，画可然后施行，谓之"熟状"。事速不及待报，则先行下，具制草奏知，谓之"进草"。熟状白纸书，宰相押字，他执政具姓名。进草则黄纸书，宰臣、执政皆于状背押字。堂检，宰、执皆不押，唯宰属于检背书日，堂吏书名用印。此拟状有词，宰相押检不印，此其为异也。大率唐人风俗，自朝廷下至郡县决事皆有词，谓之"判"，则书判科是也。押检二人乃冯道、李愚也，状检瀛王亲笔，甚有改窜勾抹处。按《旧五代史》"应顺元年四月九日己卯，鄂王薨。庚辰，以宰相刘昫判三司"，正是十日，与此检无差。宋次道记《开元宰相奏请状》、郑畋《凤池稿草》、《拟状注制》集悉多用四六，皆宰相自草。今此拟状冯道亲笔，盖故事也。

【译文】我曾买到过一件后唐闵帝应顺元年的文书底稿，是任命宰相刘昫兼任三司使的文件，前面有报告说："具官刘昫。右，伏以刘昫经国才高，正君志切，方属体元之运，实资谋始之规。宜注宸衷，委司邦计，渐期富庶，永赞圣明。臣等商量，望授依前中书侍郎兼吏部尚书、同中书门下平章事，充集贤殿大学士，兼判三司，散官、勋封如故，未审可否。如蒙允许，望付翰林降制处分。谨录奏闻。"后面有皇帝的命令："宰臣刘昫。右，可兼判三司公事，宜令中书、门下依此施行。付中书、门下。准此。四月十日。"盖有新铸的御印，与现在的政府文书稍有不同。本朝重要的事情当面向皇帝报告，一般的事情草拟处理意见后送呈，由皇帝批示同意之后进行处理，称为"熟状"。如果事情急迫来不及办理上述手续，就先进行处理，然后起草好有关命令向皇帝报告，称为"进草"。熟状用白纸书写，宰相署押，其他有关官员列名。进草用黄纸书写，宰相和其他官员都在文书背后署押。宰相处理政务的公文底稿不署押，由下属官员在文书背后书写日期，再由办事人员写上有关官员的名字并盖印。这份报告有一段四六文辞，宰相署押而不盖印，这一点与现在不同。大体唐人的习惯，从中央到地方官署处理公务都用四六体文辞，称为“判”，就是制举中的书判拔萃科所考的内容。署押的二位官员是冯道和李愚，文书由冯道亲笔起草，其中还有修改、勾划的笔迹。据《旧五代史》记载“应顺元年四月九日己卯，鄂王薨。庚辰，以宰相刘昫判三司”，正是十日，与这份文书一致。宋敏求说，《开元宰相奏请状》、郑畋《凤池稿草》、《拟状注制》所载文书大多用四六体，都是宰相亲自起草。现在这份文书是冯道亲笔，乃是成例。

### 30. 中枢官印

旧制，中书、枢密院、三司使印并涂金。近制，三省、枢密院印用银为之，涂金，余皆铸铜而已。

【译文】过去规定，中书门下省与枢密院、三司使的官印都涂金。近年规定，中书、门下、尚书等三省与枢密院的官印用银铸造涂金，其他的官印都用铜铸造。

# 梦溪笔谈卷二

## 故事二

### 31. 三司使班序

三司使班在翰林学士之上。旧制，权使即与正同，故三司使结衔皆在官职之上。庆历中，叶道卿为权三司使，执政有欲抑道卿者，降敕时移权三司使在职下结衔，遂班翰林学士之下，至今为例。后尝有人论列，结衔虽依旧，而权三司使初除，閤门取旨间有叙学士上者，然不为定制。

【译文】三司使的班序在翰林学士之前。过去规定，权三司使与正使一样，所以它与三司使在结衔时都列在官职的最前面。庆历年间，叶清臣任权三司使，当政官员中有人想抑制叶清臣，在下达任命时把权三司使移在他的翰林学士职下结衔，于是就排班站在翰林学士之后，到现在成了惯例。后来曾有人议论过此事，结衔虽然没有改变，但刚任命为权三司使，閤门取旨时偶尔有排在学士前面的，但不定为制度。

### 32. 宗子授南班官

宗子授南班官，世传王文正太尉为宰相日始开此议，不然也。故事，宗子无迁官法，唯遇稀旷大庆，则普迁一官。景祐中，初定祖宗并配南郊，宗室欲缘大礼乞推恩，使诸王宫教授刁约草表上闻，后约见丞相王沂公，公问："前日宗室乞迁官表何人所为？"约未测其意，答以不知。归而思之，恐事穷且得罪，乃再诣相府，沂公问之如前，约愈恐，不复敢隐，遂以实对，公曰："无他，但爱其文词耳。"再三嘉奖，徐曰："已得旨，别有措置，更数日当有指挥。"自此遂有南班之授，近属自初除小将军，凡七迁则为节度使，遂为定制。诸宗子以千缣谢约，约辞不敢受。余与刁亲旧，刁尝出表稿以示余。

【译文】宗室子弟授予南班官职，人们传说是王旦太尉任宰相时开的先例，其实不是这样。按成例，宗室子弟没有迁官的具体规定，只有遇到较少见的隆重庆典，才普加一级。景祐年间，第一次决定以祖宗配祭南郊，宗室成员想借这个大典礼的机会要求皇上施加恩惠，就请王宫教授刁约起草奏章提出这件事，后来刁约见到宰相王曾，王曾问他："前几天宗室成员请求迁官的奏章是什么人起草的？"刁约猜不透他的意思，回答说不知道。回来后想想，恐怕这事查出来后受斥责，于是再到王曾府上拜访，王曾像前面那样问他，刁约更害怕，不敢再隐瞒，于是就以实情相告，王曾说："我没有别的意思，只是欣赏这份奏章的文笔而已。"并再三称赞刁约，并慢吞吞地说道："我已经得到皇上的指示，说另有安排，过几天应当会有命令。"从此便有了宗室子弟授南班官的先例，宗室近亲从开始任环卫将军，经七次提升就可当到节度使，由此定为制度。宗室子弟们送了一千匹绢酬谢刁约，刁约推辞不敢接受。我和刁约有亲戚关系，刁约事后曾把奏章底稿给我看过。

## 33. 大理法官亲节案

大理法官皆亲节案，不得使吏人。中书检正官不置吏人，每房给楷书一人录净而已。盖欲士人躬亲职事，格吏奸，兼历试人才也。

【译文】大理寺的官员都亲自断案，不准委派给办事人员。中书检正官之下不设办事人员，每房只是派给一名抄写员誊清文书而已。这是要让官员亲自处理政务，防止办事人员揽权，同时磨练、考察人才。

## 34. 赐方团球带

太宗命创方团球带赐二府文臣，其后枢密使兼侍中张耆、王贻永皆特赐，李用和、曹郡王皆以元舅赐，近岁宣徽使王君贶以耆旧特赐，皆出异数，非例也。

【译文】太宗皇帝下令创制方团毬路纹金带赐给中书、枢密两府的大臣，后来枢密使兼侍中的张耆、王贻永都出于特别赏赐，李用和、曹佾都因为是皇帝内兄而受赐，近年宣徽使王拱辰则以年老旧臣而特别赏赐，都出于特殊的礼数，不是成例。

## 35. 凉衫

近岁京师士人朝服乘马，以黪衣蒙之，谓之"凉衫"，亦古之遗法也，《仪礼》"朝服加景"是也，但不知古人制度、章色如何耳。

【译文】近年京城官员穿朝服骑马，用浅青黑色的衣衫蒙在外面，称为"凉衫"，也是古代流传下来的做法，就是《仪礼》所谓的"朝服加景"，只是不知道古代的形制、纹饰如何。

## 36. 罢草制润笔

内外制凡草制除官，自给谏、待制以上皆有润笔物。太宗时立润笔钱数，降诏刻石于舍人院，每除官则移文督之，在院官下至吏人、院驺皆分沾。元丰中改立官制，内外制皆有添给，罢润笔之物。

【译文】内外制官员凡是起草除授官职的制书，被授予给谏、待制等四品以上官职者都要给润笔钱。太宗时规定给予润笔钱的数量，下令刻碑立在中书舍人院，每逢除官便行文催讨，在院的官员下及办事人员、管车马的仆役都能分得一份。元丰年间改革官制，内外制官员都加给了薪俸，便废除了润笔钱。

## 37. 直官

唐制，官序未至而以他官权摄者为直官，如许敬宗为直记室是也。国朝学士、舍人皆置直院，熙宁中复置直舍人、学士院，但以资浅者为之，其实正官也。熙宁六年，舍人皆迁罢，阁下无人，乃以章子平权知制诰而不除直院者，以其暂摄也。古之兼官多是暂时摄领，有长兼者即同正官。余家藏海陵王墓志，谢朓文，称“兼中书侍郎”。

【译文】唐代制度，凡官品没有达到而以其他官职暂任或兼任者为直官，如许敬宗摄记室就属此类。本朝的翰林学士、中书舍人都设置直院，熙宁年间又设置直舍人院、直学士院，只让资历不深的官员担任，其实就是舍人和学士。熙宁六年，舍人都升迁改任他官，官署中没有担任此职的官员，于是就任命章衡为权知制诰但不授予直院之职，这是由于他暂时兼任的缘故。古时候的兼官大多是暂时兼任，有长期兼任的就等于是正官。我家中藏有海陵王墓志铭，是谢朓撰文，衔称为“兼中书侍郎”。

## 38. 告喝打杖

三司、开封府、外州长官升厅事，则有衙吏前导告喝。国朝之制，在禁中唯三官得告，宰相告于中书、翰林学士告于本院、御史告于朝堂，皆用朱衣吏，谓之“三告官”。所经过处，阁吏以梃扣地警众，谓之“打杖子”。两府、亲王自殿门打至本司及上马处，宣徽使打于本院，三司使、知开封府打于本司。近岁寺、监长官亦打，非故事。前宰相赴朝亦有特旨许张盖、打杖子者，系临时指挥。执丝梢鞭入内，自三司副使以上，副使唯乘紫丝暖座从入。队长持破木梃，自待制以上。近岁寺、监长官持藤杖，非故事也。百官仪范，著令之外，诸家所记尚有遗者，虽至猥细，亦一时仪物也。

【译文】三司、开封府、州长官上公堂处理公务，有吏役开道传呼。本朝的制度，在宫内只有三种官职能传呼，宰相传呼于政事堂、翰林学士传呼于学士院、御史传呼于朝堂，都用穿红外衣的吏役，称为“三告官”。他们所经过的地方，都有守门的仆役用木棒敲击地面警告他人，称为“打杖子”。宰相与枢密使、亲王从殿门一直打到自己官署及上马的地方，宣徽使在自己官署打，三司使、开封府知府在自己衙门打。近年寺、监长官也打杖子，这不是成例。前任宰相朝见也有特别旨意允许张伞盖、打杖子的，是临时安排。执丝梢鞭进入宫廷，是三司副使以上的官员，三司副使只能乘紫丝暖座跟随其后。随从队长持木棒的，是待制以上的官员。近年寺、监长官持藤杖，这不是成例。官员们的礼仪规范，除正式的法令之外，各家所记载的还有遗漏，即使是极细微之事，也是当时的礼仪典制。

## 39. 异姓兼中书令

国朝未改官制以前，异姓未有兼中书令者，唯赠官方有之。元丰中，曹郡王以元舅特除兼中书令，下度支给俸，有司言：“自来未有活中书令请俸则例。”

【译文】本朝没有改革官制以前，宗室以外的人没有兼任过中书令，只有赠官时才授过这个官职。元丰年间，曹佾以皇帝内兄的身份被特别授予兼中书令之职，下令财务部门发放薪俸，该部门官员说：“从来没有过活中书令领受薪俸的成例。”

## 40. 百官会集坐次

都堂及寺观百官会集，坐次多出临时。唐以前故事皆不可考，唯颜真卿与左仆射、定襄郡王郭英乂书云：“宰相、御史大夫、两省五品已上、供奉官自为一行，十二卫大将军次之；三师、三公、令仆、少师、保傅、尚书左右丞、侍郎自为一行，九卿、三监对之，从古以来未尝参错。”此亦略见当时故事，今录于此以备阙文。

【译文】朝廷官员在都堂以及寺观集会议事时，座位次序多出于临时安排。唐以前的成例都已无法考知，只有颜真卿给左仆射、定襄郡王郭英乂的信中谈到：“宰相、御史大夫和中书、门下两省五品以上供奉官排为一行，其次是十二卫大将军；三师、三公、尚书省长官、太子教谕官及尚书省的副长官、六部正副长官排为一行，九寺、三监的长官与之相对设位，自古以来没有错乱过。”从中也可大致了解当时的成例，现记录于此以补有关记载之不足。

## 41. 罢赐功臣号

赐功臣号始于唐德宗奉天之役，自后藩镇下至从军资深者，例赐功臣。本朝唯以赐将相。熙宁中，因上皇帝尊号，宰相率同列面请三四，上终不允，曰："徽号正如卿等功臣，何补名实？"是时吴正宪为首相，乃请止功臣号，从之，自是群臣相继请罢，遂不复赐。

【译文】赐功臣封号始于唐德宗平定朱泚叛乱，从此以后地方军政长官下及从军资历深的人，都按例赐功臣封号。本朝只赐给将相大臣。熙宁年间，由于给皇帝加上尊号，宰相率领执政官员当面请求多次，皇上始终不予批准，并说："尊号正如你们的功臣封号，对实际有什么补益？"当时吴充担任首席宰相，就要求取消自己的功臣封号，得到皇上的允准，由此大臣们相继要求取消自己的功臣封号，从此就不再赐给了。

# 梦溪笔谈卷三

## 辩证一

### 42. 古今衡制

钧石之石，五权之名，石重百二十斤。后人以一斛为一石，自汉已如此，“饮酒一石不乱”是也。挽蹶弓弩，古人以钧石率之，今人乃以粳米一斛之重为一石。凡石者，以九十二斤半为法，乃汉秤三百四十一斤也。今之武卒蹶弩有及九石者，计其力乃古之二十五石，比魏之武卒，人当二人有余；弓有挽三石者，乃古之三十四钧，比颜高之弓，人当五人有余。此皆近岁教养所成，以至击刺驰射皆尽夷夏之术，器仗铠胄极今古之工巧，武备之盛，前世未有其比。

【译文】钧石的石，是重量单位的名称，一石重一百二十斤。后人把一斛作为一石，在汉代已经如此，“饮酒一石不乱”就是。开弓张弩，古人用钧石来计算，现在人以一斛粳米的重量为一石。这样的石，相当于九十二斤半，就是汉代的三百四十一斤。现在的士兵张弩有达到九石的，计算他的力量相当古代的二十五石，与魏国的士兵比较，一个抵二个多人；弓能拉三石的，相当古代的三十四钧，与颜高的弓比较，一个人抵五个多人。这都是近年训练培养的结果，以至格斗骑射都掌握了中原和蛮夷的技艺，兵器铠甲都极尽现世与古代的精巧，武备兴盛的程度，前代无法相比。

### 43. 些

楚词《招魂》尾句皆曰“些”苏个反，今夔、峡、湖、湘及南、北江獠人，凡禁呪句尾皆称“些”，此乃楚人旧俗，即梵语“萨嚩诃”也，萨音桑葛反，嚩无可反，诃从去声。三字合言之即“些”字也。

【译文】楚辞《招魂》的结句都用“些”读苏个反，现今三峡、湖湘及沅水一带的少数民族，凡咒语的句末都称“些”，这是楚地民众的旧俗，就是梵语“萨嚩诃”，萨读桑葛反，嚩读无可反，诃读去声的从。这三个字拼在一起念就是“些”字。

## 44. 阳燧

阳燧照物皆倒，中间有碍故也，算家谓之“格术”。如人摇橹，臬为之碍故也。若鸢飞空中，其影随鸢而移，或中间为窗隙所束，则影与鸢遂相违，鸢东则影西，鸢西则影东。又如窗隙中楼塔之影，中间为窗所束，亦皆倒垂，与阳燧一也。阳燧面洼，以一指迫而照之则正，渐远则无所见，过此遂倒，其无所见处正如窗隙、橹臬，腰鼓碍之，本末相格，遂成摇橹之势，故举手则影愈下，下手则影愈上，此其可见。阳燧面洼，向日照之，光皆聚向内。离镜一二寸，光聚为一点，大如麻菽，著物则火发，此则腰鼓最细处也。岂特物为然，人亦如是，中间不为物碍者鲜矣。小则利害相易、是非相反，大则以己为物、以物为己，不求去碍而欲见不颠倒，难矣哉。《酉阳杂俎》谓“海翻则塔影倒”，此妄说也。影入窗隙则倒，乃其常理。

【译文】阳燧照出的物体形像都是倒的，是因为中间有阻碍的缘故，数学家称为“格术”。如同人们摇橹，要有橹臬作为阻碍的缘故一样。好比鸟在空中飞行，它的影子随着鸟移动，如果中间受到窗孔的约束，影子的移动就与鸟相反，鸟东飞则影子西移，鸟西飞则影子东移。又如透过窗孔的楼塔影子，由于中间受窗孔的约束，也都是倒的，这与阳燧的情形一样。阳燧表面凹陷，用一个手指靠近它照出的形像是正的，逐渐移远就看不到像了，再移远些形像就倒了，那看不到像的地方，就好像窗孔、橹臬那样，受到腰鼓状的阻碍，于是首尾相反，就成为摇橹的样子，所以向上举手时影子就下移，向下移手时影子就朝上，由此可以印证。阳燧表面凹陷，对着太阳映照，光线都聚向内心。在离镜面一二寸的地方，光线聚成一个点，大小如芝麻、豆子一般，把东西放在那儿就会烧起来，这就是腰鼓状最细的地方。岂止物体如此，人也是这样，中间不被其他东西阻碍是很少有的。轻则利害更易、是非颠倒，重则把自己的感觉看作事物、把事物看作自己的感觉，不设法去除阻碍而希望见解不颠倒，是很难的。《酉阳杂俎》说“海翻则塔影倒”，这是胡说。影像通过窗孔就会颠倒，乃是普通的道理。

## 45. 正阳之月

先儒以日食正阳之月止谓四月，不然也。正、阳乃两事，正谓四月，阳谓十月，“日月阳止”是也。《诗》有“正月繁霜”、“十月之交，朔月辛卯，日有食之，亦孔之丑”二者，此先王所恶也。盖四月纯阳，不欲为阴所侵；十月纯阴，不欲过而干阳也。

【译文】前代学者认为日食于正阳之月只是指四月，是不对的。正、阳是两个事项，正指四月，阳指十月，就是“日月阳止”。《诗经》里有“正月繁霜”、“十月之交，朔月辛卯，日有食之，亦孔之丑”二件事，是先王所忌恶的。因为四月是纯阳，不希望被阴气所侵蚀；十月是纯阴，不希望它太盛而干犯阳气。

## 46. 高祖玄孙之服

余为《丧服后传》书成，熙宁中欲重定五服敕而余预讨论。雷、郑之学阙谬固多，其间高祖、玄孙一事尤为无义。《丧服》但有曾祖齐衰三月、曾孙缌麻三月，而无高祖、玄孙服，先儒皆以谓“服同曾祖、曾孙，故不言可推而知”，或曰“经之所不言则不服”，皆不然也。曾，重也。由祖而上者皆曾祖也，由孙而下者皆曾孙也，虽百世可也，苟有相逮者则必为服丧三月，故虽成王之于后稷亦称曾孙，而祭礼祝文无远近皆曰曾孙。礼所谓“以五为九”者，谓旁亲之杀也。上杀、下杀至于九，旁杀至于四，而皆谓之族，族昆弟父母、族祖父母、族曾祖父母。过此则非其族也，非其族则为之无服。唯正统不以族名，则是无绝道也。

【译文】我写成《丧服后传》后，参加了熙宁年间打算重新制定服制法令的研讨。雷次宗、郑玄之学的不足、错谬之处本来就多，而其中高祖、远孙服制一事尤其没有道理。《丧服》只有为曾祖齐衰三月、曾孙缌麻三月而没有高祖、远孙的服制，过去的学者都认为“其服制与曾祖、曾孙相同，所以不说就可以推而知之”，有人说“经文中没有说到就不必为之服丧”，都是不对的。曾，是重的意思。从祖父以上的祖辈都是曾祖，从孙子以下孙辈都是曾孙，即使过一百代也是这样，如能遇到的话就必须为之服丧三个月，所以连周成王相对于后稷也称曾孙，在祭祀的祷告文辞中不管远近都自称曾孙。礼仪所谓的“以五为九”，是指横向关系上的服制等差。父祖辈的等差、子孙辈的等差达到九世，横向关系上的等差达到四世，都可称为族，族昆弟父母、族祖父母、族曾祖父母。此外就不是一个族了，不是一个族的也就无法为之服丧了。只有宗室是不用族这个名称来限制的，那是表示绵延不绝。

## 47. 诗赋渎慢舜妃

旧传黄陵二女，尧子舜妃。以二帝道化之盛始于闺房，则二女当具任、姒之德。考其年岁，帝舜陟方之时二妃之齿已百岁矣，后人诗骚所赋皆以女子待之，语多渎慢，皆礼义之罪人也。

【译文】过去传说黄陵二妃庙所供奉的二位女性，是尧的女儿、舜的夫人。从尧、舜二帝以道德教化天下的伟绩始于治家来看，这二位女性应该具备像传说中太任、太姒那样贤惠的品德。查考她们的年龄，当舜在巡视途中去世时她们已满百岁了，后人所写的文学作品提及此事时都把她们描写为少妇，用语多有亵渎轻慢，都是礼义的罪人。

## 48. 誃门

历代宫室中有誃门，盖取张衡《东京赋》“誃门曲榭”也，说者谓冰室门。按字训“誃，别也”，《东京赋》但言别门耳，故以对“曲榭”，非有定处也。

【译文】历代的官殿中有誃门，是取自张衡《东京赋》中的“誃门曲榭”，注释者说是冰室门。从文字涵义上来说，誃是别的意思，《东京赋》只是说边门罢了，所以与曲折的台榭相对称，并非有固定的位置。

## 49. 水名漳洛之意

水以漳名、洛名者最多，今略举数处。赵、晋之间有清漳、浊漳，当阳有漳水，赣上有漳水，鄣郡有漳江，漳州有漳浦，亳州有漳水，安州有漳水；洛中有洛水，北地郡有洛水，沙县有洛水。此概举一二耳，其详不能具载。余考其义，乃清浊相蹂者为漳。章者，文也、别也。漳谓两物相合，有文章且可别也。清漳、浊漳合于上党，当阳则沮、漳合流，赣上则漳、滇合流，漳州余未曾目见，鄣郡则西江合流，亳漳则漳、涡合流，云梦则漳、郧合流。此数处皆清浊合流，色理如䗖蝀，数十里方混。如璋亦从章。璋，王之左右之臣所执，《诗》云：“济济辟王，左右趣之。济济辟王，左右奉璋。”璋，圭之半体也，合之则成圭。王左右之臣，合体一心，趣乎王者也。又诸侯以聘女，取其判合也；有事于山川，以其杀宗庙礼之半也。又牙璋以起军旅，先儒谓“有鉏牙之饰于剡侧”，不然也。牙璋，判合之器也，当于合处为牙，如今之合契。牙璋，牡契也，以起军旅，则其牝宜在军中，即虎符之法也。洛与落同义，谓水自上而下有投流处。今溵水、沱水，天下亦多，先儒皆自有解。

【译文】水流以漳、洛为名的最多，现在略举几处。赵、晋之间有清漳、浊漳，当阳有漳水，赣水的上流有漳水，鄣郡有漳江，漳州有漳浦，亳州有漳水，安州有漳水；洛阳一带有洛水，北地郡有洛水，沙县有洛水。这里不过略举一二，不能一一载录。我查考它的涵义，漳乃是清浊相混合的意思。章有文采、区分之义。所谓漳就是两件东西相混合，既有文采而且能区分的意思。清漳、浊漳汇合于上党，当阳的漳水是沮、漳水合流，赣水上流之漳汇合了滇水，漳州的漳浦我没有亲眼见到过，鄣郡之漳汇合于大江，亳州之漳是漳、涡水合流，安州云梦之漳是漳、郧水合流。这几个地方的漳水都是清浊合流，色泽、纹理如天上的虹一样，绵延几十里才混杂起来。璋字也是章旁。璋是君王身边的大臣们所执，《诗经·大雅·文棫》说：“济济辟王，左右趣之。济济辟王，左右奉璋。”璋是圭的一半，两个璋合起来就成为圭。这正是君王身边的大臣们联合同心，趋奉君王的意思。诸侯用璋来互相聘问，是取其能分合的意思；君王祭祀山川用璋，是取其差于祭祖所用礼器一半。所谓“牙璋以起军旅”，过去的学者认为它是刃口饰有突出牙状物的东西，是不对的。牙璋，是一种能分合的器物，应当在可以相合之处制作牙，好像现在的合契。牙璋是有凸牙之器，既用以调发军队，则凹牙之器应该在军队中，这就是虎符的方式。洛与落的含义相同，是指该水流有自上而下投流的地方。现在名为漉水、沱水的水流，天下也很多，过去的学者都各有说法。

## 50. 巫咸河

解州盐泽方百二十里，久雨，四山之水悉注其中未尝溢，大旱未尝涸。卤色正赤，在版泉之下，俚俗谓之“蚩尤血”。唯中间有一泉乃是甘泉，得此水然后可以聚。又其北有尧梢音消水，一谓之“巫咸河”。大卤之水，不得甘泉和之不能成盐，唯巫咸水入则盐不复结，故人谓之“无咸河”，为盐泽之患，筑大堤以防之，甚于备寇盗。原其理，盖巫咸乃浊水，入卤中则淤淀卤脉，盐遂不成，非有他异也。

【译文】解州的盐池方圆一百二十里，长久下雨，四面山上的水都流进去却从不泛滥，大旱时从不干涸。卤水的颜色呈正红，在硝板的下面，民间称为“蚩尤血”。唯独中间有一股泉水是淡水，卤水得到它之后才能凝聚成盐。它的北面有尧梢读音消水，又称为“巫咸河”。盐泽中的卤水，没有那股淡水掺和就不能凝成盐，唯独巫咸水流进去就再也结不成盐，所以人们称之为“无咸河”，把它看作盐泽的祸害，修筑大堤来防备它，比防范强盗还要化力气。探究其中的道理，由于巫咸水是浊水，流入卤水中就会淤淀盐脉，盐就结不成了，并没有其他特殊原因。

## 51. 虎豹为程

《庄子》云“程生马”，尝观文子注：“秦人谓豹曰程。”余至延州，人至今谓虎豹为“程”，盖言虫也。方言如此，抑亦旧俗也。

【译文】《庄子》说“程生马”，我曾看到文子注释说：“秦人谓豹曰程。”我到过延州，当地人至今称虎豹为“程”，是指虫的意思。方言既然如此说，恐怕也是旧有的习俗了。

## 52. 流沙

《唐六典》述五行，有“禄命”、“驿马”、“湴河”之目。人多不晓湴河之义。余在鄜延，见安南行营诸将阅兵马籍，有称“过范河损失”，问其何谓“范河”，乃越人谓淖沙为“范河”，北人谓之“活沙”。余尝过无定河，度活沙，人马履之百步之外皆动，澒澒然如人行幕上。其下足处虽甚坚，若遇其一陷，则人马驼车应时皆没，至有数百人平陷无孑遗者。或谓此即流沙也，又谓沙随风流谓之流沙。湴，字书亦作“埿”蒲滥反。按古文，埿，深泥也。术书有“湴河”者，盖谓陷运，如今之“空亡”也。

【译文】《唐六典》述说五行，有“禄命”、“驿马”、“湴河”等名目，人们大多不知道湴河的涵义。我在鄜延任职时，看见安南行营将领们检阅兵马的册籍，有“过范河损失”的名目，就问他们什么叫“范河”，原来南方人把泥沼称为“范河”，北方人则称为“活沙”。我曾经过无定河，穿越过活沙，人马走在上面百步以外都动起来，晃晃荡荡就像走在帐幕上一样。落脚的地方虽然比较坚硬，但如果一遇到塌陷，人马驼车立刻都会陷没，甚至有好几百人全被淹没而没有一个剩下的。有人说这就是流沙，也有人说沙随着风而流动叫做流沙。湴，在字书里也写作“埿”读蒲滥反。根据古文，埿是深泥的意思。术数书中有“湴河”，是指厄运，就像现在所说的“空亡”。

## 53. 芸草辟蠹

古人藏书辟蠹用芸。芸，香草也，今人谓之“七里香”者是也。叶类豌豆，作小丛生，其叶极芬香，秋后叶间微白如粉污，辟蠹殊验，南人采置席下能去蚤虱。余判昭文馆时曾得数株于潞公家，移植秘阁后，今不复有存者。香草之类大率多异名，所谓兰荪，荪即今菖蒲是也，蕙今零陵香是也，茝今白芷是也。

【译文】古时候人们藏书用芸驱除蠹虫。芸是香草，就是现在人们所谓的“七里香”。叶子的形状类似豌豆，呈小丛状生长，它的叶子极其芳香，秋后叶间微呈白色如同沾上粉末一样，驱除蠹虫很有效验，南方人采来放在席子下面能去除跳蚤、虱子。我担任判昭文馆事时曾在文潞公家弄到几颗，移植在秘阁后面，现在已不再有存活的了。香草类的植物大多有很多别名，所谓的兰荪，荪就是现在的菖蒲，蕙就是现在的零陵香，茝就是现在的白芷。

## 54. 三献异说

祭礼有腥、燖、熟三献。旧说以谓腥、燖备太古、中古之礼，余以为不然。先王之于死者，以之为无知则不仁，以之为有知则不智。荐可食之熟，所以为仁；不可食之腥、燖，所以为智。又一说，腥、燖以鬼道接之，馈食以人道接之，致疑也。或谓鬼神嗜腥、燖，此虽出于异说，圣人知鬼神之情状，或有此理，未可致诘。

【译文】祭礼中有腥、燖、熟三种献祭品。过去的说法认为腥、燖是具备了远古和中古的礼仪，我认为不是这样的。先王对于死者，认为他们无知就算不上仁，认为他们有知就算不上智。献祭可食用的熟物是表示仁，献祭不可食用的腥、焆是表示智。又有一种说法，认为腥、焆是以鬼神的行为规范来对待他们，熟食是以生人的行为规范来对待他们，我对此表示怀疑。有人说鬼神喜好腥、焆，这虽然是出于经义之外的说法，但圣人了解鬼神的情况，或者有它的道理，不能怀疑否定它。

## 55. 玄璊之色

世以玄为浅黑色，璊为赭玉，皆不然也。玄乃赤黑色，燕羽是也，故谓之玄鸟。熙宁中，京师贵人戚里多衣深紫色，谓之黑紫，与皂相乱，几不可分，乃所谓玄也。璊，赭色也，“毳衣如璊”音门。稷之璊色者谓之穈，穈字音门，以其色命之也，《诗》“有穈有芑”。今秦人音穈，声之讹也。穈色在朱黄之间，似乎赭，极光莹，掬之，粲泽熠熠如赤珠。此自是一色，似赭非赭。盖所谓璊，色名也，而从玉，以其赭而泽，故以喻之也。犹鴇以色名而从鸟，以鸟色喻之也。

【译文】一般认为玄是浅黑色，璊是赭色的玉，都是不对的。玄是红黑色，就像燕子羽毛那样的颜色，所以燕子被称为玄鸟。熙宁年间，京城里有地位的人家多穿深紫色的衣服，称为黑紫，色泽与黑色差不多，几乎难以分辨，这就是所谓的玄色。璊是赭色，《诗经》说“毳衣如璊”读音门。璊色品种的稷称为穈，穈字音门，是根据颜色来命名的，《诗》说“维穈维芑”。现在西北一带的人读作穈，是读音上的讹误。穈的颜色介于红黄之间，很像赭色，极光洁晶莹，用手捧着，那鲜亮的光泽如同红色的珠子一般。这又是一种颜色，既像赭色又不是赭色。所谓璊，是一种颜色的名称，它取玉字旁，是因为色赭而有光泽，所以用玉来比喻。这就好比鴇作为颜色名称却取鸟字旁，是用鸟的颜色来比喻。

## 56. 灌钢

世间锻铁所谓钢铁者，用柔铁屈盘之，乃以生铁陷其间，泥封炼之，锻令相入，谓之“团钢”，亦谓之“灌钢”。此乃伪钢耳，暂假生铁以为坚，二三炼则生铁自熟，仍是柔铁。然而天下莫以为非者，盖未识真钢耳。余出使，至磁州锻坊观炼铁，方识真钢。凡铁之有钢者，如面中有筋，濯尽柔面，则面筋乃见，炼钢亦然，但取精铁锻之百余火，每锻称之，一锻一轻，至累锻而斤两不减则纯钢也，虽百炼不耗矣。此乃铁之精纯者，其色清明，磨莹之则黯黯然青且黑，与常铁迥异。亦有炼之至尽而全无钢者，皆系地之所产。

【译文】一般锻铁中所谓的钢铁，是把柔软的铁料屈折盘绕起来，把没有炒过的生铁嵌在中间，用泥将它们封起来烧炼，通过锻打使它们相互混杂，称为“团钢”，也称“灌钢”。这其实是假钢，暂时借助没有炒过的铁来使其坚硬，经二三次锻炼没有炒过的铁自然就熟了，仍然是柔软的铁。然而人们没有认为它不是钢的，是没有见识真钢的缘故。我奉命视察边防，到了磁州锻铁作坊观看炼铁，方才见识到了真钢。大凡铁中间含有钢，就好比面团中含有面筋，把柔软的面洗尽了，面筋才呈现出来，炼钢也是如此，只须用质地精良的铁加热锻打一百多次，每锻打一次就称一下，锻打一次就轻一些，直到多次锻打不再减轻分量，那就是纯钢了，即使加热锤炼上百次也不会损耗了。这是铁中间的精华，它的颜色清彻明朗，打磨之后色泽暗淡青中泛黑，与普通的铁截然不同。也有炼到铁料耗尽连一点钢都没有的，这都取决于铁的产地。

## 57. 佩觿

《诗》：“芄兰之支，童子佩觿。”觿，解结锥也。芄兰生荚支，出于叶间，垂之正如解结锥。所谓“佩韘”者，疑古人为韘之制，亦当与芄兰之叶相似，但今不复见耳。

【译文】《诗经·卫风·芄兰》说：“芄兰之支，童子佩觿。”觿用来解绳结的锥子。芄兰长出的果荚从叶间伸出，它垂下来的样子正像解结的锥子。所谓“佩韘”，恐怕古人做韘的形制，也应当与芄兰的叶子相似，只是现在不再能见到罢了。

## 58. 茅芧之辨

江南有小栗，谓之“茅栗”茅音草茅之茅。以余观之，此正所谓芧也，即《庄子》所谓“狙公赋芧”者芧音序。此文相近之误也。

【译文】江南一带有一种小栗子，称为“茅栗”茅读草茅之茅的音。据我看来，这正是所谓的芧，那么《庄子》中所说的“狙公赋芧”芧读音序。这是字形相近而产生的讹误。

## 59. 十八学士图真迹

余家有阎博陵画唐秦府十八学士，各有真赞，亦唐人书，多与旧史不同。姚柬字思廉，旧史姚思廉字简之。苏台、陆元朗、薛庄，《唐书》皆以字为名。李玄道、盖文达、于志宁、许敬宗、刘孝孙、蔡允恭，《唐书》皆不书字。房玄龄字乔年，《唐书》乃房乔字玄龄。孔颖达字颖达，《唐书》字仲达。苏典签名旭，《唐书》乃勗。许敬宗、薛庄官皆直记室，《唐书》乃摄记室。盖《唐书》成于后人之手，所传容有讹谬，此乃当时所记也。以旧史考之，魏郑公对太宗云“目如悬铃者佳”，则玄龄果名，非字也。然苏世长，太宗召对玄武门，问云

"卿何名长意短"，后乃为学士，似为学士时方更名耳。

【译文】我家中藏有阎立本所画的唐代秦府十八学士图，各题有赞语，也是唐人所书，大多与旧史不一样。姚柬字思廉，旧史则作姚思廉字简之。苏台、陆元朗、薛庄，《唐书》都把他们的字作为名。李玄道、盖文达、于志宁、许敬宗、刘孝孙、蔡允恭，《唐书》都不记他们的字。房玄龄字乔年，《唐书》作房乔字玄龄。孔颖达字颖达，《唐书》作字仲达。苏典签名旭，《唐书》作勗。许敬宗、薛庄的官职都是直记室，《唐书》作摄记室。因为《唐书》成于后人之手，所记载的可能会有错讹，画上的赞语乃是当时人所记。据旧史查考，魏徵对太宗说"目如悬铃者佳"，那么玄龄确实是名而不是字。然而苏世长，太宗在玄武门召见垂询，问他"你为何名长意短"，后来才成为学士，似乎是当学士时才改名的。

## 60. 中书植紫薇之非

唐贞观中，敕下度支求杜若，省郎以谢朓诗云"芳洲采杜若"，乃责坊州贡之，当时以为嗤笑。至如唐故事，中书省中植紫薇花，何异坊州贡杜若？然历世循之不以为非。至今舍人院紫微阁前植紫薇花，用唐故事也。

【译文】唐贞观年间，下令户部寻觅杜若，承办官员竟根据谢朓"芳洲采杜若"的诗句，要坊州进贡，当时曾传为笑谈。而像唐代成例，中书省官署内种植紫薇花，其性质和要坊州进贡杜若没有两样，却被历代因循不觉得不对。现在中书省舍人院的紫微阁前种植紫薇花，就是袭用唐代成例。

## 61. 汉人酿酒

汉人有饮酒一石不乱，余以制酒法较之，每粗米二斛酿成酒六斛六斗。今酒之至醨者，每秫一斛不过成酒一斛五斗，若如汉法则粗有酒气而已，能饮者饮多不乱，宜无足怪。然汉之一斛亦是今之二斗七升，人之腹中亦何容置二斗七升水邪？或谓石乃钧石之石，百二十斤，以今秤计之当三十二斤，亦今之三斗酒也。于定国食酒数石不乱，疑无此理。

【译文】汉代人有饮酒达一石不醉的，我根据制酒方法来检核，用粗米二斛能酿出六斛六斗酒。现在最薄的酒，一斛秫不过酿成一斛五斗酒，如此汉代的酿法就是稍有点酒的气味而已，有酒量的人多喝不醉，应该不足为怪。然而汉代的一斛就是现在的二斗七升，人的肚子里又怎能容得下二斗七升水呢？有人说这个石乃是钧石的石，即一百二十斤，用现在的秤量计算相当三十二斤，也就是现在的三斗酒。于定国饮酒数石而不醉，恐怕无此道理。

## 62. 阿胶

古说济水伏流地中，今历下凡发地皆是流水，世传济水经过其下。东阿亦济水所经，取井水煮胶谓之“阿胶”，用搅浊水则清，人服之下膈、疏痰、止吐，皆取济水性趋下、清而重，故以治淤浊及逆上之疾。今医方不载此意。

【译文】前人说济水有些地段在地下流，现在历下凡是向地下挖掘都是水流，民间传说济水流过历下之下。东阿也是济水所经过的地方，用当地井水所煮的胶称为“阿胶”，以它来搅拌浑水就会变清，人服用后能通膈食、化痰、止呕吐，都是由于济水的水性趋下、水清而且重，所以能治疗浊气淤积以及向上逆胀的病症。现在的医方不记载这个道理。

## 63. 荣

余见人为文章多言“前荣”。荣者，夏屋东西序之外屋翼也，谓之“东荣”、“西荣”，四注屋则谓之“东霤”、“西霤”，未知前荣安在。

【译文】我见到人们写文章多说“前荣”。荣这个部位，在大房屋东西墙外侧的两端，称为“东荣”、“西荣”，在四角攒尖顶房屋上称为“东霤”、“西霤”，我不知道前荣在什么地方。

## 64. 宗庙之祭西向

宗庙之祭西向者，室中之祭也。藏主于西壁，以其生者之处奥也，即主祏而求之，所以西向而祭。至三献则尸出于室，坐于户西南面，此堂上之祭也。户西谓之扆，设扆于此。左户、右牖，户牖之间谓之扆。坐于户西，即当扆而坐也。上堂设位而亦东向者，设用室中之礼也。

【译文】宗庙祭祀时向西面行礼，是在室内的祭奠。神主收藏在西面墙壁，因为那儿是活人居处的部位，对着藏神主的石室而祝祷，所以要向西面祭奠。三献之后神尸从室里出来，坐在门户的西侧面向南，这是在堂上的祭奠。门户以西称为扆，因为扆设在那儿。扆在门户以西、窗子以东，门户与窗子之间叫做扆。坐在门户的西侧，就是背靠扆而坐。到了堂上设置位次也要朝向东面，是设置位次用室内祭奠的礼节。

## 65. 学者为诗

“人而不为《周南》、《召南》，其犹正墙面而立也。”《周南》、《召南》，乐名也，“胥鼓《南》”、“以《雅》以《南》”是也。《关雎》、《鹊巢》，二《南》之诗，而已有乐有舞焉。学者之事，其始也学《周南》、《召南》，末至于舞《大夏》、《大武》。所谓“为《周南》、《召南》”者，不独诵其诗而已。

【译文】《论语》中说：“人而不为《周南》、《召南》，其犹正墙面而立也。”《周南》、《召南》是乐名，即《礼记》所谓的“胥鼓《南》”，《诗经·小雅》所谓的“以《雅》以《南》”。《关雎》、《鹊巢》是《周南》、《召南》中的诗，却已经有乐舞相配了。学者份内的事，开始是学唱《周南》、《召南》，最终要舞《大夏》、《大武》，所谓“为《周南》、《召南》”，不仅仅是吟咏那些诗篇而已。

## 66. 野马

《庄子》言“野马也，尘埃也”，乃是两物。古人即谓野马为尘埃，如吴融云“动梁间之野马”，又韩偓云“窗里日光飞野马”，皆以尘为野马，恐不然也。野马乃田野间浮气耳，远望如群马，又如水波，佛书谓“如热时野马阳焰”，即此物也。

【译文】《庄子》说“野马也，尘埃也”，乃是两种事物。古人就称野马为尘埃，如吴融说“动梁间之野马”，又韩偓说“窗里日光飞野马”，都把尘埃作为野马，恐怕是不对的。野马乃是田野里的浮气，远远望去如同马群，又好像水波，佛书所谓的“如热时野马阳焰”，就是这东西。

## 67. 蒲芦

蒲芦，说者以为蜾蠃，疑不然。蒲芦即蒲苇耳，故曰：“人道敏政，地道敏树。夫政犹蒲芦也。”人之为政犹地之艺蒲苇，遂之而已，亦行其所无事也。

【译文】蒲芦，释经者认为是蜾蠃，恐怕是不对的。蒲芦就是香蒲和芦苇，所以说：“治人的途径是努力施政，治地的途径是努力耕种。施政就像是蒲芦。”人的施行政事犹如在土地上种植香蒲、芦苇，只是顺从它们生长而已，也就是无为而治的意思。

## 68. 秦汉以前度量

余考乐律，及受诏改铸浑仪，求秦、汉以前度量斗升，计六斗当今一斗七升九合，秤三斤当今十三两，一斤当今四两三分两之一，一两当今六铢半。为升中方，古尺二寸五分十分分之三，今尺一寸八分百分分之四十五强。

【译文】我考订乐律，及接受诏令改制浑天仪，推算秦汉以前的度量衡，得知容量六斗相当于现在的一斗七升九合，重量三斤相当于现在的十三两，一斤相当现在的四又三分之一两，一两相当现在的六铢半。当时所制的标准升，中间是古尺二寸五分三见方，相当现在尺度的一寸八分四五多一些。

## 69. 太一十神

太一十神，一曰太一，次曰五福太一，三曰天一太一，四曰地一太一，五曰君基太一，六曰臣基太一，七曰民基太一，八曰大游太一，九曰九气太一，十曰十神太一。唯太一最尊，更无别名，止谓之“太一”，三年一移。后人以其别无名，遂对大游而谓之“小游太一”，此出于后人误加之。京师东、西太一宫，正殿祠五福，而太一乃在廊庑，甚为失序。熙宁中，初营中太一宫，下太史考定神位，余时领太史，预其议论。今前殿祠五福，而太一别为后殿，各全其尊，深为得体。然君基、臣基、民基，避唐明帝讳改为“綦”，至今仍袭旧名，未曾改正。

【译文】太乙术中的十神，一是太乙，二是五福太乙，三是天一太乙，四是地一太乙，五是君基太乙，六是臣基太乙，七是民基太乙，八是大游太乙，九是九气太乙，十是十神太乙。其中唯独太乙最尊贵，再也没有别名，只称为“太乙”，三年迁移一个宫。后人因为它没有别的名称，便相对大游而称之为“小游太一”，这是出于后人误加的名称。京城的东、西太一宫，在正殿供奉五福太乙，而把太乙放在偏殿，很不恰当。熙宁年间，开始营建中太乙宫，指令司天监考定这些神祇的位次，我当时任司天监提举官，参预这件事的讨论。现在中太乙宫在前殿供奉五福太乙，而另筑后殿供奉太乙，各顾全了他们的尊位，非常得体。但君基太乙、臣基太乙、民基太乙的“基”，因为避唐玄宗的讳改为“綦”，至今仍沿袭旧名称，没有能纠正。

## 70. 杨溥手教

余嘉祐中客宣州宁国县，县人有方玙者，其高祖方虔为杨行密守将，总兵戍宁国以备两浙，虔后为吴人所擒，其子从训代守宁国，故子孙至今为宁国人。玙有杨溥与方虔、方从训手教数十纸，纸札皆精善，教称“委曲”，书押处称“使”，或称“吴王”。内一纸报方虔云“钱镠此月内已亡殁”，纸尾书“正月二十九日”。按《五代史》，钱镠以后唐长兴二年卒，杨溥天成四年已僭即伪位，岂得长兴二年尚称“吴王”？溥手教所指挥事甚详，翰墨、印记极有次序，悉是当时亲迹。今按，天成四年岁庚寅，长兴二年岁壬辰，计差二年。溥手教余得其四纸，至今家藏。

【译文】我在嘉祐年间客居宣州宁国县，县里有个名叫方玙的人，他的高祖父方虔曾当过杨行密的守将，带兵镇守宁国防备两浙一带的割据势力，方虔后来被钱镠的部下俘虏，他的儿子方从训代替他镇守宁国，所以其后代至今仍在宁国居住。方玙藏有杨溥给方虔、方从训亲笔谕示数十份，纸质都很精美，这些谕示都称“委曲”，署押有的称“使”，有的称“吴王”。其中有一份给方虔的谕示说“钱镠此月内已亡殁”，末尾署“正月二十九日”。据《五代史》，钱镠在后唐长兴二年去世，而杨溥早在天成四年已经僭位称帝，怎么会在长兴二年还自称“吴王”呢？杨溥的亲笔谕示所处置的事项很详细，书写和印记极有次序，都是当时的手迹。据查考，天成四年是庚寅年，长兴二年是壬辰年，两者之间相差二年。杨溥的亲笔谕示我得到其中的四份，直到现在还藏在家中。

# 梦溪笔谈卷四

## 辩证二

### 71. 三江

司马相如《上林赋》叙上林诸水曰："丹水、紫渊，灞、浐、泾、渭，八川分流，相背而异态，灏溔潢漾，东注太湖。"八川自入大河，大河去太湖数千里，中间隔太山及淮、济、大江，何缘与太湖相涉？郭璞《江赋》云："注五湖以漫漭，灌三江而漰沛。"墨子曰："禹治天下，南为江、汉、淮、汝，东流注之五湖。"孔安国曰："自彭蠡江分为三，入于震泽，遂为北江而入于海。"此皆未尝详考地理。江、汉至五湖自隔大山，其末乃绕出五湖之下，流径入于海，何缘入于五湖？淮、汝径自徐州入海，全无交涉。《禹贡》云："彭蠡既潴，阳鸟攸居。三江既入，震泽底定。"以对文言，则彭蠡水之所潴，三江水之所入，非入于震泽也。震泽上源皆山环之，了无大川，震泽之委乃多大川，亦莫知孰为三江者。盖三江之水无所入，则震泽壅而为害；三江之水有所入，然后震泽底定，此水之理也。

【译文】司马相如《上林赋》叙述上林苑诸水说："丹水、紫渊，灞、浐、泾、渭，八川分流，相背而异态，灏溔潢漾，东注太湖。"八条河流本自流入黄河，黄河距太湖数千里，中间隔着泰山及淮水、济水、长江，怎么会与太湖相关呢？郭璞《江赋》说："注五湖以漫漭，灌三江而漰沛。"《墨子》说："禹治天下，南为江、汉、淮、汝，东流注之五湖。"孔安国说："自彭蠡江分为三，入于震泽，遂为北江而入于海。"他们都未曾详细考查地理。长江、汉水到太湖有大山岭隔绝，其下游则绕过太湖往下流，直接入海，怎么会流入太湖呢？淮水、汝水直接在徐州境内入海，与太湖一点关系都没有。《禹贡》说："彭蠡既潴，阳鸟攸居。三江既入，震泽底定。"从文字的对应关系上来说，彭蠡是水所积聚的地方，三江是水所流入的地方，而不是它流入震泽即太湖。太湖的上源都由山岭环抱，根本没有大河流，太湖的下流才有很多大河，但也不知道哪些是所谓的三江。三江的水如没有去处，太湖就会壅塞而成灾；三江的水有了去处，太湖才会安定，这是水的本性所致。

## 72. 海州古墓

海州东海县西北有二古墓，图志谓之“黄儿墓”，有一石碑，已漫灭不可读，莫知黄儿者何人。石延年通判海州，因行县见之，曰：“汉二疏，东海人，此必其墓也。”遂谓之“二疏墓”，刻碑于其旁，后人又收入图经。余按，疏广，东海兰陵人，兰陵今属沂州承县，今东海县乃汉之赣榆，自属琅琊郡，非古之东海也。今承县东四十里自有疏广墓，其东又二里有疏受墓，延年不讲地志，但见今谓之东海县，遂以二疏名之，极为乖误。大凡地名如此者至多，无足纪者。此乃余初仕为沭阳主簿日，始见图经中增此事，后世不知其因，往往以为实录，谩志于此，以见天下地书皆不可坚信。其北又有孝女冢庙，貌甚盛，著在祀典。孝女亦东海人，赣榆既非东海故境，则孝女冢庙亦后人附会县名为之耳。

【译文】海州东海县西北有二座古墓，地方志称为“黄儿墓”，有一块墓碑，字迹已漫漶无法辨认，不知道黄儿是什么人。石延年任海州通判时，因巡行属县而见到这二座墓，说：“汉代的疏广、疏受是东海人，这一定是他们的墓。”于是就称之为“二疏墓”，并在墓旁刻了石碑，后人又将它记入了地方志。我认为，疏广是东海兰陵人，兰陵现在属沂州承县，现在的东海县是汉代的赣榆县，本属琅琊郡，不是古代的东海郡。现在的承县以东四十里就有疏广墓，在它东面二里又有疏受墓，石延年不查考地理志，仅看到现在称为东海县，便用疏广、疏受来命名它们，是极其错误的。凡地名像这样的情况很多，举不胜举。这是我刚担任沭阳主簿时，见到地方志中新增加了这件事，后世不知道它的来由，往往认为是据实所录，因而随手记录于此，由此可见世上的地理书都不可完全信从。古墓以北又有孝女墓和庙，形状十分壮观，是属于官府祭祀的庙宇。孝女也是汉代东海人，现在的东海既然不是汉东海郡旧地，那么孝女的墓和庙也是后人附会县名而造作的。

## 73. 桂屑除草

《杨文公谈苑》记江南后主患清暑阁前草生，徐锴令以桂屑布砖缝中，宿草尽死，谓：“《吕氏春秋》云‘桂枝之下无杂木’，盖桂辛螫故也。”然桂之杀草木自是其性，不为辛螫也。《雷公炮炙论》云：“以桂为丁以钉木中，其木即死。”一丁至微，未必能螫大木，自其性相制耳。

【译文】《杨文公谈苑》记载说南唐李后主忧虑清暑阁前杂草滋生，徐锴叫人把桂枝的碎屑洒在砖缝中，过了一夜草都死了，并说："《吕氏春秋》说'桂枝之下无杂木'，是由于肉桂气性辛辣致害的缘故。"然而肉桂能杀死草木原就是它的本性，并非由于辛辣致害。《雷公炮炙论》说："用肉桂做成木钉钉在树身上，那树木很快就死了。"一根木钉极其微小，未必能致害大树，自然是它们的本性相互抑制罢了。

## 74. 章华乾溪

天下地名错乱乖谬，率难考信。如楚章华台，亳州城父县、陈州商水县、荆州江陵、长林、监利县皆有之，乾谿亦有数处。据《左传》，楚灵王七年"成章华之台，与诸侯落之"，杜预注："章华台在华容城中。"华容即今之监利县，非岳州之华容也，至今有章华故台，在县郭中，与杜预之说相符。亳州城父县有乾谿，其侧亦有章华台，故台基下往往得人骨，云楚灵王战死于此；商水县章华之侧亦有乾谿，薛综注张衡《东京赋》引左氏传乃云"楚子成章华之台于乾谿"，皆误说也，《左传》实无此文。章华与乾谿元非一处，楚灵王十一年，"王狩于州来，使荡侯、潘子、司马督、嚣尹午、陵尹喜帅师围徐以惧吴，王次于乾谿"，此则城父之乾谿，灵王八年迁许于夷者乃此地。十二年，公子比为乱，使观从从师于乾谿，王众溃，灵王亡不知所在，平王即位，杀囚，衣之王服而流诸汉，乃取葬之以靖国人，而赴以乾谿。灵王实缢于芊尹申亥氏，他年申亥以王柩告，乃改葬之，而非死于乾谿也。昭王二十七年，吴伐陈，王帅师救陈，次于城父，将战，王卒于城父，而《春秋》又云"弑其君于乾谿"，则后世谓灵王实死于是，理不足怪也。

【译文】天下的地名错误混乱，都很难论定。例如楚王的章华台，在亳州城父、陈州商水以及荆州的江陵、长林、监利县都有，乾谿也有好几处。据《左传》，楚灵王七年"成章华之台，与诸侯落之"，杜预注："章华台在华容城中。"当时的华容就是现在的监利县，不是岳州的华容县，那里至今还有章华台遗址在县城内，与杜预的说法吻合。亳州城父县有乾谿，其附近也有章华台，遗址的地基下常常出土人骨，据说楚灵王就战死在这里；商水县章华的附近也有乾谿，薛综注张衡《东京赋》引《左传》说"楚子成章华之台于乾谿"，都是错误的说法，《左传》其实没有这段文字。章华与乾谿本不是一个地方，楚灵王十一年，"王狩于州来，使荡侯、潘子、司马督、嚣尹午、陵尹喜帅师围徐以惧吴，王次于乾谿"，这是在城父的乾谿，楚灵王八年把许国迁到夷就是这个地方。楚灵王十二年，公子比作乱，派观从跟随部队陈兵乾谿，灵王的部下溃散，灵王逃亡不知下落，楚平王继位后，杀了个囚犯，给尸体穿上灵王的衣服而投在汉水里，然后再捞起来安葬以安定民众，并把灵柩运到乾谿。楚灵王其实是在芋尹申亥氏家中缢死的，后来申亥把灵王的灵柩所在告诉了平王，这才重新改葬，灵王并非死在乾谿。楚昭王二十七年，吴国讨伐陈国，昭王率部队救援，驻扎在城父，在交战前夕，昭王在城父的军营中逝世，而《春秋》又把灵王之死说成"弑其君于乾谿"，因此后世认为灵王是死在这里，也就不足为怪了。

### 75. 建麾谬用旧典

今人守郡谓之"建麾"，盖用颜延年诗"一麾乃出守"，此误也。延年谓"一麾"者，乃指麾之"麾"，如武王"右秉白旄以麾"之"麾"，非旌麾之"麾"也。延年阮始平诗云"屡荐不入官，一麾乃出守"者，谓山涛荐咸为吏部郎，三上武帝不用，后为荀勖一挤遂出始平，故有此句。延年被摈，以此自托耳。自杜牧为登乐游原诗云"拟把一麾江海去，乐游原上望昭陵"，始谬用"一麾"，自此遂为故事。

【译文】现在人把出任地方长官称为"建麾"，取典于颜延年"一麾乃出守"的诗句，这是错误的。颜延年所谓的"一麾"，是指麾的"麾"，也就是武王"右秉白旄以麾"的"麾"，不是表示旌旗的"麾"。颜延年《五君咏》诗说阮咸"屡荐不入官，一麾乃出守"，是指山涛荐举阮咸任吏部郎官，三次奏请武帝都没有得到任命，后来遭到荀勖的排挤就到始平去当太守了，所以才有这样的诗句。颜延年遭到排挤，所以借此自比。自从杜牧作《登乐游原》诗说"拟把一麾江海去，乐游原上望昭陵"，首次错用"一麾"，从此就成为典故了。

### 76. 除

除拜官职谓除其旧籍，不然也。除犹易也，以新易旧曰除，如新旧岁之交谓之"岁除"。《易》："除戎器，戒不虞。"以新易弊，所以备不虞也。阶谓之除者，自下而上，亦更易之义。

【译文】把除授官职称为除去旧职，是不恰当的。除有更易的涵义，用新的来替换旧的叫除，如新旧年交替的日子就称为"岁除"。《易》说："除戎器，戒不虞。"用新的来更换破旧的兵器，正是为了防备意外。阶梯被称为除，是因为它由低升高，也有更易的意思。

### 77. 韩愈画像之谬

世人画韩退之，小面而美髯，著纱帽，此乃江南韩熙载耳，尚有当时所画，题志甚明。熙载谥文靖，江南人谓之"韩文公"，因此遂谬以为退之。退之肥而寡髯，元丰中以退之从享文宣王庙，郡县所画皆是熙载，后世不复可辨，退之遂为熙载矣。

【译文】世间人们所画的韩愈，是小脸庞并有漂亮的胡须，戴着纱帽，这实际是南唐的韩熙载，现在还有当时人的画，上面题写得明明白白。韩熙载的谥号是文靖，所以南唐人称为“韩文公”，因此被错认成韩愈。韩愈肥胖而胡须少，元丰年间将韩愈附祭孔庙，各地孔庙中所画的形像都是韩熙载，后代人已不能区分，韩愈就成了韩熙载。

## 78. 百钱谓陌

今之数钱，百钱谓之“陌”者，借“陌”字用之，其实只是“佰”字，如“什”与“伍”耳。唐自皇甫镈为垫钱法，到昭宗末乃定八十为陌。汉隐帝时，三司使王章每出官钱又减三钱，以七十七为陌，输官仍用八十。至今输官钱有用八十陌者。

【译文】现在计算钱币，把一百钱称为“陌”，是借用了“陌”这个字，其实就是“佰”字，如同“什”和“伍”一样。唐代自从皇甫镈制定垫钱法，到昭宗末年规定八十钱为陌。后汉隐帝时，三司使王章在支付官府经费时又扣除三钱，以七十七钱为陌，而交纳给官府的钱仍以八十钱为陌。到现在交纳给官府的钱仍有以八十钱为陌的。

## 79. 参

《唐书》“开元钱重二铢四参”，今蜀郡亦以十参为一铢。“参”乃古之“絫”字，恐相传之误耳。

【译文】《唐书》说开元钱“重二铢四参”，现在四川地区也以十参为一铢。“参”就是古代的“絫”字，恐怕是相互流传形成的讹误。

## 80. 《蜀道难》非刺严武

前史称严武为剑南节度使放肆不法，李白为之作《蜀道难》。按孟棨所记，白初至京师，贺知章闻其名，首诣之，白出《蜀道难》，读未毕称叹数四。时乃天宝初也，此时白已作《蜀道难》，严武为剑南乃在至德以后肃宗时，年代甚远。盖小说所记各得于一时见闻，本末不相知，率多舛误，皆此文之类。李白集中称“刺章仇兼琼”，与《唐书》所载不同，此《唐书》误也。

【译文】历史记载说严武当剑南节度使时放肆不遵法度，李白因此而写作了《蜀道难》。据孟棨的记载，李白初到京城时，贺知章听说他的文名，第一个去拜访他，李白拿出《蜀道难》来给他看，贺知章没有读完就已称叹多次，这是天宝初年的事。那时李白已写下了《蜀道难》，严武当剑南节度使乃是在肃宗至德年以后，相差年代很远。稗官小说中记载都是得于一时的道听途说，前后的事情都不知道，所以多有错误失实，就像上面所说的那样。李白集中说这首诗是“刺章仇兼琼”，与《唐书》的记载不同，这是《唐书》错了。

## 81. 云梦考

旧《尚书·禹贡》云“云梦土作乂”，太宗皇帝时得古本《尚书》，作“云土梦作乂”，诏改《禹贡》从古本。余按，孔安国注“云梦之泽在江南”，不然也。据《左传》，吴人入郢，“楚子涉睢济江，入于云中。王寝，盗攻之，以戈击王，王奔郧”。楚子自郢西走涉睢，则当出于江南。其后涉江入于云中，遂奔郧，郧则今之安州，涉江而后至云，入云然后至郧，则云在江北也。《左传》曰“郑伯如楚，王以田江南之梦”，杜预注云：“楚之云、梦跨江南、北。”曰“江南之梦”，则云在江北明矣。元丰中，余自随州道安陆，入于汉口，有景陵主簿郭思者，能言汉、沔间地理，亦以谓江南为梦、江北为云，余以《左传》验之，思之说信然。江南则今之公安、石首、建宁等县，江北则玉沙、监利、景陵等县，乃水之所委，其地最下。江南上淅，水出稍高，云方土而梦已作乂矣。此古本之为允。

【译文】过去的《尚书·禹贡》说“云梦土作乂”，太宗皇帝时得到古本《尚书》，此句作“云土梦作乂”，便下令将《禹贡》的这句话据古本更改。我认为，孔安国注说“云梦之泽在江南”，是不对的。据《左传》记载，吴军攻入郢都，“楚子涉睢济江，入于云中。王寝，盗攻之，以戈击王，王奔郧”。楚王从郢都西逃涉过睢水，应该到了江南。然后过江进入云泽中，再逃奔郧，郧就是现在的安州，过江以后到云泽，进入云泽之后再到郧，那么云泽是在江北。《左传》说“郑伯如楚，王以田江南之梦”，杜预注说：“楚之云、梦，跨江南、北。”既称“江南之梦”，那么云泽在江北是很显然的。元丰年间，我从随州取道安陆，来到汉水入江口，有个担任景陵主簿叫郭思的人，熟悉汉水、沔水一带的地理，也认为江南是梦泽、江北是云泽，我据《左传》来验证，觉得郭思的说法是可信的。江南之梦就是现在的公安、石首、建宁等县，江北之云就是玉沙、监利、景陵等县，这一带是诸水汇集的地方，其地势最低下。江南的地势稍高，所以露出水面的地比江北高，因而云泽刚露出土地而梦泽已可以耕作了。在这点上古本是正确的。

# 梦溪笔谈卷五

## 乐律一

### 82. 三祭之乐本天理

《周礼》："凡乐，圜钟为宫，黄钟为角，太蔟为徵，姑洗为羽，若乐六变则天神皆降，可得而礼矣。函钟为宫，太蔟为角，姑洗为徵，南吕为羽，若乐八变则地祇皆出，可得而礼矣。黄钟为宫，大吕为角，太蔟为徵，应钟为羽，若乐九变则人鬼可得而礼矣。"凡声之高下列为五等，以宫、商、角、徵、羽名之，为之主者曰宫，次二曰商，次三曰角，次四曰徵，次五曰羽。此谓之序，名可易，序不可易。圜钟为宫，则黄钟乃第五羽声也，今则谓之角，虽谓之角，名则易矣，其实第五之声安能变哉，强谓之角而已。先王为乐之意，盖不如是也。世之乐异乎郊庙之乐者，如圜钟为宫则林钟角声也，乐有用林钟者则变而用黄钟，此祀天神之音云耳，非谓能易羽以为角也；函钟为宫则太蔟徵声也，乐有用太蔟者则变而用姑洗，此求地祇之音云耳，非谓能易羽以为徵也；黄钟为宫则南吕羽声也，乐有用南吕者则变而用应钟，此求人鬼之音云耳，非谓能变均外间声以为羽也。应钟，黄钟宫之变徵，文、武之世不用二变声，所以在均外。鬼神之情当以类求之，朱弦越席、大羹明酒，所以交于冥莫者异乎养道，此所以变其律也。

声之不用商，先儒以谓恶杀声也，黄钟之太蔟、函钟之南吕皆商也，是杀声未尝不用也，所以不用商者，商，中声也，宫生徵，徵生商，商生羽，羽生角，故商为中声。降兴上下之神，虚其中声，人声也，遗乎人声，所以致一于鬼神也。宗庙之乐，宫为之先，其次角，又次徵，又次羽，宫、角、徵、羽相次者，人乐之序也，故以之求人鬼。世乐之序宫、商、角、徵、羽，此但无商耳，其余悉用，此人乐之序也。何以知宫为先、其次角、又次徵、又次羽？以律吕次序知之也。黄钟最长，大吕次长，太蔟又次，应钟最短，此其序也。圜丘、方泽之乐皆以角为先，其次徵，又次宫，又次羽，始于角木，木生火、火生土、土生水，越金，不用商也。木、火、土、水相次者，天地之序，故以之礼天地。五行之序，木生火、火生土、土生金、金生水，此但不用金耳，其余悉用，此序天地之序也。何以知角为先、其次徵、又次宫、又次羽？以律吕次序知之也。黄钟最长，太蔟次长，圜钟又次，姑洗又次，函钟又次，南吕最短，此其序也。此四音之序也。

天之气始于子，故先之以黄钟；天之功毕于三月，故终之以姑洗。地之功见于正月，故先之以太蔟；毕于八月，故终之以南吕。幽阴之气钟于北方，人之所终归，鬼之所藏也，故先之以黄钟，终之以应钟。此三乐之始终也。角者物生之始也，徵者物之成，羽者物之终。天之气始于十一月，至于正月，万物萌动，地功见处，则天功之成也，故地以太蔟为角，天以太蔟为徵。三月万物悉达，天功毕处，则地功之成也，故天以姑洗为羽，地以姑洗为徵。八月生物尽成，地之功终焉，故南吕以为羽。圜丘乐虽以圜钟为宫，而曰“乃奏黄钟，以祀天神”；方泽乐虽以函钟为宫，而曰“乃奏太蔟，以祭地祇”，盖圜丘之乐始于黄钟，方泽之乐始于太蔟也。天地之乐，止是世乐黄钟一均耳，以此黄钟一均分为天、地二乐。黄钟之均，黄钟为宫，太蔟为商，姑洗为角，林钟为方泽乐而已，唯圜钟一律不在均内。天功毕于三月，则宫声自合在徵之后、羽之前，正当用夹钟也。二乐何以专用黄钟一均？盖黄钟，正均也，乐之全体，非十一均之类也，故《汉志》：“自黄钟为宫，则皆以正声应，无有忽微。他律虽当其月为宫，则和应之律有空积忽微，不得其正。”其均始于十一月、终于八月，统一岁之事也，他均则各主一月而已。古乐有下徵调，沈休文《宋书》曰：“下徵调法，林钟为宫，南吕为商。”林钟本正声黄钟之徵变，谓之“下徵调”。马融《长笛赋》曰：“反商下徵，每各异善。”谓南吕本黄钟之羽，变为下徵之商，皆以黄钟为主而已。此天地相与之序也。人鬼始于正北，成于东北，终于西北，萃于幽阴之地也。始于十一月而成于正月者，幽阴之魄稍出于东方也，全处幽阴则不与人接，稍出于东方，故人鬼可得而礼也，终则复归于幽阴，复其常也。唯羽声独远于他均者，世乐始于十一月、终于八月者，天地岁事之一终也，鬼道无穷，非若岁事之有卒，故尽十二律然后终，事先追远之道，厚之至也。此庙乐之始终也。人鬼尽十二律为义，则始于黄钟，终于应钟，以宫、商、角、徵、羽为序，则始于宫声，自当以黄钟为宫也。天神始于黄钟，终于姑洗，以木、火、土、金、水为序，则宫声当在太蔟徵之后、姑洗羽之前，则自当以圜钟为宫也。地祇始于太蔟，终于南吕，以木、火、土、金、水为序，则宫声当在姑洗徵之后、南吕羽之前，中间唯函钟当均，自当以函钟为宫也。天神用圜钟之后、姑洗之前，唯有一律自然合用也。不曰夹钟而曰圜钟者，以天体言之也；不曰林钟而曰函钟者，以地道言之也。黄钟无异名，人道也。此三律为宫，次序定理，非可以意凿也。

圜钟六变、函钟八变、黄钟九变同会于卯，卯者昏明之交，所以交上下、通幽明、合人神，故天神、地祇、人鬼可得而礼也。自辰以往常在昼，自寅以来常在夜，故卯为昏明之交，当其中间，昼夜夹之，故谓之夹钟。黄钟一变为林钟，再变为太蔟，三变南吕，四变姑洗，五变应钟，六变蕤宾，七变大吕，八变夷则，九变夹钟。函钟一变为太蔟，再变为南吕，三变姑洗，四变应钟，五变蕤宾，六变大吕，七变夷则，八变夹钟。圜钟一变为无射，再变为中吕，三变为黄钟清宫，四变合至林钟，林钟无清宫，至太蔟清宫为四变，五变合至南吕，南吕无清宫，直至大吕清宫为五变，六变合至夷则，夷则无清宫，直至夹钟清宫为六变也。十二律，黄钟、大吕、太蔟、夹钟四律有清宫，总谓之十六律。自姑洗至应钟八律皆无清宫，但处位而已。此皆天理不可易者。古人以为难知，盖不深索之。听其声，求其义，考其序，无毫发可移，此所谓天理也。一者人鬼以宫、商、角、徵、羽为序者，二者天神、三者地祇皆以木、火、土、金、水为序者，四者以黄钟一均分为天地二乐者，五者六变、八变、九变皆会于夹钟者。

【译文】《周礼·大司乐》说："凡乐，圜钟为宫，黄钟为角，太蔟为徵，姑洗为羽，若乐六变则天神皆降，可得而礼矣。函钟为宫，太蔟为角，姑洗为徵，南吕为羽，若乐八变即地祇皆出，可得而礼矣。黄钟为宫，大吕为角，太蔟为徵，应钟为羽，若乐九变则人鬼可得而礼矣。"音声的高低分为五等，以宫、商、角、徵、羽来命名，排在首位的是宫，其次是商，其三是角，其四是徵，最后是羽。这成为次序，名称可以改换，但次序不可变动。若以圜钟为宫声，那么黄钟就是第五的羽声，现在称为角，虽然称之为角，名称改换了，其实第五等的音声怎么能变动呢，不过被称为角罢了。先王编排乐章的意思，恐怕并不像上面所说的那样。世俗的音乐与祭祀郊庙的音乐不同，例如圜钟为宫则林钟为角声，乐中要用到林钟时便改用黄钟，这是祀天神之乐的需要，并不是说能变羽声为角声；函钟为宫则太蔟为徵声，乐中要用到太蔟时便改用姑洗，这是祀地祇之乐的需要，并不是说能变羽声为徵声；黄钟为宫则南吕为羽声，乐中要用到南吕时改用应钟，这是祭祖宗之乐的需要，并不是说能变音级之外的音声为羽声。应钟是黄钟宫的变徵，文王、武王时代不用变徵、变商，所以在音级之外。鬼神的事情应当根据其性质来理解，如朱弦、蒲席、大羹、新酒，这些用于沟通神灵的东西都不同于平常的生活习惯，这就是祭祀之乐改变其音律的原因。

祭祀乐中不用商声，过去的学者说是讨厌肃杀之声，但乐中黄钟宫之太蔟、函钟宫之南吕都是商声，可见肃杀之声并没有不用，之所以不用商声，因为它是中声，宫生徵、徵生商、商生羽、羽生角，所以商是中声。敦请天下、地下神祇降临时，避开中声，就是略去人声，是为了向鬼神表示虔诚之心。祭宗庙之乐，宫排在最前面，其次是角，再次是徵，最后是羽。以宫、角、徵、羽相序次，是人乐的次序，所以用它来敦请祖先。世俗音乐的次序是宫、商、角、徵、羽，这里仅仅没有商，其它的音声都用，这就是人乐的次序。怎么知道祭乐是以宫、角、徵、羽为序呢？从其音律的次序得知。黄钟最长，其次是大吕，再次是太蔟，应钟最短，这就是它的次序。祭天、地之乐都以角的次序在前，其次是徵，再次是宫，最后是羽，排头的角为木，木生火、火生土、土生水，跳过金，就是不用商。木、火、土、水的排列次序，是天地的次序，所以用来敬奉天地。五行的次序，木生火、火生土、土生金、金生水，这里仅仅不用金，其他的都用，这个次序是天地的次序。怎么知道祭乐是以角、徵、宫、羽为序呢？从其音律的次序得知。黄钟最长，其次是太蔟，再次是圜钟，再次是姑洗，再次是函钟，南吕最短，这就是它的次序。这是祭乐中四音的次序。

天之气始于子，所以把黄钟排在前面；天之功完成于三月，所以把姑洗放在最后。地之功从正月开始显示，所以把太蔟排在最前面；完成于八月，所以把南吕放在最后。幽阴之气集中于北方，这是人的归宿之处，鬼魂的藏身之所，所以把黄钟排在前面，以应钟为终结。这是三大祭乐的开始和终结。角是万物生长的开始，徵是万物的成就，羽是万物的终藏。天之气始于十一月，到了正月，万物萌发复苏，地功开始显示，而天功已经成就，所以祭地乐把太蔟作为角，祭天乐把太蔟作为徵。三月万物都生长起来了，天功全部完成，而地功也已成就，所以祭天乐把姑洗作为羽、祭地乐把姑洗作为徵。八月万物都已生长成熟，地之功全部完成，所以祭地乐把南吕作为羽。祀天神乐虽然把圜钟作为宫，却说“乃奏黄钟，以祀天神”；祭地祇乐虽然把函钟作为宫却说“乃奏太蔟，以祭地祇”，正因为是祀天乐始于黄钟，而祭地乐始于太蔟。祭祀天地神祇之乐，只是世俗音乐中的黄钟宫一调，把这个黄钟宫一调分成天、地二乐。黄钟宫之调，以黄钟为宫、太蔟为商、姑洗为角，林钟则用于祭地祇之乐，只有圜钟一个音声不在调内。天功完成于三月，那么宫声自当在徵以后、羽以前，正应该用夹钟。祭天地神祇之乐为什么专用黄钟宫一调呢？因为黄钟的乐音纯正，涵括乐音的全体，它和其他十一个音声调不一样，所以《汉书·律历志》说：“自黄钟为宫，则皆以正声应，无有忽微。他律虽当其月为宫，则和应之律有空积忽微，不得其正。”黄钟宫始于十一月、终于八月，统摄一年的事情，而其他的音声调仅各主一个月而已。古乐中有下徵调，沈约《宋书》说：“下徵调法，林钟为宫，南吕为商。”在林钟宫中，正声黄钟为变徵，所以称为“下徵调”。马融《长笛赋》说：“反商下徵，每各异善。”是说南吕本是黄钟宫中的羽声，在下徵调中成了商声，可见都是以黄钟为主。这是祭天地乐的次序。祀祖宗之乐始于正北的黄钟，成于东北的太蔟，终于西北的应钟，都汇聚于幽阴的北方。它始于十一月而成就于正月，是表示幽阴之魂稍现于东方，全都处于幽阴的北方就无法与人接触，稍现于东方，所以死去的祖先才能得以敬奉，最后归结于西北方的幽阴之地，是恢复其常态。乐中唯独羽声的音距长于其他音调，是因为世俗音乐始于十一月、终于八月是表示天地时令的一个循环，鬼道无穷尽，不像岁时那样有终结，所以要穷尽了十二个音声才结束，其崇奉祖先的用意是相当深远的。这是祭祖宗之乐的始终。祭祖宗之乐穷尽十二音声显示涵义，就始于黄钟、终止于应钟，以宫、商、角、徵、羽为次序，就始于宫声，自然应当以黄钟为宫声。祀天神乐开始于黄钟、终止于姑洗，以木、火、土、金、水为序，那么宫声应当在太蔟徵之后、姑洗羽之前，自然应当以圜钟为宫声。祭地祇乐开始于太蔟、终止于南吕，以木、火、土、金、水为序，那么宫声应当在姑洗徵之后、南吕羽之前，这中间只有函钟在音级上，自然应当以函钟为宫声。祀天神乐的宫声在圜钟之后、姑洗之前，其间只有一个音声自然合用。不称夹钟而名之为圜钟，是用天的形状来称呼它；不称林钟而名之为函钟，是用地的性质来称呼它；黄钟没有另外的称呼，因为是人道。这是祭乐中以这三个音声为宫声及其次序的一定之理，不能随意穿凿解释的。

圜钟之音六变，函钟之音八变，黄钟之音九变都汇合于卯，卯是黑暗与光明的交汇，正可藉以交接天地、沟通幽明、会合人神，所以天神、地祇、祖宗都能得以敬奉。辰以后都是白天，寅以前都是黑夜，所以卯是黑暗和光明的交汇，与卯相应的音律处于昼夜夹持之中，因而称为夹钟。黄钟一变为林钟，再变为太蔟，三变为南吕，四变为姑洗，五变为应钟，六变为蕤宾，七变为大吕，八变为夷则，九变为夹钟。函钟一变为太蔟，再变为南吕，三变为姑洗，四变为应钟，五变为蕤宾，六变为大吕，七变为夷则，八变为夹钟。圜钟一变为无射，再变为中吕，三变为黄钟清宫，四变正好到林钟，林钟没有清宫，到太蔟清宫为四变，五变正好到南吕，南吕没有清宫，直到大吕清宫为五变，六变正好到夷则，夷则没有清宫，直到夹钟清宫为六变。在十二音律中，黄钟、大吕、太蔟、夹钟四律有清宫，总称为十六律。从姑洗到应钟这八个音律都没有清宫，仅占据一个位置而已。这都是天理而不可更改。古人认为难以理解，恐怕是没有深入求索。谛听它们的声音，寻求它们的涵义，探究它们的次序，一点都无可更改，这就是所谓的天理。一是指祭祖宗之乐以宫、商、角、徵、羽为序；二是祀天神之乐、三是祭地祇之乐，都以木、火、土、金、水为序；四是黄钟宫一调分为祭天、地二乐；五是六变、八变、九变都会合于夹钟。

## 83. 钟吕之义

六吕，三曰钟、三曰吕，夹钟、林钟、应钟，大吕、中吕、南吕。钟与吕常相间、常相对，六吕之间复自有阴阳也。纳音之法，申、子、辰、巳、酉、丑为阳纪，寅、午、戌、亥、卯、未为阴纪。亥、卯、未曰夹钟、林钟、应钟，阴中之阴也。黄钟者，阳之所钟也；夹钟、林钟、应钟，阴之所钟也，故皆谓之钟。巳、酉、丑曰大吕、中吕、南吕，阴中之阳也。吕，助也，能时出而助阳也，故皆谓之吕。

【译文】十二律中的六吕，三个称钟、三个称吕，夹钟、林钟、应钟，大吕、中吕、南吕。钟和吕一般是相互间隔，又相互对应，而六吕本身还有阴阳之分。按纳音之法，申、子、辰、巳、酉、丑为阳纪，寅、午、戌、亥、卯、未为阴纪。亥、卯、未为夹钟、林钟、应钟，是阴中之阴。黄钟是阳气所汇聚之音，而夹钟、林钟、应钟则是阴气所汇聚之音，所以都称为钟。巳、酉、丑为大吕、中吕、南吕，是阴中之阳，吕是襄助的意思，即能经常出来扶助阳气，所以都称为吕。

## 84. 八八为伍

《汉志》："阴阳相生，自黄钟始而左旋，八八为伍。""八八为伍"者，谓一上生与一下生相间，如此则自大吕以后律数皆差，须自蕤宾再上生方得本数，此“八八为伍”之误也。或曰：律无上生吕之理，但当下生而用浊倍。二说皆通，然至蕤宾清宫生大吕清宫，又当再上生，如此时上时下，即非自然之数，不免牵合矣。自子至巳为阳律、阳吕，自午至亥为阴律、阴吕，凡阳律、阳吕皆下生，阴律、阴吕皆上生。故巳方之律谓之中吕，言阴阳至此而中也，中吕当读如本字，作“仲”非也。至午则谓之蕤宾。阳常为主，阴常为宾，蕤宾者，阳至此而为宾也。纳音之法，自黄钟相生，至于中吕而中，谓之阳纪；自蕤宾相生，至于应钟而终，谓之阴纪。盖中吕为阴阳之中，子、午为阴阳之分也。

【译文】《汉书·律历志》说：“阴阳相生，自黄钟始而左旋，八八为伍。”所谓“八八为伍”，是指隔八律上生与隔八律下生相交错，这样推算到大吕以后律数都不对了，必须从蕤宾再上生才得到应有的律数，这是“八八为伍”的错误之处。有人说：律没有上生吕的道理，仍应下生而用加倍的浊律数。这两种说法都解释得通，但到了蕤宾清宫生大吕清宫时，又应该再一次上生，这样时而上生、时而下生，就不是自然之数，不免牵强凑合。从子至巳是阳律、阳吕，从午到亥是阴律、阴吕，凡阳律、阳吕都下生，凡阴律、阴吕都上生。所以对应于巳的音律称为中吕，表示阴阳到此对等，中吕的中应当读作它的本音，读“仲”音是不对的。到午就称为蕤宾。在此以前阳为主而阴为宾，蕤宾的意思就是阳从此开始退居为宾了。按照纳音的方法，从黄钟开始生律，至中吕正好一半，称为阳纪；从蕤宾开始生律，至应钟结束，称为阴纪。中吕是阴阳的中点，而子、午则是阴阳两纪的分界。

## 85. 胫庙

《汉志》言数曰：“太极元气，函三为一。极，中也；元，始也。行于十二辰，始动于子，参之于丑得三，又参之于寅得九，又参之于卯得二十七，历十二辰得十七万七千一百四十七。此阴阳合德，气钟于子，化生万物者也。”殊不知此乃求律吕长短体算立成法耳，别有何义？为史者但见其数浩博，莫测所用，乃曰“此阴阳合德，化生万物者也”。尝有人于土中得一朽弊捣帛杵，不识，持归以示邻里，大小聚观，莫不怪愕，不知何物，后有一书生过，见之曰：“此灵物也。吾闻防风氏身长三丈，骨节专车。此防风氏胫骨也。”乡人皆喜，筑庙祭之，谓之“胫庙”。班固此论，亦近乎胫庙也。

【译文】《汉书·律历志》谈到历数时说：“太极元气，包含天、地、人而混合为一。极就是正中，元就是开端。它在十二辰之间流转，从子启动，三倍子数而在丑得三，又三倍而在寅得九，又三倍而在卯得二十七，遍历十二辰得十七万七千一百四十七。这是阴阳和合，气凝聚于子而化生为万物。”殊不知这乃是求律管长短所规定的计算方法，另外还有什么意义呢？写作史书的人只见到这个数目庞大，不了解它的作用，于是说“这是阴阳和合，气凝聚于子而化生万物”。曾有人在土中挖到一个朽烂的捣衣棒，弄不明白，拿回来给乡邻们看，年长的、年幼的围在一起观看，无不感到惊奇，不知道是什么东西，后来有个书生经过，见到了说："这是神灵之物。我听说防风氏身高三丈，一节骨头装满一辆车。这是防风氏的小腿骨。"乡民们都很高兴，建造了庙宇来祭奠它，称为"胫庙"。班固的这个说法，也类似于胫庙。

## 86. 羯鼓遗音

吾闻《羯鼓录》序羯鼓之声云："透空碎远，极异众乐。"唐羯鼓曲，今唯有邠州一父老能之，有《大合蝉》、《滴滴泉》之曲，予在鄜延时尚闻其声。泾原承受公事杨元孙因奏事回，有旨令召此人赴阙，元孙至邠而其人已死，羯鼓遗音遂绝。今乐部中所有，但名存而已，"透空碎远"了无余迹。唐明帝与李龟年论羯鼓云"杖之弊者四柜"，用力如此，其为艺可知也。

【译文】我听说《羯鼓录》叙述羯鼓的音声说："透空碎远，极异众乐。"唐代的羯鼓曲，现在只有邠州一位老人能演奏，曲子有《大合蝉》、《滴滴泉》，我在鄜延路任职时还听过他的演奏。泾原路走马承受杨元孙因有事奏报回到朝廷，皇上下令召请此人到京城来，等杨元孙抵达邠州时那人已去世，流传下来的羯鼓曲就此失传。现在乐部中的羯鼓曲，不过是徒有其名而已，"透空碎远"的丰貌荡然无存。唐玄宗与李龟年谈论羯鼓演奏时说"杖之弊者四柜"，如此用功，他们的演奏技艺可想而知了。

## 87. 杖鼓

唐之杖鼓本谓之"两杖鼓"，两头皆用杖。今之杖鼓，一头以手拊之，则唐之汉震第二鼓也。明帝、宋开府皆善此鼓，其曲多独奏，如鼓笛曲是也。今时杖鼓，常时只是打拍，鲜有专门独奏之妙，古曲悉皆散亡。顷年王师南征，得《黄帝炎》一曲于交趾，乃杖鼓曲也。"炎"或作"盐"。唐曲有《突厥盐》、《阿鹊盐》，施肩吾诗云"颠狂楚客歌成雪，妩媚吴娘笑是盐"，盖当时语也。今杖鼓谱中有炎杖声。

【译文】唐代的杖鼓原称为"两杖鼓"，两头都用杖击奏。现在的杖鼓，一头用手拍，乃是唐代的汉震第二鼓。唐玄宗、宋璟都擅奏这种鼓，它的曲子大多是独奏，如鼓笛曲就是如此。现在的杖鼓，一般只用来打拍子，很少显示其专门独奏的妙处，古曲全都散失了。近年官军南征，在交趾得到一首《黄帝炎》乐曲，乃是杖鼓曲。"炎"也有写作"盐"的。唐代的曲子有《突厥盐》、《阿鹊盐》，施肩吾的诗说"颠狂楚客歌成雪，妩媚吴娘笑是盐"，这是当时的用语。现在的杖鼓乐谱中就有炎杖声。

## 88. 大遍

元稹《连昌宫词》有"逡巡大遍凉州彻"。所谓"大遍"者，有序、引、歌、䬉、嗺、哨、催、攧、衮、破、行、中腔、踏歌之类，凡数十解，每解有数叠者，裁截用之则谓之"摘遍"。今人大曲皆是裁用，悉非大遍也。

【译文】元稹《连昌宫词》中有"逡巡大遍凉州彻"的诗句。所谓"大遍"，包括序、引、歌、䬉、嗺、哨、催、攧、衮、破、行、中腔、踏歌之类，约数十解，每解有数叠，选摘采用一部分称为"摘遍"。现在的大曲全是选用，都不是大遍。

## 89. 拱辰管

鼓吹部有拱辰管，即古之叉手管也，太宗皇帝赐今名。

【译文】鼓吹乐部中有拱辰管，就是古代的叉手管，太宗皇帝改赐了现在的名称。

## 90. 新制凯歌

边兵每得胜回则连队抗声凯歌，乃古之遗音也。凯歌词甚多，皆市井鄙俚之语，予在鄜延时制数十曲，令士卒歌之。今粗记得数篇，其一："先取山西十二州，别分子将打衙头。回看秦塞低如马，渐见黄河直北流。"其二："天威卷地过黄河，万里羌人尽汉歌。莫堰横山倒流水，从教西去作恩波。"其三："马尾胡琴随汉车，曲声犹自怨单于。弯弓莫射云中雁，归雁如今不寄书。"其四："旗队浑如锦绣堆，银装背嵬打回回。先教净扫安西路，待向河源饮马来。"其五："灵武、西凉不用围，蕃家总待纳王师。城中半是关西种，犹有当时轧吃根勿反儿。"

【译文】边防士兵每当得胜回师便会整支队伍高声唱起凯歌，用的是古代流传下来的曲调。凯歌的歌词很多，都是街巷的通俗话语，我在鄜延任职时曾填写过几十首，让士兵们去唱。现在还粗略记得几首，其一是："先取山西十二州，别分子将打衙头。回看秦塞低如马，渐见黄河直北流。"其二是："天威卷地过黄河，万里羌人尽汉歌。莫堰横山倒流水，从教西去作恩波。"其三是："马尾胡琴随汉车，曲声犹自怨单于。弯弓莫射云中雁，归雁如今不寄书。"其四是："旗队浑如锦绣堆，银装背嵬打回回。先教净扫安西路，待向河源饮马来。"其五是："灵武、西凉不用围，蕃家总待纳王师。城中半是关西种，犹有当时轧吃读根勿反儿。"

## 91. 柘枝旧曲

柘枝旧曲遍数极多，如《羯鼓录》所谓"浑脱解"之类，今无复此遍。寇莱公好柘枝舞，会客必舞柘枝，每舞必尽日，时谓之“柘枝颠”。今凤翔有一老尼，犹是莱公时柘枝妓，云：“当时柘枝尚有数十遍，今日所舞柘枝，比当时十不得二三。”老尼尚能歌其曲，好事者往往传之。

【译文】柘枝旧曲的遍数极多，像《羯鼓录》中所说的“浑脱解”之类，现在就不再有这一遍。寇公喜好柘枝舞，宴请客人必舞柘枝，每舞必定一整天，当时称为“柘枝颠”。现在凤翔有一位老尼姑，曾是寇公时舞柘枝的艺人，她说：“当时的柘枝还有几十遍，现在所舞的柘枝，不及当时遍数的十分之二、三。”老尼姑还能唱那些曲子，有兴趣的人还能传唱。

## 92. 善歌者语

古之善歌者有语，谓“当使声中无字，字中有声”。凡曲，止是一声清浊高下如萦缕耳，字则有喉、唇、齿、舌等音不同，当使字字举本皆轻圆，悉融入声中，令转换处无磊磈，此谓“声中无字”，古人谓之“如贯珠”，今谓之“善过度”是也。如宫声字而曲合用商声，则能转宫为商歌之，此“字中有声”也，善歌者谓之“内里声”。不善歌者，声无抑扬，谓之“念曲”；声无含韫，谓之“叫曲”。

【译文】古代善于歌唱者有句话，说“当使声中无字，字中有声”。凡是乐曲，实际上只是联成一串高低起伏如盘绕细线般的音声，而歌词则有喉、唇、齿、舌等发音部位的不同，必须使每个字的发音清晰圆润，完全融合在乐声中，转腔换字之间无疙瘩，这就是所谓的“声中无字”，古人称为“如贯珠”，现在称为“善过度”。例如歌词是宫声发音的字而曲调却用商声，要能把字转为商声来唱，这就是“字中有声”，善于歌唱的人称为“内里声”。不善歌唱的人，发音没有高低强弱，称为“念曲”；歌声没有感情蕴含，称为“叫曲”。

## 93. 从变之声

五音，宫、商、角为从声，徵、羽为变声。“从”谓律从律、吕从吕，“变”谓以律从吕、以吕从律。故从声以配君、臣、民，尊卑有定，不可相逾；变声以为事、物，则或过于君声无嫌。六律为君声，则商、角皆以律应，徵、羽以吕应；六吕为君声，则商、角皆以吕应，徵、羽以律应。加变徵，则从、变之声已渎矣。隋柱国郑译始条具七均，展转相生，为八十四调，清浊混淆，纷乱无统，竞为新声，自后又有犯声、侧声、正杀、寄杀、偏字、旁字、双字、半字之法，从、变之声无复条理矣。

【译文】在五音中，宫、商、角是从声，徵、羽是变声。“从”是指以律音为宫则属律音、以吕音为宫则属吕音，“变”是指以律音为宫则属吕音、以吕音为宫则属律音。所以从声与君、臣、民相配，尊卑高低有定准，不能相互超越；变声与事、物相配，即使超过君声也没有关系。以六律为君声，商、角以律音相应，徵、羽以吕音相应；以六吕为君声，商、角以吕音相应，徵、羽以律音相应。五音中加上变徵、变宫，那么从、变之声已经混淆。隋柱国郑译首次正式确定七音，使之与十二律相互配合，成为八十四调，清浊之音混杂相淆，乱纷纷毫无体统，人们竞相演奏新声，此后又出现了犯声、侧声、正杀、寄杀、偏字、傍字、双字、半字等手法，从声和变声再也没有条理了。

## 94. 唐乐失古法

外国之声前世自别为四夷乐，自唐天宝十三载始诏法曲与胡部合奏，自此乐奏全失古法，以先王之乐为雅乐，前世新声为清乐，合胡部者为宴乐。

【译文】中原地区之外的音声前代单独区分为四夷乐，自从唐代天宝十三载起下令将法曲与胡乐合在一起演奏，从此音乐演奏完全失去了古代的法度，把先王流传下来的乐曲称为雅乐，汉魏六朝新创作的乐曲称为清乐，与胡乐合奏的称为宴乐。

## 95. 协律

古诗皆咏之，然后以声依咏以成曲，谓之“协律”。其志安和，则以安和之声咏之；其志怨思，则以怨思之声咏之。故治世之音安以乐，则诗与志、声与曲莫不安且乐；乱世之音怨以怒，则诗与志、声与曲莫不怨且怒，此所以审音而知政也。诗之外又有和声，则所谓曲也。古乐府皆有声、有词，连属书之，如曰“贺贺贺”、“何何何”之类，皆和声也。今管弦之中缠声，亦其遗法也。唐人乃以词填入曲中，不复用和声。此格虽云自王涯始，然贞元、元和之间为之者已多，亦有在涯之前者。

又小曲有“咸阳沽酒宝钗空”之句，云是李白所制，然李白集中有《清平乐》词四首，独欠是诗，而《花间集》所载“咸阳沽酒宝钗空”乃云是张泌所为，莫知孰是也。今声词相从，唯里巷间歌谣及《阳关》、《捣练》之类稍类旧俗。然唐人填曲，多咏其曲名，所以哀乐与声尚相谐会，今人则不复知有声矣，哀声而歌乐词，乐声而歌怨词，故语虽切而不能感动人情，由声与意不相谐故也。

【译文】古诗都是吟咏的，然后再用声调根据吟咏韵律谱成歌曲，称为“协律”。诗作的感情安逸平和，就用安逸平和的声调来吟咏；诗作的感情忧郁怨恨，就用忧郁怨恨的声调来吟咏。所以太平盛世的音声安逸快乐，则诗歌和感情、声调与乐曲无不安逸快乐；动乱衰世的音声哀怨愤怒，则诗歌和感情、声调与乐曲无不哀怨愤怒，这就是体察音声而能得知政治的缘故。诗歌之外再加上和声，就是所谓的曲了。古乐府诗都有和声、有词句，结合在一起记录，如称“贺贺贺”、“何何何”之类，就都是和声。现在乐曲中的缠声，也就是流传下来的和声手法。唐人把词句填入曲调中，不再用和声。这种方式虽说是从王涯开始，但贞元、元和年间这样做的人已经很多，也有在王涯之前的。

小曲中的“咸阳沽酒宝钗空”诗句，传说是李白所创作，但李白集中只有《清平乐》词四首，独缺此诗，而《花间集》所载录的“咸阳沽酒宝钗空”之诗则说是张泌所作，不知哪种说法对。现在声调、词意能紧密配合的，只有民间歌谣以及《阳关》、《捣练》之类的乐曲还比较接近过去的传统。然而唐人填曲，多根据曲名的含意，所以悲欢感情与声调还相互配合得当，现在人就不再懂得顾及声调了，用悲哀的声调来吟唱欢乐的歌词，用欢乐的声调来吟唱哀怨的歌词，因而词句虽然深切却不能动人心弦，就是由于声调与意境不相配合的缘故。

## 96. 三调乐

古乐有三调声，谓清调、平调、侧调也，王建诗云“侧商调里唱《伊州》”是也。今乐部中有三调乐，品皆短小，其声噍杀，唯道调、小石法曲用之，虽谓之三调乐，皆不复辨清、平、侧声，但比他乐特为烦数耳。

【译文】古乐中有三调，是指清调、平调、侧调，即王建诗所说的“侧商调里唱《伊州》”。现在乐部中的三调乐，曲子都比较短小，音声激越急促，只有道调、小石调的法曲用这种调式，虽然称为三调乐，都不再区分清、平、侧的调式，仅比其他乐调更为繁复而已。

## 97. 密求徵音之妄

唐《独异志》云：“唐承隋乱，乐虡散亡，独无徵音，李嗣真密求之不得，闻弩营中砧声，求得丧车一铎，入振之，于东南隅果有应者，掘之得石一段，裁为四具，以补乐虡之阙。”此妄也。声在短长、厚薄之间，故《考工记》“磬氏为磬，已上则磨其旁，已下则磨其端”，磨其毫末则声随而变，岂有帛砧裁琢为磬而尚存故声哉？兼古乐宫、商无定声，随律命之，迭为宫、徵。嗣真必尝为新磬，好事者遂附益为之说，既云“裁为四具”，则是不独补徵声也。

【译文】唐人的《独异志》说：“唐代继承了隋代动乱的结局，成套的乐器散失不全，唯独缺少能奏出徵音的乐器，李嗣真私下访求找不到，听到弩营中捣砧的声间，就找来一个丧车上所悬的铃铛，到弩营里去摇东，在东南角果然有应和的声音，在那儿挖得一段石头，分割成四块，以此补上了成套乐器所缺。”这种说法是荒谬的。音声取决于乐器的长短、厚薄，所以《考工记》说“磬氏制作磬，音声太高就挫磨其两侧，音声太低就挫磨其两头”，稍微磨去一点其音声就会随之变化，岂有把捶砧切割琢磨成磬还保留原有音声的呢？再说古代乐音中的宫、商之类没有固定音高，是根据音律来确定的，同一音声可以轮流作为宫、徵。李嗣真一定曾做过新的乐磬，好事者便附会编造了上述说法，既说“分割成四块”，那就不单是补上徵音了。

## 98. 润州玉磬

《国史纂异》云：“润州曾得玉磬十二以献，张率更叩其一，曰：‘晋某岁所造也。是岁闰月，造磬者法月数，当有十三，宜于黄钟东九尺掘，必得焉。’从之，果如其言。”此妄也。法月律为磬，当依节气，闰月自在其间，闰月无中气，岂当月律？此懵然者为之也。扣其一，安知其是晋某年所造？既沦陷在地中，岂暇复按方隅尺寸埋之？此欺诞之甚也。

【译文】《国史纂异》说：“润州曾掘得玉磬十二个献给皇帝，率更令张文成敲击了其中的一个磬，说：‘这是晋代某年所造的。这一年有闰月，造磬的人依照月数制作，应当有十三个，可以到埋黄钟磬以东九尺的地方去挖掘，一定会找到那一个。’按他所说的去做，果然如此。”这种说法是荒谬的。效法月律制磬，应当按照节气，闰月自然也就包括在里面了，闰月没有中气，怎么会与月律相应呢？这是无知的人编造出来的。敲击其中的一个，怎么能知道它是晋某年所造的呢？既然是淤陷在泥土里，哪有机会再按方位尺寸来埋藏它？真是欺妄荒诞到了极点。

## 99. 《霓裳羽衣》曲

《霓裳羽衣》曲，刘禹锡诗云：“三乡陌上望仙山，归作《霓裳羽衣》曲。”又王建诗云：“听风听水作《霓裳》。”白乐天诗注云：“开元中，西京府节度使杨敬述造。”郑嵎《津阳门》诗注云：“叶法善尝引上入月宫，闻仙乐。及上归，但记其半，遂于笛中写之。会西凉府都督杨敬述进婆罗门曲，与其声调相符，遂以月中所闻为散序，用敬述所进为其腔，而名《霓裳羽衣》曲。”诸说各不同。今蒲中逍遥楼楣上有唐人横书，类梵字，相传是《霓裳》谱，字训不通，莫知是非。或谓今燕部有《献仙音》曲，乃其遗声。然《霓裳》本谓之道调法曲，今《献仙音》乃小石调耳，未知孰是。

【译文】关于《霓裳羽衣曲》，刘禹锡的诗说：“三乡陌上望仙山，归作《霓裳羽衣曲》。”又王建的诗说：“听风听水作《霓裳》。”白居易在诗的自注中说：“开元年间，西凉府节度使杨敬述创作。”郑嵎在《津阳门》诗的自注中说：“叶法善曾带玄宗到月宫，聆听仙乐。玄宗回来后，只记得一半，便用笛子把曲子吹出来。适逢西凉府都督杨敬述进献婆罗门曲，与仙乐的声调相符合，就以月中听到的仙乐为散序，用杨敬述所进献的曲子作为旋律，而名之为《霓裳羽衣曲》。”诸家说法各不相同。现在蒲中逍遥楼的门楣上有唐人横写的文字，像是梵文，相传是《霓裳曲》的乐谱，因为不懂文字的含义，不知道是不是。有人说现今燕乐有《献仙音》曲，乃是《霓裳曲》的遗音。但《霓裳曲》原称为道调法曲，而现在的《献仙音》乃是小石调，不知哪一种说法对。

## 100. 乐有志声有容

《虞书》曰：“戛击鸣球、搏拊琴瑟以咏，祖考来格。”鸣球非可以戛击，和之至，咏之不足，有时而至于戛且击；琴瑟非可以搏拊，和之至，咏之不足，有时而至于搏且拊。所谓手之舞之、足之蹈之而不自知其然，和之至，则宜祖考之来格也。和之生于心，其可见者如此。后之为乐者，文备而实不足，乐师之志，主于中节奏、谐声律而已。古之乐师皆能通天下之志，故其哀乐成于心，然后宣于声，则必有形容以表之，故乐有志、声有容，其所以感人深者，不独出于器而已。

【译文】《虞书》说：“戛击鸣球、捕拊琴瑟以咏，祖考来格。”玉磬本不可以刮击，声情和谐达到极点，演奏不足以表达了，有时竟至于又刮又击；琴瑟本不可以拍打，声情和谐达到极点，演奏不足以表达了，有时竟至于又拍又打。这就是所谓手舞足蹈而自己不觉得，声情和谐达到极点，理所当然能使祖先们降临了。和谐是发自于内心的，而外表可以见到的就是这样。后来演奏音乐的人，形式完备而感情不充实，乐师们所追求的，只是节奏准确、声律完美而已。古代的乐师都能通晓天下人的意向，所以悲哀与欢乐都形成于内心，然后宣泄于乐声，就必然有动作表情来表现它，因此乐奏有情感、吟唱有表情，其之所以感人至深，不仅仅是依靠乐器而已。

## 101. 《菩萨蛮》墨本

《新五代史》书唐昭宗幸华州，登齐云楼，西北顾望京师，作《菩萨蛮》辞三章，其卒章曰：“野烟生碧树，陌上行人去。安得有英雄，迎归大内中。”今此辞墨本犹在陕州一佛寺中，纸札甚草草，余顷年过陕曾一见之，后人题跋多，盈巨轴矣。

【译文】《新五代史》记载唐昭宗驾幸华州，登临城西齐云楼，向西北方眺望京城，写下了《菩萨蛮》词三首，其中最后一首说：“野烟生碧树，陌上行人去。安得有英雄，迎归大内中。”现在这首词的手迹还保存在陕州的一所佛寺里，纸张甚为粗糙，我前些年经过陕州曾见到过一次，后人的题跋很多，几乎满满一大卷轴。

## 102. 郢人善歌辨

世称善歌者皆曰“郢人”，郢州至今有白雪楼，此乃因宋玉对楚王问曰：“客有歌于郢中者，其始曰《下里巴人》，次为《阳阿薤露》，又为《阳春白雪》，引商刻羽，杂以流徵。”遂谓郢人善歌，殊不考其义。其曰“客有歌于郢中者”，则歌者非郢人也。其曰“《下里巴人》，国中属而和者数千人；《阳阿薤露》，和者数百人；《阳春白雪》，和者不过数十人；引商刻羽，杂以流徵，则和者不过数人而已”，以楚之故都人物猥盛，而和者止于数人，则为不知歌甚矣，故玉以此自况。《阳春白雪》皆郢人所不能也，以其所不能者明其俗，岂非大误也？《襄阳耆旧传》虽云“楚有善歌者歌《阳菱白露》、《朝日鱼丽》，和之者不过数人”，复无《阳春白雪》之名。

又今郢州本谓之北郢，亦非古之楚都，或曰楚都在今宜城界中，有故墟尚在，亦不然也，此鄢也，非郢也。据《左传》，楚成王使斗宜申“为商公，沿汉泝江，将入郢，王在渚宫下见之”。沿汉至于夏口然后泝江，则郢当在江上，不在汉上也；又“在渚宫下见之”，则渚宫盖在郢也。楚始都丹阳，在今枝江；文王迁郢、昭王迁都，皆在今江陵境中。杜预注《左传》云：“楚国，今南郡江陵县北纪南城也。”谢灵运《拟邺中集》诗云：“南登宛、郢城。”今江陵北十二里有纪南城，即古之郢都也，又谓之南郢。

【译文】人们把善唱歌的人都称为“郢人”，郢州到现在还有白雪楼，这是因为宋玉在答楚王问中说：“客有歌于郢中者，其始曰《下里巴人》，次为《阳阿薤露》，又为《阳春白雪》，引商刻羽，杂以流徵。”于是就说郢人善于唱歌，完全没有推敲这段话的意思。文中说“客有歌于郢中者”，那么唱歌的就不是郢人。文中说“《下里巴人》，国中属而和者数千人；《阳阿薤露》，和者数百人；《阳春白雪》，和者不过数十人；引商刻羽，杂以流徵，则和者不过数人而已”，作为楚的故都人物众多，而跟着唱的只有几个人，那就太不懂音乐了，所以宋玉以此比喻自己。《阳春白雪》这些歌都是郢人不会的，拿不会的事来证明他们有善于唱歌的习俗，岂不是大错误吗？《襄阳耆旧传》虽然说“楚有善歌者歌《阳菱白露》、《朝日鱼丽》，和之者不过数人”，并没有《阳春白雪》的名称。

现在的郢州本来称为北郢，也不是古时候的楚都，有人说楚都在现在的宜城境内，有遗址留存，也是不对的，这是鄢，不是郢。据《左传》记载，楚成王命斗宜申“为商公，沿汉溯江，将入郢，王在渚宫下见之”。沿汉水到了夏口然后溯江而上，那么郢应该在长江边上，不在汉水沿岸；楚王又“在渚宫下见之”，那么渚宫应该在郢。楚国始建都于丹阳，在现在的枝江；楚文王迁都至郢、楚昭王迁都至鄀，都在现今的江陵境内。杜预注《左传》说：“楚国，今南郡江陵县北纪南城也。”谢灵运《拟邺中集》诗说：“南登宛、郢城。”现今江陵北十二里的地方有纪南城，就是古时候的郢都，又称为南郢。

## 103. 纳音

六十甲子有纳音，鲜原其意，盖六十律旋相为宫法也，一律含五音，十二律纳六十音也。凡气始于东方而右行，音起于西方而左行，阴阳相错而生变化。所谓气始于东方者，四时始于木，右行传于火，火传于土，土传于金，金传于水。所谓音始于西方者，五音始于金，左旋传于火，火传于木，木传于水，水传于土。纳音与《易》纳甲同法，乾纳甲而坤纳癸，始于乾而终于坤。纳音始于金，金，乾也；终于土，土，坤也。纳音之法，同类娶妻，隔八生子，此《汉志》语也。此律吕相生之法也。五行先仲而后孟，孟而后季，此遁甲三元之纪也。甲子，金之仲；黄钟之商。同位娶乙丑，大吕之商。"同位"谓甲与乙、丙与丁之类，下皆仿此。隔八下生壬申，金之孟；夷则之商。"隔八"谓大吕下生夷则也，下皆仿此。壬申同位娶癸酉，南吕之商。隔八上生庚辰，金之季。姑洗之商。此金三元终。若只以阳辰言之，则依遁甲逆传仲、孟、季；若兼妻言之，则顺传孟、仲、季也。庚辰同位娶辛巳，中吕之商。隔八下生戊子，火之仲；黄钟之徵。金三元终，则左行传南方火也。戊子娶己丑，大吕之徵。生丙申，火之孟；夷则之徵。丙申娶丁酉，南吕之徵。生甲辰，火之季。姑洗之徵。甲辰娶乙巳，中吕之徵。生壬子，木之仲，黄钟之角。火三元终，则左行传于东方木。如是左行至于丁巳，中吕之宫，五音一终。复自甲午金之仲，娶乙未，隔八生壬寅，一如甲子之法，终于癸亥。谓蕤宾娶林钟，上生太蔟之类。自子至于巳为阳，故自黄钟至于中吕皆下生；自午至于亥为阴，故自林钟至于应钟皆上生。甲子、乙丑金与甲午、乙未金虽同，然甲子、乙丑为阳律，阳律皆下生；甲午、乙未为阳吕，阳吕皆上生。六十律相反，所以分为一纪也。予于《乐论》叙之甚详，此不复纪。

【译文】六十甲子有纳音的方法，人们很少去追究它的涵义，这实际是六十律轮流构成不同调式的方法，一个律含五个音，十二律总共有六十个音。气产生于东方而向右运行，音发端于西方而向左运行，阴阳相互交错发生变化。所谓气产生于东方，是指四季从东方的木开始，向右运行传于南方的火，火传于中央的土，土传于西方的金，金传于北方的水。所谓音发端于西方，是指五音从西方的金开始，向左运行传于南方的火，火传于东方的木，木传于北方的水，水传于中央的土。纳音和《易》的纳甲是同样的方法，乾纳甲而坤纳癸，从乾开始到坤终结。纳音发端于金，金就是乾；终结于土，土就是坤。纳音的方法，娶同位的甲子为妻，相隔八位产生新律，这是《汉书·律历志》的话。这就是律吕相互衍生的方法。金、木、水、火、土五行，仲在前面而孟在后面，孟之后是季，这是奇门遁甲上、中、下三元的次序。甲子是金的仲，黄钟的商音。娶同位的乙丑，大吕的商音。"同位"是指甲与乙、丙与丁之类，以下都与此相同。相隔八位下生壬申，是金的孟；夷则的商音。"相隔八位"就是大吕三分损一产生夷则，以下都与此相同。壬申娶同位的癸酉，南吕的商音。相隔八位上生庚辰，是金的季。姑洗的商音。到这里金的三元终结。如果仅就阳辰来说，是依照遁甲次序的仲、孟、季逆向传递；如果兼顾它所娶的同位来说，是孟、仲、季顺向传递。庚辰娶同位的辛巳，中吕的商音。相隔八位下生戊子，是火的仲；黄钟的徵音。金的三元终结，向左运行传于南方的火。戊子娶同位的己丑，大吕的徵音。生出丙申，是火的孟；夷则的徵音。丙申娶同位的丁酉，南吕的徵音。生出甲辰，是火的季。姑洗的徵音。甲辰娶同位的乙巳，中吕的徵音。生出壬子，是木的仲，黄钟的角音。火的三元终结，向左运行传于东方的木。像这样向左运行直到丁巳，即中吕的宫音，五音经历了一个循环。再从甲午金的仲，娶同位的乙未，相隔八位生出壬寅，就像从甲子开始循环那样，终止于癸亥。指蕤宾娶同位的林钟，三分益一产生太蔟之类。从子到巳是阳，所以从黄钟到中吕都是三分损一；从午到亥是阴，所以从林钟到应钟都是三分益一。甲子、乙丑的金与甲午、乙未的金虽然相同，但甲子、乙丑是阳律，阳律都是下生；甲乙、乙未是阳吕，阳吕都是上生。六十律都是这样相互对应，所以分成一个循环单元。我在《乐论》中已对此叙述得很详细，此处不再重复了。

## 104. 旋虫

今太常钟镈皆于甬本为纽，谓之“旋虫”，侧垂之。皇祐中，杭州西湖侧发地得一古钟，匾而短，其枚长几半寸，大略制度如凫氏所载，唯甬乃中空，甬半以上差小，所谓衡者。予细考其制，亦似有义。甬所以中空者，疑钟縻自其中垂下，当衡甬之间，以横栝挂之，横栝疑所谓旋虫也。今考其名，竹筩之“筩”，文从竹、从甬，则甬仅乎空；甬半以上微小者，所以碍横栝，以其横栝所在也，则有衡之义也。其横栝之形，似虫而可旋，疑所谓旋虫。以今之钟镈校之，此衡甬中空，则犹小于甬者，乃欲碍横栝，似有所因；彼衡、甬俱实，则衡小于甬，似无所因。又以其栝之横于其中也，则宜有衡义。实甬直上植之，而谓之衡者何义？又横栝以其可旋而有虫形，或可谓之“旋虫”，今钟则实其纽不动，何缘得“旋”名？若以侧垂之，其钟可以掉荡旋转，则钟常不定，击者安能常当其隧？此皆可疑，未知孰是。其钟今尚在钱塘，予群从家藏之。

【译文】现在太常寺的钟镈都在甬的下部铸有纽，称为“旋虫”，偏向一侧垂挂。皇祐年间，在杭州西湖边掘地得到一个古钟，钟体扁而且短，它的枚长几乎有半寸，规制大体像《考工记·凫氏》所记载的那样，只有甬是中间空心的，甬的上半部稍小，即所谓的衡。我仔细考察了它的结构，也好像有它的道理。甬之所以要中间空心，可能钟绳是从那中间垂下来，在衡甬之间，用一个横的栝来系挂它，那横栝可能就是所谓的旋虫。再从它们的名称来看，竹筩的“筩”字，是竹字头加个甬，因而甬有空的涵义；甬的上半部稍小，是为了挡住横栝，由于横栝就在这个地方，因而有衡的涵义。那横栝的形状，像虫而且能旋动，可能就是所谓的旋虫。拿现在的钟镈来与之对照，出土古钟的衡甬中间空心，因而衡比甬稍小，是为了挡住横栝，似乎有它的道理；现在的钟衡甬都是实心的，衡比甬小，似乎就没有道理了。又因为空心的甬有括横于其中，所以应该有衡的涵义。实心的甬上下一样大地长在钟体上，称它衡有什么意义呢？横栝因为可以旋转且有虫形，也许可以称为"旋虫"，现在的钟都把纽固定在钟体上不动，根据什么称它为"旋"呢？如果把它侧挂起来，那钟可以摆动旋转，因而钟体常常不稳定，演奏者怎么能准确地敲中它的隧呢？这都是有疑问的地方，不知哪个是对的。那个出土古钟现在还在钱塘，我的子侄们收藏在家中。

## 105.《抛球曲》

海州士人李慎言，尝梦至一处水殿中，观宫女戏球。山阳蔡绳为之传，叙其事甚详。有《抛球曲》十余阕，词皆清丽，今独记两阕："侍燕黄昏晚未休，玉阶夜色月如流。朝来自觉承恩醉，笑倩旁人认绣球。""堪恨隋家几帝王，舞裀揉尽绣鸳鸯。如今重到抛球处，不是金炉旧日香。"

【译文】海州士人李慎言，曾梦中到过一个临水的殿庭中，观看宫女抛毬游戏。山阳人蔡绳为此事作了记载，描述得很详细。其中有十几首《抛毬曲》，文词都清新华丽，现在只记得两首："侍燕黄昏晚未休，玉阶夜色月如流。朝来自觉承恩醉，笑倩旁人认绣球。""堪恨隋家几帝王，舞裀揉尽绣鸳鸯。如今重到抛球处，不是金炉旧日香。"

## 106.《广陵散》

《卢氏杂说》："韩皋谓嵇康琴曲有《广陵散》者，以王凌、毌丘俭辈皆自广陵败散，言魏散亡自广陵始，故名其曲曰《广陵散》。"以余考之，"散"自是曲名，如操、弄、掺、淡、序、引之类，故潘岳《笙赋》："辍张女之哀弹，流广陵之名散。"又应璩《与刘孔才书》云："听广陵之清散。"知"散"为曲名明矣。或者康借此名以谏讽时事，"散"取曲名，"广陵"乃其所命，相附为义耳。

【译文】《卢氏杂说》说："韩皋谓嵇康琴曲有《广陵散》者，以王凌、毌丘俭辈皆自广陵败散，言魏散亡自广陵始，故名其曲为《广陵散》。"据我查考，"散"应当是曲名，如同操、弄、掺、淡、序、引之类，所以潘岳《笙赋》说："辍张女之哀弹，流广陵之名散。"又应璩《与刘孔才书》说："听广陵之清散。"可知"散"是曲名明白无疑。或许是嵇康借这个名称来针砭当时政事，"散"取自曲名，"广陵"则是他自已命名的，使两者结合起来有一定意义罢了。

## 107. 篴

马融《笛赋》云“裁以当篴便易持”，李善注谓：“篴，马策也。裁笛以当篴，故便易持。”此谬说也，笛安可为马策？篴，管也，古人谓乐之管为“篴”，故潘岳《笙赋》云：“修篴内辟，余箫外逶。”“裁以当篴”者，余器多裁众篴以成音，此笛但裁一篴，五音皆具。当篴之工不假繁猥，所以便而易持也。

【译文】马融《长笛赋》称“裁以当篴便易持”，李善注说：“篴，马策也。裁笛以当篴，故便易持。”这是错误的说法，笛怎么可以当马鞭呢？篴是管的意思，古人把乐管称为“篴”，所以潘岳《笙赋》说：“修篴内辟，余箫外逶。”所谓“裁以当篴”，是指其他乐器大多以许多乐管来奏出乐声，而笛子仅用一管，就能遍奏五音，演奏的乐工无需繁杂的技法，所以说它方便而容易掌握。

## 108. 笛

笛有雅笛、有羌笛，其形制所始，旧说皆不同。《周礼》：“笙师掌教篪篴。”或云汉武帝时丘仲始作笛，又云起于羌人。后汉马融所赋长笛，空洞无底，剡其上，孔五孔，一孔出其背，正似今之尺八，李善为之注云：“七孔，长一尺四寸。”此乃今之横笛耳，太常鼓吹部中谓之“横吹”，非融之所赋者。融赋云：“《易》京君明识音律，故本四孔加以一。君明所加孔后出，是谓商声五音毕。”沈约《宋书》亦云：“京房备其五音。”《周礼·笙师》注：“杜子春云：‘篴乃今时所吹五空竹篴。’”以融、约所记论之，则古篴不应有五孔，则子春之说亦未为然。今《三礼图》画篴亦横设而有五孔，又不知出何典据。

【译文】笛有雅笛、羌笛，它们的形状、起源，过去的说法都不一样。《周礼》说：“笙师掌教篪篴。”有的说汉武帝时丘仲始作笛，又有的说起源于羌人。东汉马融所吟咏的长笛，中间贯通而无底，修削管口，身开五孔，另一孔开在背面，正像现在的尺八，李善作注说：“七孔，长一尺四寸。”这乃是现在的横笛，在太常的鼓吹部中称为“横吹”，不是马融所吟咏的那种笛。马融的赋说：“《易》京君明识音律，故本四孔加以一。君明所加孔后出，是谓商声五音毕。”沈约《宋书》也说：“京房备其五音。”《周礼·笙师》注说：“杜子春云：‘篴乃今时所吹五空竹篴。’”据马融、沈约所记载的来看，古笛不该有五个孔，那么杜子春的说法也不一定对。现在《三礼图》所画的篴也是横吹而有五孔，又不知道它有什么依据。

## 109. 琴材

琴虽用桐，然须多年木性都尽，声始发越。予曾见唐初路氏琴，木皆枯朽，殆不胜指，而其声愈清。又尝见越人陶道真畜一张越琴，传云古冢中败棺杉木也，声极劲挺。吴僧智和有一琴，瑟瑟徽碧，纹细石为轸，制度、音韵皆臻妙，腹有李阳冰篆数十字，其略云："南溟岛上得一木，名伽陀罗，纹横如银屑，其坚如石，命工斲为此琴。"篆文甚古劲。琴材欲轻、松、脆、滑，谓之四善，木坚如石可以制琴，亦所未谕也。《投荒录》云："琼管多乌樠、呿陀，皆奇木。"疑伽陀罗即呿陀也。

【译文】琴虽然采用桐木，但须保存多年使其木性都脱尽，奏出的音声才激扬。我曾见到过唐代初年的路氏琴，木头都枯朽了，几乎经不起手指触摸，然而它的音声非常清雅。我还曾见到越人陶道真所藏的一张越琴，据说是用古墓里朽坏棺材的杉木板制成的，音声极为刚劲有力。吴地僧人智和有一张琴，用瑟瑟作琴徽，碧纹石作琴轸，规制和音声都达到神妙的程度，琴腹有李阳冰刻写的篆文数十字，大略是说："在南海某个岛上得到一段木材，名叫伽陀罗，木纹横陈如同银屑，材质坚硬得像石头，叫工匠做成这张琴。"这些篆书苍劲有力。琴材必须轻、松、脆、滑，称为四善，木材硬得像石头可以制琴，也难以理解。《投荒录》说："琼管多乌樠、呿陀，皆奇木。"恐怕伽陀罗就是呿陀。

## 110.《虞美人操》

高邮人桑景舒性知音，听百物之声悉能占其灾福，尤善乐律。旧传有虞美人草，闻人作《虞美人》曲则枝叶皆动，他曲不然。景舒试之诚如所传，乃详其曲声，曰："皆吴音也。"他日取琴，试用吴音制一曲，对草鼓之，枝叶亦动，乃谓之《虞美人操》。其声调与《虞美人》曲全不相近，始末无一声相似者，而草辄应之与《虞美人》曲无异者，律法同管也，其知音臻妙如此。景舒进士及第，终于州县官。今《虞美人操》盛行于江湖，人亦莫知其如何为吴音。

【译文】高邮人桑景舒生来就通晓音乐，听了各种东西的声音就能预测它们的祸福，尤其精通乐律。过去传说有一种虞美人草，听到人们演奏《虞美人》曲就摇动枝叶，奏其他的曲子则不动。桑景舒试了一下确如传说的那样，于是仔细详察《虞美人》的曲声，说："都是吴地音调。"过几天他取来琴，试着用吴地音调作了一首曲子，对着虞美人草弹奏，草的枝叶也摇动，便称为《虞美人操》。它的曲调与《虞美人》曲全然不相似，从头到尾没有一处雷同，然而虞美人草仍像演奏《虞美人》曲那样与之相应，是由于乐律相同的缘故，他通晓音乐到了如此高妙的程度。桑景舒曾中进士，在州县官任上去世。现在《虞美人操》盛行于江湖，人们也不知道它为何属于吴地音调。

# 梦溪笔谈卷六

## 乐律二

### 111. 管色定弦

前世遗事，时有于古人文章中见之。元稹诗有“琵琶宫调八十一，三调弦中弹不出”，琵琶共有八十四调，盖十二律各七均，乃成八十四调，稹诗言八十一调，人多不喻所谓。余于金陵丞相家得唐贺怀智琵琶谱一册，其序云：“琵琶八十四调，内黄钟、太蔟、林钟宫声弦中弹不出，须管色定弦，其余八十一调皆以此三调为准，更不用管色定弦。”始喻稹诗言。如今之调琴，须先用管色合字定宫弦，乃以宫弦下生徵，徵弦上生商，上下相生，终于少商。凡下生者隔二弦，上生者隔一弦取之，凡弦声皆当如此。古人仍须以金石为准，《商颂》“依我磬声”是也。今人苟简，不复以弦管定声，故其高下无准，出于临时。怀智琵琶谱调格与今乐全不同，唐人乐学精深，尚有雅律遗法，今之燕乐，古声多亡而新声大率皆无法度，乐工自不能言其义，如何得其声和？

【译文】前代遗留下来的事迹，有时可以在古人的文章中见到。元稹的诗有“琵琶宫调八十一，三调弦中弹不出”之句，琵琶共有八十四调，因十二律各有七调，就构成了八十四调，元稹诗句说八十一调，人们多不了解其中的意思。我在王安石家得到唐代贺怀智的一册琵琶谱，它的序言说：“琵琶八十四调，内黄钟、太蔟、林钟宫声弦中弹不出，须管色定弦，其余八十一调皆以此三调为准，更不用管色定弦。”因而才明白元稹诗句的意思。如同现在的调琴，必须先用觱篥管的“合”字定准宫弦，然后据宫弦下生徵音、据徵弦上生商音，依次相生，直到定下少商弦为止。下生的音隔二弦，上生的音隔一弦取定，凡乐弦定声都应当如此。古人还必须以金石乐器为乐音的标准，就是《诗·商颂》所谓的“依我磬声”。现在的人图省事，不再以觱篥管定弦，所以弦音的高低没有标准，出于临时所取。贺怀智琵琶谱的调名与现在的乐曲调名全然不同，唐人乐学甚为精深，还带有上古雅乐的声律法度，现在的燕乐，古代的声律多已散失而新创的声律大都没有一定的规范，乐工自身不能说出其中的道理，怎么能使音声和谐呢？

## 112. 音声高下

今教坊燕乐比律高二均弱，合字比太蔟微下，却以凡字当宫声，比宫之清声微高。外方乐尤无法，大体又高教坊一均以来，唯北狄乐声比教坊乐下二均。大凡北人衣冠文物多用唐俗，此乐疑亦唐之遗声也。

【译文】现在教坊的燕乐比唐代的乐律高二律不到一点，“合”字比太蔟稍低，却以“凡”字来作为宫声，又比黄钟清宫稍高。中原之外的音声尤其没有法度，一般比教坊乐又要高出一律多，只有北狄乐的声律比教坊乐低二律。北边少数民族的服饰器用大体多沿循唐代的习俗，他们的声乐恐怕也是唐代音声的遗传。

## 113. 燕乐无蕤宾律

今之燕乐二十八调布在十一律，唯黄钟、中吕、林钟三律各具宫、商、角、羽四音，其余或有一调至二三调，独蕤宾一律都无。内中管仙吕调乃是蕤宾声，亦不正当本律。其间声音出入，亦不全应古法，略可配合而已。如今之中吕宫却是古夹钟宫，南吕宫乃古林钟宫，今林钟商乃古夷则商，今南吕调乃古林钟羽，虽国工亦莫能知其所因。

【译文】现在的燕乐二十八调分布于十一律，只有黄钟、中吕、林钟三律各具备宫、商、角、羽四种调式，其余的律或有一调或有二、三调，唯独蕤宾一律什么调都没有。其中的中管仙吕调乃是蕤宾律，但也不正好与本律相合。各调的音声高低，也不完全与古代的法度相符，仅大致上可以相配合而已。例如现在的中吕宫是古代的夹钟宫调，南吕宫是古代的林钟宫调，林钟商是古代的夷则商调，南吕调是古代的林钟羽调，即使是通晓声律的大师也不能知道那是什么道理。

## 114. 今古声律差异

十二律并清宫当有十六声，今之燕乐止有十五声。盖今乐高于古乐二律以下，故无正黄钟声，只以合字当，大吕犹差高，当在大吕、太蔟之间，下四字近太蔟，高四字近夹钟，下一字近姑洗，高一字近中吕，上字近蕤宾，勾字近林钟，尺字近夷则，下工字近南吕，高工字近无射，下凡字近应钟，下凡字为黄钟清，高凡字为大吕清，下五字为太蔟清，高五字为夹钟清。法虽如此，然诸调杀声不能尽归本律，故有偏杀、侧杀、寄杀、元杀之类，虽与古法不同，推之亦皆有理，知声者皆能言之，此不备载也。

【译文】十二律连同清音应该有十六声，现在的燕乐只有十五声。因为现在的乐律高于古乐二律不到一点，所以没有准确的黄钟声，只好用“合”字来充当，大吕还偏高，当在古乐的大吕、太蔟二律之间，“下四”字接近于古乐的太蔟，“高四”字接近于古乐的夹钟，“下一”字接近于古乐的姑洗，“高一”字接近于古乐的中吕，“上”字接近于古乐的蕤宾，“勾”字接近于古乐的林钟，“尺”字接近于古乐的夷则，“下工”字接近于古乐的南吕，“高工”字接近于古乐的无射，“下凡”字接近于古乐的应钟，“下凡”字为古乐的黄钟清，“高凡”字为古乐的大吕清，“下五”字为古乐的太蔟清，“高五”字为古乐的夹钟清。设法虽然如此，但各调的结束音仍不能都回到本调所属的音上来，所以有偏杀、侧杀、寄杀、元杀之类的手法，虽然与古法不同，推论起来也都有道理，凡通晓音律的人都能讲，这里就不一一记载了。

## 115. 同声相应

古法钟磬每虡十六，乃十六律也，然一虡又自应一律，有黄钟之虡、有大吕之虡，其他乐皆然。且以琴言之，虽皆清实，其间有声重者、有声轻者，材中自有五音，故古人名琴，或谓之清徵，或谓之清角。不独五音也，又应诸调。余友人家有一琵琶，置之虚室，以管色奏双调，琵琶弦辄有声应之，奏他调则不应，宝之以为异物。殊不知此乃常理，二十八调但有声同者即应，若遍二十八调而不应，则是逸调声也。古法一律有七音，十二律共八十四调，更细分之尚不止八十四，逸调至多，偶在二十八调中，人见其应则以为怪，此常理耳。此声学至要妙处也，今人不知此理，故不能极天地至和之声。世之乐工，弦上音调尚不能知，何暇及此。

【译文】古代的钟磬每簴有十六个，就是十六律，且每一簴又各自对应一个音律，有黄钟之簴、有大吕之簴，其他乐器都是如此。就拿琴来说，虽然发音都清越圆润，但其中有音声重的、有音声轻的，其本身就有五音之分，所以古人给琴取名字，或称为清徵、或称为清角。不仅是五音，琴还应和各种调式。我朋友的家里有一个琵琶，放在空房间里，用乐管吹奏双调，琵琶弦总会发出音声与之应和，吹奏其他乐调则不应，于是就珍藏起来当作奇异的东西。哪里知道这是普通的道理，只要遇到二十八调中与之音高相同的音声它就会应和，如果奏遍二十八调而没有应声，那它就是调式之外的音声。古代的一个音律可以分别作为七个调式的主音，十二音律共具有八十四个调式，再仔细区分还不止八十四调，调式之外的音声极多，乐弦的音高偶而在二十八调中，人们见到它应和就觉得奇怪，其实是普通的道理。这是音律中最重要而微妙的地方，现在的人不知道这些道理，所以不能表达天地间最和谐的音声。当今的乐工，乐弦上的音调还搞不清楚，哪里还有时间顾到这些。

# 梦溪笔谈卷七

## 象数一

### 116.《奉元历》

开元《大衍历》法最为精密，历代用其朔法，至熙宁中考之，历已后天五十余刻，而前世历官皆不能知。《奉元历》乃移其闰朔，熙宁十年天正元用午时，新历改用子时，闰十二月改为闰正月。四夷朝贡者用旧历，比未款塞，众论谓气至无显验可据，因此以摇新历。事下有司考定，凡立冬晷景与立春之景相若者也，今二景短长不同，则知天正之气偏也，凡移五十余刻，立冬、立春之景方停。以此为验，论者乃屈，元会使人亦至，历法遂定。

【译文】唐代开元时的《大衍历》最精密，历代都沿用它的朔法，到熙宁年间稽考，历法已落后于实际天象五十多刻，而前代的历官都没有能察觉。《奉元历》就改移了它的闰期和朔日，熙宁十年的起算点原在午时，新历改用子时，把闰十二月改为闰正月。四方边远地区前来朝贡的人仍使用旧历，到时候没有来到，大臣们议论说节气到来没有明显的迹象可以依据，以此来反对新历。这件事交给有关部门核查，认为立冬的晷影与立春的晷影应该相等，现在它们的长短不同，可见冬至起算点的时刻有了偏差，共计移动了五十多刻，立冬与立春的晷影才相同。以此作为验证，批评者才无话可说了，元旦朝会时四方的使者也都来了，新历就此定了下来。

### 117. 太阳过宫

六壬天十二辰，亥曰“徵明”为正月将，戌曰“天魁”为二月将。古人谓之“合神”，又谓之“太阳过宫”。“合神”者，正月建寅合在亥、二月建卯合在戌之类；“太阳过宫”者，正月日躔娵訾、二月日躔降娄之类。二说一也，此以《颛帝历》言之也。今则分为二说者，盖日度随黄道岁差。今太阳至雨水后方躔娵訾、春分后方躔降娄，若用合神，则须自立春日便用亥将、惊蛰便用戌将。今若用太阳则不应合神，用合神则不应太阳。以理推之，发课皆用月将加正时，如此则须当从太阳过宫，若不用太阳躔次，则当日当时日月五星、支干、二十八宿皆不应天行，以此决知须用太阳也。然尚未是尽理，若尽理言之，并月建亦须移易，缘目今斗杓昏刻已不当月建，须当随黄道岁差。今则雨水后一日方合建寅，春分后四日方合建卯，谷雨后五日方合建辰，如此始与太阳相符，复会为一说。然须大改历法，事事厘正，如东方苍龙七宿当起于亢、终于斗，南方朱鸟七宿起于东井、终于角，西方白虎七宿起于娄、终于参，北方玄武七宿起于牛、终于奎，如此历法始正，不止六壬而已。

【译文】六壬中的十二神将，亥称为“徵明”是正月的月将，戌称为“天魁”是二月的月将。古人称为“合神”，又称为“太阳过宫”。所谓“合神”，是指正月建寅而与亥相合、二月建卯而与戌相合之类；所谓“太阳过宫”，是指正月太阳运行到娵訾宫、二月太阳运行到降娄宫之类。这两种说法是一样的，这是根据《颛顼历》来说的。现在分成两种说法，是由于太阳的行度在黄道上有岁差。现在太阳要到雨水节后才运行到娵訾宫、春分后才运行到降娄宫，如果采用合神，就必须从立春起就用徵明、惊蛰起就用天魁。若采用太阳过宫就与合神不相符合，采用合神就与太阳过宫不相符合。按道理来推断，六壬起课都用月将加临在时辰之上，这样就必须依照太阳过宫，如果不采用太阳的行度，那么当天当时的日、月、五星及干支、二十八宿都与天体运行不相符合，由此确知必须采用太阳过宫。但这样还不彻底，如果彻底地说，连月建也必须改易，因为如今斗柄黄昏时刻所指的方位已不符合月建了，必须按黄道岁差来修正。现在斗柄在雨水过后一天才指向寅位，春分过后四天才指向卯位，谷雨过后五天才指向辰位，要这样才与太阳过宫相符合，两种方法才能吻合。但这样就要对历法大加修改，事事加以纠正，例如东方的苍龙七宿应当始于亢宿、终于斗宿，南方朱鸟七宿应当始于井宿、终于角宿，西方白虎七宿应当始于娄宿、终于参宿，北方玄武七宿应当始于牛宿、终于奎宿，如此历法才准确，这不仅是六壬的问题。

## 118. 六壬十二辰之名

六壬天十二辰之名，古人释其义曰：“正月阳气始建，呼召万物，故曰徵明。二月物生根魁，故曰天魁。三月华叶从根而生，故曰从魁。四月阳极无所传，故曰传送。五月草木茂盛，逾于初生，故曰胜先。六月万物小盛，故曰小吉。七月百谷成实，自能任持，故曰太一。八月枝条坚刚，故曰天刚。九月木可为枝干，故曰太冲。十月万物登成，可以会计，故曰功曹。十一月月建在子，君复其位，故曰大吉。十二月为酒醴以报百神，故曰神后。”此说极无稽据义理。余按，徵明者，正月三阳始兆于地上，见龙在田，天下文明，故曰徵明。天魁者，斗魁第一星也，斗魁第一星抵于戌，故曰天魁。从魁者，斗魁第二星也，斗魁第二星抵于酉，故曰从魁。斗杓一星建方，斗魁二星建方，一星抵戌，一星抵酉。传送者，四月阳极将退，一阴欲生，故传阴而送阳也。小吉者，夏至之气大往小来，小人道长，小人之吉也，故为婚姻酒食之事。胜先者，王者向明而治，万物相见乎此，胜莫先焉。太一者，太微垣所在，太一所居也。天刚者，斗刚之所建也。斗杓谓之刚，苍龙第一星亦谓之亢，与斗刚相直。太冲者，日、月、五星所出之门户，天之冲也。功曹者，十月岁功成而会计也。大吉者，冬至之气小往大来，君子道长，大人之吉也，故主文武大臣之事。十二月子位北方之中，上帝所居也，神后，帝君之称也。天十二辰也，故皆以天事名之。

【译文】六壬中十二神将的名称，古人解释它们的涵义说："正月阳气刚刚确立，召唤万物，所以称徵明。二月事物长出根芽，所以称天魁。三月花、叶从根上长出，所以称从魁。四月阳气将要达到极点而逐渐衰退，所以称传送。五月草木茂盛，胜过初生，所以称胜先。六月万物仍很茂盛，所以称小吉。七月各种谷物结出果实，能靠自身的力量支撑，所以称太一。八月作物的枝条坚硬，所以称天刚。九月树木长成可用之材，所以称太冲。十月万物都完成了生长，能够考核功绩，所以称功曹。十一月斗柄指向子位，上帝回到了原来的位置，所以称大吉。十二月制作醴酒祭祀各种神祇，所以称神后。"这些说法根本没有推究其中蕴含的道理。我认为，徵明，是说正月三阳开泰，阳气初生，天下万物焕发光彩，所以称徵明。天魁是斗口上的第一颗星，斗口上的第一颗星抵达戌位，所以称天魁。从魁是斗口上的第二颗星，斗口上的第二颗星抵达酉位，所以称从魁。斗柄是一颗星标指方位，斗口是两颗星标指方位，一颗指向戌位、一颗指向酉位。传送，是说四月阳气将要达到极点而逐渐衰退，阴气将要萌生，所以迎阴而送阳。小吉，是夏至的气象，阳气往而阴气来，小人的日子逐渐好过，是小人的吉兆，所以象征婚姻、酒食之类的事。胜先，是说君王南向治理天下，万物在这时都生长起来了，茂盛到了极点。太一是太微垣所在的方位，太一星居住的地方。天刚是斗柄指方位的星。斗柄称为天刚，苍龙七宿的第一宿也称为亢，它与斗柄正相对。太冲是日、月、五星出入的门户，天庭的要冲。功曹，是说十月每年的事情都完成而考核功绩。大吉，是冬至的气象，阴气往而阳气来，君子的日子逐渐好过，是大人的吉兆，所以象征文武大臣的事情。十二月神将位于北方的中央，是上帝所居住的地方，神后是帝君的称呼。因为是上天的十二神将，所以都用上天的事象来命名。

## 119. 天空非神将

六壬有十二神将，以义求之，止合有十一神将。贵人为之主，其前有五将，谓螣蛇、朱雀、六合、勾陈、青龙也，此木、火之神在方左者；方左谓寅、卯、辰、巳、午。其后有五将，谓天后、太阴、玄武、太常、白虎也，此金、水之神在方右者。方右谓未、申、酉、亥、子。唯贵人对相无物，如日之在天，月对则亏，五星对则逆行避之，莫敢当其对，贵人亦然，莫有对者，故谓之天空。空者，无所有也，非神将也，犹月德之有月空也。以之占事，吉凶皆空，唯求对见及有所伸理于君者遇之乃吉。十一将，前二火、二木、一土间之，后当二金、二水、一土间之。玄武合在后二，太阴合在后三，今二神差互，理似可疑也。

【译文】六壬有十二位神将，按理来推求，只该有十一位神将。贵人为神将主宰，它之前有五将，即螣蛇、朱雀、六合、勾陈、青龙，这是在左方的木、火之神；左方指寅、卯、辰、巳、午。它之后有五将，即天后、太阴、玄武、太常、白虎，这是在右方的金、水之神。右方指未、申、酉、亥、子。唯独贵人没有相对的事物，好比是太阳在天空中，月亮与它相对就亏损，五星与它相对就逆行趋避，不敢处在它的对立面，贵人也是如此，没有与它相对的事物，所以称为天空。所谓空，就是没有事物，不是神将，犹如月煞有月空那样。用它来占卜事情，吉凶都落空，唯独要求面见奏对以及有道理向君主申诉时得到它才是吉兆。十一位神将，贵人之前是二火、二木、一土相间，贵人之后应当是二金、二水、一土相间。玄武应当在后二，太阴应当在后三，现在这二者的位次相互颠倒，按理似乎值得怀疑。

## 120. 释辰

天事以辰名者为多，皆本于辰巳之"辰"，今略举数事。十二支谓之十二辰，一时谓之一辰，一日谓之一辰，日、月、星谓之三辰，北极谓之北辰，大火谓之大辰，五星中有辰星，五行之时谓之五辰，《书》曰"抚于五辰"是也，已上皆谓之辰。今考子、丑至于戌、亥谓之十二辰者，《左传》云"日月之会是谓辰"，一岁日月十二会，则十二辰也。日月之所舍始于东方，苍龙角、亢之星起于辰，故以所首者名之。子、丑、戌、亥之月既谓之辰，则十二支、十二时皆子、丑、戌、亥，则谓之辰无疑也。一日谓之一辰者，以十二支言也，以十干言之谓之今日，以十二支言之谓之今辰，故支干谓之日辰。日、月、星谓之三辰者，日、月、星至于辰而毕见，以其所见者名之，故皆谓之辰。四时所见有早晚，至辰则四时毕见，故日加辰为"晨"，谓日始出之时也。星有三类，一经星，北极为之长；二舍星，大火为之长；三行星，辰星为之长，故皆谓之辰。北辰居其所而众星拱之，故为经星之长。大火，天王之座，故为舍星之长。辰星，日之近辅，远乎日不过一辰，故为行星之长。

〔按：本条与《补笔谈》第546条几乎完全相同，唯546条比本条多出百多字的内容。显然是沈括在写成本篇后，又发觉"五辰"的提法，便在本条基础上增补改写成该条，故本条仅存原文，译文见《补笔谈》第546条。〕

## 121. 五行生成数

《洪范》五行数自一至五，先儒谓之此五行生数，各益以土数以为成数，以谓五行非土不成，故水生一而成六，火生二而成七，木生三而成八，金生四而成九，土生五而成十，合之为五十有五。唯《黄帝素问》土生数五，成数亦五，盖水、火、木、金皆待土而成，土更无所待，故止一五而已。画而为图，其理可见。为之图者，设木于东，设金于西，火居南，水居北，土居中央，四方自为生数，各并中央之土以为成数，土自居其位更无所并，自然止有五数，盖土不须更待土而成也，合五行之数为五十则大衍之数也。此亦有理。

【译文】《尚书·洪范》所说的五行数从一到五，前代的儒学者把它称为五行生数，各给它们加上土数作为成数，以表示五行非土不成之理，所以水生于一而成于六，火生于二而成于七，木生于三而成于八，金生于四而成于九，土生于五而成于十，合起来是五十五。唯有《黄帝素问》认为土的生数是五，成数也是五，因为水、火、木、金都有待于土而成，土不再要其他东西来成就，所以只是一个五数而已。把它们画成图，这个道理就显然了。画成的图形是，设木在东方、金在西方、火在南方、水在北方、土在中央，四个方向各自为生数，分别加上中央的土数就是成数，土在自己的位置上不再与谁并合，自然只有五数，因为土不再要土来成就了，把五行的生成数合起来是五十就是大衍之数。这也有道理。

## 122. 揲蓍之法

揲蓍之法，四十九蓍聚之则一，而四十九隐于一中；散之则四十九，而一隐于四十九中。一者道也，谓之无则一在，谓之有则不可取；四十九者用也，静则归于一，动则惟睹其用，一在其间而不可取，此所谓“大衍之数五十，其用四十有九”。

【译文】以蓍成卦的方法，四十九根蓍合拢来是一个整体，而四十九根蓍就孕含在这一个中；分散运演则是四十九根蓍，而这一个就孕含在四十九根蓍中。这个一就是道，说它不存在则有一个整体，说它存在则不能取出；四十九根蓍是实际运用的，静止下来则归结为一个整体，变动起来则只见它的运用，一在其中而不能取出，这就是所谓“大衍之数五十，其用四十有九”。

## 123. 天数之微

世之谈数者盖得其粗迹，然数有甚微者，非恃历所能知，况此但迹而已，至于感而遂通天下之故者，迹不预焉，此所以前知之神，未易可以迹求，况得其粗也。余之所谓甚微之迹者，世之言星者恃历以知之，历亦出乎亿而已，余于《奉元历》序论之甚详。治平中金、火合于轸，以《崇玄》、《宣明》、《景福》、《明》《崇》《钦天》凡十一家大历步之悉不合，有差三十日以上者，历岂足恃哉？纵使在其度，然又有行黄道之里者、行黄道之外者，行黄道之上者、行黄道之下者，有循度者、有失度者，有犯经星者、有犯客星者，所占各不同，此又非历之能知也。又一时之间天行三十余度，总谓之一宫，然时有始末，岂可三十度间阴阳皆同，至交他宫则顿然差别？

世言星历难知，唯五行时日为可据，是亦不然。世之言五行消长者，止是知一岁之间，如冬至后日行盈度为阳、夏至后日行缩度为阴、二分行平度，殊不知一月之中自有消长，如望前月行盈度为阳、望后月行缩度为阴、两弦行平度，至如春木、夏火、秋金、冬水，一月之中亦然。不止月中，一日之中亦然，《素问》云“疾在肝，寅、卯患，申、酉剧；病在心，巳、午患，子、亥剧”，此一日之中自有四时也，安知一时之间无四时，安知一刻、一分、一刹那之中无四时邪，又安知十年、百年、一纪、一会、一元之间又岂无大四时邪？又如春为木，九十日间当亹亹消长，不可三月三十日亥时属木，明日子时顿属火也。似此之类，亦非世法可尽者。

【译文】世上谈论历数的人只不过得到了粗略的迹象，然而历数有相当精妙的地方，不是依仗历法所能得知，何况这仅仅是迹象而已，至于根据阴阳交感的原理会通天下万事，与迹象是毫不相干的，先知的神妙之处就在于，那是不容易从迹象来推求的，更何况只得到了粗略的迹象。我所谓的相当精妙的迹象，世上谈论星象的人是依据历法来了解它们的，历法也是出于推测的东西，这一点我在《奉元历》序言里有很详细的论述。治平年间金星、火星会合于轸宿，用《崇玄》、《宣明》、《景福》、《明天》、《崇天》、《钦天》等共计十一家官历推算都不符合，甚至有相差三十天以上的，历法怎么能依据呢？即便在这个宿度上，又有运行在黄道北侧的、运行在黄道南侧的，运行在黄道上方的、运行在黄道下方的，有遵循行度的、有离开行度的，有干犯经星的、有干犯客星的，所代表的吉凶各不相同，这又不是历法所能知晓的。此外，在一个时辰中天体运行三十度左右，总称为一宫，然而时辰有开始、结尾，怎么可能在三十度中阴阳都相同，而进入另一宫就一下子都不同了呢？

世人都说星象、历法难懂，唯有五行配合季节、月日能作为依据，这也不尽然。世上谈论五行消长的人，只是知道一年中间的变化，例如冬至以后太阳行度增加为阳，夏至以后太阳行度缩减为阴，春、秋分行度均衡，殊不知一个月内也有消长，满月以前月亮行度增加为阳，满月以后月亮行度缩减为阴，上、下弦行度均衡，至于像春属木、夏属火、秋属金、冬属水之类的，在一个月内也是如此。不仅一个月内，一日之内也是如此，《黄帝素问》说“病在肝，寅时、卯时患病，申时、酉时加重；病在心，巳时、午时患病，子时、亥时加重”，这就是一日之内所具有的四季。怎么知道一个时辰内没有四季，怎么知道一刻、一分、一刹那内没有四季呢，又怎么知道十年、一百年、一纪、一会、一元之中不会有大四季呢？又例如春季属木，在九十天里应该在不断地消长，不可以三月三十日亥时属木，次日子时一下子就属火了。像上面所列举的那些，也不是一般方法能够穷尽的。

## 124. 步岁之法

历法步岁之法，以冬至斗建所抵，至明年冬至所得辰刻衰杪谓之“斗分”。故“歲”文从步、从戌，戌者斗魁所抵也。

【译文】历法推算一年的方法，从冬至斗柄所指的方位，到明年冬至的同一方位所得时间长度的非整数部分称为“斗分”。所以“歲”字由步、戌组成，戌是斗口上的星所指的方位。

## 125. 斗建岁差

正月寅、二月卯谓之“建”，其说谓斗杓所建。不必用此说，但春为寅、卯、辰，夏为巳、午、未，理自当然，不须因斗建也，缘斗建有岁差。盖古人未有岁差之法，《颛帝历》冬至日宿牛初，今宿斗六度；古者正月斗杓建寅，今则正月建丑矣。又岁与岁合，今亦差一辰，《尧典》曰“日短星昴”，今乃日短星东壁。此皆随岁差移也。

【译文】正月寅、二月卯称为“斗建”，这种说法是指斗柄的方位。不一定要用这种说法，单就春为寅、卯、辰，夏为巳、午、未来说，乃是理所当然，不需要依据斗建，因为斗建有岁差的缘故。古人不知道岁差的道理，《颛顼历》说冬至日宿牛初，现在太阳停留在斗宿六度；古时候正月斗柄指向寅位，现在正月已指向丑位了。将古今一年的起始点相比较，现在也相差了三十度，《尚书·尧典》说“日短星昴”，现在冬至黄昏时在天顶的是壁宿。这些都是由于岁差而改变的。

## 126. 落下闳历法

《唐书》云：“落下闳造历，自言后八百年当差一算。至唐，一行僧出而正之。”此妄说也。落下闳历法极疏，盖当时以为密耳，其间阙略甚多，且举二事言之。汉世尚未知黄道岁差，至北齐张子信方候知岁差。今以今古历校之，凡八十余年差一度，则闳之历八十年自已差一度，兼余分疏阔，据其法推气朔五星，当时便不可用，不待八十年，乃曰“八百年差一算”，太欺诞也。

【译文】《唐书》说：“落下闳编制历法，自称八百年以后会误差一算。到了唐代，僧人一行来纠正了他的误差。”这是胡说。落下闳的历法极其粗疏，可能当时认为精密，其中欠缺很多，姑且举二点来说。汉代还不知道黄道岁差现象，到了北齐时张子信才观测得知了岁差。现在用古今的历法校核，大体八十多年误差一度，那么落下闳的历法经八十年本身就要误差一度，再加上它所取的值比实际大得多，按照他的方法来推算节气、朔日和五星运行，当时就不能使用，等不到八十年，居然说“八百年误差一算”，太荒谬欺人了。

## 127. 观测极星

天文家有浑仪，测天之器，设于崇台以候垂象者，则古玑衡是也；浑象，象天之器，以水激之或以水银转之，置于密室，与天行相符，张衡、陆绩所为及开元中置于武成殿者皆此器也。皇祐中，礼部试“玑衡正天文之器赋”，举人皆杂用浑象事，试官亦自不晓，第为高等。汉以前皆以北辰居天中，故谓之“极星”，自祖暅以玑衡考验天极，不动处乃在极星之末犹一度有余。

熙宁中，余受诏典领历官，杂考星历，以玑衡求极星，初夜在窥管中，少时复出，以此知窥管小，不能容极星游转，乃稍稍展窥管候之，凡历三月，极星方游于窥管之内常见不隐，然后知天极不动处远极星犹三度有余。每极星入窥管别画为一图，图为一圆规，乃画极星于规中，具初夜、中夜、后夜所见各图之，凡为二百余图，极星方常循圆规之内，夜夜不差。余于熙宁历奏议中叙之甚详。

【译文】天文家有浑仪，是观测天体的器具，设置在高台上来伺望显现的星象，就是古代的玑衡；有浑象，是模拟天体的器具，用水力推动或用水银来使之运转，安放在密室中，与天体的运行相符合，张衡、陆绩所制作的以及开元年间安放在武成殿的都属这种器具。皇祐年间，礼部会试以“玑衡正天文之器赋”为题，举人们都混杂采用了浑象的事情，考官自己也不懂得，把他们列为优等。汉朝以前都认为北极星位于天空的正中，所以称之为“极星”，自从祖暅用浑仪考察验证天极，发现不动的部位离极星还有一度多。

熙宁年间，我奉命管理历法方面的事务，多方查考记载天体位置的典籍，用浑仪测定极星，夜初在窥管的视野里，不多久就移出去了，因此知道窥管视野小，不能容纳极星游动移转，于是稍许扩展窥管口径来伺望，前后历经三个月，极星才游动在窥管的视野内始终能看见而不消失，这才知道天极不动的部位离极星还有三度多。每当极星进入窥管视野就另外画成一张图，图上有个圆形的尺度，极星就画在这个尺度里，把夜初、夜中、夜末所见到的分别成图，共画了二百多张图，极星才始终按尺度上标出的位置运行，每夜没有差误。我在熙宁历的奏议中对此叙述得很详细。

## 128. 刻漏

古今言刻漏者数十家，悉皆疏缪。历家言晷漏者，自《颛帝历》至今，见于世谓之大历者凡二十五家，其步漏之术皆未合天度。余占天候景，以至验于仪象，考数下漏凡十余年，方粗见真数，成书四卷，谓之《熙宁晷漏》，皆非袭蹈前人之迹。其间二事尤微，一者，下漏家常患冬月水涩、夏月水利，以为水性如此，又疑冰澌所壅，万方理之终不应法。余以理求之，冬至日行速，天运未期而日已过表，故百刻而有余；夏至日行迟，天运已期而日未至表，故不及百刻。既得此数，然后复求晷景、漏刻莫不泯合，此古人之所未知也。二者，日之盈缩，其消长以渐，无一日顿殊之理，历法皆以一日之气短长之中者播为刻分，累损益气初日衰，每日消长常同，至交一气则顿易刻衰，故黄道有觚而不圆，纵有强为数以步之者，亦非乘理用算，而多形、数相诡。大凡物有定形，形有真数。方圆端斜，定形也；乘除相荡，无所附益，泯然冥会者，真数也。其术可以心得，不可以言喻。黄道环天正圆，圆之为体，循之则其妥至均，不均不能中规衡；绝之则有舒有数，无舒数则不能成妥。以圆法相荡而得衰，则衰无不均；以妥法相荡而得差，则差有疏数。相因以求从，相消以求负，从、负相入，会一术以御日行。以言其变，则秒刻之间消长未尝同；以言其齐，则止用一衰，循环无端，终始如贯，不能议其隙。此圆法之微，古之言算者有所未知也。以日衰生日积，反生日衰，终始相求，迭为宾主，顺循之以索日变，衡别之求去极之度，合散无迹，泯如运规，非深知造算之理者不能与其微也。其详具余奏议，藏在史官及余所著《熙宁晷漏》四卷之中。

【译文】古今谈论刻漏的有几十家，全都粗疏谬误。历法家论述日晷、刻漏的，从《颛顼历》至现在，见于世人称为大历的共二十五家，它们推步刻漏的方法都不合乎天体的运行。我观察天象、测量日影，并用浑仪、浑象进行校验，考核数据、操作刻漏共十多年，才初步得到合乎实际的数据，写成四卷书，叫做《熙宁晷漏》，完全没有蹈袭前人的做法。其中有两件事尤其精微，其一是，操作刻漏的人常常困扰于冬天水流滞涩、夏天水流滑利，认为水性就是如此，又怀疑是水结冰堵塞了壶嘴，多方设法总不能合乎要求。我从道理上推求，冬至前后太阳运行迅速，天象运行还没有周天而太阳已经超过了表影，所以一天超过了百刻；夏至前后太阳运行迟缓，天象运行已经周天而太阳却没有达到表影，所以一天够不上百刻。得到这个数据后，再去核查晷影、漏刻无不吻合，这是古人所不知道的。其二是，太阳运行的迟速，其增长和消减是渐进的，没有一下子突然变动的道理，历法都以一个节气中各天长短的平均值均分为刻与分，累计损益节气之初日长差额，每天的增减量都相同，到进入下一节气就一下子改变了差量，因此黄道就像有了棱角而不圆了，即使勉强用数值来进行推算，也不是合乎道理地进行运算，大多形状与数值不相符合。大凡物体都有确定的形状，每种形状都有符合实际的数据，方、圆、正、斜，都是确定的形状；通过乘除之类的运算，不作任何修正，能完全相吻合的，是符合实际的数据。这种方法能悉心领悟，却不能用言语来表达。黄道环绕天空是个正圆，圆这种形体，沿着它的轨迹运行则盈缩极其匀称，不匀称就不能用圆规来量度；分别看待则有快有慢，没有快慢就不能产生盈缩。根据圆形法度进行推算所得的差额，其数值总是相等；根据盈缩法度进行推算所得的差额，其数值就有大小。把它们相互乘起来求取总值，相互抵消以求取差额，把总值与差额汇总起来，形成一种方法来把握太阳的运行。从变化上来说，每秒每刻之间的增减都不相等同；从一致上来说，只用一个差额就能循环往复，始终连贯，无法找出它的误差。这种圆形法度的精微，是过去谈论历算的人所不太知道的。通过日长差额求出累积的日长，又反过来得出日长差额，反复推算，交替互求，根据其运行来推算每天长度的变化，根据其差别来求得距离北极的度数，聚合离散没有误差，吻合得如同运转圆规那样，不是精通算理的人是无法体会其中之精微的。这方面的详细说明都写在我的奏议里，在史官的档案和我的四卷《熙宁晷漏》中可以见到。

## 129. 二十八宿

予编校昭文书时预详定浑天仪，官长问余：“二十八宿多者三十三度，少者止一度，如此不均何也？”予对曰：“天事本无度，推历者无以寓其数，乃以日所行分天为三百六十五度有奇。日平行三百六十五日有余而一朞天，故以一日为一度。既分之，必有物记之，然后可窥而数，于是以当度之星记之。循黄道，日之所行一朞，当者止二十八宿星而已，度如伞橑，当度谓正当伞橑上者，故车盖二十八弓以象二十八宿，则余浑仪奏议所谓“度不可见，可见者星也。日、月、五星之所由有星焉，当度之画者凡二十有八，谓之舍。舍所以挈度，度所以生数也”。今所谓‘距度星’者是也。非不欲均也，黄道所由当度之星止有此而已。”

【译文】我在在昭文馆任职时曾参预审定浑天仪，官长问我：“二十八宿度数多的达三十三度，少的只有一度，如此不均匀是什么原因？”我答道：“天体原本是没有度数的，推算历法的人没有东西来表示有关数据，就把太阳运行的路径分为三百六十五度多一点。太阳平均运行三百六十五天多一周天，所以把它一天的路径作为一度。既然划分了度数，必定要有东西来作标志，才能进行观测和计算，于是就以正当度数的星作为标志。沿着黄道，太阳所运行一周天的路径上，正当度数的只有二十八宿的星而已，度就像伞骨，正当度数是指正处在伞骨上，所以车盖有二十八根伞骨来象征二十八宿，这就是我在浑仪奏议中所说的“度不能看见，能看见的是星。日、月、五星所经过的地方有星存在，正当度数的标记共有二十八处，称为舍。舍是用来标志度数的，度是用来表示数据的”。这就是现在所说的

'距度星'。并不是不想均匀划分，而是黄道路径上当度的星只有这些而已。"

## 130. 日月之形

又问予以："日、月之形如丸邪，如扇也？若如丸，则其相遇岂不相碍？"余对曰："日、月之形如丸。何以知之？以月盈亏可验也。月本无光，犹银丸，日耀之乃光耳。光之初生，日在其旁，故光侧而所见才如钩；日渐远则斜照，而光稍满如一弹丸。以粉涂其半，侧视之则粉处如钩，对视之则正圆，此有以知其如丸也。日、月，气也，有形而无质，故相值而无碍。"

【译文】官长又问我："日、月的形状像弹丸呢，还是像团扇？如果像弹丸，那么它们相遇时难道不会撞上吗？"我答道："日、月的形状像弹丸。怎么知道这一点呢？通过月亮的盈亏能验证。月亮本身没有光，好像银质的弹丸，太阳照射它时才发光。月光初现时，太阳在它的旁边，所以照亮了侧面看起来像钩一样；太阳逐渐远去而光线斜照，发光的部分渐渐圆满如一颗弹丸。用粉涂抹它一半，侧面看涂粉的地方就像钩，正面看就是圆的，由此可以知道月亮像个弹丸。日、月都是气，有形状而没有实质，所以相遇而不会撞上。"

## 131. 日月蚀

又问："日、月之行，月一合一对而有蚀、不蚀，何也？"余对曰："黄道与月道如二环相叠而小差，凡日、月同在一度相遇则日为之蚀，同在一度相对则月为之亏。虽同一度而月道与黄道不相近，自不相侵；同度而又近黄道、月道之交，日、月相值，乃相凌掩。正当其交处则蚀而既，不全当交道则随其相犯浅深而蚀。凡日蚀，当月道自外而交入于内，则蚀起于西南、复于东北；自内而交出于外，则蚀起于西北而复于东南。日在交东则蚀其内，日在交西则蚀其外，蚀既则起于正西、复于正东。凡月蚀，月道自外入内，则蚀起于东南、复于西北；自内出外，则蚀起于东北而复于西南。月在交东则蚀其外，月在交西则蚀其内，蚀既则起于正东、复于正西。交道每月退一度余，凡三百四十九交而一朞，故西天法罗睺、计都皆逆步之，乃今之交道也。交初谓之'罗睺'，交中谓之'计都'。"

【译文】官长又问我："日、月的运行，每月一次相合一次相对却不一定有蚀，为什么呢？"我答道："黄道与白道如同两个环相互重叠而略有错开，日、月在同一黄经度上相遇就发生日蚀，在同一黄经度上相对就发生月蚀。虽然同在一个黄经度上但白道与黄道不相接近，自然不相互侵犯；同在一个黄经度上而且又接近黄道、白道的交点，日、月相遇，就互相遮掩。正好处在交点上就有全蚀，不是正处在交点上就随着它们侵凌的程度深浅而蚀。日蚀时，如月亮自南至北穿过黄道，就从西南开始蚀而复圆于东北；如自北至南穿过黄道，就从西北开始蚀而复圆于东南。太阳在交点东面时就北部被蚀，太阳在交点西面就南部被蚀，全蚀则开始于正西而复圆于正东。月蚀时，如月亮自南至北穿过黄道，就从东南开始蚀而复圆于西北；如自北至南穿过黄道，就从东北开始蚀而复圆于西南。月亮在交点东面就南部被蚀，月亮在交点西面就北部被蚀，全蚀则开始于正东而复圆于正西。黄、白道的交点每月向西移动一度多，经三百四十九个交点月而回到原位，所以西方历法中的罗睺、计都都是反向运行的，就是现在所说的黄、白道交点。交初称为'罗睺'，交中称为'计都'。"

## 132. 三代旧术

古之卜者皆有繇辞，《周礼》"三兆，其颂皆千有二百"，如"凤凰于飞，和鸣锵锵"、"间于两社，为公室辅"、"专之渝，攘公之羭，一熏一莸，十年尚犹有臭"、"如鱼窥尾，衡流而方羊，裔焉，大国灭之，将亡，阖门塞窦，乃自后逾"、"大横庚庚，余为天王，夏启以光"之类是也，今此书亡矣。汉人尚视其体，今人虽视其体而专以五行为主，三代旧术莫有传者。

【译文】古代的龟卜都有繇辞，《周礼》说"三兆，各有一千二百条颂词"，如"凤凰于飞，和鸣锵锵"、"间于两社，为公室辅"、"专之渝，攘公之羭，一薰一莸，十年尚犹有臭"、"如鱼窥尾，衡流而方羊，裔焉，大国灭之，将亡，阖门塞窦，乃自后逾"、"大横庚庚，余为天王，夏启以光"之类就是，现在这种书亡佚了。汉代人还用它们来判断兆象，现在的人虽然判断兆象却专以五行为依据，上古三代的旧方法都没有传承下来。

## 133. 月行迟速

北齐张子信候天文，凡月前有星则行速，星多则尤速。月行自有迟速定数，然遇行疾者其前必有星，如子信说，亦阴阳相感自相契耳。

【译文】北齐的张子信伺望天象，发现凡是月亮在前方有行星时运行快，行星多就运行尤其快。月亮的运行自有其快慢的一定之规，然而在运行快时它的前方必定有行星，正像张子信所说的那样，这也是阴阳相互感应而自相契合罢了。

## 134. 物理有常有变

医家有五运六气之术，大则候天地之变、寒暑风雨、水旱螟蝗率皆有法，小则人之众疾亦随气运盛衰，今人不知所用而胶于定法，故其术皆不验。假令厥阴用事，其气多风，民病湿泄，岂溥天之下皆多风、溥天之民皆病湿泄邪？至于一邑之间而旸雨有不同者，此气运安在？欲无不谬，不可得也。大凡物理有常、有变，运气所主者常也，异夫所主者皆变也，常则如本气，变则无所不至而各有所占，故其候有从、逆、淫、郁、胜、复、太过、不足之变，其法皆不同。若厥阴用事，多风而草木荣茂，此之谓“从”；天气明絜，燥而无风，此之谓“逆”；太虚埃昏，流水不冰，此之谓“淫”；大风折木，云物浊扰，此之谓“郁”；山泽焦枯，草木凋落，此之谓“胜”；大暑燔燎，螟蝗为灾，此之谓“复”；山崩地震，埃昏时作，此之谓“太过”；阴森无时，重云昼昏，此之谓“不足”。随其所变，疾疠应之，皆视当时、当处之候，虽数里之间，但气候不同而所应全异，岂可胶于一定？

熙宁中，京师久旱，祈祷备至，连日重阴，人谓必雨，一日骤晴，炎日赫然，余时因事入对，上问雨期，余对曰：“雨候已见，期在明日。”众以谓频日晦溽尚且不雨，如此旸燥岂复有望？次日果大雨。是时湿土用事，连日阴者从气已效，但为厥阴所胜，未能成雨，后日骤晴者燥金入候，厥阴当折则太阴得伸，明日运气皆顺，以是知其必雨。此亦当处所占也，若他处候别，所占亦异，其造微之妙间不容发。推此而求，自臻至理。

【译文】医家有五运六气的法术，大的方面如推断天地变化、寒暑风雨、水旱蝗灾都有一定的规则，小的方面如人的各种疾病也随着气运而盛衰变动，现在的人不了解它的作用，拘泥于死板套路，所以它的法术都没有效验。如果厥阴木运占主导地位，它的气多风，民众患腹泻病，难道普天之下都是多风、天下民众都患腹泻病吗？乃至于在同一城邑而晴雨也有不同的，它们的气运怎么说呢？要想没有错讹，是不可能的。大体来说事物运动有常理、有变化，运气所主导的是常理，不同于运气所主导的都是变化，常理遵循本气，变化则无所不至而各有征兆，所以有从、逆、淫、郁、胜、复、太过、不足的变化，对应的方法都不相同。如果厥阴木运占主导地位，多风而草木生长繁盛，这称为“从”；天气明朗，干燥而没有风，这称为“逆”；天空尘土飞扬，水流不结冰，这称为“淫”；大风吹断树木，乌云翻滚，这称为“郁”；山泉枯竭，草木凋落，这称为“胜”；干燥闷热，蝗虫成灾，这称为“复”；山崩地震，尘土飞扬，这称为“太过”；整天阴森森，云层浓厚，白天昏暗，这称为“不足”。随着这些变化，各种流行病相应发生，都根据当时、当地的征候，即使在几里之内，只要气候不同，相应的现象全都不同，怎么能拘泥于死板套路呢？

熙宁年间，京城里旱了很久，求鬼问神的做法都用过了，一连几天阴得很厉害，人们说一定会下雨了，一天忽然放晴，烈日当空，我当时因为有事去朝见，皇上问我下雨的日期，我答道：“下雨的征兆已经显露，估计就在明天。”众人都说，连日阴沉闷热尚且不下雨，像这样天晴干燥怎么还会有希望呢？第二天果然下了大雨。当时是太阴土运占主导地位，连日阴天跟随运的气已经显露，但被厥阴木运所抑制，没有能成为雨，后来突然放晴是阳明金运进入的征兆，厥阴木运应当被克制，太阴土运得以伸展，第二天运气都顺应，因此知道必然会下雨。这也是当地的推断，如果别的地方征兆不同，推断的结果也两样，其间的精微奥妙之处不容许有丝毫差错。据此来进行推求，自然能达到尽善尽美的境界。

## 135. 岁运主客气

岁运有主气、有客气，常者为主，外至者为客。初之气厥阴以至终之气太阳者，四时之常序也，故谓之“主气”。唯客气本书不载其目，故说者多端，或以甲子之岁天数始于水下一刻、乙丑之岁始于二十六刻、丙寅岁始于五十一刻、丁卯岁始于七十六刻者，谓之“客气”，此乃四分历法求大寒之气，何预岁运？又以“相火之下，水气承之”、“土位之下，风气承之”，谓之“客气”，此亦主气也，与六节相须，不得为客。大率臆计，率皆此类。凡所谓客者，岁半以前天政主之，岁半以后地政主之，四时常气为之主，天、地之政为之客。逆主之气为害暴，逆客之气为害徐，调其主、客无使伤沴，此治气之法也。

【译文】一年的运气中有主气、有客气，经常起作用的是主气，除此之外起作用的是客气。初气厥阴风木到终气太阳寒水，是四季的正常次序，所以称为“主气”。唯独客气在《素问》中没有记载它的名目，所以有各种不同的说法，有的把甲子年的历数起始于上一年结束后的第一刻、乙丑年起始于前一年最后一天的二十六刻、丙寅年起始于前一年最后一天的五十一刻、丁卯年起始于前一年最后一天的七十六刻称为“客气”，这乃是四分历法中求大寒之气的方法，与年中的运气有什么关系呢？又有人把“相火之下，水气承之”、“土位之下，风气承之”，称为“客气”，这也是主气，与六个时节相关联，不能算作客气。大体上主观猜想的说法，都与此差不多。所谓客气，上半年的初、二、三气由司天之气支配，下半年的四、五、终气由在泉之气支配，四个季节的常气是主气，司天、在泉之气是客气。扰乱了主气造成的为害迅猛，扰乱了客气造成的为害缓慢，调节每年的主气、客气，不使它们受到伤害，这是治气的方法。

## 136. 六气配六神

六气，方家以配六神。所谓青龙者，东方厥阴之气，其性仁、其神化、其色青、其形长、其虫鳞，兼是数者，唯龙而青者可以体之，然未必有是物也。其他取象皆如是。唯北方有二，曰玄武，太阳水之气也；曰螣蛇，少阳相火之气也。其在于人为肾，肾亦二，左为太阳水、右为少阳相火，火降而息水，水腾而为雨露，以滋五脏，上下相交，此坎离之交以为否泰者也，故肾为寿命之藏；左阳、右阴，左右相交，此乾坤之交以生六子者也，故肾为胎育之脏。中央太阴土曰勾陈，中央之取象唯人为宜，勾陈者天子之环卫也，居人之中，莫如君，何以不取象于君？君之道无所不在，不可以方言也。环卫居人之中央而中虚者也，虚者妙万物之地也，在天文，星辰皆居四旁而中虚，八卦分布八方而中虚，不虚不足以妙万物。其在于人，勾陈之配则脾也。勾陈如环，环之中则所谓黄庭也，黄者中之色，庭者宫之虚地也。古人以黄庭为脾，不然也。黄庭有名而无所，冲气之所在也，脾不能与也，脾主思虑，非思之所能到也。故养生家曰能守黄庭则能长生，黄庭者以无所守为守，唯无所守乃可以长生。或者又谓黄庭在二肾之间，又曰在心之下，又曰黄庭有神人守之，皆不然。黄庭者，虚而妙者也，强为之名，意可到则不得谓之虚，岂可求而得之也哉？

【译文】六气，方术家用来配合六神。所谓青龙，就是东方厥阴之气，它的性格仁慈、它的神态变幻、它的颜色青绿、它的形状修长、它的动物有麟，兼有这几项特点的东西，唯有青色的龙可以符合，但未必有这样的动物。其他气的取象都是如此。唯独北方有两个神，称为玄武的是太阳寒水之气，称为螣蛇的是少阳相火之气。它在人的身上对应肾，肾也有两个，左侧为太阳寒水、右侧为少阳相火，火气下降而止息水气，水气上升而化为雨露，以此滋润五脏，上下相互交融，这是水火交汇而生出吉凶，所以肾是与寿命相关的脏腑；左侧为阳、右侧为阴，左右相互交融，这是乾坤交合生出六个子女，所以肾又是与生长发育相关的脏腑。中央太阴土的神称为勾陈，中央的取象唯有人才适宜，勾陈是天子的护卫，位居人体中央，没有比它更像君主了，那为什么不取像君主呢？君主的原则无处不在，不能用方位来比喻。护卫位居人体中央而中间空虚，虚是完善万物的场所，在天象上，星宿都居留在四周而中央空虚，八卦分布八个方位而中央空虚，不空虚就不足以完善万物。在人的身上，勾陈所配的是脾。勾陈如同环，环的中央就是所谓的黄庭，黄是中央的色彩，庭是房屋中的空旷地方。古人把黄庭作为脾，是不对的。黄庭有名称而没有具体位置，是冲虚之气所在，脾是不能担当的，脾主管思虑，黄庭不是意念所能抵达的，所以养生家说能守护黄庭就能长生，黄庭把无所守护作为守护，正因为无所守护才能长生。有人又说黄庭在两个肾之间，也有人说在心的下面，还有人说黄庭有神灵守护，都是不对的。黄庭既空虚而又神妙，是人为安上的名称，意念能抵达就不能称为空虚，怎么可以去寻求坐实它呢？

## 137. 数理得之自然

《易》象九为老阳、七为少，八为少阴、六为老。旧说阳以进为老、阴以退为老，九、六者乾坤之画，阳得兼阴，阴不得兼阳。此皆以意配之，不然也。九七、八六之数，阳顺、阴逆之理，皆有所从来，得之自然，非意之所配也。凡归余之数有多、有少，多为阴，如爻之偶；少为阳，如爻之奇。三少，乾也，故曰老阳，九揲而得之，故其数九，其策三十有六；两多一少，则一少为之主，震、坎、艮也，故皆谓之少阳，少在初为震、中为坎、末为艮。皆七揲而得之，故其数七，其策二十有八。三多，坤也，故曰老阴，六揲而得之，故其数六，其策二十有四；两少一多，则一多为之主，巽、离、兑也，故皆谓之少阴，多在初为巽、中为离、末为兑。皆八揲而得之，故其数八，其策三十有二。物盈则变，纯少阳盈，纯多阴盈。盈为老，故老动而少静。吉凶悔吝，生乎动者也，卦爻之辞皆九、六者，惟动则有占，不动则无朕，虽《易》亦不能言之，《国语》谓"贞屯悔豫皆八"、"遇泰之八"是也。今人以《易》筮者，虽不动亦引爻辞断之。《易》中但有九、六，既不动则是七、八，安得用九、六爻辞？此流俗之过也。

【译文】在《易》象中，九是老阳、七是少阳，八是少阴、六是老阴。过去认为阳以较大者为老、阴以较小者为老，把九、六作为乾与坤的画数，是因为阳能够兼阴，而阴不能兼阳的缘故。这都是人们主观随意的配合，其实并非如此。九七、八六的数字，以及阳顺、阴逆的道理，都有它们的来由，得之于自然，不是由主观随意所配合的。揲蓍归余的数目有多、有少，数多的是阴，如同阴爻的双画；数少的是阳，如同阳爻的单画。归余三少是乾，所以称为老阳，余下的蓍草可经九次揲数，所以它的数是九，策数是三十六；归余两多一少，则以少为主，是震、坎、艮，所以都称为少阳，一少出现在一变是震，出现在二变是坎，出现在三变是艮。余下的蓍草都可经七次揲数，所以它的数是七，策数是二十八。归余三多是坤，所以称为老阴，余下的蓍草可经六次揲数，所以它的数是六，策数是二十四；归余两少一多，则以多为主，是巽、离、兑，所以都称为少阴，一多出现在一变是巽，出现在二变是离，出现在三变是兑。余下的蓍草都可经八次揲数，所以它的数是八，策数是三十二。事物充溢了就要变化，三少是阳气充溢，三多是阴气充溢。充溢就是老，所以老数动而少数静。占卜的吉凶悔吝，产生于变动，《易》的卦、爻辞都以九、六称呼，就是由于变动才能占测，不动就没有征兆，即使《易》也无法推断，即《国语》所谓的"贞屯悔豫皆八"、"遇泰之八"。现在据《易》来占卜的人，即使爻象不动也引用爻辞来占断。《易》里只有九、六的爻辞，既然爻象不动就是七、八，怎么能使用九、六的爻辞呢？这是世俗的失误。

## 138. 郑夬《易》说

江南人郑夬曾为一书谈《易》，其间一说曰："乾、坤，大父母也；复、姤，小父母也。乾一变生复，得一阳；坤一变生姤，得一阴。乾再变生临，得二阳；坤再变生遁，得二阴。乾三变生泰，得四阳；坤三变生否，得四阴。乾四变生大壮，得八阳；坤四变生观，得八阴。乾五变生夬，得十六阳；坤五变生剥，得十六阴。乾六变生归妹，本得三十二阳；坤六变生渐，本得三十二阴。乾、坤错综，阴阳各三十二，生六十四卦。”夬之为书皆荒唐之论，独有此变卦之说，未知其是非。余后因见兵部侍郎秦君玠，论夬所谈，骇然叹曰：“夬何处得此法？玠曾遇一异人授此数历，推往古兴衰运历无不皆验，常恨不能尽得其术。西都邵雍亦知大略，已能洞吉凶之变。此人乃形之于书，必有天谴，此非世人得闻也。”余闻其言怪，兼复甚秘，不欲深诘之。今夬与雍、玠皆已死，终不知其何术也。

【译文】江南人郑夬曾写了一部书谈《易》，其间有一处说：“乾、坤，大父母也；复、姤，小父母也。乾一变生复，得一阳；坤一变生姤，得一阴。乾再变生临，得二阳；坤再变生遁，得二阴。乾三变生泰，得四阳；坤三变生否，得四阴。乾四变生大壮，得八阳；坤四变生观，得八阴。乾五变生夬，得十六阳；坤五变生剥，得十六阴。乾六变生归妹，本得三十二阳；坤六变生渐，本得三十二阴。乾、坤错综，阴阳各三十二，生六十四卦。”郑夬的书中都是荒唐的观点，只有这个变卦的见解，不知道它正确与否。我后来见到兵部员外郎秦玠，谈起郑夬的见解，秦玠大为惊叹地说：“郑夬从什么地方得到这种方法？我曾遇到一位异人传授这套术数，一一推求古代的兴衰气运都无不应验，常常惋惜不能全部学到这种方法。河南的邵雍也知道这种方法的大概，已经能洞悉吉凶的变化。此人居然把它写成书，必定会受上天的惩罚，这不是一般人所能知道的。”我听秦玠的话说得很怪异，而且又很神秘，也就不想深入追究了。现在郑夬与邵雍、秦玠都已去世，终究不知道这是什么法术。

## 139. 旧历日月蚀不效

庆历中有一术士姓李，多巧思，尝木刻一舞钟馗，高二三尺，右手持铁简，以香饵置钟馗左手中，鼠缘手取食，则左手扼鼠、右手运简毙之。以献荆王，王馆于门下，会太史言月当蚀于昏时，李自云有术可禳，荆王试使为之，是夜月果不蚀，王大神之，即日表闻，诏付内侍省问状，李云：“本善历术，知《崇天历》蚀限太弱，此月所蚀当在浊中，以微贱不能自通，始以机巧干荆邸，今又假禳禬以动朝廷耳。”诏送司天监考验，李与判监楚衍推步日、月蚀，遂加蚀限二刻，李补司天学生。至熙宁元年七月月辰蚀东方，不效，却是蚀限太强，历官皆坐谪。令监官周琮重修，复减去庆历所加二刻，苟欲求熙宁月蚀而庆历之蚀复失之，议久纷纷，卒无巧算，遂废《明天》复行《崇天》。至熙宁五年卫朴造《奉元历》，始知旧蚀法止用日平度，故在疾者过之，在迟者不及，《崇》、《明》二历加减皆不曾求其所因，至是方究其失。

【译文】庆历年间有个姓李的术士，颇有巧妙的构思，曾用木头雕成一个活动的钟馗，高二三尺，右手拿着铁简板，把有香味的饵食放在钟馗的左手里，老鼠顺着手爬上去吃食，它就会用左手抓住老鼠，右手用铁简板把它打死。他把这东西献给荆王，荆王收留他当门客，某次遇上司天监官员报告当天黄昏有月蚀，姓李的自己声称有法术能禳解，荆王试着让他作法，这天夜里果然没有月蚀，荆王感到很神奇，当天就向上报告，皇帝下令交付内侍省询问情况，姓李的说："我原本就擅长历法，知道《崇天历》的蚀限太弱，这次月蚀应当在地平线以下，因为出身微贱无法自我推荐，才通过巧妙的器物到荆王府进行谋求，现在又借助祈禳来引起朝廷注意。"皇帝下令把他送到司天监去考核试用，姓李的与判监事楚衍推算日、月蚀，把蚀限增加了二刻，并被补授为司天监学生。到了熙宁元年七月辰时应在东方发生的日蚀没有应验，却原来是蚀限太强了，历官都因此而贬职处分。同时命令监官周琮重新修订，便减去了庆历年间所增加的二刻蚀限，本想求得熙宁年的月蚀却不料庆历年间的日、月蚀又不准了，纷纷议论了好久，始终没有合适的算法，于是就废止了《明天历》而重新起用《崇天历》。到了熙宁五年卫朴编制《奉元历》时，才发现旧历推算日、月蚀只采用太阳的平均速度，所以在太阳运行快时就过头，运行慢时就不足，《崇天历》、《明天历》加减蚀限都没有寻求发生偏差的原因，直到卫朴才弄清其中的失误。

## 140. 朱雀取象

四方取象苍龙、白虎、朱雀、螣蛇，唯朱雀莫知何物，但谓鸟而朱者。羽族赤而翔上，集必附木，此火之象也。或谓之"长离"，盖云离方之长耳。或云鸟即凤也，故谓之"凤鸟"。少昊以凤鸟至，乃以鸟纪官，则所谓丹鸟氏即凤也。又旗旐之饰皆二物，南方曰鸟隼，则鸟、隼盖两物也。然古人取象不必大物也，天文家朱鸟乃取象于鹑，故南方朱鸟七宿曰鹑首、鹑火、鹑尾是也。鹑有两种，有丹鹑、有白鹑，此丹鹑也，色赤黄而文，鋭上秃下，夏出秋藏，飞必附草，皆火类也。或有鱼所化者。鱼，鳞虫龙类，火之所自生也。天文东方苍龙七宿有角、有亢、有尾，南方朱鸟七宿有喙、有嗉、有翼而无尾，此其取于鹑欤？

【译文】四个方位所取的形象为苍龙、白虎、朱雀、龟蛇，唯独朱雀不明白是什么东西，只是说朱红颜色的鸟。羽毛赤红而能飞翔，降落下来必定依附于树木，这是火的形象。有时称为"长离"，只是说它是南方的主宰罢了。有人说鸟就是凤，所以称为"凤鸟"。少昊因为凤鸟在他继位时降临，就以鸟来称呼官，那么所谓的丹鸟氏就是凤。此外，方位旗上的图案都是二件东西，南方旗称鸟隼，可见鸟和隼是两种事物。但古人所取的形象不一定是大东西，天象上的朱鸟是取鹑的形象，所以南方朱鸟七宿称为鹑首、鹑火、鹑尾。鹑有两个种类，有丹鹑、有白鹑，天文家所取象的是丹鹑，毛色黄红而有花纹，嘴尖尾秃，夏天活动而秋天藏匿，飞翔必定依附草类，都与火的性质相似。也有的鹑是鱼所化成的。鱼属于鳞虫与龙的同类，南方的火就是由龙所属的东方木产生出来的。天象上的东方苍龙七宿有角、有喉、有尾巴，南方朱鸟七宿有嘴、有嗉、有翅膀却没有尾巴，这大概就是采取了鹑的形象吧？

## 141. 候气

司马彪《续汉书》候气之法，于密室中以木为案，置十二律管各如其方，实以葭灰，覆以缇縠，气至则一律飞灰。世皆疑其所置诸律方不逾数尺，气至独本律应，何也？或谓古人自有术，或谓短长至数冥符造化，或谓支干方位自相感召，皆非也。盖彪说得其略耳，唯《隋书》志论之甚详，其法先治一室令地极平，乃埋律管皆使上齐，入地则有浅深。冬至阳气距地面九寸而止，唯黄钟一管达之，故黄钟为之应；正月阳气距地面八寸而止，自太蔟以上皆达，黄钟、大吕先已虚，故唯太蔟一律飞灰。如人用针彻其经渠，则气随针而出矣。地有疏密，则不能无差忒，故先以木案隔之，然后实土案上令坚密均一，其上以水平其概，然后埋律其下，虽有疏密，为木案所节其气自平，但在调其案上之土耳。

【译文】司马彪《续汉书》中的候气方法是，在密室中放置用木材制作的案板，把十二律的律管各按其方位放在上面，管中放进芦草薄膜的灰，管口盖上轻薄的丝织物，到了节气则相应的那个律管的灰就会飞动起来。世人都怀疑它安放这些律管的地位方圆不超过几尺，到了节气只有所对应的律管有反应，不知是什么原因。有人认为古人自有技巧，有人认为律管的长短暗中与造化相符，有人认为是干支方位与节气相互感应，都是不对的。司马彪所说只是个大概，《隋书·律历志》说得很详细，它的方法是先整修好一个房间使地面非常平整，于是就把律管埋入土中使管口都与地面相平，但伸入土中那一端则有深浅。冬至阳气止于距地面九寸的地方，只有黄钟这根律管到达这个深度，所以黄钟管因此发生反应；正月阳气止于距地面八寸的地方，比太蔟长的律管都达到了这个深度，但黄钟、大吕管中的灰在此前已飞去，所以只有太蔟这根律管飞灰。假如有人用针刺穿蒙在管口的丝织物，那么阳气就会随针孔逸出。土壤有松紧，就不可能不产生误差，所以要先用木案板来阻隔，然后把土填在案板上使之紧密如一，表面用水盆测试平正，然后再埋律管，这样下面的土壤虽有松紧，但被木案板所调节，气的到达自然就准确了，不过要调节案板上的填土才能达到目的。

## 142. 纳甲

《易》有纳甲之法，未知起于何时，予尝考之，可以推见天地胎育之理。

乾纳甲、壬，坤纳乙、癸者，上下包之也；震、巽、坎、离、艮、兑纳庚、辛、戊、己、丙、丁者，六子生于乾、坤之包中，如物之处胎甲者。左三刚爻，乾之气也；右三柔爻，坤之气也。乾之初爻交于坤生震，故震之初爻纳子、午；乾之初爻子、午故也。中爻交于坤生坎，初爻纳寅、申；震纳子、午，顺传寅、申，阳道顺。上爻交于坤生艮，初爻纳辰、戌。亦顺传也。坤之初爻交于乾生巽，故巽之初爻纳丑、未；坤之初爻丑、未故也。中爻交于乾生离，初爻纳卯、酉；巽纳丑、未，逆传卯、酉，阴道逆。上爻交于乾生兑，初爻纳巳、亥。亦逆传也。乾、坤始于甲、乙，则长男、长女乃其次，宜纳丙、丁；少男、少女居其末，宜纳庚、辛。今乃反此者，卦必自下生，先初爻、次中爻，末乃至上爻，此《易》之序，然亦胎育之理也。物之处胎甲莫不倒生，自下而生者卦之序，而冥合造化胎育之理，此至理合自然者也。凡草木百谷之实皆倒生，首系于干，其上抵于隶处反是根，人与鸟兽生胎亦首皆在下。

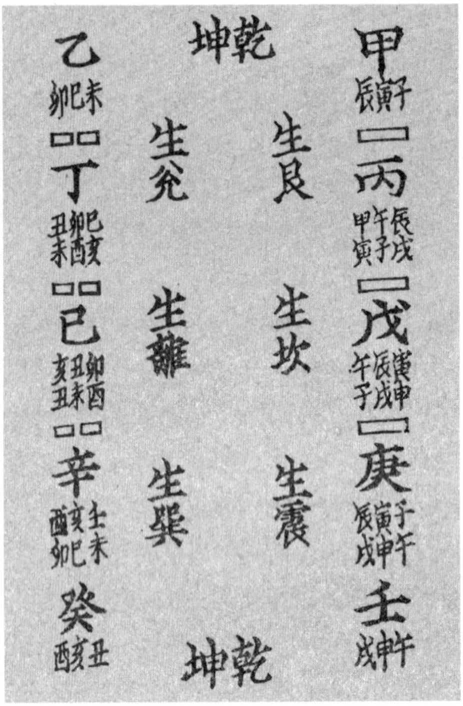
纳音图

【译文】《易》有纳甲的方法，不知道起源于什么时候，我曾进行考察，觉得能推测到大自然孕育万事万物的道理。乾纳甲、壬，坤纳乙、癸，是从上下包裹其他的卦；震、巽、坎、离、艮、兑纳庚、辛、戊、己、丙、丁，是六名子女产生在乾、坤的包裹之中，好比事物处在胞胎的阶段。左侧三条阳爻，是乾的气；右侧三条阴爻，是坤的气。乾的初爻与坤交合生出震，所以震的初爻纳子、午；因为乾的初爻是子午的缘故。乾的中爻与坤交合生出坎，坎的初爻纳寅、申；震纳子午，顺向传承到寅、申，阳气运行顺向。乾的上爻与坤交合生出艮，艮的初爻纳辰、戌。也是正向传承。坤的初爻与乾交合生出巽，所以巽的初爻纳丑、未；因为坤的初爻是丑、未的缘故。坤的中爻与乾交合生出离，离的初爻纳卯、酉；巽纳丑、未，逆向传承到卯、酉，阴气运行逆向。坤的上爻交合于乾生出兑，兑的初爻纳巳、亥。也是逆向传承。乾、坤起始于甲、乙，长男、长女跟在他们后面，应该纳丙、丁；少男、少女在最后，应该纳庚、辛。现在却与此相反，因为卦必定从下面衍生，先初爻、其次中爻，最后才是上爻，这是《易》的次序，也是大自然孕育事物的道理。事物处在胞胎阶段时无不颠倒生长，从下面衍生是卦的次序，但暗中与自然造化、孕育事物的道理相吻合，是因为根本法则合乎自然规律。草木百谷的果实都是倒生，它们的头连结的枝干上，它上面所附属的果实反倒是根部，人与鸟兽所生出的胎儿也都是头朝下的。

# 梦溪笔谈卷八

## 象数二

### 143.《史记》律数多讹

《史记·律书》所论二十八舍、十二律多皆臆配，殊无义理。至于言数亦多差舛，如所谓律数者“八十一为宫，五十四为徵，七十二为商，四十八为羽，六十四为角”，此止是黄钟一均耳，十二律各有五音，岂得定以此为律数？如五十四在黄钟则为徵，在夹钟则为角，在中吕则为商。兼律有多寡之数、有实积之数、有短长之数、有周径之数、有清浊之数，其八十一、五十四、七十二、四十八、六十四止是实积数耳。

又云“黄钟长八寸七分一，大吕长七寸五分三分一，太蔟长七寸七分二，夹钟长六寸一分三分一，姑洗长六寸七分四，中吕长五寸九分三分二，蕤宾长五寸六分三分一，林钟长五寸七分四，夷则长五寸四分三分二，南吕长四寸七分八，无射长四寸四分三分二，应钟长四寸二分三分二”，此尤误也。此亦实积耳，非律之长也。盖其间字又有误者，疑后人传写之失也。余分下分母，凡“七”字皆当作“十”字，误屈其中画耳。黄钟当作“八寸十分一”，太蔟当作“七寸十分二”，姑洗当作“六寸十分四”，林钟作“五寸十分四”，南吕当作“四寸十分八”，凡言“七分”者皆是“十分”。

【译文】《史记·律书》所谈论的二十八舍、十二律大多都是随意搭配，毫无道理，至于所讲的律数也有许多错讹，例如它所说的律数是“八十一为宫，五十四为徵，七十二为商，四十八为羽，六十四为角”，这仅是黄钟宫这一组的律数，十二音律各有五声，怎么能把这些固定为律数呢？如五十四在黄钟宫是徵声的数值，在夹钟宫便是角声的数值，在中吕宫则为商声的数值。加之音律有多寡之数、实积之数、短长之数、周径之数、清浊之数，上述八十一、五十四、七十二、四十八、六十四仅是实积之数。

《律书》又说“黄钟长八寸七分一，大吕长七寸五分三分一，太蔟长七寸七分二，夹钟长六寸一分三分一，姑洗长六寸七分四，中吕长五寸九分三分二，蕤宾长五寸六分三分一，林钟长五寸七分四，夷则长五寸四分三分二，南吕长四寸七分八，无射长四寸四分三分二，应钟长四寸二分三分二”，更为谬误。这也是实积之数，不是律管的长度。其中的文字又有讹误，怀疑是后人传抄所弄错的。其余数下面的分母，凡“七”字都应是“十”字，抄写者误把中间一竖写弯曲了。黄钟当作“八寸十分一”，太蔟当作“七寸十分二”，姑洗当作“六寸十分四”，林钟当作“五寸十分四”，南吕当作“四寸十分八”，凡说“七分”的都是“十分”。

## 144. 卜筮用古书

今之卜筮皆用古书，工拙系乎用之者，唯其寂然不动，乃能通天下之故。人未能至乎无心也，则凭物之无心者而言之，如灼龟璺瓦皆取其无理，则不随理而震，此近乎无心也。

【译文】现在的卜筮都用古代的典籍，运用得好不好完全在于使用者，正因为它寂然不动，才能会通天下万事。人不能够达到没有思维的境界，就借助事物中没有思维的东西来立言，例如烧灼龟甲来形成裂纹都取其没有理性，因此就不会受到理性的影响，这近似于没有思维。

## 145. 术数之微

吕才为卜宅、禄命、卜葬之说，皆以术为无验。术之不可恃，信然，而不知彼皆寓也，神而明之，存乎其人，故一术二人用之则所占各异。人之心本神，以其不能无累，而寓之以无心之物，而以吾之所以神者言之，此术之微，难可与俗人论也。才又论：“人姓或因官，或因邑族，岂可配以宫、商？”此亦是也。如今姓敬者，或更姓文，或更姓苟，以文考之皆非也。敬本从苟音亟、从攴，今乃谓之苟与文，五音安在哉？此为无义，不待远求而知也。然既谓之寓，则苟以为字皆寓也，凡视听思虑所及无不可寓者。若以此为妄，则凡祸福、吉凶、死生变化孰为非妄者？能齐乎此，然后可与论先知之神矣。

【译文】吕才谈论风水、运命、丧葬，都认为它们是没有效验的。术数不能倚信，是对的，但他不了解这些都是寄托，其之所以神明，在于运用者，所以同一种术数由两个人来运用，所得出的结果就不一样。人的思维本身就神灵，由于它不可能不受影响，所以就寄托在没有思维的事物上，借助我们认为神明的东西来述说，这是术数的微妙之处，难以与一般人来谈论。吕才又说：“人的姓氏有的来自官职，有的来自封邑氏族，怎么能与五音相配呢？”这也是对的。例如现在姓敬的人，有的改姓文，有的改姓苟，按字面上来考察这些说法都是不对的。敬字原本从蓋读音亟、从攴，现在却称作苟和文，本身的五音哪里还存在呢？这一点上毫无意义，是不必深入考究就能明白的。然而既然说是寄托，那么只要把它们作为文字就都是寄托，凡是看到、听到、想到的没有一件不能寄托。如果把这看作胡说，那么祸福、死生的变化哪样不是胡说呢？能明白这个道理，才能谈论先知的神灵。

## 146. 黄赤道与月道

历法，天有黄、赤二道，月有九道。此皆强名而已，非实有也，亦犹天之有三百六十五度，天何尝有度？以日行三百六十五日而一朞，强为之度，以步日、月、五星行次而已。日之所由谓之“黄道”，南北极之中度最均处谓之“赤道”，月行黄道之南谓之“朱道”，行黄道之北谓之“黑道”，行黄道之东谓之“青道”，行黄道之西谓之“白道”，黄道内、外各四，并黄道为九。日、月之行有迟、有速，难可以一术御也，故因其合散分为数段，每段以一色名之，欲以别算位而已，如算法用赤筹、黑筹以别正、负之数。历家不知其意，遂以为实有九道，甚可嗤也。

【译文】在历法上，天上有黄、赤二道，月亮有九条路径。这些都是人为安上的名称，并不是实际具有的，也就像天有三百六十五度那样，天何曾有度数？因为太阳运行三百六十五天一周天，人为划分成度数，用来量度日、月、五星运行的位置罢了。太阳所运行的路径称为“黄道”，南北极正中与四周距离最均匀的地方称为“赤道”，月亮运行在黄道以南称为“朱道”，运行在黄道以北称为“黑道”，运行在黄道以东称为“青道”，运行在黄道以西称为“白道”，黄道内、外各有四道，加上黄道一共是九道。太阳、月亮的运行有时慢、有时快，难以用一种方式来概括，所以根据它们分合聚散的情况分成几条路径，每条路径用一种颜色来命名，用来区分、计算它们所在的方位而已，如同计算方法中用红、黑筹来区分正、负数一样。历算家不明白它的用意，于是认为真的有九条路径，非常可笑。

## 147. 二十八宿度数

二十八宿，为其有二十八星当度，故立以为宿。前世测候每或改变，如《唐书》测得毕有十七度半、觜只有半度之类，皆谬说也。星既不当度，自不当用为宿次，自是浑仪度距疏密不等耳。凡二十八宿度数皆以赤道为法，唯黄道度有不全度者，盖黄道有斜、有直，故度数与赤道不等，即须以当度星为宿。唯虚宿末有奇数，自是日之余分，历家取以为斗分者此也，余宿则不然。

【译文】二十八宿，因为它们有二十八颗星正当度数，所以立为宿星。前代观测经常改变它们的度数，例如《唐书》记载说测得毕宿占十七度半、觜宿只有半度之类，都是错误的说法。星既然不当度数，自然不应当用来作为行星途经的方位，这应该是浑仪刻度疏密不均所造成的。二十八宿的度数都以赤道度数为准，只有黄道度数才有不是整度的情况，因为黄道有斜、有直，所以它的度数与赤道度数不完全等同，但必须以正当度数的星作为宿星。只有虚宿的度数带有小数，这本是周天度数中的余数，历算家取作斗分的就是这个余数，其他的宿星就不是如此了。

## 148. 修历当重实测

予尝考古今历法五星行度，唯留逆之际最多差。自内而进者其退必向外，自外而进者其退必由内，其迹如循柳叶，两末鋭，中间往还之道相去甚远。故两末星行成度稍迟，以其斜行故也；中间成度稍速，以其径绝故也。历家但知行道有迟速，不知道径又有斜直之异。熙宁中予领太史令，卫朴造历，气朔已正，但五星未有候簿可验，前世修历，多只增损旧历而已，未曾实考天度。其法须测验每夜昏、晓、夜半月及五星所在度秒，置簿录之，满五年，其间剔去云阴及昼见日数外，可得三年实行，然后以算术缀之，古所谓“缀术”者此也。是时司天历官皆承世族，隶名食禄，本无知历者，恶朴之术过已，群沮之，屡起大狱，虽终不能摇朴，而候簿至今不成。《奉元历》五星步术但增损旧历，正其甚谬处，十得五六而已。朴之历术今古未有，为群历人所沮不能尽其艺，惜哉！

【译文】我曾经考核古今历法中五大行星的运行度数，唯有留、逆之际相差最多。由黄道北侧顺行的行星逆行必定沿着黄道南侧，由黄道南侧顺行的行星逆行必定沿着黄道北侧，它的运行轨迹像沿着柳叶一样，两头尖，中间往返的路径相距很远。所以在两头行星运行一度的速度较慢，因为它相对黄道是斜行；中间运行一度的速度较快，因为它的路径是直的。历算家只知道行星的运行有快慢，不知道它们的路径又有斜直的不同。熙宁年间我担任太史令，卫朴修造新历，节气、朔日都已校正，只有五大行星没有观测记录可以检验，前代修造新历，大多只是增删旧历而已，没有实际稽考过天象的行度。稽考的方法是必须观测每天黄昏、拂晓及夜半时月亮及五星所在的位置，设置簿册记录下来，满五年，中间除去多云阴天及它们在白天出现的日子，能得到三年实际运行的资料，然后通过计算把它们连缀起来，即古代所谓的“缀术”。当时司天监的官员都是袭承祖辈的职位，挂名领取俸禄，根本就不懂得历法，他们嫉恨卫朴的本领超过自己，纠合起来进行阻挠，多次挑起重大争议，虽然最终没有能排斥掉卫朴，但观测记录至今没有完成。因此《奉元历》对五大行星行度的推算只能增删旧历，纠正它们重大的谬误，准确率不过十分之五、六而已。卫朴的历法才能是古今所没有过的，由于遭到那些历官的阻挠而不能充分发挥他的本领，真可惜啊！

## 149. 测候之弊

国朝置天文院于禁中，设漏刻、观天台、铜浑仪皆如司天监，与司天监互相检察。每夜天文院具有无谪见云物祯祥及当夜星次，须令于皇城门未发前到禁中，门发后司天占状方到，以两司奏状对勘，以防虚伪。近岁皆是阴相计会，符同写奏，习以为常，其来已久，中外具知之，不以为怪。其日、月、五星行次，皆只据小历所算躔度誊奏，不曾占候，有司但备员安禄而已。熙宁中予领太史，尝按发其欺，免官者六人，未几其弊复如故。

【译文】本朝在皇宫内设置天文院，所设的漏刻、观天台、铜浑仪都和司天监一样，用来与司天监互相检验监督。每天夜里天文院要报告有没有吉凶征兆以及当夜的星辰位置，必须在皇城门还没有开启之前送到宫中，皇城门开启后司天监的观测报告才送到，把这两个机构的报告互相核对，以防弄虚作假。近年来他们都是私下商量好，编写内容一致的报告，习以为常，由来已久，内外官员都知道这一情况，不以为怪。报告中的日、月、五星的运行方位，都只是根据民间小历所推算的行度抄录上报，根本没有实际观测过，有关机构只是安置人员白领薪俸而已。熙宁年间我掌管司天监，曾查实揭露这种欺诈行为，罢免了六个人的官职，但没有多久其弊病依然如故。

## 150. 更造浑仪

司天监铜浑仪，景德中历官韩显符所造，依仿刘曜时孔挺、晁崇、斛兰之法，失于简略。天文院浑仪，皇祐中冬官正舒易简所造，乃用唐梁令瓒、僧一行之法，颇为详备，而失于难用。熙宁中予更造浑仪，并创为玉壶、浮漏、铜表，皆置天文院，别设官领之，天文院旧铜仪送朝服法物库收藏，以备讲求。

【译文】司天监的铜浑仪，是景德年间司天监官员韩显符所制造，仿照了前赵刘曜时孔挺及北魏晁崇、斛兰的方法，缺点是过于简略。天文院的浑仪，是皇祐年间司天监冬官正舒易简所制造，采用了唐代梁令瓒和一行的方法，较为详密完备，缺点是难于使用。熙宁年间我重新制造浑仪，同时创制了玉壶、浮漏和铜圭表，都安置在天文院，专门设置官员来管理，天文院的旧铜仪被送到朝服法物库收藏，以备参考。

# 梦溪笔谈卷九

## 人事一

### 151. 寇忠愍镇定

景德中河北用兵，车驾欲幸澶渊，中外之论不一，独寇忠愍赞成上意。乘舆方渡河，虏骑充斥，至于城下，人情汹汹，上使人微觇准所为，而准方酣寝于中书，鼻息如雷。人以其一时镇物，比之谢安。

【译文】景德年间河北路地区发生战事，皇上想亲临澶渊，朝廷内外意见不一，唯独寇准赞同皇上的主张。皇上刚渡过黄河，辽军兵马大批开到，抵达城下，人心惶恐不安，皇上派人暗中察看寇准在做什么，发现他却在办公场所酣睡，鼾声如雷。人们把他在非常时期镇定人心的做法，比作晋代的谢安。

### 152. 允中亭

武昌张谔好学能议论，常自约仕至县令则致仕而归，后登进士第，除中允，谔于所居营一舍，榜为“允中亭”，以志素约也。后谔稍稍进用，数年间为集贤校理、直舍人院、检正中书五房公事、同判司农寺，皆要官，权任渐重，无何坐事夺数官，归武昌，未几捐馆，遂终于太子中允，岂非前定？

【译文】武昌人张谔好学且善于发表意见，曾自己约定当到县令后就退休还乡，后来他考中进士，授予中允之职，便在自己居处造了一所房舍，题名为“允中亭”，用以表示过去的约定。后来张谔渐渐被提拔重用，几年中担任集贤校理、直舍人院、检正中书五房公事、同判司农寺，都是重要的官职，权力逐渐加重，不久因事获罪被削去多个官职，回到武昌，没多久便去世了，最终的官职是太子中允，这难道不是冥冥中注定的吗？

## 153. 打关节秀才

许怀德为殿帅，尝有一举人，因怀德乳媪求为门客，怀德许之，举子曳襕拜于庭下，怀德据座受之。人谓怀德武人，不知事体，密谓之曰："举人无没阶之礼，宜少降接也。"怀德应之曰："我得打乳媪关节秀才，只消如此待之。"

【译文】许怀德任殿前司长官时，曾有个举人，通过怀德奶妈请求做门客，怀德同意了，于是他便穿着襕衫在厅堂阶下行礼，怀德安坐着接受拜见。有人认为怀德是个武夫，不懂事理，就私下对怀德说："举人没有在阶下行礼的礼节，应当稍微谦让些来接待。"怀德回答说："我得到通过奶妈说人情的秀才，只需要这样对待他。"

## 154. 夏文庄禀赋异人

夏文庄性豪侈，禀赋异于人，才睡即身冷而僵，一如逝者，既觉，须令人温之良久方能动。人有见其陆行，两车相连，载一物巍然，问之乃绵帐也，以数千两绵为之。常服仙茅、钟乳、硫黄，莫知纪极。晨朝每食钟乳粥，有小吏窃食之，遂发疽，几不可救。

【译文】夏竦生性奢华，体质不同于一般人，刚入睡就全身冰冷僵直，像死人一样，待到醒来，必须要人暖着他很长时间才能活动。有人曾看见他陆路出行，有相互连接的两辆车跟随，车上装着一件高大的东西，问了才知道是丝绵帐篷，用几千两丝棉做成。他常服用仙茅、钟乳、硫磺，没人知道用药限量。每逢上早朝都食用钟乳粥，有个当差的仆役偷吃这种粥，身上便发出恶疮，几乎无法救治。

## 155. 欧阳修黜新文

郑毅夫自负时名，国子监以第五人选，意甚不平，谢主司启词有"李广事业，自谓无双；杜牧文章，止得第五"之句，又云："骐骥已老，甘驽马以先之；巨鳌不灵，因顽石之在上。"主司深衔之。他日廷试，主司复为考官，必欲黜落以报其不逊。有试业似獬者，枉遭斥逐，既而发考卷，则獬乃第一人及第。

又嘉祐中士人刘几累为国学第一人，骤为怪崄之语，学者翕然效之，遂成风俗。欧阳公深恶之，会公主文，决意痛惩，凡为新文者一切弃黜，时体为之一变，欧阳之功也。有一举人论曰："天地轧，万物茁，圣人发。"公曰："此必刘几也。"戏续之曰："秀才剌，试官刷。"乃以大朱笔横抹之，自首至尾，谓之"红勒帛"，判大纰缪字榜之，既而果几也。复数年，公为御试考官而几在庭，公曰："除恶务力，今必痛斥轻薄子，以除文章之害。"有一士人论曰："主上收精藏明于冕旒之下。"公曰："吾已得刘几矣。"既黜，乃吴人萧稷也。是时试“尧舜性仁赋”，有曰：“故得静而延年，独高五帝之寿；动而有勇，形为四罪之诛。”公大称赏，擢为第一人，及唱名乃刘煇，人有识之者曰：“此刘几也，易名矣。”公愕然久之，因欲成就其名，小赋有“内积安行之德，盖禀于天”，公以谓“积”近于学，改为“蕴”，人莫不以公为知言。

【译文】郑毅夫自以为享有名望，却被国子监作为第五名选送，心中非常不满，便在辞别主考的书启中有“李广战功，自认为天下无双；杜牧文章，只落得名列第五”的句子，又说：“骏马已经年老，甘愿被劣马超过；大龟没有活力，因为有顽石压着。”主考官非常嫉恨他。到皇上御试时，这位主考又担任考官，一心想使他落选以报复其傲慢。有份试卷的文辞很像郑毅夫，就被白白斥落榜外，结果揭开考卷封上的姓名，郑毅夫却以第一名录取。

嘉祐年间士人刘几多次在国子监选为第一名，他特意生造怪异艰涩之语，学生们群起仿效，于是成为风尚。欧阳修对此深恶痛绝，正好轮到他主持考试，决心严加惩戒，只要是这种风格的文章全部被剔除掉，流行的文风为之一变，这是欧阳修的功绩。有一位举人的策论写道：“天地排挤，万物茁壮，圣人崛起。”欧阳修说：“此人必定是刘几。”便开玩笑地续写道：“秀才讥刺，考官刷除。”用大红笔横向涂抹这篇文章，从开头一直涂到结尾，称为“红勒帛”，并批上大大的谬误字样公布出去，结果此人果然是刘几。又过了几年，欧阳修升任御试考官而刘几正好参试，欧阳修说：“去除邪恶必须尽力，这次必须严厉斥责言语轻佻的人，以扫除文章的弊端。”有位士人在策论中写道：“君王把精英收罗在自己身边。”欧阳修说：“我已经查到刘几了。”斥落后，却发现是吴人萧稷。当时的考题是“尧舜性仁赋”，有人写道：“所以能安静延年，唯颂扬五帝长寿；躁动有勇，却落得四罪惩罚。”欧阳修十分赞赏，选拔为第一名，等到宣布名单乃是刘煇，有了解底细的人说：“此人是刘几，改了名字而已。”欧阳修惊愕很久，因此而有意成就他的名声，他的小赋有“内积安行之德，盖禀于天”的句子，欧阳修认为“积”的涵义近于学，就改为“蕴”，人们都认为欧阳修能理解他的文意。

## 156. 贵人多知人

古人谓贵人多知人，以其阅人物多也。张邓公为殿中丞，王东城一见遂厚遇之，语必移时。王公素所厚唯杨大年，公有一茶囊，唯大年至则取茶囊具茶，他客莫与也，公之子弟但闻取茶囊，则知大年至。一日公命取茶囊，群子弟皆出窥大年，及至乃邓公，他日公复取茶囊，又往窥之，亦邓公也，子弟乃问公：“张殿中者何人，公待之如此？”公曰：“张有贵人法，不十年当据吾座。”后果如其言。

又文潞公为太常博士，通判兖州回，谒吕许公，公一见器之，问潞公："太博曾在东鲁，必当别墨。"令取一丸墨濒阶磨之，揖潞公就观此墨何如，乃是欲从后相其背，既而密语潞公曰："异日必大贵达。"即日擢为监察御史，不十年入相。潞公自庆历八年登相，至七十八岁以太师致仕，凡带平章事三十六年，未尝改易，名位隆重，福寿康宁，近世未有其比。

【译文】古人常说有身份的人大多有识别人的能力，是因为他们观察的人多。张士逊任殿中丞，王旦一见他就热情相待，谈话时间必定很长。王旦平时热情接待的只有杨大年，他有一只茶囊，只有杨大年来才取茶囊泡茶，其他客人是不用的，王旦的晚辈只要听说取茶囊，便知道杨大年来了。一天王旦吩咐取茶囊，晚辈们都出来看杨大年，走到一看却是张士逊，另一天王旦又吩咐取茶囊，晚辈们又去看，也是张士逊，他们就问王旦："这个张某人是什么人，您待他如此热情？"王旦说："张士逊有贵人模样，要不了十年必定接替我的官位。"后来果然像他所说的那样。

文彦博任太常博士，从兖州通判的任上回京，去拜见吕夷简，吕夷简一见就十分器重，问文彦博："太博曾到过东鲁，必定能识别墨。"要手下人拿来一锭墨在临近的台阶上研磨，请文彦博观看那墨好不好，其实是想从后面观察他的背形，然后悄悄地对文彦博说："以后你必定显贵腾达。"没几天就提拔为监察御史，不到十年又升为宰相。文彦博从庆历八年登上相位，到七十九岁以太师身份退休，兼领平章事共三十七年，从未变动过，名高位重，多福长寿，近世没有人比得上。

## 157. 德一而报效不同

王延政据建州，令大将章某守建州城，尝遣部将刺事于军前，后期当斩，惜其材，未有以处，归语其妻，其妻练氏有贤智，私使人谓部将曰："汝法当死，急逃乃免。"与之银数十两，曰："径行，无顾家也。"部将得以潜去，投江南李主，以隶查文徽麾下。文徽攻延政，部将适主是役，城将陷，先谕城中："能全练氏一门者有重赏。"练氏使人谓之曰："建民无罪，将军幸赦之。妾夫妇罪当死，不敢图生。若将军不释建民，妾愿先百姓死，誓不独生也。"词气感慨，发于至诚，不得已为之戢兵而入，一城获全。至今练氏为建安大族，官至卿相者相踵，皆练氏之后也。

又李景使大将胡则守江州，江南国下，曹翰以兵围之三年，城坚不可破，一日则怒一饔人鲙鱼不精，欲杀之，其妻遽止之曰："士卒守城累年矣，暴骨满地，奈何以一食杀士卒耶？"则乃舍之，此卒夜缒城走投曹翰，具言城中虚实。先是，城西南依崄，素不设备，卒乃引王师自西南攻之，是夜城陷，胡则一门无遗类。二人者其为德一也，何其报效之不同？

【译文】王延政占据建州，命令大将章某镇守建州城，章某曾派部将刺探军情，因为耽误了预定期限应当处斩，章某怜惜他的才能，没有依法处置，回家告诉自己的妻子，他的妻子练氏贤惠明智，暗中派人对部将说："你依法当被处死，赶快逃跑才能免死。"并给了他数十两银子，说："直接走，不要惦念家了。"部将得以潜逃，投奔了江南李主，隶属查文徽部下。查文徽攻打王延政时，部将正好担任主将，城快被攻破时，预先告诉城里人："能保全练氏一家的人有重赏。"练氏派人对他说："建州民众没有罪，请将军放过他们。我与丈夫有罪当处死，不敢谋求活命。如果将军不放过建州民众，我宁愿死在百姓之前，誓不单独存活。"这些话令人感叹，非常诚恳，这个部将不得不为此约束部下才进城，全城民众得以保全。到现在练氏仍是建安的旺族，官位到达卿相的接连不断，都是练氏的后代。

南唐国主李景派大将胡则镇守江州，国都被攻占后，曹翰派部队围攻江州三年，城防坚固难以攻破，一天胡则因厨师烹鱼不精美，要杀了他，他的妻子急忙阻止说："士兵坚守此城好几年了，尸骨暴露遍地，怎么能因为区区菜肴处死士兵呢？"胡则就放了他，这个士兵连夜用绳子缒出城投奔曹翰，详细说出了城里的情况。原先，城西南面靠着险要地势，一直没有设防，这个士兵领着政府军从西南面进攻，当天夜里江州陷落，胡则一家没有一个活下来。他们二人的妻子给予的恩惠是一样的，为什么得到的回报却不一样呢？

## 158. 王文正局量宽厚

王文正太尉局量宽厚，未尝见其怒，饮食有不精洁者，但不食而已。家人欲试其量，以少埃墨投羹中，公唯啖饭而已，问其何以不食羹，曰："我偶不喜肉。"一日又墨其饭，公视之曰："吾今日不喜饭，可具粥。"其子弟愬于公曰："庖肉为饔人所私，食肉不饱，乞治之。"公曰："汝辈人料肉几何？"曰："一斤。今但得半斤食，其半为饔人所廋。"公曰："尽一斤可得饱乎？"曰："尽一斤固当饱。"曰："此后人料一斤半可也。"其不发人过皆类此。尝宅门坏，主者彻屋新之，暂于廊庑下启一门以出入，公至侧门，门低，据鞍俯伏而过，都不问，门毕复行正门，亦不问。有控马卒岁满辞公，公问："汝控马几时？"曰："五年矣。"公曰："吾不省有汝。"既去复呼回，曰："汝乃某人乎？"于是厚赠之。乃是逐日控马，但见背，未尝视其面，因去见其背方省也。

【译文】王旦太尉的度量宽厚，从未见他发怒，吃喝东西如果不好或不干净，只是不吃罢了。家里人想试试他的度量，用一些墨粒放在羹里，王旦就光吃饭，家人便问为什么吃羹，他说："我正好不想吃肉。"一天又把墨粒撒入饭中，王旦看了看说："我今天不想吃饭，能否准备粥。"他的晚辈告诉王旦说："厨房里的肉被厨师私吞，肉吃得不足，请求惩治厨师。"王旦说："你们每人每天厨下备多少肉？"晚辈们说："一斤。现在只有半斤可吃，另外半斤被厨师吞没了。"王旦说："吃足一斤能满足了吗？"大家说："吃足一斤当然能满足了。"王旦说："这以后每人就备一斤半肉吧。"王旦不揭发别人的过失都与此类似。他家的宅门曾经损坏，主管便拆了屋子重新建造，暂时在堂前廊下开了扇门出入，王旦来到侧门，因为门楣低，只好趴在马鞍上低下身子过去，却从未过问，新门建好恢复从正门进出，也不过问。有位牵马的仆役因期满向王旦辞别，王旦问他："你牵马有多少时候了？"他说："五年了。"王旦说："我不想不起有你这个人。"等他转身离开又叫回来，说："你就是某人吧？"于是给他丰厚的报酬。因为此人每天牵马，王旦只看到他的背影，从未看他的正面，到他转身离去看到背影才想起他。

## 159. 石曼卿邻豪家

石曼卿居蔡河下曲，邻有一豪家，日闻歌钟之声。其家僮仆数十人，常往来曼卿之门，曼卿呼一仆问豪为何人，对曰："姓李氏，主人方二十岁，并无昆弟，家妾曳罗绮者数十人。"曼卿求欲见之，其人曰："郎君素未尝接士大夫，他人必不可见，然喜饮酒，屡言闻学士能饮酒，意亦似欲相见，待试问之。"一日果使人延曼卿，曼卿即著帽往见之，坐于堂上，久之方出。主人者头巾，系勒帛，都不具衣冠，见曼卿全不知拱揖之礼。引曼卿入一别馆，供张赫然，坐良久，有二鬟妾各持一小盘至曼卿前，盘中红牙牌十余，其一盘是酒名，凡十余品，令曼卿择一牌；其一盘肴馔名，令择五品。既而二鬟去，有群妓十余人各执肴果、乐器，妆服、人品皆艳丽粲然，一妓酌酒以进，酒罢乐作，群妓执果肴者萃立其前，食罢则分列其左右，京师人谓之"软盘"。酒五行，群妓皆退，主人者亦翩然而入，略不揖客，曼卿独步而出。曼卿言豪者之状懵然愚呆，殆不分菽麦，而奉养如此，极可怪也。他日试使人通郑重，则闭门纳，亦无应门者，问其近邻，云："其人未尝与人往还，虽邻家亦不识面。"古人谓之"钱痴"，信有之。

【译文】石曼卿居住在蔡河下曲，邻居有一家富豪，每天传出乐器演奏声。那户人家的僮仆有几十个，时常经过曼卿的门口，曼卿叫住一名仆人询问富豪是什么人，回答说："姓李，主人才二十岁，没有弟兄，穿着绫罗绸缎的婢女有几十人。"曼卿表示想见见他，那仆人说："我家主人连官员都从不交往，其他人等肯定不会见，不过他喜欢喝酒，多次说起听到学士您能喝酒，好像也有心想和您见面，等我试着问问吧。"某天果然派人来请曼卿，曼卿马上戴好帽子去见他，坐在客厅里，等了很久才出来接待。主人戴着头巾，系着丝腰带，没穿会客时的服饰，见了曼卿连起码的礼节都不懂。他领着曼卿走进另外一个房间，陈设华贵富丽，坐了好一会儿，有两名小丫环各托着一只小盘到曼卿面前，盘中有十余枚红色的象牙牌，一只盘子的牙牌写着酒名，共有十几种，请石曼卿选择一枚牙牌；另一只盘子的牙牌写着菜肴名，请曼卿选择五枚牙牌。然后两名丫环离去，有十几名女子各拿着菜肴果品和乐器进来，服饰、人品都艳丽非凡，一名女子斟酒送上来，喝完酒乐器就奏起来。女子们端着果品菜肴簇拥在二人之前，等他们吃完就分开站在他们左右，京里人称之为“软盘”。斟过五次酒后，女子们都退了下去，那位主人也翩翩然回了进去，没有人送客，曼卿独自走出他的家门。曼卿谈起富豪主人的样子既无知又愚蠢，连豆和麦都分不清，却待遇如此优厚，实在太奇怪了。隔些天试着派人去问候，却紧闭着门不让人进去，也没有人回话，询问周围的邻居，说：“那个人从来不曾和别人来往，虽说是邻居也没见过他的面。”古人所谓的“钱痴”，看来确实是有的。

## 160. 杜五郎

颍昌阳翟县有一杜生者，不知其名，邑人但谓之“杜五郎”。所居去县三十余里，唯有屋两间，其一间自居，一间其子居之，室之前有空地丈余，即是篱门，杜生不出篱门凡三十年矣。黎阳尉孙轸曾往访之，见其人颇萧洒，自陈：“村民无所能，何为见访？”孙问其不出门之因，其人笑曰：“以告者过也。”指门外一桑曰：“十五年前亦曾到此桑下纳凉，何谓不出门也？但无用于时，无求于人，偶自不出耳，何足尚哉？”问其所以为生，曰：“昔时居邑之南，有田五十亩，与兄同耕。后兄之子娶妇，度所耕不足赡，乃以田与兄，携妻子至此，偶有乡人借此屋，遂居之。唯与人择日，又卖一药，以具饘粥，亦有时不继。后子能耕，乡人见怜，与田三十亩，令子耕之尚有余力，又为人佣耕，自此食足。乡人贫，以医、卜自给者甚多，自食既足，不当更兼乡人之利，自尔择日、卖药一切不为。”又问常日何所为，曰：“端坐耳，无可为也。”问颇观书否，曰：“二十年前亦曾观书。”问观何书，“曾有人惠一书册，无题号，其间多说《净名经》，亦不知《净名经》何书也。当时极爱其议论，今亦忘之，并书亦不知所在久矣。”气韵闲旷，言词精简，有道之士也。盛寒，但布袍草履，屋中枵然，一榻而已。问其子之为人，曰：“村童也，然质性甚淳厚，未尝妄言，未尝嬉游，唯买盐酪则一至邑中，可数其行迹以待其归，径往径还，未尝旁游一步也。”余时方有军事，至夜半未卧，疲甚，与官属闲话，轸遂及此，不觉肃然，顿忘烦劳。

【译文】颍昌阳翟县有个姓杜的人，不知道他的名字，当地人只是称他“杜五郎”。所住的地方离开县城三十余里，只有屋子两间，一间自己住，另一间他的儿子住，屋的前面有一丈多宽的空地，再前面就是篱笆门了，杜五郎不走出篱笆门有三十年了。黎阳县尉孙轸曾去拜访他，觉得他自然大方，他主动说道："乡下人没有什么能耐，为什么前来访问？"孙轸问他不出屋门的原因，这人笑着说："这是传话人的过失。"指着门外一棵桑树说："十五年前也曾到过这棵桑树下乘凉，怎么能说不出屋门呢？只是我没有什么用处，对人没有什么要求，偶尔自己不出门罢了，有什么值得赞赏的呢？"问他靠什么过日子，说："过去我居住在县城南面，有田五十亩，和兄长一起耕种。后来兄长的儿子娶了媳妇，考虑耕种所得不能养家活口，就把田都给了兄长，带着妻子儿女到了这儿，正好有位乡亲借给我这房屋，就住在这儿了。只是靠给别人算算命，再卖些草药，用以餬口度日，也有接济不上的时候。后来儿子能耕田了，乡亲们看着可怜，给了三十亩田，让我的儿子耕种还有余力，又替别人帮帮工，这才能填饱肚子。乡亲们穷，靠行医、占卜为生的人很多，既然能填饱肚子，就不再挤占他们的谋生之道，从此算命、卖药这些活都不干了。"又问起他平常干些什么，说："就这么坐着，不干什么。"问他稍微看些书吗，说："二十年前也曾经看过书。"问是什么书，说："曾有人送了一本书，没有书名，里面大多讲《净名经》，也不知道《净名经》是什么书。当时非常喜爱书中的议论，现在也忘掉了，连书也好久不知道放到哪里去了。"他神气度优闲旷达，说话来清新简洁，是个有学识的人。大冷天，他只穿着布袍和草鞋，屋子里空荡荡，仅有一张矮榻而已。问起他儿子的为人，说："乡下孩子，不过本性很淳朴，从不乱说话，从不游荡戏耍，为了买盐、酪才去一次县城，可以计算他来往的路程等他回来，直接去直接回，从不会跑到别处去玩。"我当时有军务在身，到夜深还没有躺下，疲惫极了，与属下闲聊，孙轸就说了这件事，我听了不觉肃然起敬，把烦恼和疲惫都忘了。

## 161. 耆英会

唐白乐天居洛，与高年者八人游，谓之"九老"。洛中士大夫至今居者为多，继而为九老之会者再矣。元丰五年文潞公守洛，又为耆英会，人为一诗，命画工郑奂图于妙觉佛寺，凡十三人：守司徒致仕、韩国公富弼，年七十九；守太尉、判河南府、潞国公文彦博，年七十七；司封郎中致仕席汝言，年七十七；朝议大夫致仕王尚恭，年七十六；太常少卿致仕赵丙，年七十五；秘书监刘几，年七十五；卫州防御使冯行己，年七十五；太中大夫充天章阁待制楚建中，年七十三，朝议大夫致仕王慎言，年七十二；宣徽南院使、检校太尉、判大名府王拱辰，年七十一；太中大夫张问，年七十；龙图阁直学士、通议大夫张焘，年七十；端明殿学士兼翰林侍读学士、太中大夫司马光，年六十四。

【译文】唐代白居易住在洛阳，与八位高寿者交游，称为"九老"。现在住在洛阳的官员很多，接着发起类似九老的聚会已有两次了。元丰五年文彦博任职洛阳时，又发起耆年会，与会者每人作诗一首，请画师郑奂画在妙觉佛寺内，共十三位：退休守司徒、韩国公富弼，七十九岁；守太尉、判河南府、潞国公文彦博，七十七岁；退休司封郎中席汝言，七十七岁；退休朝议大夫王尚恭，七十六岁；退休太常少卿赵丙，七十五岁；秘书监刘几，七十五岁；卫州防御使冯行己，七十五岁；太中大夫充天章阁待制楚建中，七十三岁；退休朝议大夫王慎言，七十二岁；宣徽南院使、检校太尉、判大名府王拱辰，七十一岁；太中大夫张问，七十岁；龙图阁直学士、通议大夫张焘，七十岁；端明殿学士兼翰林侍读学士、太中大夫司马光，六十四岁。

## 162. 苏合香酒

王文正太尉气羸多病，真宗面赐药酒一注缾，令空腹饮之，可以和气血、辟外邪，文正饮之大觉安健，因对称谢，上曰："此苏合香酒也。每一斗酒以苏合香丸一两同煮，极能调五脏，却腹中诸疾，每冒寒夙兴则饮一杯。"因各出数榼赐近臣，自此臣庶之家皆仿为之，苏合香丸盛行于时。此方本出《广济方》，谓之"白朮丸"，后人亦编入《千金》、《外台》，治疾有殊效，余于《良方》叙之甚详，然昔人未知用之。钱文僖公集《箧中方》，苏合香丸注云"此药本出禁中，祥符中尝赐近臣"，即谓此也。

【译文】太尉王旦体弱多病，真宗皇帝当面赏赐一瓶药酒，叫他空腹时喝，可以调气理血、排除外感风邪，王旦喝了深感安定康健，就在朝见时谢恩，真宗说："这是苏合香酒。每斗酒用苏合香丸一两一起浸泡，最能调理五脏，驱除腹中多种毛病，每当寒天早起就喝一杯。"于是又取来几小瓶赐给亲近大臣，从此官民之家都仿造这种药酒，当时苏合香丸十分流行。其实这一药方出自《广济方》，称为"白朮丸"，后人又把它编进《千金方》、《外台秘要》，治病有不寻常的功效，我在《良方》中对它的介绍很详尽，但过去的人不知道使用它。钱惟演编辑《箧中方》，对苏合香丸注释说"这味药原本出自宫廷，祥符年间曾赐给亲近大臣"，说的就是此事。

## 163. 李士衡使高丽

李士衡为馆职使高丽，一武人为副，高丽礼币赠遗之物，士衡皆不关意，一切委于副使。时船底疏漏，副使者以士衡所得缣帛藉船底，然后实己物，以避漏湿。至海中遇大风，船欲倾覆，舟人大恐，请尽弃所载，不尔船重必难免，副使仓惶悉取船中之物投之海中，更不暇拣择，约投及半，风息船定。既而点检所投皆副使之物，士衡所得在船底，一无所失。

【译文】李士衡任馆职时出使高丽，一名武将任副使，高丽赠送的礼品财物，士衡都不经意，都交托副使处置。当时船底有疏漏，副使就把士衡所得的丝织品垫在船底，然后放上自己的东西，避免被漏进来的水弄湿。船行到海中遇到大风，船将被掀翻，船工十分慌张，请求把装载的东西都扔掉，否则船太重必定难以幸免，副使在匆忙紧张地把船上的东西都扔到海里，也来不及挑选区分，大约扔到一半，风停息船平稳了。然后检查所扔掉的都是副使的东西，士衡的礼物放在船底，毫无损失。

## 164. 身飨其用

刘美少时善锻金，后贵显，赐与中有上方金银器，皆刻工名，其间多有美所造者。又杨景宗微时常荷畚为丁晋公筑第，后晋公败，籍没其家，以第赐景宗。二人者，方其微贱时，一造上方器、一为宰相筑第，安敢自期身飨其用哉？

【译文】刘美年轻时擅长打造金属器具，后来地位显赫了，赏赐的礼品中有宫廷用的金银器具，都刻有工匠的名字，其中很多是他自己所打造的。杨景宗落魄时曾挑着筐为丁谓建造府第，后来丁谓倒台，抄没他的家产，把他的府第赏赐给了杨景宗。这两个人，在他们地位低下时，一个为宫廷造器具、一个为宰相建府第，哪敢梦想自身享用它们呢？

## 165. 举人班列

旧制，天下贡举人到阙悉皆入对，数不下三千人，谓之“群见”。远方士皆未知朝廷仪范，班列纷错，有司不能绳勒，觐见之日先设禁围于著位之前，举人皆拜于禁围之外，盖欲限其前列也。至有更相抱持以望黼座者，有司患之，近岁遂止令解头入见，然尚不减数百人。嘉祐中，余忝在解头，别为一班，最在前列，目见班中唯从前一两行稍应拜起之节，自余亦终不成班缀而罢，每为閤门之累。常言殿庭中班列不可整齐者唯有三色，谓举人、蕃人、骆驼。

【译文】过去的制度，各地推选的举人来到京城都要朝见皇上，人数不下三千人，称为“群见”。偏远地方的读书人全然不知朝廷的礼仪规范，次序十分杂乱，有关部门无法约束他们，就在朝见那天先在宝座前设置禁区，举人们都在禁区外行礼，想以此约束前排的秩序。可到拜见时有的举子甚至互相抱举着观望御座，有关部门感到担心，近些年只让各地取中第一名的举子参加朝见，但还是不少于几百人。嘉祐年间，我侥幸获得第一名，另外编成一组，排在最前面的行列中，亲眼见到排列的人群中只有前面一二排稍微行了下礼，其他的因为终于排不成队列而作罢，此事每每成为内廷的负担。人们常说宫廷中队列无法整齐的只有三种，即举人、外族人、骆驼。

## 166. 王方贽均杂税

两浙田税亩三斗，钱氏国除，朝廷遣王方贽均两浙杂税，方贽悉令亩出一斗。使还，责擅减税额，方贽以谓："亩税一斗者天下之通法，两浙既已为王民，岂当复循伪国之法？"上从其说。至今亩税一斗者，自方贽始。唯江南、福建犹循旧额，盖当时无人论列，遂为永式。方贽寻除右司谏，终于京东转运使，有五子，皋、准、覃、巩、罕，准之子珪为宰相，其他亦多显者，岂惠民之报欤？

【译文】两浙地区的田税每亩三斗，吴越国归并后，朝廷派王方贽去调整两浙赋税，方贽下令每亩只收一斗。完成任务回到朝廷，皇上责怪他擅自减免税额，方贽便说："每亩赋税一斗是朝廷的统一法令，两浙既然已成为王朝臣民，难道要继续遵从割据者的法令吗？"皇上就同意了他的做法。到现在两浙地区每亩田税一斗，就从王方贽那时开始的。只有江南、福建仍按原先的税赋额度，大概当时没有人提出讨论，就定下来作为法令了。不久方贽升为右司谏，在京东转运使任上去世，有五个儿子，名为皋、准、覃、巩、罕，王准的儿子王珪官至宰相，其他子孙也多至高位，难道不是他施惠于百姓的回报吗？

## 167. 孙之翰却砚

孙之翰，人尝与一砚，直三十千，孙曰："砚有何异而如此之价也？"客曰："砚以石润为贵，此石呵之则水流。"孙曰："一日呵得一担水才直三钱，买此何用？"竟不受。

【译文】曾有人送给孙之翰一块砚，价值三万钱，孙之翰说："砚有什么特别而值这么多价钱？"那人说："砚石以润泽为上品，这砚石呵口气就会凝成水流。"孙之翰说："一天呵出一担水不过值三个钱，买这东西有什么用？"最终没有接受。

## 168. 王荆公固执

王荆公病喘，药用紫团山人参，不可得，时薛师政自河东还，适有之，赠公数两，不受，人有劝公曰："公之疾非此药不可治，疾可忧，药不足辞。"公曰："平生无紫团参亦活到今日。"竟不受。公面黧黑，门人忧之，以问医，医曰："此垢污，非疾也。"进澡豆令公颒面，公曰："天生黑于予，澡豆其如予何？"

【译文】王安石患有哮喘病，服的药要用到紫团山人参，但买不到，这时薛师政从河东回来，正好有这种人参，就送了他几两，安石不接受，有人劝他说："你的病不吃这种药治不好，疾病令人担忧，作为药就不用推却了。"安石说："平生没有紫团山人参也活到了今天。"最终没有接受。王安石的脸色深黑，学生们感到担忧，去问医生，医生说："这是污垢，不是病。"

便送了些澡豆让王安石洗脸，安石说："天生给我这张黑脸，澡豆能把我怎样？"

## 169. 王子野不茹荤腥

王子野生平不茹荤腥，居之甚安。

【译文】王质生来不吃荤腥菜肴，过得很满足。

## 170. 赵阅道为转运使

赵阅道为成都转运使，出行部内唯携一琴、一鹤，坐则看鹤、鼓琴。尝过青城山，遇雪舍于逆旅，逆旅之人不知其使者也，或慢狎之，公颓然鼓琴不问。

【译文】赵抃任成都转运使，在辖区内巡察只带一张琴、一只鹤，闲坐时看鹤、弹琴。他曾经过青城山，遇上下雪住在旅馆，旅馆里的人不知道他是行政长官，有的还戏弄他，他精神不振地弹着琴不顾其他。

## 171. 孔旻爱人

淮南孔旻隐居笃行，终身不仕，美节甚高。尝有窃其园中竹，旻愍其涉水冰寒，为架一小桥渡之，推此则其爱人可知。然余闻之，庄子妻死鼓盆而歌，妻死而不辍鼓可也，为其死而鼓之，则不若不鼓之愈也。犹邴原耕而得金掷之墙外，不若管宁不视之愈也。

【译文】淮南人孔旻避世隐居而行为惇厚，终身不出来做官，美好的品德十分高尚。曾有人偷他园子里的竹子，孔旻怜悯他淌过冰冷的河水，特地架了座小桥来方便他，由此可以推想他爱人的心怀了。但我听说，庄子的妻子死了就敲打瓦盆唱歌，妻子死去而不停止敲打是可以的，如果为妻子的死而敲打，那么不如不敲打更好。就像邴原耕田时挖到金子把它扔到墙外，不如管宁不看金子一眼更好。

## 172. 狄青不附梁公

狄青为枢密使，有狄梁公之后，持梁公画像及告身十余通诣青献之，以谓青之远祖。青谢之曰："一时遭际，安敢自比梁公？"厚有所赠而还之。比之郭崇韬哭子仪之墓，青所得多矣。

【译文】狄青任枢密使时，有位唐朝狄仁杰的后代，拿着狄仁杰的画像和十多份官职文凭来献给狄青，说那就是狄青的祖先。狄青婉谢他说："我侥幸取得成功，怎么敢自比狄仁杰呢？"送了许多钱物并把那些东西还给他。比起后唐郭崇韬去哭拜郭子仪墓，狄青做得高明多了。

## 173. 郭进治第

郭进有材略，累有战功。尝判邢州，今邢州城乃进所筑，其厚六丈，至今坚完，铠仗精巧，以至封贮亦有法度。进于城北治第，既成，聚族人、宾客落之，下至土木之工皆与。乃设诸工之席于东庑、群子之席于西庑，人或曰："诸子安可与工徒齿？"进指诸工曰："此造宅者。"指诸子曰："此卖宅者，固宜坐造宅者下也。"进死，未几果为他人所有，今资政殿学士陈彦升宅乃进旧第东南一隅也。

【译文】郭进有才干谋略．多次建树战功。他曾任邢州知州，现在的邢州城就是他建造的，城墙厚六丈，直到现在仍坚固完好，兵器十分精巧，以至封存贮藏也有规范。郭进在城北修建私宅，建成后，把亲戚、宾客请来参加落成典礼，下至土木工匠等都参加。于是把工匠们的座席设在东厢、子孙们的席位设在西厢，有人问他："子孙们怎么能和工匠排座席呢？"郭进指着工匠们说："这些是造房子的人。"又指着子孙们说："这些是卖房子的人，就该坐在造房子的人之下。"郭进去世后，不久房屋果然为他人所有，现在资政殿学士陈彦升的宅第就是郭进旧宅的东南一角。

## 174. 武人吟诗

有一武人，忘其名，志乐闲放而家甚贫，忽吟一诗曰："人生本无累，何必买山钱？"遂投檄去，至今致仕，尚康宁。

【译文】有位武官，他的名字忘了，秉性喜欢自在但家中十分贫寒，一天忽然吟出一句诗说："人生本无累，何必买山钱？"于是就辞了官回乡，现在已正式退休，仍然健在。

## 175. 向敏中耐官职

真宗皇帝时，向文简拜右仆射，麻下日，李昌武为翰林学士当对，上谓之曰："朕自即位以来未尝除仆射，今日以命敏中，此殊命也，敏中应甚喜。"对曰："臣今日早候对，亦未知宣麻，不知敏中何如。"上曰："敏中门下今日贺客必多，卿往观之，明日却对来，勿言朕意也。"昌武候丞相归乃往见，丞相谢客，门阑悄然无一人，昌武与向亲，径入见之，徐贺曰："今日闻降麻，士大夫莫不欢慰，朝野相庆。"公但唯唯，又曰："自上即位未尝除端揆，此非常之命，自非勋德隆重、眷倚殊越，何以至此？"公复唯唯，终未测其意。又历陈前世为仆射者勋劳德业之盛、礼命之重，公亦唯唯，卒无一言。既退，复使人至庖厨中，问今日有无亲戚宾客、饮食宴会，亦寂无一人。明日再对，上问："昨日见敏中否？"对曰："见之。""敏中之意何如？"乃具以所见对，上笑曰："向敏中大耐官职。"向文简拜仆射年月未曾著于国史。熙宁中，因见中书题名记"天禧元年八月，敏中加右仆射"，然枢密院题名记"天禧元年二月，王钦若加右仆射"。

【译文】真宗皇帝时，任命向敏中为右仆射，任命下达的那天，翰林学士李昌武参加朝见，皇上对他说："我自从继承皇位以来从未授过仆射的官职，今天任命向敏中，是不寻常的任命，向敏中应该很高兴。"李昌武回答说："我今天一早等候上朝，也不知道下达任命，不清楚向敏中的情况怎样。"皇上说："今天向敏中家中去庆贺的客人一定很多，你去看看，明天把情况告诉我，不要说是我派你去的。"昌武等到向敏中回家才去拜见，向敏中谢绝来客，门口静悄悄没有一个人，昌武与向敏中关系亲密，直接进去见他，慢悠悠地道喜说："今天听说下达任命，大臣们无不欢快欣慰，上上下下都互相庆贺。"向敏中没说什么，昌武又说："皇上登基以来从未授予尚书长官这样的职位，这可不是一般的任命，不是功德隆重、皇上倚重信赖，怎么会有这样的任命？"向敏中仍然不说什么，始终猜不透他内心的想法。昌武又列举前朝任仆射者功绩德业如何盛大、任命如何隆重，向敏中还是不说什么，最终没有一句话。昌武告辞后，又派人到向敏中家中的厨房，打听今天有没有亲朋好友祝贺、宴请聚会，厨房里也是静悄悄没有一个人。次日昌武又去上朝，皇上问："昨天见到向敏中了吗？"昌武回答说："见到他了。"皇上问："向敏中的神情怎么样？"昌武就把见到的情况都禀告了，皇上笑着说："向敏中可真能当大官啊。"向敏中任仆射的年月没有记载在本朝史书中。熙宁年间，我曾看见中书题名记着"天禧元年八月，向敏中升任右仆射"，但枢密院题名却记着"天禧元年二月，王钦若升任右仆射"。

## 176. 晏元献诚实

晏元献公为童子时，张文节荐之于朝廷，召至阙下，适值御试进士，便令公就试，公一见试题，曰："臣十日前已作此赋，有赋草尚在，乞别命题。"上极爱其不隐。及为馆职时，天下无事，许臣寮择胜燕饮，当时侍从文馆士大夫各为燕集，以至市楼酒肆往往皆供帐为游息之地，公是时贫甚不能出，独家居与昆弟讲习。一日选东宫官，忽自中批除晏殊，执政莫谕所因，次日进复，上谕之曰："近闻馆阁臣寮无不嬉游燕赏，弥日继夕，唯殊杜门与兄弟读书，如此谨厚，正可为东宫官。”公既受命得对，上面谕除授之意，公语言质野，则曰：“臣非不乐燕游者，直以贫，无可为之具，臣若有钱亦须往，但无钱不能出耳。”上益嘉其诚实，知事君体，眷注日深，仁宗朝卒至大用。

【译文】晏殊未成年时，张知白就把他举荐给朝廷了，他应召来到京城，正好遇上御试进士，就要他参加考试，晏殊一见试题，就说：“我十天前已作过这个题目的文章了，文章的草稿还在，请另外出一道题。”皇上非常喜爱他的诚实。到晏殊任职史馆时，天下太平无事，朝廷允许大臣们挑好的地方宴饮，当时朝廷的大官各自邀合宴饮，以至饭店酒楼往往都成为他们游玩休息的地方，晏殊此时十分贫困不能去参加，独自留在家中和兄弟们一起读书学习。一天要选择辅导太子的官员，忽然从宫中下达批示任命晏殊，执政大臣不明白其中的缘由，第二天请求再复核，皇上告诉他们说：“近来听说各部门大臣没有人不游玩宴饮，几乎夜以继日，只有晏殊闭门不出和兄弟们一起读书，如此谨慎朴实，正适合辅导太子。”晏殊接受任命后上朝，皇上当面告诉他任命的原因，晏殊措辞朴实无华，他说：“我不是不愿意宴饮游玩，实在是家境贫困，没有可以去玩的钱财，我如果有钱也必定会去的，只是没有钱不能出门罢了。”皇上更加赞赏他的诚实，懂得侍奉君王的大体，对他的垂爱日益深厚，到仁宗朝终于得到重用。

## 177. 曹南院预讲边备

宝元中，忠穆王吏部为枢密使，河西首领赵元昊叛，上问边备，辅臣皆不能对，明日枢密四人皆罢，忠穆谪虢州。翰林学士苏仪甫与忠穆善，出城见之，忠穆谓仪甫曰：“鬷之此行，前十年已有人言之。”仪甫曰：“必术士也。”忠穆曰：“非也。昔时为三司盐铁副使，疏决狱囚，至河北，是时曹南院自陕西谪官初起为定帅，鬷至定，治事毕，玮谓鬷曰：‘决事已毕，自此当还，明日愿少留一日，欲有所言。’鬷既爱其雄材，又闻欲有所言，遂为之留，明日具馔甚简俭，食罢屏左右，曰：‘公满面权骨，不为枢辅即边帅，或谓公当作相，则不然也，然不十年必总枢柄。此时西方当有警，公宜预讲边备、搜阅人才，不然无以应卒。’鬷曰：‘四境之事唯公知之，幸以见教。’曹曰：‘玮实知之，今当为公言。玮在陕西日，河西赵德明尝使人以马博易于中国，怒其息微，欲杀之，莫可谏止，德明有一子方十余岁，极谏不已，曰：以战马资邻国已是失计，今更以货杀边人，则谁肯为我用者？玮闻其言，私念之曰：此子欲用其人矣，是必有异志。闻其常往来互市中，玮欲一识之，屡使人诱致之不可得，乃使善画者图形容，既至观之，真英物也。此子必须为边患，计其时节正在公秉政之日，公其勉之。’鬷是时殊未以为然，今知其所画乃元昊也，皆如其言也。”四人，夏守赟、鬷、陈执中、张观。康定元年二月，守赟加节度，罢为南院，鬷、执中、观各守本官罢。

【译文】宝元年间，吏部长官王鬷任枢密使，河西首领赵元昊叛乱，皇上问起边防事务，执政大臣都不能应答，第二天枢密院四位长官都被撤职，王鬷被贬到虢州。翰林学士苏公仪和王鬷友善，出城为他送行，王鬷对公仪说："我这次贬斥，十年前已有人谈起过。"公仪说："必定是算命的。"王鬷说："不是。那时我任三司盐铁副使，为清理积滞的案件，来到河北。当时曹玮在陕西贬官后刚起用为定州长官，我到定州，公务处理完毕后，曹玮对我说：'公务已办妥了，你就要回去了，希望明天稍微逗留一天，我有话要对你说。'我既推崇他杰出的才干，又听他有话要对我说，就留了下来，第二天他备了些简单的饭菜，吃完后让左右侍从退下去，对我说：'你满面权骨，将来不入枢密便任边将，有人说你可以当宰相，恐怕未必，但不用十年你必定执掌枢密院大权。那时西部边境会有危急情况，你要预先整饬边防、搜罗人才，不这样难以应对变局。'我说：'边防事务只有你了解，希望能指教。'曹玮说：'我确实知道，现在应该告诉你。我在陕西时，河西赵德明曾派人用马匹和中原交换货物，因赚钱少而发怒，便想把那些做生意的人杀了，没有人能劝阻他，德明有一个儿子刚刚十多岁，竭力劝阻无效，便说：把战马卖给邻国已是失策，现在又为了财货杀边境上的人，谁还肯为我们做事？我听说那孩子的话后，内心暗想道：这孩子想到别人为他所用，一定会图谋不轨。听说他常来往于边境集市，我想认认他，多次派人引他来而不成功，就叫擅长画画的人画出他的模样，画成后我一看，真是杰出人物。这个人必定会成为边防大患，估计那时候正在你执政的时节，你要早作准备。'我当时没把他当回事，现在知道他所画的就是赵元昊，一切都像他说的那样。"四位长官，是夏守赟、王鬷、陈执中、张观。康定元年二月，夏守赟加节度，贬为宣徽南院使，王鬷、陈执中、张观各以守本官贬。

## 178. 石曼卿豪饮

石曼卿喜豪饮，与布衣刘潜为友，尝通判海州，刘潜来访之，曼卿迎之于石闼堰，与潜剧饮，中夜酒欲竭，顾船中有醋斗余，乃倾入酒中并饮之，至明日酒、醋俱尽。每与客痛饮，露发跣足，著械而坐，谓之"囚饮"；饮于木杪，谓之"巢饮"；以稿束之，引首出饮，复就束，谓之"鳖饮"，其狂纵大率如此。廨后为一庵，常卧其间，名之曰"扪虱庵"，未尝一日不醉。仁宗爱其才，尝对辅臣言欲其戒酒，延年闻之因不饮，遂成疾而卒。

【译文】石曼卿喜欢豪饮，与平民刘潜是朋友，曾在海州任通判，刘潜前来拜访，曼卿到石闼堰迎接，与他痛饮，喝到半夜酒快要喝完，看到船上有一斗多醋，就拿来倒入酒中一起喝，到第二天把酒和醋都喝完了。石曼卿每当与来客痛饮时，不戴帽子光着脚，戴木枷坐着喝，称为"囚饮"；坐在树梢上喝，称为"巢饮"；用席子裹着，伸出头来喝，然后又缩回席筒，称为"鳖饮"，他的狂诞纵情大都如此。他在官署后搭了一间草屋，常常躺在那里，取名为“扪虱庵”，几乎没有一天不喝醉。仁宗皇帝喜爱曼卿的才干，曾对身边大臣说想叫曼卿把酒戒了，曼卿听说后就不再喝酒，由此生病而去世。

## 179. 事不可前料

工部胡侍郎则为邑日，丁晋公为游客，见之，胡待之甚厚。丁因投诗索米，明日胡延晋公，常日所用樽罍悉屏去，但陶器而已，丁失望，以为厌己，遂辞去，胡往见之，出银一箧遗丁，曰：“家素贫，唯此饮器，愿以赆行。”丁始谕设陶器之因，甚愧德之。后晋公骤达，极力推挽，卒至显位。

庆历中，谏官李兢坐言事谪湖南物务，内殿承制范亢为黄蔡间都监，以言事官坐谪后多至显官，乃悉倾家物与兢办行，兢至湖南少日遂卒。前辈有言：“人不可有意，有意即差。”事固不可前料也。

【译文】工部侍郎胡则任地方官时，丁谓作为游方的平民去拜见他，胡则待他很热情。丁谓便送上自己诗篇求赠口粮，第二天胡则宴请丁谓，平常用的酒器都不见了，只有一些陶制的用具，丁谓很失望，以为胡则讨厌自己，便告辞而去，胡则到住处去见他，拿出一匣银器送给丁谓，说：“家中一向贫困，只有这些酒器，给你做盘缠。”丁谓才明白胡则用陶器的原因，非常惭愧并感激胡则，后来丁谓很快做了大官，极力提携，胡则终于官至高位。

庆历年间，谏官李兢因进谏获罪贬为湖南税官，内殿承制范亢在黄蔡地区做都监，他认为谏官贬职后大多能升为高官，便拿出所有的家产为李兢置办行李，李兢到湖南没多久就死了。前人曾说：“人做事不可别有意图，别有意图就不能如愿。”事情本来就不能预先料及。

## 180. 朱寿昌至孝

朱寿昌，刑部朱侍郎巽之子，其母微，寿昌流落贫家十余岁方得归，遂失母所在。寿昌哀慕不已，及长乃解官访母，遍走四方，备历艰难，见者莫不怜之。闻佛书有水忏者，其说谓欲见父母者诵之，当获所愿，寿昌乃昼夜诵持，仍刺血书忏，摹板印施于人，唯愿见母。历年甚多，忽一日至河中府遂得其母，相持恸绝，感动行路，乃迎以归，事母至孝。复出从仕，今为司农少卿。士人为之传者数人，丞相荆公而下皆有朱孝子诗数百篇。

【译文】朱寿昌，刑部侍郎朱巽的儿子，生母出身低贱，寿昌流落贫穷人家直到十多岁才回到家，与母亲失去联系。寿昌悲伤思念不已，成年后就辞去官职寻找母亲，走遍各个地方，受尽艰难，看到他的人没有不怜悯的。他听说佛书上有水忏，据说想见父母的人诵读其忏，就能满足愿望，寿昌就不分白天夜晚地诵读，还刺血书写忏文，刻印出来送给别人，只希望能见到母亲。这样过了很多年，忽然有天在河中府终于找到了母亲，两人相扶着痛哭欲绝，感动了周围的路人，于是他就把母亲接回家，侍奉非常孝顺。以后寿昌又出来做官，现在任司农少卿。士大夫为寿昌作传的有好几位，丞相王安石以下都写有朱孝子诗，多达几百篇。

## 181. 刘庭式不弃瞽妻

朝士刘庭式本田家，邻舍翁甚贫，有一女约与庭式为婚。后契阔数年，庭式读书登科，归乡闾访邻翁而翁已死，女因病双瞽，家极困饿，庭式使人申前好，而女子之家辞以疾，仍以佣耕，不敢姻士大夫，庭式坚不可："与翁有约，岂可以翁死子疾而背之？"卒与成婚，闺门极雍睦，其妻相携而后能行，凡生数子。庭式尝坐小谴，监司欲逐之，嘉其有美行，遂为之阔略。其后庭式管干江州太平宫而妻死，哭之极哀。苏子瞻爱其义，为文以美之。

【译文】朝官刘庭式本是农家子弟，邻居老人家中十分贫困，有个女儿与庭式订了婚约。分别几年后，庭式读书考取了功名，回到家乡拜望邻居老人而老人已去世，他的女儿因为生病瞎了双眼，家境极其贫困，庭式派人提出履行婚约，女子家人回话说女孩子有病，还是靠帮人耕地度日，不敢与做官的人结亲，庭式坚决不同意，说："我与老人家有婚约，怎么可以因为他去世、女儿有病而违约呢？"最终还是履行婚约，夫妇相处非常和睦，他的妻子靠他搀扶着才能行走，为他生养了几个孩子。庭式曾因有轻微过失，有关部门要贬斥他，因为奖励他有美好德行，就从轻处理。后来庭式主管江州太平宫时妻子去世，哭得十分伤心。苏东坡喜爱刘庭式的义行，曾写文章赞扬他。

## 182. 千轴不如一书

柳开少好任气，大言凌物，应举时以文章投主司于帘前，凡千轴，载以独轮车，引试日，衣襕，自拥车以入，欲以此骇众取名。时张景能文有名，唯袖一书帘前献之，主司大称赏，擢景优等，时人为之语曰："柳开千轴不如张景一书。"

【译文】柳开年轻时很意气用事，说话盛气凌人，应考时把自己的文章当场献给主考官，装裱成一千卷，用独轮车装着，考试那天，他穿着襕衫，自己押送着车子来到考场，想以取得轰动效应来取得功名。当时张景因善写文章而出名，只带了一篇文章当场呈献。主考官十分赞赏，选拔张景优等及第，当时人为此说："柳开千轴不如张景一书。"

# 梦溪笔谈卷十

## 人事二

### 183. 健者县令

蒋堂侍郎为淮南转运使日，属县例致贺冬至书，皆投书即还，有一县令使人独不肯去，须责回书，左右谕之皆不听，以至呵逐亦不去，曰："宁得罪，不得书不敢回邑。"时苏子美在坐，颇骇怪，曰："皂隶如此野很，其令可知。"蒋曰："不然，令必健者，能使人不敢慢其命令如此。"乃为一简答之方去。子美归吴中月余，得蒋书曰："县令果健者。"遂为之延誉，后卒为名臣。或云乃天章阁待制杜杞也。

【译文】蒋堂侍郎任淮南转运使时，下属各县按惯例送来祝贺冬至的书信，都是递交贺信后就回去了，只有一个县令派来的人不肯离去，一定要索取回信，属员要他走一概不听，即使喝骂驱赶也不走，说："宁可冒犯大人，不拿到回信不敢回县城。"当时苏舜钦在坐，很惊讶，说："差役如此蛮不讲理，其县令可想而知。"蒋堂说："不是这样的，县令一定是个能干的人，能使人不敢怠慢他的命令到如此地步。"便写了一封回信答复才打发了差役。舜钦回到吴中一个多月后，收到蒋堂来信说："那位县令果然很能干。"于是便为他传扬赞誉，后来终于成为名臣。有人说那县令就是天章阁待制杜杞。

### 184. 李馀庆果于去恶

国子博士李馀庆知常州，强于政事，果于去恶，凶人恶吏畏之如神。末年得疾甚困，有州医博士多过恶，常惧为馀庆所发，因其困进利药以毒之，服之洞泄不已，势已危，馀庆察其奸，使人扶舁坐厅事，召医博士杖杀之，然后归卧，未及席而死。葬于横山，人至今畏之，过墓者皆下马，有病疟者取墓土著床席间辄差，其敬惮之如此。

【译文】国子博士李馀庆任常州知州时，处理政务刚强，铲除邪恶果断，强人恶吏像神灵一样害怕他。馀庆晚年患病十分严重，州里有个医官犯有不少罪行，常担心被馀庆惩治，便趁他病重送上剧烈的药物来害他，馀庆服药后腹泻不止，病情危在旦夕，察觉是医官做的手脚，便叫人把自己抬到公堂，召来医官乱棍打死，然后才回住处，还没等躺到床上就死了。他死后埋葬在横山，人们直到现在还怕他，经过他的墓都要下马，有疟疾病的人取点墓上的土放在床席间就痊愈了，对他的敬畏到了这样的程度。

## 185. 盛文肃阅人

盛文肃为尚书右丞知扬州，简重少所许可，时夏有章自建州司户参军授郑州推官，过扬州，文肃骤称其才雅，明日置酒召之。人有谓有章曰："盛公未尝燕过客，甚器重者方召一饭。"有章荷其意，别日为一诗谢之，至客次先使人持诗以入，公得诗不发封，即还之，使人谢有章曰："度已衰老，无用此诗。"不复得见。有章殊不意，往见通判刁绎具言所以，绎亦不谕其由，曰："府公性多忤，诗中得无激触否？"有章曰："元未曾发封。"又曰："无乃笔札不严？"曰："有章自书，极严谨。"曰："如此，必是将命者有所忤耳。"乃往见文肃而问之："夏有章今日献诗何如？"公曰："不曾读，已还之。"绎曰："公始待有章甚厚，今乃不读其诗，何也？"公曰："始见其气韵清修，谓必远器，今封诗乃自称'新圃田从事'，得一幕官遂尔轻脱。君但观之，必止于此官，志已满矣。切记之，他日可验。"贾文元时为参政，与有章有旧，乃荐为馆职，有诏候到任一年召试。明年除馆阁校勘，御史发其旧事，遂寝夺，改差国子监主簿，仍带郑州推官，未几卒于京师。文肃阅人物多如此，不复挟他术。

【译文】盛度以尚书右丞之职任扬州知州，简慢严厉而很少推许他人，当时夏有章从建州司户参军升任郑州推官，路过扬州，盛度忽然称赞他有才能，第二天备酒招待他。有人对有章说："盛公未曾宴请过路过的客人，很器重的人才款待一顿饭。"有章感激盛度的情意，另一天作了首诗感谢他，到了客馆先派人拿着诗进门递交，盛度拿到诗函不开封，当即还给来人，叫人回复有章说："我已经衰老，用不着看这诗了。"不再会见他了。有章很觉意外，去见通判刁绎把情况都说了，刁绎也不明白其中的缘由，说："知州大人性格不那么随和，诗里有没有触怒他的地方？"有章说："原本就没开封。"刁绎又说："可能信封写得不讲究吧？"有章说："是我亲笔写的，非常严谨。"刁绎说："如果是这样，一定是送信的人有所冒犯了。"刁绎于是拜见盛度并问他："夏有章今天献的诗怎么样啊？"盛度说："没有读，已经退给他了。"刁绎说："你起初十分厚待有章，现在却不读他的诗，为什么呢？"盛度说："起初见他风度不俗，认为他有远大前程，今天见诗封上自称‘新圃田从事’，当个幕僚就如此不稳重。你等着瞧，他必定就当到这个官位了，志向已经自满啦。千万记住我的话，今后可以验证。”贾昌朝当时任参知政事，和有章有旧情，就举荐他任馆职，有诏令等到任一年后参加考试。第二年被授为馆阁校勘，御史查到了他以往的过失，就免其馆职，改任为国子监主簿，仍带郑州推官衔，不久有章就在京城去世。盛度观察人大多如此，不再依仗其他什么方法。

## 186. 林逋高逸

林逋隐居杭州孤山，常畜两鹤，纵之则飞入云霄，盘旋久之复入笼中，逋常泛小艇游西湖诸寺，有客至逋所居，则一童子出应门，延客坐，为开笼纵鹤，良久，逋必棹小船而归，盖尝以鹤飞为验也。逋高逸倨傲，多所学，唯不能棋，常谓人曰：“逋世间事皆能之，唯不能担粪与着棋。”

【译文】林逋隐居在杭州孤山，常饲养一对鹤，一放开就飞入云霄，盘旋很久又回到笼中，林逋经常乘着小船到西湖的各个寺庙去，有客人来到林逋的住处，就有一名童子出门应答，请客人坐，然后开笼放鹤，过了些时候，林逋必定划着小船回来，大概经常用鹤飞翔升空来报信。林逋高雅而傲慢，学的东西很多，只是不会下棋，他常对人说：“世间的事情我都能做，只是不会挑粪和下棋。”

## 187. 法外杀近臣

庆历中有近侍犯法，罪不至死，执政以其情重，请杀之，范希文独无言，退而谓同列曰：“诸公劝人主法外杀近臣，一时虽快意，不宜教手滑。”诸公默然。

【译文】庆历年间有位近侍犯法，其罪不至于处死，执政大臣认为他的情节严重，请求杀了他，只有范仲淹不发一言，退朝后对同僚说：“各位劝皇上不按法令的处死近臣，一时虽然痛快，但不该诱导皇上乱杀人。”大臣们沉默无语。

## 188. 庞庄敏入相

景祐中审刑院断狱，有使臣何次公具狱，主判官方进呈，上忽问：“此人名次公者何义？”主判官不能对，是时庞庄敏为殿中丞、审刑院详议官，从官长上殿，乃越次对曰：“臣尝读《前汉书》，黄霸字次公，盖以霸次王也。此人必慕黄霸之为人。”上颔之。异日复进谳，上顾知院官问曰：“前时姓庞详议官何故不来？”知院对：“任满已出外官。”上遽指挥中书与在京差遣，除三司检法官，俄擢三司判官，庆历中遂入相。

【译文】景祐年间审刑院判案，有使臣何次公上报的案卷，主判官刚呈递上去，皇上忽然问道："此人名次公是什么意思？"主判官不能回答，当时庞籍任殿中丞、审刑院详议官，跟随长官上殿，就越级应答说："臣曾读过《前汉书》，黄霸字次公，大概是霸次于王的意思。这个人必定仰慕黄霸的为人。"皇上点点头。另一天又递呈案卷，皇上看到知院长官问道："前些日子姓庞的详议官为什么没来？"知院回答说："因任职期满已出任外官。"皇上急忙命令中书给他安排京城的职务，授三司检法官，不久提拔为三司判官，庆历年间当上了宰相。

# 梦溪笔谈卷十一

## 官政一

### 189. 陈恕改茶法

世称陈恕为三司使改茶法，岁计几增十倍。余为三司使时考其籍，盖自景德中北戎入寇之后，河北籴便之法荡尽，此后茶利十丧其九，恕在任，值北虏讲解，商人顿复，岁课遂增，虽云十倍之多，考之尚未盈旧额。至今称道，盖不虞之誉也。

【译文】人们说陈恕任三司使时改革茶法，每年收入几乎增加了十倍。我任三司使时曾查考过有关档案，从景德年间北方入侵后，河北的便籴法不再实行，这以后茶叶的税利十丧其九，陈恕在任上时，正遇上与北方讲和，商人随即恢复来往，每年税收就增加了，虽说有十倍之多，核实下来还没超过以往的总额。直到现在受到称赞，乃是意想不到的赞誉。

### 190. 算茶三说

世传算茶有三说法最便。三说者，皆谓见钱为一说，犀牙香药为一说，茶为一说。深不然也，此乃三分法耳。谓缘边入纳粮草，其价折为三分，一分支见钱，一分折犀象杂货，一分折茶尔，后又有并折盐为四分法，更改不一，皆非三说也。余在三司求得三说旧案，三说者乃是三事，博籴为一说，便籴为一说，直便为一说。其谓之博籴者，极边粮草，岁入必欲足常额，每岁自三司抛数下库务，先封椿见钱、紧便钱、紧茶钞，紧便钱谓水路商旅所便处，紧茶钞谓上三山场榷务。然后召人入中。便籴者，次边粮草，商人先入中粮草，乃诣京师算请慢便钱、慢茶钞及杂货。慢便钱谓道路货易非便处，慢茶钞谓下三山场榷务。直便者，商人取便于缘边入纳见钱，于京师请领。三说先博籴，数足然后听便籴及直便，以此商人竞趋争先赴极边博籴，故边粟常先足，不为诸郡分裂，粮草之价不能翔踊，诸路税课亦皆盈衍。此良法也，余在三司方欲讲求，会左迁不果建议。

【译文】世间传说算茶有三说法最便利。所谓三说，都说折合现金是一说，折合犀角、象牙、香料、药物是一说，折合茶是一说。绝对不是这样，这是三分法。指边防地区交纳粮草，其价格折算成三份，一份付现钱，一份以犀角、象牙杂货等物折算，一份以茶折算，后来又加上以盐折算成为四分法，变动不一，都不是三说。我在三司时查到三说的旧档，三说其实是三件事，博籴是一说，便籴是一说，直便是一说。这所谓的博籴，是最边远地区粮草，每年交纳必须要达到规定的额度，每年从三司下达指标给库务，用封椿现钱、紧便钱、紧茶钞支付，紧便钱在水路商旅交通便利处支取，紧茶钞是上三山茶场的茶叶销售凭证。然后雇人运送。所谓便籴，是次一等边远地区的粮草，商人先把粮草运到那里，然后到京城计算领取慢便钱、慢茶钞及杂货。慢便钱在水路商旅交通非便利处支取，慢茶钞是下三山茶场的茶叶销售凭证。所谓直便，是商人直接在沿边地区交纳现钱，在京城领取报酬。三说之中先采用博籴，数额完成后再采用便籴和直便，因此商人竞相先到最边远的地方去博籴，所以那里的粮食经常先完成指标，不被各州郡截留，粮草的价格不会猛涨，各路的税收也都有盈余。这是好办法，我在三司时正要推行这种办法，恰逢降职而没能实行。

## 191. 赫连城

延州故丰林县城赫连勃勃所筑，至今谓之“赫连城”，紧密如石，斸之皆火出。其城不甚厚，但马面极长且密，予亲使人步之，马面皆长四丈，相去六七丈。以其马面密，则城不须太厚，人力亦难攻也。余曾亲见攻城，若马面长则可反射城下攻者，兼密则矢石相及，敌人至城下则四面矢石临之。须使敌人不能到城下，乃为良法。今边城虽厚，而马面极短且疏，若敌人可到城下，则城虽厚终为危道。其间更多刓其角，谓之“团敌”，此尤无益，全藉倚楼角以发矢石，以覆护城脚。但使敌人备处多则自不可存立，赫连之城深可为法也。

【译文】延州原丰林县城是赫连勃勃修筑的，现在称为“赫连城”，城墙像石头一样紧密，砍上去都有火星冒出。这座城的城墙不很厚，但马面很长且分布紧密，我曾亲自派人丈量过，马面都长四丈，相互距离六七丈。由于马面分布紧密，城墙不需要很厚，人力量也难以攻击。我曾经亲眼见过攻城，如果马面长就可以反过来用箭射击城脚下的进攻者，加上分布紧密使弓箭石块能相互够得到，敌人到了城脚下就四面用弓箭石块投去。必须不让敌人攻到城脚下，才是最好的办法。现在边防地区的城墙虽然厚，可是马面极短且分布稀疏，如果敌人能攻到城脚下，那么城墙虽然厚终究是危险的事情。有些城还大多把城墙砌成圆角，称为“团敌”，这尤其没有好处，因为全靠倚着城墙角来投掷弓箭石块，用来保护城脚。只要使敌人多方防备就自然站不住脚了，赫连城的做法很值得学习。

## 192. 刘晏即日知价

刘晏掌国计，数百里外物价高下即日知之。人有得晏一事，余在三司时尝行之于东南。每岁发运司和籴米于郡县，未知价之高下，须先具价申禀，然后视其贵贱，贵则寡取，贱则取盈，尽得郡县之价，方能契数行下，比至则粟价已增，所以常得贵售。晏法则令多粟通途郡县，以数十岁籴价与所籴粟数高下，各为五等，具籍于主者。今属发运司。粟价才定，更不申禀，实时廪收，但第一价则籴第五数，第五价即籴第一数，第二价则籴第四数，第四价即第二数，乃即驰递报发运司。如此，粟贱之地自籴尽极数，其余节级各得其宜，已无枉售。发运司仍会诸郡所籴之数计之，若过于多则损贵与远者，尚少则增贱与近者，自此粟价未尝失时，各当本处丰俭。即日知价，信皆有术。

【译文】刘晏掌管国家财政时，几百里以外的物价涨落当天就知道了。有人了解到刘晏的一项措施，我任职三司时曾在东南地区推行过。每年发运司从各州县收购粮食时，并不知道粮价的高低，必须先开列粮价呈报，然后根据粮价的高低，价高就少买，价低就多买，要等各地粮价都了解后，才能核定收购数发下执行，等公文送到时粮价已经上涨，所以常常用高价买粮。刘晏的办法是指令产量多、交通便利的州县，将几十年购粮价格和收购数量的多少，分为五等，开列清单给主管部门。现在属发运司。粮价一查实，不须再呈报，立即开仓收购，最高等价格购最低等数量，最低等价格购最高等数量，次高等价格购次低等数量，次低等价格购次高等数量，随即迅速呈报发运司。这样一来，粮价低的地方自然购到最多的粮食，其他各地也按等级购入适当数量的粮食，避免了不合理的收购。发运司还要汇总统计各地准备购进的粮食数量，如果太多了就减少粮价高和路远地方的收购量，还不够就增加粮价低和路近地方的收购量，这样定粮价再不会贻误时机，各自与当地粮食收成好坏相适应。当天就知道粮价，看来是有办法的。

## 193. 校书官不恤职事

旧校书官多不恤职事，但取旧书以墨漫一字，复注旧字于其侧，以为日课。自置编校局，只得以朱围之，仍于卷末书校官姓名。

【译文】过去的校书官大多不称职，只是拿了本旧书用墨笔随意涂掉一个字，再把这个字写在它的旁边，以此作为每天的工作。自从设置了编校局，规定只能用红笔圈字，并在卷末写上校书官的姓名。

## 194. 国初均税

五代方镇割据，多于旧赋之外重取于民，国初悉皆蠲正，税额一定。其间或有重轻未均处，随事均之。福、歙州税额太重，福州则令以钱二贯五百折纳绢一匹，歙州输官之绢止重数两，太原府输赋全除，乃以减价粜粜补之。后人往往疑福、歙折绢太贵，太原折米太贱，盖不见当时均赋之意也。

【译文】五代方镇割据，往往在原有租税外再向百姓收税，本朝建立初期把这些都免除了，租税额有确定的数字。这中间也会有轻重不均衡的地方，就根据具体情况调整。福州、歙州的租税额太重，福州规定用二贯五百文折合交纳官府的一匹绢，歙州交纳官府的绢只有几两，太原府交纳的租税全部免除，用减价买卖粮食来弥补。后来的人常常觉得福州、歙州折合的绢价太贵，而太原府所折米价又太便宜，这是不了解当时调整租税的用意。

## 195. 程文简善虑事

夏、秋沿纳之物，如盐、麴之类，名件烦碎。庆历中，有司建议并合归一名，以省帐钞。程文简为三司使，独以为仍旧为便，若没其旧名，异日不知，或再敷盐、麴，则致重复。此亦善虑事也。

【译文】夏、秋两季缴纳的钱物，如盐、麴之类，名目繁杂琐碎。庆历年间，有关部门建议合并归结为一个名目，以节省账目簿册。程琳当时任三司使，坚持认为按旧名目有利，如果去掉了旧名目，以后不了解，可能再设置盐、麴等名目，就会造成重复。这也是虑事周密之处。

## 196. 用法之失

近岁邢、寿两郡各断一狱，用法皆误，为刑曹所驳。寿州有人杀妻之父母昆弟数口，州司以为不道，缘坐妻子，刑曹驳曰："殴妻之父母即是义绝，况其谋杀，不当复坐其妻。"邢州有盗杀一家，其夫妇实时死，唯一子明日乃死，其家财产依户绝法给出嫁亲女，刑曹驳曰："其家父母死时其子尚生，财产乃子物，出嫁亲女乃出嫁姊妹，不合有分。"此二事略同，一失于生者，一失于死者。

【译文】近年邢州、寿州两个地方各判决一桩案件，用的法律都错了，被刑曹驳回。寿州有个人杀了妻子的父母、兄弟几口人，州官认为是大逆不道，连带判他妻子的罪，刑曹的驳词说："殴打妻子的父母已属断绝夫妻情义，更何况去谋杀他们，不该再判他妻子的罪。"邢州有个强盗杀了一家人，夫妇两人当场就死了，只有一个儿子第二天才死，州官把那家的财产按户绝法判给已出嫁的女儿，刑曹的驳词说："那家父母死的时候儿子还活着，财产是儿子的，已出嫁的女儿是嫁出去的姊妹，不该有份。”这两件事大体相似，只是一个错在活着的人，一个错在死去的人。

## 197. 深州迁治之非

深州旧治静安，其地鹻卤，不可艺植，井泉悉是恶卤。景德中议迁州时，傅潜家在李晏，乃奏请迁州于李晏，今深州是也。土之不毛无以异于旧州，盐鹻殆与土半，城郭朝补暮坏，至于薪刍亦资于他邑，唯胡卢水粗给居民，然原自外来，亦非边城之利。旧州之北有安平、饶阳两邑，田野饶沃，人物繁庶，正当徐村之口，与祁州、永宁犬牙相望。不移州于此，而恤其私利亟城李晏者，潜之罪也。

【译文】深州的旧址在靖安，那儿的地盐碱太重，不能种庄稼，连井水都是苦水。景德年间议论搬迁州城，傅潜的家在李晏，就上奏请求把州城迁往李晏，就是现在的深州城。那里土地不长庄稼与旧址没什么不同，盐碱地几乎达到土地的一半，城墙早修晚坏，甚至柴草也要靠外县供应，只有胡卢水勉强可以供民用，但还是外州流来的，这也不是边境城邑的有利之处。旧址的北面有安平、饶阳两个县城，耕地肥沃，人口物产丰富，正对着徐村要道，与祁州、永宁辖境交错照应。不把州城迁移到那里，而是为了私利匆忙迁到李晏，是傅潜的罪过。

## 198. 叙官降等误晓律意

律云：“免官者，三载之后降先品二等叙。免所居官及官当者，朞年之后降先品一等叙。”降先品者，谓免官二官皆免，则从未降之品降二等叙之；免所居官及官当，止一官，故降未降之品一等叙之。今叙官乃从见存之官更降一等者，误晓律意也。

【译文】律条说：“免除官职者，三年之后降原品级二等任用。免除实际官职及以官职抵罪者，满一年后降原品级一等任用。”降原品级，包括免除官职免去了二个官职，就从未降的品级降二等任用；免除实际官职和以官职抵罪，只免一个官职，所以从未降的品级降一等任用。现在重新任用从存留的官职再降一等，是错误理解了律条的含意。

## 199. 立法知意

律累降虽多，各不得过四等。此止法者不徒为之，盖有所碍，不得不止。据律，“更犯余有历任官者，仍累降之，所降虽多，各不得过四等”，注：“‘各’谓二官各降，不在通计之限。”“二官”谓职事官、散官、卫官为一官，勋官为一官。二官各四等，不得通计，乃是共降八等而止。余考其义，盖除名叙法，正四品于从七品下叙，从四品于正八品上叙，即是降先品九等。免官、官当若降五等，则反重于除名，此不得不止也。此律今虽不用，然用法者须知立法之意，则于新格无所抵捂。余检正刑房公事日，曾遍询老法官，无一人晓此意者。

【译文】律条规定累计降级虽多，各不能超过四等。这限制规定不是随意设立的，因为实行起来有冲突，不得不予以限制。根据律条，“再犯而剩有历任官职者，仍累计降级，降级虽多，各不得超过四等”，注：“‘各’指二官各降，不在合并计算范围。”所谓“二官”，是指职事官、散官、卫官为一官，勋官为一官。二官各四等，不可合并计算，就是要共降八等。我研究其含意，除名再任用，正四品由从七品下起，从四品由正八品上起，就是降原品级九等。免除官职、以官职抵罪如果降五等，那么处罚反而比除名重，这就是不能不限制的原因。这个律条现在虽然不用了，但执法的人必须知道立法意图，那么对新规定就理解透彻。我任检正刑房公事时，曾一一询问年长执法官，没有一个人了解这一含意。

## 200. 边城战棚

边城守具中有战棚，以长木抗于女墙之上，大体类敌楼，可以离合，设之顷刻可就，以备仓卒城楼摧坏或无楼处受攻，则急张战棚以临之。梁侯景攻台城，为高楼以临城，城上亦为楼以拒之，使壮士交槊斗于楼上，亦近此类。预备敌人，非仓卒可致。近岁边臣有议，以为既有敌楼则战棚悉可废省，恐讲之未熟也。

【译文】边防守城装备中有战棚，用长木头架在城垛上，大体类似敌楼，可以拆卸安装，架设起来很快就能完成，以备城楼突然摧毁或没有城楼处受到攻击，可以赶紧安装起来应战。梁代侯景进攻台城，架高楼攻城，城上也架起楼来对抗，让士兵们用长矛在楼上接仗，也近似战棚。预先用来对抗进攻的器械，不是匆忙中就能备好的。近年来边防官员有议论，认为既然有了城楼则战棚完全可以废弃，恐怕筹划还不周详。

## 201. 鞠真卿断狱

鞠真卿守润州，民有斗殴者，本罪之外，别令先殴者出钱以与后应者。小人靳财，兼不甘输钱于敌人，终日纷争，相视无敢先下手者。

【译文】鞠真卿任润州知州时，民众有打架斗殴者，除处罚本身罪名外，另罚令先动手者出钱给后动手者。无赖小人吝惜钱财，又不甘心输钱给对手，整天争吵不停，相互对峙却没人敢先动手。

## 202. 告不干己事法

曹州人赵谏尝为小官，以罪废，唯以录人阴事控制闾里，无敢迕其意者，人畏之甚于寇盗，官司亦为其羁绁，俯仰取容而已。兵部员外郎谢涛知曹州，尽得其凶迹，逮系有司，具前后巨蠹状奏列，章下御史府按治，奸赃狼籍，遂论弃市，曹人皆相贺。因此有"告不干己事法"著于敕律。

【译文】曹州人赵谏曾担任下级官员，因过失而除名，他就用记录别人隐私来控制乡里，没有人敢违背他的意愿，人们怕他超过强盗，官府也受他约制，看他的脸色办事。兵部员外郎谢涛任曹州知州时，完全掌握了他的恶行，把他抓了起来，开列其前后枉法的情形奏报，案件下达御史府详察办理，其劣迹揭露无遗，被判公开处决，曹州人都相互庆贺。因为这件事就有"告不干己事法"列入律条。

## 203. 驿传等次

驿传旧有三等，曰步递、马递、急脚递。急脚递最遽，日行四百里，唯军兴则用之。熙宁中又有金字牌急脚递，如古之羽檄也，以木牌朱漆黄金字，光明眩目，过如飞电，望之者无不避路，日行五百余里。有军前机速处分则自御前发下，三省、枢密院莫得与也。

【译文】驿传在过去有三等级，即步递、马递、急脚递。急脚递最快捷，每天跑四百里路，只有作战时才使用。熙宁年间又有金字牌急脚递，如同古代的羽书，用木牌红漆黄金字，光亮眩目，经过时如同闪电，看到的人纷纷躲避让路，每天跑五百里路。有军事紧急处置的命令就直接从皇帝那里发出，三省、枢密院都不得参与。

## 204. 范文正荒政

皇祐二年吴中大饥，殍殣枕路。是时范文正领浙西，发粟及募民存饷，为术甚备。吴人喜竞渡，好为佛事，希文乃纵民竞渡，太守日出宴于湖上，自春至夏，居民空巷出游，又召诸佛寺主首谕之曰："饥岁工价至贱，可以大兴土木之役。"于是诸佛寺工作鼎兴。又新敖仓、吏舍，日役千夫。监司奏劾杭州不恤荒政，嬉游不节，及公私兴造，伤耗民力。文正乃自条叙所以宴游及兴造，皆欲以发有余之财，以惠贫者。贸易、饮食、工技服力之人，仰食于公私者日无虑数万人，荒政之施莫此为大。是岁两浙唯杭州晏然，民不流徙，皆文正之惠也。岁饥发司农之粟，募民兴利，近岁遂著为令。既已恤饥，因之以成就民利，此先王之美泽也。

【译文】皇祐二年江浙饥荒，饿死的人到处可见。当时范仲淹任杭州长官，便发放粮食和募捐慰问灾民，处置办法很周全。杭州人爱好划船竞渡，乐于做佛事，仲淹就让民众划船竞渡，他每天在西湖宴请宾客，从春天到夏天，百姓都举家出游，他又召集各佛寺住持吩咐说："饥荒年份工价非常低，可以多多兴建庙宇。"于是各佛寺建造工程很盛行。他又翻修粮库和衙门，每天雇佣劳力上千名。有关部门上奏告发杭州长官荒废赈灾，游乐无节制，及官府、私人大兴建造，损耗民力。仲淹于是自拟奏章逐一陈述宴游和兴造的原因，都是想挖掘有余的财力，来救济贫穷的人。贸易、饮食、建造等服役的人，依赖于官府、私人这些活动而度日者每天不下几万人，救荒措施没有比这更大的了。这一年两浙地区只有杭州平安无事，百姓没有外出流浪，都是范仲淹的恩德。饥荒之年发放官府粮食，募集百姓从事劳役，近年已列为法令。不仅救济饥荒，并就便为民间兴利，这是先王的德政。

## 205. 运粮之法

凡师行，因粮于敌最为急务，运粮不但多费而势难行远。余尝计之，人负米六斗，卒自携五日干粮，人饷一卒，一去可十八日，米六斗，人食日二升，二人食之十八日尽。若计复回只可进九日；二人饷一卒，一去可二十六日，米一石二斗，三人食日六升，八日则一夫所负已尽，给六日粮遣回，后十八日，二人食日四升并粮。若计复回止可进十三日；前八日，日食六升；后五日并回程，日食四升并粮。三人饷一卒，一去可三十一日，米一石八斗，前六日半，四人食日八升，减一夫给四日粮；中七日，三人食日六升，又减一夫给九日粮；后十八日，二人食日四升并粮。计复回止可进十六日。前六日半，日食八升；中七日，日食六升；后二日半并回程，日食四升并粮。三人饷一卒，极矣。若兴师十万，辎重三之一，止得驻战之卒七万人，已用三十万人运粮，此外难复加矣。放回运夫须有援卒，缘运行死亡、疾病，人数稍减，且以所减之食准援卒所费。

运粮之法，人负六斗，此以总数率之也，其间队长不负，樵汲减半，所余皆均在众夫，更有死亡、疾病者所负之米又以均之，则人所负常不啻六斗矣。故军中不容冗食，一夫冗食，二三人饷之尚或不足。若以畜乘运之，则驼负三石，马、骡一石五斗，驴一石。比之人运，虽负多而费寡，然刍牧不时，畜多瘦死，一畜死则并所负弃之，较之人负利害相半。

【译文】行军作战，从敌方获取粮食是最紧急的任务，自己运粮不但花费大而且势必难以走远。我曾计算过，每个民夫背六斗米，每个士兵自带五天干粮，一个民夫供应一个士兵，单程可维持十八天，六斗米，每人每天吃两升，两人能吃十八天。如考虑回程只能供应九天；两个民夫供应一个士兵，单程可维持二十六天，米一石二斗，三人每天共吃六升，八天后一个民夫所背的米已吃完，给六天口粮让他返回，此后两人每天四升，外加干粮，能维持十八天。如考虑回程只能供应十三天；前八天，每天共吃六升；后五天包括回程，每天共吃四升，外加干粮。三个民夫供应一个士兵，单程可维持三十一天，一石八斗米，前六天半，四人每天共吃八升，遣返一个民夫给四天口粮；中间七天，三人每天共吃六升，再遣返一个民夫给九天口粮；后十八天，两人每天共吃四升，外加干粮。如果考虑回程只能供应十六天。前六天半，每天共吃八升；中间七天，每天共吃六升，后两天半包括回程，每天共吃四升，外加干粮。三个民夫供应一个士兵，已是极点了。如果出动十万人马，辎重占去三分之一，防守作战的士兵只有七万，已经要用三十万民夫运粮。这就很难再增加兵力了。遣返的民夫必须配备援卒，因为行军中有死亡、疾病，人数将有所减少，减员多出来的粮食可抵作援卒的供应。

运粮的规定，每个民夫背六斗，是按总数平均计算的，其中队长不背，伙夫只背一半，多出来的都摊给其他民夫背，还有死亡、疾病者所背的又要分摊，这样每人所背经常不止六斗。所以部队里不允许有吃闲饭的人，如果一个人吃闲饭，两三个民夫来供应或许还不够。如果用牲口驮运，那么骆驼驮三石，马、骡驮一石五斗，驴驮一石。与人力运输相比，虽然负重多而花费少，但不能按时喂草放牧，牲口大多会劳累而死，一头牲口死了就连同所驮的粮食一起抛弃，与人力运输相比利弊各半。

## 206. 熙宁罢抚夷券

忠、万间夷人，祥符中尝寇掠，边臣苟务怀来，使人招其酋长，禄之以券粟。自后有效而为之者，不得已又以券招之，其间纷争者至有自陈："若某人，才杀掠若干人遂得一券，我凡杀兵民数倍之多，岂得亦以一券见给？"互相计校，为寇甚者则受多券。熙宁中会之，前后凡给四百余券，子孙相承，世世不绝。因其为盗，悉诛鉏之，罢其旧券一切不与，自是夷人畏威不复犯塞。

【译文】在忠州、万州一带的少数民族，祥符年间曾劫掠边境，边防官员只图用笼络手段息事，派人招来他们的头领，用领取粮食的官券收买他们。这以后有效仿他们的人，不得已也用官券招抚，其间发生纠纷以至有人前来陈说："像某某人，只杀掠了几个人就得到一张官券，我所杀的士兵、百姓比他多几倍，怎么能也给我一张官券来打发？"这样相互计校，劫掠厉害人就多得官券。熙宁年间汇总统计，前后共给了四百多张官券，得券者子孙继承，代代不绝。后来趁他们抢劫杀人时，一一予以铲除，把过去发给的官券都废弃了，从此这些人感到震慑而不再劫掠边境了。

## 207. 高超合龙门

庆历中河决北都商胡，久之未塞，三司度支副使郭申锡亲往董作。凡塞河决垂合，中间一埽谓之"合龙门"，功全在此。是时屡塞不合。时合龙门埽长六十步，有水工高超者献议，以为埽身太长，人力不能压，埽不至水底，故河流不断而绳缆多绝。今当以六十步为三节，每节埽长二十步，中间以索连属之，先下第一节，待其至底方压第二、第三。旧工争之，以为不可，云："二十步埽不能断漏，徒用三节，所费当倍而决不塞。"超谓之曰："第一埽水信未断，然势必杀半。压第二埽止用半力，水纵未断，不过小漏耳。第三节乃平地施工，足以尽人力。处置三节既定，则上两节自为浊泥所淤，不烦人功。"申锡主前议，不听超说。是时贾魏公帅北门，独以超之言为然，阴遣数千人于下流收漉流埽。既定而埽果流，而河决愈甚，申锡坐谪，卒用超计，商胡方定。

【译文】庆历年间黄河在大名府商胡决堤，很长时间没能堵住，三司度支副使郭申锡亲自前往监督施工。通常堵塞河堤决口将要合拢时，中间那个埽称为"合龙门"，能否成功全在这一埽。当时多次堵塞都不能合拢。那时合龙门的埽长六十步，有位名叫高超的水工建议，认为埽身太长，人力不能压住埽，埽到不了水底，所以水流截不断而且绳缆多被拉断。现在应把六十步的埽分成三节，每节长二十步，各节之间用缆索连起来，先压下第一节，等它到水底之后再压第二、第三节。用老办法的河工与他争辩，认为这方法不行，说："二十步长的埽不能截断水流，白白填进去三节，费用加倍但决口仍不能堵住。"高超对他们说："第一节埽确实不能截断水流，但水势必然减半。压入第二节埽只须用一半的力，即使水流还没有截断，不过是小水流了。压第三节埽是平地上施工，可以充分使用人力。安放好第三节埽以后，前两节自然被浊泥淤塞，不用多费人力。"郭申锡采用老办法，不听高超的建议。当时贾昌朝是大名府长官，独自认为高超的建议可行，暗中派几千人到下流捞取被水冲下来的埽。按老办法施工埽果然被冲走，而决口却更大了，郭申锡因此被贬官，最终采用高超的建议，商胡决口才被堵住。

## 208. 盐品

盐之品至多，前史所载，夷狄间自有十余种，中国所出亦不减数十种。今公私通行者四种：一者末盐，海盐也，河北、京东、淮南、两浙、江南东西、荆湖南北、福建、广南东西十一路食之。其次颗盐，解州盐泽及晋、绛、潞、泽所出，京畿、南京、京西、陕西、河东、褒、剑等处食之。又次井盐，凿井取之，益、梓、利、夔四路食之。又次崖盐，生于土崖之间，阶、成、凤等州食之。唯陕西路颗盐有定课，岁为钱二百三十万缗，自余盈虚不常，大约岁入二千余万缗，唯末盐岁自抄三百万供河北边籴，其他皆给本处经费而已。缘边籴买仰给于度支者，河北则海、末盐，河东、陕西则颗盐及蜀茶为多。运盐之法，凡行百里，陆运斤四钱，船运斤一钱，以此为率。

【译文】盐的种类非常多，据以前史书记载，少数民族地区就有十多种，内地所生产的也不少于几十种。现在公私经营的食盐有四种：一种是末盐，就是海盐，河北、京东、淮南、两浙、江南东西、荆湖南北、福建和广南东西等十一路食用。其次是课盐，解州盐池和晋、绛、潞、泽等州出产，供京畿、南京、京西、陕西、河东、褒州和剑州等处食用。三是井盐，凿井开采，益州、梓州、利州和夔州等四路食用。四是崖盐，出产在土崖间，阶、成、凤等州食用。只有陕西路颗盐有固定的税额，每年是二百三十万贯，其余地方多寡不等，大概每年税收总数二千多万贯，只有末盐从收入中拨出三百万贯供河北边防地区购买粮食，其他都作为本地的经费。边防地区购买粮食依赖中央财政的，河北是海、末盐税收，河东、陕西大多依靠颗盐和蜀茶的税收。运盐的规定，凡运输一百里，陆运每斤四文，船运每斤一文，以此作为运费标准。

## 209. 老吏验尸

太常博士李处厚知庐州慎县，尝有殴人死者，处厚往验伤，以糟胾灰汤之类薄之，都无伤迹，有一老父求见，曰："邑之老书吏也，知验伤不见其迹。此易辨也，以新赤油伞日中覆之，以水沃其尸，其迹必见。"处厚如其言，伤迹宛然。自此江、淮之间官司往往用此法。

【译文】太常博士李处厚任庐州慎县知县时，曾有个被打死的人，处厚前去验伤，用腌肉汤、灰汤一类汁水泼上去，都显不出伤痕，有位老人求见，说："我是县里的老书吏，知道验伤势不见痕迹。这容易辨识，用新的红油伞在正午日光下遮掩尸体，用水泼在尸体上，伤痕一定会显出来。"处厚照他的话去做，伤痕清清楚楚。从此后江、淮一带官署常用这个方法验尸。

## 210. 滉柱

钱塘江，钱氏时为石堤，堤外又植大木十余行，谓之"滉柱"。宝元、康定间，人有献议，取滉柱可得良材数十万，杭帅以为然。既而旧木出水皆朽败不可用，而滉柱一空，石堤为洪涛所激，岁岁摧决。盖昔人埋柱以折其怒势，不与水争力，故江涛不能为害。杜伟长为转运使，人有献说，自浙江税场以东，移退数里为月堤以避怒水，众水工皆以为便，独一老水工以为不然，密谕其党曰："移堤则岁无水患，若曹何所衣食？"众人乐其利，乃从而和之，伟长不悟其计，费以巨万而江堤之害仍岁有之。近年乃讲月堤之利，涛害稍稀，然犹不若滉柱之利，然所费至多，不复可为。

【译文】钱塘江，在钱氏统治时修筑了石堤，堤外又埋了十多排大木桩，称为"滉柱"。宝元、康定年间，有人建议，把滉柱取出来能得到上好的木材几十万根，杭州长官认为建议很好。结果旧木桩从水里取出后都朽烂不能用，而滉柱一经取空，石堤受到洪水波涛冲击，年年冲毁决口。原来前人埋滉柱是用来减杀浪涛的冲击势头，不让堤岸直接与江水较力，所以江涛不能造成危害。杜伟长任转运使时，有人建议，从浙江盐税场以东，退后数里修筑月牙形堤岸来避开浪涛冲击，水工们都认为可行，只有一个老水工不以为然，暗中告诫自己同伙说："改筑江堤就每年没有水患，你们靠什么混饭吃？"大家贪图自己的利益，就听从并附和他，杜伟长没有觉察其中的图谋，花费上万巨款而江堤水患仍年年发生。近些年才认识到月牙形堤岸的好处，修筑后江涛危害减少了一些，但终究比不上滉柱的效果，可是埋滉柱耗费太大，不可能再这样做了。

## 211. 盐钞法

陕西颗盐，旧法官自般运，置务拘卖。兵部员外郎范祥始为钞法，令商人就边郡入钱四贯八百售一钞，至解池请盐二百斤，任其私卖，得钱以实塞下，省数十郡般运之劳。异日辇车牛驴以盐役死者岁以万计，冒禁抵罪者不可胜数，至此悉免。行之既久，盐价时有低昂，又于京师置都盐院，陕西转运司自遣官主之，京师食盐斤不足三十五钱则敛而不发以长盐价，过四十则大发库盐以压商利，使盐价有常而钞法有定数。行之数十年，至今以为利也。

【译文】陕西的颗盐，过去的做法是官府自己运送，设置机构专卖。兵部员外郎范祥首创钞法，规定商人到边防地区缴纳四贯八百文换购一张盐票，凭票到解池领盐二百斤，可以自行销售，官府因此得到钱充实边防，省去各地辗转运盐的艰难。过去拉车的牛驴因运盐而死掉的每年有上万头，而犯禁卖私盐获罪的人更无法统计，现在都避免了。钞法实行时间长了，盐价时有高低起落，又在京城设置都盐院，由陕西转运司派官员主管，京城食盐价格每斤不到三十五文就收购而不发售以抬高盐价，每斤超过四十文就大量发售库盐来抑制商贩牟利，使盐价稳定而盐票发行有定额。钞法实行了几十年，到现在还觉得便利。

## 212. 河北盐法

河北盐法，太祖皇帝尝降墨敕听民间贾贩，唯收税钱，不许官榷。其后有司屡请闭固，仁宗皇帝又有批诏云："朕终不使河北百姓常食贵盐。"献议者罢遣之。河北父老皆掌中掬灰，藉火焚香，望阙欢呼称谢。熙宁中复有献谋者，余时在三司，求访两朝墨敕不获，然人人能诵其言，议亦竟寝。

【译文】河北的盐法，太祖皇帝曾亲笔书写诏令允许百姓贩卖，只收税钱，不许官府专卖。后来有关部门多次请求禁绝，仁宗皇帝又有批示说："我无论如何不让河北百姓常吃高价盐。"建议的官员被罢官遣逐。河北的父老乡亲都在手掌中捧着香灰，点火焚香，向着京城欢呼称谢。熙宁年间又有人提出禁民间贩盐，我当时在三司任职，查找不到两朝皇帝亲笔书写的诏令，但人人都记得他们的话，禁贩的事也就没有实行。

# 梦溪笔谈卷十二

## 官政二

### 213. 复闸

淮南漕渠筑埭以畜水，不知始于何时，旧传召伯埭谢公所为，按李翱《来南录》，唐时犹是流水，不应谢公时已作此埭。天圣中，监真州排岸司右侍禁陶鉴始议为复闸节水，以省舟船过埭之劳，是时工部郎中方仲荀、文思使张纶为发运使、副，表行之，始为真州闸，岁省冗卒五百人、杂费百二十五万。运舟旧法，舟载米不过三百石，闸成，始为四百石，其后所载浸多，官船至七百石，私船受米八百余囊，囊二石。自后北神、召伯、龙舟、茱萸诸埭相次废革，至今为利。余元丰中过真州，江亭后粪壤中见一卧石，乃胡武平为水闸记，略叙其事而不甚详具。

【译文】淮南运粮水道筑埭蓄水，不知始于什么时候，过去传说召伯埭是东晋谢安所建，据李翱的《来南录》，唐朝时还是流水，不可能谢安时已筑成此埭。天圣年间，管理真州排岸司的右侍禁陶鉴才提议设置复闸控制水位，以省去拖船过逮的劳力。当时工部郎中方仲荀、文思使张纶任发运使和副使，奏请建闸获准，才建成真州闸，每年减省士兵五百人、杂费一百二十五万。过去行船规定，每条船装载米不超过三百石，真州闸建成，才开始装载四百石，此后所载的米逐渐增多，官船装到七百石，私家船装米八百多袋，每袋二石。这以后北神、召伯、龙舟、茱英各埭先后废旧革新，到今天还得到好处。我在元丰年间经过真州，在江边亭子后的污泥中见到一块卧倒的石碑，是胡武平写的水闸记，简略记述这件事但不太详细。

### 214. 张杲卿鞫案

张杲卿丞相知润州日，有妇人夫出外数日不归，忽有人报菜园井中有死人，妇人惊往视之，号哭曰："吾夫也。"遂以闻官。公令属官集邻里就井验是其夫与非，众皆以井深不可辨，请出尸验之，公曰："众皆不能辨，妇人独何以知其为夫？"收付所司鞫问，果奸人杀其夫，妇人与闻其谋。

【译文】丞相张杲卿任润州知州时，有个女子的丈夫外出好几天没回家，忽然有人报信说在菜园的井里有尸体，那女子吃惊地前去看，大哭道："是我的丈夫。"于是向官府禀报。杲卿命令手下官员召集邻居到井边验看是不是那女子的丈夫，大家都认为井太深不能辨认，请求把尸体取出来验看，杲卿说："大家都不能辨认，这个女子凭什么知道是她丈夫呢？"便将那女子抓到官府进行审讯，果然是与她通奸的男子杀了她丈夫，这个女子参与了谋杀。

## 215. 范文正抑商

庆历中议弛茶盐之禁及减商税，范文正以为不可：茶盐、商税之入，但分减商贾之利耳，行于商贾未甚有害也，今国用未减，岁入不可阙，既不取之于山泽及商贾，须取之于农，与其害农，孰若取之于商贾？今为计莫若先省国用，国用有余，当先宽赋役，然后及商贾，弛禁非所当先也。其议遂寝。

【译文】庆历年间议论解除茶、盐禁令和降低商税，范仲淹认为不能这样做：茶盐和商税的征收，只是分减了商人的利益，对于商人并没有很大的损害，现在国家的费用没有减少，每年的收入不可缺少，如果不取之于茶盐和商人，必然取之于农民，与其伤害农民利益，何不取之于商人呢？现在的办法不如先节省国家的费用，国家的费用有结余，应当首先减免赋税和徭役，然后再考虑到商人，解除禁令不该放在首位。这些议论就此停息了。

## 216. 王冀公有大臣节

真宗皇帝南衙日，开封府十七县皆以岁旱放税，即有飞语闻上，欲有所中伤，太宗不悦。御史探上意，皆露章言开封府放税过实，有旨下京东、西两路诸州选官覆按。内亳州当按太康、咸平两县，是时曾会知亳州，王冀公在幕下，曾爱其识度，常以公相期之，至是遣冀公行，仍戒之曰："此行所系事体不轻，不宜小有高下。"冀公至两邑按行甚详，其余抗言放税过多，追收所放税物，而冀公独乞全放，人皆危之。明年真宗即位，首擢冀公为右正言，仍谓辅臣曰："当此之时朕亦自危惧，钦若小官，敢独为百姓伸理，此大臣节也。"自后进用超越，卒至入相。

【译文】真宗皇帝任开封府长官时，下属十七个县都因旱灾减税，随即有流言蜚语传到皇帝耳中，想要诬陷他，太宗皇帝很不高兴。御史觉察出皇帝的意图，都公开上奏说开封府减税不符灾情，有旨命令京东、京西两路各州选派官员进行核实。其中亳州应当核查太康、咸平两个县，当时曾会任亳州知州，王钦若是他的幕僚，曾会喜爱他的见识，一直认为他将来前途无量，于是就派他去办理此事，仍告诫说："这件事情关系不轻，不宜稍有出入。"王钦若到两个县调查非常详尽，其他县都泛泛说减税太多，追收减免的税物，只有王钦若一人请求全部免去，人们都为他担心。第二年真宗皇帝继位，首先提拔王钦若为右正言，并对执政大臣说："当时我自己也感到危惧，钦若是个小官，敢独自替百姓伸张正义，这是大臣的节操。"此后王钦若超常晋升任用，最后做到了宰相。

## 217. 岁铸钱数

国朝初平江南，岁铸钱七万贯。自后稍增广，至天圣中岁铸一百余万贯，庆历间至三百万贯，熙宁六年以后岁铸铜铁钱六百余万贯。

【译文】本朝初平定江南，每年铸钱七万贯。此后逐渐增加，到天圣年间每年铸钱一百余万贯，庆历年间达三百万贯，熙宁六年以后每年铸造铜、铁钱六百余万贯。

## 218. 吏禄

天下吏人素无常禄，唯以受赇为生，往往有致富者。熙宁三年始制天下吏禄，而设重法以绝请托之弊。是岁，京师诸司岁支吏禄钱三千八百三十四贯二百五十四，岁岁增广，至熙宁八年予为三司使日岁支三十七万一千五百三十三贯一百七十八。自后增损不常，皆不过此数，京师旧有吏禄者及天下吏禄皆不预此数。

【译文】全国的吏员向来没有固定薪俸，只依靠收受贿赂为生，往往有因此致富的人。熙宁三年开始规定全国吏员薪俸，并设立严刑峻法杜绝徇私舞弊。这一年京城各部门年支付吏员薪俸三千八百三十四贯二百五十四文，以后年年增长，到熙宁八年我任三司使时年支付三十七万一千五百三十三贯一百七十八文。从这以后增减没有一定，但都没有超过这个数目，京城原有的吏员薪俸和全国各地吏员薪俸都不包括在此数之内。

## 219. 国朝茶利

国朝茶利，除官本及杂费外，净入钱禁榷时取一年最中数，计一百九万四千九十三贯八百八十五，内六十四万九千六十九贯茶净利，卖茶，嘉祐二年收十六万四百三十一贯五百二十七，除元本及杂费外，得净利十万六千九百五十七贯六百八十五。客茶交引钱，嘉祐三年除元本及杂费外，得净利五十四万二千一百一十一贯五百二十四。四十四万五千二十四贯六百七十茶税钱。最中嘉祐元年所收数，除川茶钱在外。通商后来，取一年最中数，计一百一十七万五千一百四贯九百一十九钱，内三十六万九千七十二贯四百七十一钱茶租，嘉祐四年通商，立定茶交引钱六十八万四千三百二十一贯三百八十。后累经减放，至治平二年最中分收上数。八十万六千三十二贯六百四十八钱茶税。最中治平三年，除川茶税钱外会此数。

【译文】本朝茶业收入，除去官府本钱及杂费开支，净收入在官府专卖时取一年的中数，共计一百零九万四千零九十三贯八百八十五文，其中六十四万九千零六十九贯是茶净利，卖茶，嘉祐二年收入十六万零四百三十一贯五百二十七文，除去原来的本钱及杂费开支，得净利十万六千九百五十七贯六百八十五文。茶商购销售凭证的钱，嘉祐三年除去原来的本钱及杂费开支，得到净利五十四万二千一百十一贯五百二十四文。四十四万五千零二十四贯六百七十文是茶税钱。中数是嘉祐元年所收数目，川茶钱除外。允许商卖后，取一年的中数，共计一百十七万五千一百零四贯九百十九文，其中三十六万九千零七十二贯四百七十一文是茶租钱，嘉祐四年允许商卖，额定销售凭证钱款为六十八万四千三百二十一贯三百八十文。以后经多次减免放宽，到治平二年的中数就是上面的数字。八十万六千零三十二贯六百四十八文是茶税钱。中数是治平三年所收数目，川茶钱除外汇总为此数。

## 220. 茶法

本朝茶法，乾德二年始诏在京、建安、汉阳、蕲口各置榷货务。五年始禁私卖茶，从不应为情理重。太平兴国二年删定禁法条贯，始立等科罪。淳化三年令商贾就园户买茶，公于官场贴射，始行贴射法。淳化四年初行交引，罢贴射法，西北入粟给交引，自通利军始。是岁罢诸处榷货务，寻复依旧。至咸平元年，茶利钱以一百三十九万二千一百一十九贯三百一十九为额，至嘉祐三年，凡六十一年用此额，官本杂费皆在内，中间时有增亏，岁入不常。咸平五年三司使王嗣宗始立三分法，以十分茶价，四分给香药，三分犀象、三分茶引；六年又改支六分香药、犀象，四分茶引。景德二年许人入中钱帛金银，谓之“三说”。至祥符九年茶引益轻，用知秦州曹玮议，就永兴、凤翔以官钱收买客引，以救引价，前此累增加饶钱。至天禧二年镇戎军纳大麦一斗，本价通加饶共支钱一贯二百五十四。乾兴元年改三分法，支茶引三分，东南见钱二分半，香药四分半。天圣元年复行贴射法，行之三年，茶利尽归大商，官场但得黄晚恶茶，乃诏孙奭重议，罢贴射法。明年推治元议省吏、计覆官、旬献等，皆决配沙门岛，元详定枢密副使张邓公、参知政事吕许公、鲁肃简各罚俸一月，御史中丞刘筠、入内内侍省副都知周文质、西上閤门使薛昭廓、三部副使各罚铜三十斤，前三司使李谘落枢密直学士，依旧知洪州。皇祐三年算茶依旧只用见钱。至嘉祐四年二月五日，降敕罢茶禁。

【译文】本朝茶法，乾德二年始下诏在京城、建州、汉阳、蕲口等地各设置榷货务。乾德五年开始禁止私卖茶，犯者按不应为重罪判处。太平兴国二年删定禁止私卖的法规条文，开始制订正式的罪名和等级。淳化三年命令商人到园户买茶，官府在官办茶场张榜招标，开始实行贴射法。淳化四年开始实行交引法，停止贴射法，到西北地区缴纳粮食给予销茶凭证，从通利军开始。这一年撤消各地榷货务，不久又恢复。到了咸平元年，茶业收入以一百三十九万二千一百十九贯三百十九文为额度，到嘉祐三年，共六十一年都按此额度，官府的本钱、杂费都在内，期间常有盈亏，每年收入不稳定。咸平五年三司使王嗣宗创立三分法，把茶价分为十分，四分支付香料、药物，三分支付犀角、象牙，三分支付销茶凭证；次年又改为六分支付香料、药物和犀角、象牙，四分支付销茶凭证。景德二年允许人们到边防地区缴纳钱帛金银，称为“三说”。到祥符九年销茶凭证逐渐贬值，采纳秦州知州曹玮的建议，在永兴、凤翔用官钱收买销茶凭证，以维持其价值，在这以前还多次增加缴纳的饶钱。到天禧二年在镇戎军缴纳大麦一斗，本价连同饶钱共支付一贯二百五十四文。乾兴元年修改三分法，三分支付销茶凭证，二分半在东南地区领取现钱，四分半支付香料、药物。天圣元年恢复实施贴射法，施行了三年，优质茶叶全落入大商人手中，官场只得到又老又黄的劣等茶，于是下诏让孙奭重新议定办法，停止贴射法。第二年追究原核议的有关官吏，都发配到沙门岛，原详定官枢密副使张士逊、参知政事吕夷简、鲁宗道各罚薪俸一个月，御史中丞刘筠、入内内侍省副都知周文质、西上閤门使薛昭廓及三部副使各罚铜三十斤，原三司使李谘罢免枢密直学士，仍任洪州知州。皇祐三年算茶仍只用现钱。到嘉祐四年二月五日，下令取消茶禁。

## 221. 租额钱

国朝六榷货务、十三山场都卖茶岁一千五十三万三千七百四十七斤半，租额钱二百二十五万四千四十七贯一十。其六榷货务取最中嘉祐六年抛占茶五百七十三万六千七百八十六斤半，租额钱一百九十六万四千六百四十七贯二百七十八：荆南府租额钱三十一万五千一百四十八贯三百七十五，受纳潭、鼎、沣、岳、归、峡州、荆南府片、散茶共八十七万五千三百五十七斤；汉阳军租额钱二十一万八千三百二十一贯五十一，受纳鄂州片茶二十三万八千三百斤半；蕲州蕲口租额钱三十五万九千八百三十九贯八百一十四，受纳潭、建州、兴国军片茶五十万斤；无为军租额钱三十四万八千六百二十贯四百三十，受纳潭、筠、袁、池、饶、建、歙、江、洪州、南康、兴国军片、散茶共八十四万二千三百三十三斤；真州租额钱五十一万四千二十二贯九百三十二，受纳潭、袁、池、饶、歙、建、抚、筠、宣、江、吉、洪州、兴国、临江、南康军片、散茶共二百八十五万六千二百六斤；海州租额钱三十万八千七百三贯六百七十六，受纳睦、湖、杭、越、衢、温、婺、台、常、明、饶、歙州片、散茶共四十二万四千五百九十斤。

十三山场租额钱共二十八万九千三百九十九贯七百三十二，共买茶四百七十九万六千九百六十一斤；光州光山场买茶三十万七千二百十六斤，卖钱一万二千四百五十六贯；子安场买茶二十二万八千三十斤，卖钱一万三千六百八十九贯三百四十八；商城场买茶四十万五百五十三斤，卖钱二万七千七十九贯四百四十六；寿州麻步场买茶三十三万一千八百三十三斤，卖钱三万四千八百一十一贯三百五十；霍山场买茶五十三万二千三百九斤，卖钱三万五千五百九十五贯四百八十九；开顺场买茶二十六万九千七十七斤，卖钱一万七千一百三十贯；庐州王同场买茶二十九万七千三百二十八斤，卖钱一万四千三百五十七贯六百四十二；黄州麻城场买茶二十八万四千二百七十四斤，卖钱一万二千五百四十贯；舒州罗源场买茶一十八万五千八十二斤，卖钱一万四百六十九贯七百八十五；太湖场买茶八十二万九千三十二斤，卖钱三万六千九十六贯六百八十；蕲州洗马场买茶四十万斤，卖钱二万六千三百六十贯；王祺场买茶一十八万二千二百二十七斤，卖钱一万一千九百五十三贯九百九十二；石桥场买茶五十五万斤，卖钱三万六千八十贯。

【译文】本朝六个榷货务、十三处山场年卖茶计一千零五十三万三千七百四十七斤半，租额钱二百二十五万四千四十七贯十文。六个榷货务取中数的嘉祐六年抛占茶五百七十三万六千七百八十六斤半，租额钱一百九十六万四千六百四十七贯二百七十八文：荆南府租额钱三十一万五千一百四十八贯三百七十五文，接受潭、鼎、沣、岳、归、峡州、荆南府缴纳片、散茶共八十七万五千三百五十七斤；汉阳军租额钱二十一万八千三百二十一贯五十一文，接受鄂州缴纳片茶二十三万八千三百斤半；蕲州蕲口租额钱三十五万九千八百三十九贯八百十四文，接受潭、建州、兴国军缴纳片茶五十万斤；无为军租额钱三十四万八千六百二十贯四百三十文，接受潭、筠、袁、池、饶、建、歙、江、洪州、南康、兴国军缴纳片、散茶共八十四万二千三百三十三斤；真州租额钱五十一万四千二十二贯九百三十二文，接受潭、袁、池、饶、歙、建、抚、筠、宣、江、吉、洪州、兴国、临江、南康军缴纳片、散茶共二百八十五万六千二百零六斤；海州租额钱三十万八千七百零三贯六百七十六文，接受睦、湖、杭、越、衢、温、婺、台、常、明、饶、歙州缴纳片、散茶共四十二万四千五百九十斤。

十三山场租额钱共二十八万九千三百九十九贯七百三十二文，共买茶四百七十九万六千九百六十一斤；光州光山场买茶三十万七千二百十六斤，卖钱一万二千四百五十六贯；子安场买茶二十二万八千零三十斤，卖钱一万三千六百八十九贯三百四十八文；商城场买茶四十万零五百五十三斤，卖钱二万七千零七十九贯四百四十六文；寿州麻步场买茶三十三万一千八百三十三斤，卖钱三万四千八百十一贯三百五十文；霍山场买茶五十三万二千三百零九斤，卖钱三万五千五百九十五贯四百八十九文；开顺场买茶二十六万九千零七十七斤，卖钱一万七千一百三十贯；庐州王同场买茶二十九万七千三百二十八斤，卖钱一万四千三百五十七贯六百四十二文；黄州麻城场买茶二十八万四千二百七十四斤，卖钱一万二千五百四十贯；舒州罗源场买茶十八万五千零八十二斤，卖钱一万零四百六十九贯七百八十五文；太湖场买茶八十二万九千零三十二斤，卖钱三万六千零九十六贯六百八十文；蕲州洗马场买茶四十万斤，卖钱二万六千三百六十贯；王祺场买茶十八万二千二百二十七斤，卖钱一万一千九百五十三贯九百九十二文；石桥场买茶五十五万斤，卖钱三万六千零八十贯。

## 222. 岁供京师米额

发运司岁供京师米以六百万石为额，淮南一百三十万石，江南东路九十九万一千一百石，江南西路一百二十万八千九百石，荆湖南路六十五万石，荆湖北路三十五万石，两浙路一百五十万石。通余羡岁入六百二十万石。

【译文】发运司每年供应京城稻米以六百万石为定额，淮南路一百三十万石，江南东路九十九万一千一百石，江南西路一百二十万八千九百石，荆湖南路六十五万石，荆湖北路三十五万石，两浙路一百五十万石。连同溢出的尾数每年收取稻米六百二十万石。

## 223. 熙宁废并州县

熙宁中废并天下州县，迄八年，凡废州、军、监三十一：仪、滑、慈、郑、集、万、乾、儋、南仪、复、蒙、春、陵、宪、辽、窦、壁、梅、汉阳、通利、宁化、光化、清平、永康、荆门、广济、高邮、江阴、富顺、涟水、宣化；废县一百二十七：晋州赵城、杭州南新、普州普康、磁州昭德、华州渭南、德州德平、陵州贵平、籍县、忠州桂溪、兖州邹县、广州信安、四会、陕府湖城、硖石、河中河西、永乐、巴州七盘、其章、坊州升平、春州铜陵、北京大名、洹水、经城、永济、莫州莫、长丰、梧州戎城、邛州临溪、梓州永泰、河阳汜水、沧州饶安、临津、融州武阳、罗城、象州武化、归州兴山、汝州龙兴、怀州修武、武陟、道州永明、庆州乐蟠、华池、瀛州束城、景城、顺安高阳、澶州顿丘、洺州曲周、临洺、丹州云岩、汾川、潞州黎城、琼州舍城、火山火山、横州永定、宜州古阳、礼丹、金城、述昆、汾州孝义、延州金明、丰林、延水、太原平晋、随州光化、邢州尧山、任县、平乡、秦州长道、达州三冈、石鼓、扬州广陵、赵州隆平、柏乡、赞皇、雅州百丈、荣经、祁州深泽、同州夏阳、嘉州平羌、河南洛阳、福昌、颖阳、缑氏、伊阙、滨州招安、慈州文城、吉乡、成都犀浦、戎州宜宾、绵州西昌、荣州公井、宁化宁化、乾宁乾宁、真定灵寿、井陉、荆南建宁、枝江、辰州麻阳、招谕、陈州南顿、桂州修仁、永宁、安州云梦、忻州定襄、剑门关剑门、汉阳汉川、恩州清阳、熙州狄道、河州枹罕、卫州新乡、卫、渝州南川、虢州玉城、果州流溪、利州平蜀、许州许田、岢岚岚谷、蓬州蓬山、良山、冀州新河、涪州温山、阆州晋安、岐平、复州玉沙、润州延陵。

【译文】熙宁年间撤销、合并天下州县，到熙宁八年，共撤销州、军、监三十一处：仪州、滑州、慈州、郑州、集州、万州、乾州、儋州、南仪州、复州、蒙州、春州、陵州、宪州、辽州、窦州、壁州、梅州、汉阳军、通利军、宁化军、光化军、清平军、永康军、荆门军、广济军、高邮军、江阴军、富顺监、涟水军、宣化军；撤销县一百二十七处：晋州赵城县、杭州南新县、普州普康县、磁州昭德县、华州渭南县、德州德平县、陵州贵平、籍县县、忠州桂溪县、兖州邹县县、广州信安、四会县、陕府湖城、硖石县、河中河西、永乐县、巴州七盘、其章县、坊州升平县、春州铜陵县、北京大名、洹水、经城、永济县、莫州莫、长丰县、梧州戎城县、邛州临溪县、梓州永泰县、河阳汜水县、沧州饶安、临津县、融州武阳、罗城县、象州武化县、归州兴山县、汝州龙兴县、怀州修武、武陟县、道州永明县、庆州乐蟠、华池县、瀛州束城、景城县、顺安高阳县、澶州顿丘县、洺州曲周、临洺县、丹州云岩、汾川县、潞州黎城县、琼州舍城县、火山火山县、横州永定县、宜州古阳、礼丹、金城、述昆县、汾州孝义县、延州金明、丰林、延水县、太原平晋县、随州光化县、邢州尧山、任县、平乡县、秦州长道县、达州三冈、石鼓县、扬州广陵县、赵州隆平、柏乡、赞皇县、雅州百丈、荣经县、祁州深泽县、同州夏阳县、嘉州平羌县、河南洛阳、福昌、颍阳、缑氏、伊阙县、滨州招安县、慈州文城、吉乡县、成都犀浦县、戎州宜宾县、绵州西昌县、荣州公井县、宁化宁化县、乾宁乾宁县、真定灵寿、井陉县、荆南建宁、枝江县、辰州麻阳、招谕县、陈州南顿县、桂州修仁、永宁县、安州云梦县、忻州定襄县、剑门关剑门县、汉阳汉川县、恩州清阳县、熙州狄道县、河州枹罕县、卫州新乡、卫县、渝州南川县、虢州玉城县、果州流溪县、利州平蜀县、许州许田县、岢岚岚谷县、蓬州蓬山、良山县、冀州新河县、涪州温山县、阆州晋安、岐平县、复州玉沙县、润州延陵县。

# 梦溪笔谈卷十三

## 权智

### 224. 盐井雨盘

陵州盐井深五百余尺，皆石也，上下甚宽广，独中间稍狭，谓之“杖鼓腰”。旧自井底用柏木为干，上出井口，自木干垂绠而下方能至水，井侧设大车绞之。岁久井干摧败，屡欲新之，而井中阴气袭人，入者辄死，无缘措手，惟候有雨入井，则阴气随雨而下，稍可施工，雨晴复止。后有人以一木盘，满中贮水，盘底为小窍，酾水一如雨点，设于井上，谓之“雨盘”，令水下终日不绝，如此数月，井干为之一新而陵井之利复旧。

【译文】陵州盐井深五百多尺，都是石头，上下都很宽广，只有中间较窄，称为“杖鼓腰”。过去从井底用柏木竖架，上达井口，从井架放绳子下去才能碰到水，井旁装置大绞车把水绞上来。时间长了井架腐烂折断，多次想要更新，但井中阴气袭人，进去就死去，没有办法施工，只有等雨水落入井中，阴气随雨水沉下去，稍微能施工，天一晴又停止工作。后来有人用一个木盘，其中贮满水，盘底钻小孔，水像雨点般洒下来，把它装在井上，称为“雨盘”，让水点整天不断，经过几个月，井架全部换上新的而盐井的使用又和以前一样了。

### 225. 颡叫子

世人以竹木牙骨之类为叫子，置人喉中吹之能作人言，谓之“颡叫子”。尝有病瘖者为人所苦，烦冤无以自言，听讼者试取叫子令颡之，作声如傀儡子，粗能辨其一二，其冤获申。此亦可记也。

【译文】世人用竹子、木材、象牙、骨头之类做成哨子，放在人的喉咙里吹能发出人说话的声音，称为“颡叫子”。曾有个患哑病者被人欺负，冤屈无法自己陈述，审案的人试着拿叫子放在他喉中，发出的声音像木偶戏中的说话声，大略能听出一部分意思，因而伸了冤。这事也值得记述。

## 226. 驯鹘术

《庄子》曰：“畜虎者不与全物、生物。”此为诚言。尝有人善调山鹘，使之斗莫可与敌，人有得其术者，每食则以山鹘皮裹肉哺之，久之望见真鹘则欲搏而食之，此以所养移其性也。

【译文】《庄子》说：“养老虎的人不喂它整只或活的动物。”这种说法是对的。曾有人善于调教山鹘，让它与同类相斗没有敌手，有人知道他的方法，每次都用山鹘皮裹肉喂它，时间长了见到真的山鹘便要去捕来吃掉，这是用喂养方法改变了它的习性。

## 227. 狄青出奇制胜

宝元中党项犯塞，时新募万胜军未习战阵，遇寇多北。狄青为将，一日尽取万胜旗付虎翼军，使之出战，虏望其旗易之，全军径趋，为虎翼所破，殆无遗类。又青在泾原，尝以寡当众，度必以奇胜，预戒军中尽舍弓弩，皆执短兵器，令军中闻钲一声则止，再声则严阵而阳却，钲声止则大呼而突之，士卒皆如其教。才遇敌，未接战遽声钲，士卒皆止，再声皆却，虏人大笑，相谓曰：“孰谓狄天使勇？”时虏人谓青为“天使”。钲声止，忽前突之，虏兵大乱，相蹂践死者不可胜计也。

【译文】宝元年间党项侵犯边塞，当时新募的万胜军还不习惯临阵作战，遇到敌军大多战败。狄青担任将领后，一天把万胜军的旗帜都给虎翼军，派他们迎战，敌军望见旗帜觉得不难对付，所有的部队一直向前冲，被虎翼军打得大败，几乎无人生还。狄青在泾原时，曾以小部队抵挡敌军大队，估计必须出奇制胜，预先告诫士兵不要用弓弩，都拿短兵器，下令部队听到钲敲一下就停止前进，再敲钲就以整齐的队形假装撤退，钲声停止就大声喊叫发起冲击，士兵们都按他说的去做。刚遇到敌军，还没有交战突然响起钲声，士兵们都停止前进，钲声再响起都撤退了，敌人大笑起来，相互说：“谁说狄天使勇猛？”当时敌军称狄青是“天使”。钲声停止，部队突然向前冲击，敌军大乱，相互踩踏而死的无法计算。

## 228. 夜夺昆仑关

狄青为枢密副使宣抚广西，时侬智高守昆仑关，青至宾州，值上元节，令大张灯烛，首夜燕将佐，次夜燕从军官，三夜飨军校。首夜乐饮彻晓，次夜二鼓时青忽称疾，暂起如内，久之，使人谕孙元规令暂主席行酒，少服药乃出，数使人劝劳座客。至晓各未敢退，忽有驰报者云，是夜三鼓青已夺昆仑矣。

【译文】狄青任枢密副使、广西宣抚使，当时侬智高据守昆仑关，狄青抵达宾州，正逢上元节，便命令到处点起灯烛，第一夜宴请高级军官，第二夜宴请一般军官，第三夜犒劳下级军士。第一夜通宵欢歌宴饮，第二夜二更时狄青忽然说不舒服，暂时起身进入卧房，过了一段时间，派人告诉孙元规让他暂时主持酒宴，自己吃些药就出来，并多次派人向座中客人劝酒慰劳。到拂晓大家都不敢退席，忽然有士兵跑来报告说，这天夜里三更狄青已夺取昆仑关。

## 229. 曹南院破虏

曹南院知镇戎军日，尝出战小捷，虏兵引去，玮侦虏兵去已远，乃驱所掠牛羊、辎重缓驱而还，颇失部伍，其下忧之，言于玮曰："牛羊无用，徒縻军，不若弃之，整众而归。"玮不答，使人候。虏兵去数十里，闻玮利牛羊而师不整，遽还袭之。玮愈缓，行得地利处乃止以待之，虏军将至近，使人谓之曰："蕃军远来必甚疲，我不欲乘人之怠，请休憩士马，少选决战。"虏方苦疲甚，皆欣然，严军歇良久，玮又使人谕之："歇定可相驰矣。"于是各鼓军而进，一战大破虏师，遂弃牛羊而还，徐谓其下曰："吾知虏已疲，故为贪利以诱之，比其复来几行百里矣，若乘锐便战犹有胜负，远行之人，若小憩则足痹不能立，人气亦阑，吾以此取之。"

【译文】曹玮任镇戎军长官时，曾出战获小胜，敌军撤退了，曹玮侦察到敌军已走远，就赶着缴获的牛羊、辎重慢慢地返回，队形有些散乱，部下对此感到忧虑，对曹玮说："牛羊没什么用处，白白拖累队伍，不如抛弃了它们，整顿队伍回去。"曹玮不回答，派人去侦察。敌军退了几十里，打探到曹玮贪图牛羊而队形不整，突然回头袭击。曹玮走得更慢，来到地形有利的地方停下来等候，敌军将要近了，派人对敌军将领说："你们远道跑来一定很疲劳，我不想占你们的便宜，请稍微休整一下部队，过一会决战。"敌军正苦于太疲劳，都很高兴，整顿好队伍休息了很长时间，曹玮又派人告诉敌军："如果休息好了就交手吧。"于是各自击鼓进军，曹玮一交战就大败敌军，便丢弃牛羊返回，缓缓对部下说："我知道敌军已很疲倦，所以做出贪图小利的样子引诱他们，等到他们再赶上时几乎走了近百里路，假如乘敌军士气旺盛时就交战还不一定获胜，走远道的人，如停下休息一会就会腿软而站立不稳，士气也涣散了，我借此机会把他们打败了。"

## 230. 友人权数

余友人有任术者，尝为延州临真尉，携家出宜秋门。是时茶禁甚严，家人怀越茶数斤，稠人中马惊，茶忽坠地，其人阳惊，回身以鞭指城门鸱尾，市人莫测，皆随鞭所指望之，茶囊已碎于埃壤矣。监司尝使治地讼，其地多山，崄不可登，由此数为讼者所欺，乃呼讼者告之曰："吾不忍尽尔，当贳尔半。尔所有之地，两亩止供一亩，慎不可欺，欺则尽覆入官矣。"民信之，尽其所有供半。既而指一处覆之，文致其参差处，责之曰："我戒尔无得欺，何为见负？今尽入尔田矣。"凡供一亩者悉作两亩收之，更无一犁得隐者。其权数多此类。其为人强毅恢廓，亦一时之豪也。

【译文】我朋友中有个善于应变的人，曾任延州临真县尉，带家人从宜秋门出城。当时茶禁很严，家人中有人带了几斤越茶，在人多处马受惊，茶叶忽然掉落在地，我那位朋友假装表示吃惊，转身用鞭子指着城楼上的鸱尾，街市上的人不知发生了什么，都随着鞭子所指望着，茶叶袋就此被踩得粉碎。监司曾派他处理土地诉讼，那地方山多，险峻得无法攀登，因此多次被诉讼者欺骗，我的朋友就叫来诉讼者告诉他们说："我不忍心全部没收你们的土地，可以宽纵你们一半。凡你们名下的地，两亩只要纳一亩的税，但不要再欺骗官府，再欺骗就全部收归官府了。"这些人相信了他，全部土地都按实际亩数的一半纳税。过些时候我的朋友指定一处田产复核，故意挑出一些误差的地方，斥责田主说："我告诫你们不要欺骗官府，为什么违背？现在要全部没收你的土地了。"凡是以一亩纳税者都按两亩缴纳，再没有一点土地能隐瞒。他的手段大多数像这类做法。他为人刚毅而又宽宏，也是当时的杰出人物。

## 231. 王元泽巧对

王元泽数岁时，客有以一獐、一鹿同笼以问雱："何者是獐，何者为鹿？"雱实未识，良久对曰："獐边者是鹿，鹿边者是獐。"客大奇之。

【译文】王雱年幼时，有位客人指着同在一笼里的一头獐、一头鹿问王雱："哪头是獐，哪头是鹿？"王雱其实并不认识它们，想了一会回答说："獐边上的是鹿，鹿边上的是獐。"客人非常惊异。

## 232. 决生死用诈术

濠州定远县一弓手善用矛，远近皆伏其能，有一偷亦善击刺，常蔑视官军，唯与此弓手不相下，曰："见必与之决生死。"一日，弓手者因事至村步，适值偷在市饮酒，势不可避，遂曳矛而斗，观者如堵墙，久之各未能进，弓手者忽谓偷曰："尉至矣，我与尔皆健者，汝敢与我尉马前决生死乎？"偷曰："喏。"弓手应声刺之，一举而毙，盖乘其隙也。又有人曾遇强寇斗，矛刃方接，寇先含水满口，忽噀其面，其人愕然，刃已揕胸。后有一壮士复与寇遇，已先知噀水之事，寇复用之，水才出口，矛已洞颈。盖已陈刍狗，其机已泄，恃胜失备，反受其害。

【译文】濠州定远县有名弓手善用矛，远近的人都佩服他的本事，有个小偷也善于用矛击刺，一向蔑视官军，偏偏对这个弓手不服气，说："要是遇到一定与他决一死战。"一天，弓手因有事来到大路边，正好小偷在店中喝酒，相互无法避让，于是就拿起长矛格斗起来，观看的人多得不得了，相持很久谁也没有占上风，弓手忽然对小偷说："县尉来了，我和你都是壮士，你敢和我在长官马前决一生死吗？"小偷说："好啊。"弓手应声刺击，一下子就把小偷刺死了，原来是乘他的一时疏忽。还有个人曾遇到盗贼拚斗，刚开打，盗贼事先含了一口水，突然往对方脸上喷去，那人吃了一惊，胸膛已被兵器刺中。后来有位壮士又与这个盗贼相遇，预先已知道喷水的事，盗贼又用这伎俩，水刚喷出口，长矛已穿颈而过。已用过的伎俩，机巧早已泄露，仗着曾经的成功而失去戒备，结果反受其害。

## 233. 雷简夫息水患

陕西因洪水下大石塞山涧中，水遂横流为害，石之大有如屋者，人力不能去，州县患之。雷简夫为县令，乃使人各于石下穿一穴，度如石大，挽石入穴窖之，水患遂息也。

【译文】陕西因山洪爆发冲下大石块堵塞了山涧，涧水横溢成为水患，那石块像屋子那么大，靠人力不能搬除，当地感到束手无策。雷简夫任县令，就派人在石块下面挖一个坑，大概像石块那么大，把石块推到坑中，水患就消除了。

## 234. 陈秀公焚图

熙宁中高丽入贡，所经州县悉要地图，所至皆造送，山川道路、形势险易无不备载。至扬州，牒州取地图，是时丞相陈秀公守扬，给使者欲尽见两浙所供图，仿其规模供造，及图至都聚而焚之，具以事闻。

【译文】熙宁年间高丽使者前来进贡，凡是经过的州县都索要地图，所到之处都制作赠送，山川道路、地势险易无不详细记载。到了扬州，照样向州府索取地图，当时丞相陈秀公任扬州主官，便欺骗使者说想都看一下之前两浙地区所提供的地图，以便仿照格式绘制，等到图送来后就把它们全部都烧掉，并将此事上报朝廷。

## 235. 狄青用兵

狄青戍泾原日，尝与虏战大胜，追奔数里，虏忽壅遏山踊，知其前必遇险，士卒皆欲奋击，青遽鸣钲止之，虏得引去，验其处果临深涧，将佐皆悔不击，青独曰："不然，奔亡之虏忽止而拒我，安知非谋？军已大胜，残寇不足利，得之无所加重，万一落其术中，存亡不可知。宁悔不击，不可悔不止。"青后平岭寇，贼帅侬智高兵败奔邕州，其下皆欲穷其窟穴，青亦不从，以为趋利乘势，入不测之城，非大将事，智高因而获免。天下皆罪青不入邕州，脱智高于垂死。然青之用兵主胜而已，不求奇功，故未尝大败，计功最多，卒为名将。譬如弈棋，已胜敌可止矣，然犹攻击不已，往往大败，此青之所戒也。临利而能戒，乃青之过人处也。

【译文】狄青驻守泾原时，曾与敌方交战获得大胜，追逐了几里路，敌兵忽然拥挤嘈杂，知道前面必定遇到险阻，兵士们都想发起冲击，狄青赶紧鸣钲停止前进，敌兵得以退走，察看敌兵拥挤的地方果然是深涧，部将们都懊悔没有攻击，狄青却说："不该打，溃逃的敌兵突然停下来抵抗我们，怎么知道那不是计谋呢？我军已获大胜，残余的敌兵没有多大油水，击败他们不会增加战绩，万一中了他们的计，生死就不能知道了。宁可懊悔不攻击，不可懊悔不停止。"狄青后来平定岭南叛乱，叛军首领侬智高兵败逃奔邕州，狄青的部下都想彻底剿灭其巢穴，狄青也没有听从，他认为乘着气势去追求战绩，进入不知虚实的城邑，不是大将该干的事，侬智高因而得以幸免。人们都怪罪狄青不拿下邕州，让侬智高临死逃脱。狄青带兵打仗重在求胜而已，不追求奇功，所以没有大的失败，累计战功最多，终于成为名将。好比下围棋，已经战胜对方就可以罢手了，若还是攻击不已，往往大败，这正是狄青所警惕的。面对有利可图却能警惕，正是狄青胜过他人的地方。

## 236. 潴水为塞

瓦桥关北与辽人为邻，素无关河为阻。往岁六宅使何承矩守瓦桥，始议因陂泽之地潴水为塞，欲自相视，恐其谋泄，日会僚佐泛船置酒赏蓼花，作蓼花吟数十篇，令座客属和，画以为图，传至京师，人初莫喻其意。自此始壅诸淀，庆历中内侍杨怀敏复踵为之，至熙宁中又开徐村、柳庄等泺，皆以徐、鲍、沙、唐等河，叫猴、鸡距、五眼等泉为之源，东合滹沲、漳、淇、易、涞等水下并大河。于是自保州西北沈苑泊，东尽沧州泥姑海口，几八百里悉为潴潦，阔者有及六十里者，至今倚为藩篱。或谓侵蚀民田，岁失边粟之入。此殊不然，深、冀、沧、瀛间，惟大河、滹沲、漳水所淤方为美田，淤淀不至处悉是斥卤，不可种艺，异日惟是聚集游民，刮咸煮盐，颇干盐禁，时为寇盗，自为潴泺，奸盐遂少，而鱼蟹、菰苇之利人亦赖之。

【译文】瓦桥关北与辽国接壤，一向没有险要可资防守。往年六宅使何承矩镇守瓦桥关，创议利用低洼地方蓄水作为险阻，想要亲自去察看，怕这样会泄露计谋，就每天邀集部属划船喝酒赏蓼花，写了几十篇吟咏蓼花的诗歌，让在座的客人和诗，并画成图，流传到京城，人们起初并不明白他的意图。从此开始壅堵塘泊，庆历年间内侍杨怀敏又继续这样做，到了熙宁年间又开挖了徐村、柳庄等塘泊，都以徐、鲍、沙、唐等河，叫猴、鸡距、五眼等泉作为水源，东面汇合滹沱、漳、淇、易、涞等河流并入黄河。于是从保州西北的沈苑泊，东到沧州泥姑海口，近八百里的地方都淤成了湖泊，有的开阔处将近六十里，直到现在仍倚仗为屏障。有人认为这样做侵占民田，减少边境地区每年的粮食收获。这种说法不对，深州、冀州、沧州，瀛州一带，只有被黄河、滹沱河、漳水浸灌的地方才能成为良田，浸灌不到的地方都是盐碱地，不能种植，往日只是聚集一些游民，刮碱土煮盐，屡犯盐禁，甚至成为盗贼。自从淤塞成湖泊，私盐便少了，而鱼蟹、茭白、芦苇的收益也使百姓有所依赖。

## 237. 罗隐谏钱镠

浙帅钱镠时宣州叛卒五千余人送款，钱氏纳之，以为腹心，时罗隐在其幕下，屡谏以谓敌国之人不可轻信，浙帅不听。杭州新治城堞，楼橹甚盛，浙帅携寮客观之，隐指却敌，佯不晓曰："设此何用？"浙帅曰："君岂不知欲备敌邪？"隐谬曰："审如是，何不向里设之？"浙帅大笑曰："本欲拒敌，设于内何用？"对曰："以隐所见正当设于内耳。"盖指宣卒将为敌也。后浙帅巡衣锦城，武勇都指挥使徐绾、许再思挟宣卒为乱，火青山镇，入攻中城，赖城中有备，绾等寻败，几于覆国。

【译文】唐末钱镠任镇海军节度使时宣州叛军五千多人投诚，钱镠接纳他们，并把他们当作自己人，当时罗隐在钱镠幕府，多次劝谏说敌方士兵不能轻易相信，钱镠不听。杭州新建城墙，防守设备做得很严密，钱镠带着下属去视察，罗隐指着用来防御的却敌，假装不知道地说："设置这个东西做什么用？"钱镠说："你难道不知道是用来防备敌人的吗？"罗隐故意说："要是这样密，为什么不朝向里面设置呢？"钱镠大笑着说："本想用来抵御敌人的，设向里面有什么用？"罗隐回答说："以我所见正应当设向里面啊。"他是指宣州士兵将会反叛。后来钱镠巡行衣锦城，武勇都指挥使徐绾、许再思鼓动宣州士兵作乱，火烧青山镇，并攻击中城，幸亏城里早有防备，徐绾等不久就失败了，钱镠差点被灭掉。

## 238. 李继隆袭夏州

淳化中李继捧为定难军节度使，阴与其弟继迁谋叛，朝廷遣李继隆率兵讨之。继隆驰至克胡，渡河入延福县，自铁茄驿夜入绥州，谋其所向。继隆欲径袭夏州，或以谓夏州贼帅所在，我兵少，恐不能克，不若先据石堡以观贼势，继隆以为不然，曰："我兵既少，若径入夏州，出其不意，彼亦未能料我众寡。若先据石堡，众寡已露，岂复能进？"乃引兵驰入抚宁县，继捧犹未知，遂进攻夏州，继捧狼狈出迎，擒之以归。抚宁旧治无定河川中，数为虏所危，继隆乃迁县于滴水崖，在旧县之北十余里，皆石崖，峭拔十余丈，下临无定水，今谓之啰兀城者是也。熙宁中所治抚宁城乃抚宁旧城耳，本道图牒皆不载，唯李继隆《西征记》言之甚详也。

【译文】淳化年间李继捧任定难军节度使，暗中与他的弟弟李继迁图谋叛变，朝廷派遣李继隆带兵讨伐他们。继隆赶到克胡，渡黄河进入延福县，从铁茄驿连夜进入绥州，谋划进军方向。继隆打算直接袭击夏州，有人认为夏州是叛贼首领所在之处，我方兵力少，恐不能攻克，不如先占据石堡观察叛军情势，继隆认为不能这样，说："我方兵力既然少，如直接进攻夏州，出其不意，对方也未必能判断我方的兵力。如果先占据石堡，兵力多少已经暴露，怎么再能进攻？"就带领部队急速进到抚宁县，继捧还不知道，于是就进攻夏州，继捧狼狈出来迎战，被俘获带了回来。抚宁过去的治所在无定河一带平地，多次遭敌方侵扰，继隆把县治迁到滴水崖，在过去治所以北十多里，都是石崖，高达十多丈，下临无定河水，现在称为啰兀城的就是。熙宁年间的抚宁治所是抚宁旧城，当地的方志地图都没有记载，只有李继隆的《西征记》说得很详尽。

## 239. 林广拒敌

熙宁中，党项母梁氏引兵犯庆州大顺城，庆帅遣别将林广拒守，虏围不解，广使城兵皆以弱弓弩射之，虏度其势之所及，稍稍近城，乃易强弓劲弩丛射，虏多死，遂相拥而溃。

【译文】熙宁年间，党项首领的母亲梁氏带兵侵扰庆州大顺城，庆州主官派部将林广坚守，敌兵围城不离去，林广命令守城士兵都用次等弓箭射击，敌兵估计箭所能达到的地方，少许向城墙靠近了些，林广便命令换上强劲的弓箭密集射击，敌兵被射死很多，剩下的就争先恐后地溃逃了。

## 240. 巧为长堤

苏州至昆山县凡六十里，皆浅水无陆途，民颇病涉，久欲为长堤，但苏州皆泽国，无处求土。嘉祐中人有献计，就水中以蘧蒢刍藁为墙，栽两行，相去三尺，去墙六丈又为一墙，亦如此，漉水中淤泥实蘧蒢中，候干则以水车汱去两墙之间旧水，墙间六丈皆土，留其半以为堤脚，掘其半为渠，取土以为堤，每三四里则为一桥以通南北之水。不日堤成，至今为利。

【译文】苏州到昆山县共六十里，都是浅水而没有陆路，百姓苦于涉水，一直想筑一道长堤，但苏州一带都是水乡，没有地方可以取土。嘉祐年间有人建议，在水中用芦席和草把编成墙，分插两行，相距三尺，离墙六丈远再做一堵墙，做法也是这样，捞取水里的淤泥填在芦席墙中，等到淤泥干了就用水车车干两堵墙之间的积水，墙之间六丈宽都是土了，留下其中的一半宽做堤脚，挖掘另一半做渠，挖出来的土用来筑堤，堤上每隔三四里造一座桥沟通南北水流。不多久长堤筑成，到现在仍享受其便利。

## 241. 李允则展雄州

李允则守雄州，北门外民居极多，城中地窄，欲展北城，而以辽人通好，恐其生事。门外旧有东岳行宫，允则以银为大香炉陈于庙中，故不设备，一日银炉为盗所攘，乃大出募赏，所在张榜捕贼甚急，久之不获，遂声言庙中屡遭寇，课夫筑墙围之，其实展北城也，不逾旬而就，虏人亦不怪之，则今雄州北关城是也。大都军中诈谋未必皆奇策，但当时偶能欺敌而成奇功，时人有语云："用得着，敌人休；用不着，自家羞。"斯言诚然。

【译文】李允则镇守雄州时，北门外民房很多，城中地方狭窄，想把城墙往北扩展，因为正与辽方维持友好关系，怕对方藉此生出事端。北门外原来有座东岳行宫，允则就用银了个大香炉放置在庙中，故意不加防备，一天银香炉被盗贼偷走，允则就出很高的赏钱，处处张榜紧急缉捕盗贼，过了很久也没有抓获，允则就声称庙中多次被盗，便派民夫筑墙把庙围起来，其实是拓展北城，不到十天就修好了墙，辽方也没有就此责怪，这就是现在的雄州北关城。大多数军中的计谋不一定都是奇计，只要当时能蒙住敌人便能成就奇功，当时人有俗话说："用得着，敌人亏；用不着，自己愧。"这话对极了。

## 242. 陈述古破盗案

陈述古密直知建州浦城县日，有人失物，捕得莫知的为盗者，述古乃绐之曰："某庙有一钟，能辨盗至灵。"使人迎置后阁祠之，引群囚立钟前，自陈不为盗者摸之则无声，为盗者摸之则有声，述古自率同职祷钟甚肃，祭讫以帷帷之，乃阴使人以墨涂钟，良久引囚逐一令引手入帷摸之，出乃验其手，皆有墨，唯有一囚无墨，讯之遂承为盗，盖恐钟有声，不敢摸也。此亦古之法，出于小说。

【译文】枢密直学士陈述古任建州浦城知县时，有人丢了东西，抓来的嫌犯不知哪个才是窃贼，述古就哄骗这些人说："某座庙中有口钟，辨别窃贼特别灵。"

派人把那口钟迎来安放在后堂供着，领这些囚犯站在钟前面，告诉他们没有偷盗的人摸钟不会响，偷盗的人摸钟就有声音，然后率领同僚向钟很虔诚地祷告，仪式结束就用帐篷把钟围起来，暗中派人把墨涂在钟上，过了好一会带领囚犯挨个叫他们伸手到帐篷中摸钟，出来后验看他们的手，都有墨，只有一个囚犯没有墨，审问下来承认是他偷的，因为怕钟有声音，不敢去摸。这也是古代的办法，小说中有记载。

## 243. 侯叔献治汴堤

熙宁中濉阳界中发汴堤淤田，汴水暴至，堤防颇坏陷，将毁，人力不可制。都水监丞侯叔献时莅其役，相视其上数十里有一古城，急发汴堤注水入古城中，下流遂涸，急使人治堤陷，次日古城中水盈，汴流复行，而堤陷已完矣，徐塞古城所决，内外之水平而不流，瞬息可塞，众皆伏其机敏。

【译文】熙宁年间睢阳境内挖开汴堤引水淤田，汴河洪水暴涨，河堤出现坍陷，眼看就要溃决，人力无法控制。都水丞侯叔献当时主持这一工程，发现上游几十里处有一古城，急忙派人挖开汴堤引水流入古城，下游水流减弱，赶快动员人力抢修堤防，第二天古城积满了水，水流又增大，而坍陷的堤防已修复，便逐渐堵塞向古城的缺口，由于堤内外的水位持平而流速缓慢，决口很快就堵住了，大家都佩服他的机智敏捷。

## 244. 种世衡用间

宝元中党项犯边，有明珠族首领骁悍，最为边患。种世衡为将，欲以计擒之，闻其好击鼓，乃造一马持战鼓，以银裹之，极华焕，密使谍者阳卖之入明珠族，后乃择骁卒数百人，戒之曰："凡见负银鼓自随者并力擒之。"一日羌酋负鼓而出，遂为世衡所擒。又元昊之臣野利常为谋主，守天都山，号"天都大王"，与元昊乳母白姥有隙，岁除日野利引兵巡边，深涉汉境数宿，白姥乘间乃谮其欲叛，元昊疑之。世衡尝得蕃酋之子苏吃曩，厚遇之，闻元昊尝赐野利宝刀，而吃曩之父得幸于野利，世衡因使吃曩窃野利刀，许之以缘边职任、锦袍、真金带。吃曩得刀以还，世衡乃唱言野利已为白姥谮死，设祭境上，为祭文叙岁除日相见之欢，入夜乃火烧纸钱，川中尽明，虏见火光，引骑近边窥觇，乃佯委祭具，而银器凡千余两悉弃之，虏人争取器皿，得元昊所赐刀，及火炉中见祭文已烧尽，但存数十字，元昊得之，又识其所赐刀，遂赐野利死。野利有大功，死不以罪，自此君臣猜贰，以至不能军。平夏之功，世衡计谋居多，当时人未甚知之，世衡卒乃录其功，赠观察使。

【译文】宝元年间党项侵扰边境，其中明珠族首领勇猛强悍，是最大的边患。

种世衡带兵抵御，想用计擒获他，听说他喜欢击鼓，就造了个马上手持的战鼓，用银装饰，极其华丽，暗中派间谍把鼓卖给明珠族，然后挑选了几百名勇猛的士兵，告诫说："凡见到随身带银鼓的齐心协力把他抓来。"一天这个首领背着鼓出阵，被世衡所擒获。元昊的大臣野利是主要谋士，驻守天都山，号称"天都大王"，与元昊的奶妈白姥有矛盾，除夕野利领兵巡察边防，深入汉族境内好几天，白姥乘机诬陷野利想叛变，元昊因此产生怀疑。世衡曾俘获一个西夏头领的儿子苏吃曩，待他很好，得知元昊曾赏赐野利一把宝刀，而苏吃曩的父亲又得到野利的信任，世衡就要吃曩把野利的宝刀偷出来，许诺事成后赐给他官职、锦袍、真金带。苏吃曩得到宝刀回来，世衡就散布说野利已被白姥害死，在边境上祭奠，作祭文叙述除夕那天同野利相见的欢乐，到了夜里为野利焚烧纸钱，把原野照得通明，敌兵看见火光，领着骑兵到边境窥探，世衡就假装抛弃祭器，把上千件银器都丢在那里，敌兵争抢夺那些银器，捡到元昊赏赐给野利的刀，并在火炉中发现将烧尽的祭文，还残剩几十个字，元昊得到这些，又认出他所赐的刀，便逼令野利自杀。野利有大功劳，没有罪过却被处死，从此西夏君臣互相猜疑，以至部队涣散。平定西夏的功绩，世衡的计谋居多，当时人们并不很了解，世衡死后朝廷核实他的功劳，追赠他为观察使。

# 梦溪笔谈卷十四

## 艺文一

### 245. 属对亲切

欧阳文忠常爱林逋诗“草泥行郭索，云木叫钩辀”之句，文忠以为语新而属对亲切。钩辀，鹧鸪声也，李群玉诗云：“方穿诘曲崎岖路，又听钩辀格磔声。”郭索，蟹行貌也，扬雄《太玄》曰：“蟹之郭索，用心躁也。”

【译文】欧阳修非常喜爱林逋诗“草泥行郭索，云木叫钩辀”的诗句，认为语意清新而对仗十分贴切。钩辀，是鹧鸪的叫声，李群玉诗说：“方穿诘曲崎岖路，又听钩辀格磔声。”郭索，是蟹爬行的样子，扬雄《太玄》说：“蟹的郭索，是用心急躁。”

### 246. 相错成文

韩退之集中《罗池庙碑》铭有“春与猿吟兮，秋与鹤飞”，今验石刻乃“春与猿吟兮，秋鹤与飞”。古人多用此格，如《楚辞》“吉日兮辰良”，又“蕙肴烝兮兰藉，奠桂酒兮椒浆”，盖欲相错成文则语势矫健耳。杜子美诗“红稻啄余鹦鹉粒，碧梧栖老凤凰枝”，此亦语反而意全。韩退之雪诗“舞镜鸾窥沼，行天马度桥”亦效此体，然稍牵强，不若前人之语浑成也。

【译文】韩愈的文集中《罗池神碑》的铭有“春与猿吟兮，秋与鹤飞”，查核石刻乃是“春与猿吟兮，秋鹤与飞”。古人常用这种格式，如《楚辞》“吉日兮辰良”，又“蕙肴烝兮兰藉，奠桂酒兮椒浆”，是想让词序相错成文而使语句气势矫健。杜甫的诗“红稻啄余鹦鹉粒，碧梧栖老凤凰枝”，也是语词颠倒而意思完整。韩愈的雪诗“舞镜鸾窥沼，行天马度桥”也仿效这种体裁，不过略显牵强，不像前人用语那样浑然天成。

## 247.《城南联句》

退之《城南联句》首句曰“竹影金锁碎”，所谓“金锁碎”者乃日光耳，非竹影也。若题中有“日”字，则曰“竹影金锁碎”可也。

【译文】韩愈《城南联句》首句说“竹影金锁碎”，所谓“金锁碎”是形容日光，不是说竹影。如果诗题中有“日”字，那么说“竹影金锁碎”就可以了。

## 248. 富贵诗之陋

唐人作富贵诗，多纪其奉养器服之盛，乃贫眼所惊耳。如贯休富贵诗云“刻成筝柱雁相挨”，此下里鬻弹者皆有之，何足道哉？又韦楚老蚊诗云“十幅红绡围夜玉”，十幅红绡为帐，方不及四五尺，不知如何伸脚？此所谓不曾近富儿家。

【译文】唐代人作富贵诗，大多列举其衣食用具的丰盛，不过是穷人眼里感到惊奇罢了。例如贯休的富贵诗说“刻成筝柱雁相挨”，这是乡里卖唱者都有的东西，哪里值得称道？韦楚老的蚊诗说“十幅红绡围夜玉”，十幅红绡做蚊帐，四周不到四五尺，不知如何伸脚？这就是所谓没见过世面。

## 249. 诗取语意为主

诗人以诗主人物，故虽小诗，莫不埏蹂极工而后已，所谓“旬锻月炼”者，信非虚言。小说，崔护题城南诗，其始曰：“去年今日此门中，人面桃花相映红。人面不知何处去，桃花依旧笑春风。”后以其意未全、语未工，改第三句曰“人面只今何处在”。唐人工诗，大率多如此，虽有两“今”字不恤也，取语意为主耳。后人以其有两“今”字，只多行前篇。

【译文】诗人作诗是以表现人物为主，所以即使是短诗，无不修改润色得非常精巧才脱稿，所谓“旬锻月炼”，确实不是假话。小说记载，崔护的题城南庄诗，最初说：“去年今日此门中，人面桃花相映红。人面不知何处去，桃花依旧笑春风。”后来因为意思表达得不完整、语句不精巧，就改第三句为“人面只今何处在”。唐代人做诗精巧，大多都像这样，尽管有两个“今”字也不顾忌，是要取语意为主。后人因为改成的诗中有两个“今”字，大多只采用其初稿。

## 250. 书之阙误见于他书

书之阙误有可见于他书者，如《诗》“天夭是椓”，后汉《蔡邕传》作“夭夭是加”，与“速速方谷”为对；又“彼徂矣，岐有夷之行”，《朱浮传》作“彼岨者，岐有夷之行”；《坊记》“君子之道，譬则坊焉”，大戴《礼》“君子之道，譬犹坊焉”；夬卦“君子以施禄及下，居德则忌”，王辅嗣曰“居德而明禁”，乃以“则”字为“明”字也。

【译文】典籍的缺漏和讹误有些可从其他书中发现，例如《诗》“天夭是椓”，《后汉书·蔡邕传》作“夭夭是加”，和“速速方谷”相对偶；又如“彼岨矣，岐有夷之行”，《后汉书·朱浮传》作“彼岨者，岐有夷之行”；《礼记·坊记》“君子之道，譬则坊焉”，《大戴礼记》作“君子之道，譬犹坊焉”；《易》夬卦“君子以施禄及下，居德则忌”，王弼注释说“居德而明禁”，是误“则”字为“明”字了。

## 251. 音韵之学

音韵之学，自沈约为四声及天竺梵学入中国，其术渐密，观古人谐声有不可解者，如玖字、有字多与李字协用，庆字、正字多与章字、平字协用。如《诗》“或群或友，以燕天子”，“彼留之子，贻我佩玖”，“投我以木李，报之以琼玖”，“终三十里，十千维耦”，“自今而后，岁其有，君子有谷，贻孙子”，“陟降左右，令闻不已”，“膳夫左右，无不能止”，“鱼丽于罶，鰋鲤，君子有酒，旨且有”，如此极多。又如“孝孙有庆，万寿无疆”，“黍稷稻粱，农夫之庆”，“唯其有章矣，是以有庆矣”，“则笃其庆，载锡之光”，“我田既臧，农夫之庆”，“万舞洋洋，孝孙有庆”；《易》云“西南得朋，乃与类行；东北丧朋，乃终有庆”，“积善之家必有余庆，积不善之家必有余殃”；班固《东都赋》“彰皇德兮侔周成，永延长兮膺天庆”，如此亦多。今《广韵》中庆一音卿，然如《诗》之“未见君子，忧心怲怲；既见君子，庶几式臧”，“谁秉国成，卒劳百姓，我王不宁，复怨其正”，亦是怲、正与宁、平协用，不止庆而已，恐别有理也。

【译文】音韵的学问，自从沈约创立四声及印度佛学传入中国，这门学问逐渐周密，看古人押韵有不能理解的，如玖字、有字常与李字押韵，庆字、正字常与章字、平字押韵。如《诗》“或群或友，以燕天子”，“彼留之子，贻我佩玖”，“投我以木李，报之以琼玖”，“终三十里，十千维耦”，“自今而后，岁其有，君子有谷，贻孙子”，“陟降左右，令闻不已”，“膳夫左右，无不能止”，“鱼丽于罶，鰋鲤，君子有酒，旨且有”，如此极多。又如“孝孙有庆，万寿无疆”，“黍稷稻粱，农夫之庆”，“唯其有章矣，是以有庆矣”，“则笃其庆，载锡之光”，“我田既臧，农夫之庆”，“万舞洋洋，孝孙有庆”；《易》说“西南得朋，乃与类行；东北丧朋，乃终有庆”，“积善之家必有余庆，积不善之家必有余殃”；班固《东都赋》“彰皇德兮侔周成，永延长兮膺天庆”，相这样的也很多。现在《广韵》中庆字又读为卿，像《诗》中“未见君子，忧心怲怲；既见君子，庶几式臧”，“谁秉国成，卒劳百姓，我王不宁，复怨其正”，也是怲、正与宁、平押韵，不只是庆而已，恐怕另有道理。

## 252. 小律诗之难

小律诗虽末技，工之不造微不足以名家，故唐人皆尽一生之业为之，至于字字皆炼，得之甚难，但患观者灭裂则不见其工，故不唯为之难，知音亦鲜，设有苦心得之者，未必为人所知。若字字皆是无瑕可指，语意亦掞丽，但细论无功，景意纵全，一读便尽，更无可讽味。此类最易为人激赏，乃诗之《折杨》、《黄华》也，譬若三馆楷书作字，不可谓不精不丽，求其佳处到死无一笔，此病最难为医也。

【译文】做小律诗虽说是小技巧，锻炼不精妙不足以成名，所以唐代人都用毕生精力去写它，以至每个字都锤炼，得句非常难，只怕读者草率而不体会诗的精巧，所以不仅写诗难，能欣赏的人也少，有人耗费心力写出来的诗句，未必被别人了解。如果每个字都没有缺陷可以指出来，意境也光耀华美，但仔细推敲却没有佳处，写景抒怀即使完备，一读就透，再没有可讽诵玩味之处。这种小诗最容易被人赞叹，属于诗中的《折杨》、《黄华》，就像三馆学士用正楷写字，不能说写得不精不美，但要找出这些字的妙处到死也没有一笔，这种病最难医治。

## 253. 王圣美字学

王圣美治字学，演其义以为右文。古之字书皆从左文，凡字，其类在左，其义在右，如木类其左皆从木。所谓"右文"者，如戋，小也，水之小者曰浅，金之小者曰钱，歹而小者曰残，贝之小者曰贱，如此之类皆以戋为义也。

【译文】王圣美研究文字学，阐发文字涵义认为由字的右半部分表达。古代的字书都认为是左半部分表达，一个字，它的部类在左，字义在右，如表示木一类的字左边都是木。所谓"右文"，如戋是小的意思，小的水称为浅，小的金称为钱、小的骨称为残、小的贝称为贱，像这类都由戋来表达涵义。

## 254. 不晓《孟子》之义

王圣美为县令时尚未知名，谒一达官，值其方与客谈《孟子》，殊不顾圣美，圣美窃哂其所论，久之忽顾圣美曰："尝读《孟子》否？"圣美对曰："生平爱之，但都不晓其义。"主人问："不晓何义？"圣美曰："从头不晓。"主人曰："如何从头不晓？试言之。"圣美曰："'孟子见梁惠王'，已不晓此语。"达官深讶之曰："此有何奥义？"圣美曰："既云孟子'不见诸侯'，因何见梁惠王？"其人愕然无对。

【译文】王圣美当县令时还没有出名，去拜见一位大官，遇上主人正与客人谈论《孟子》，没去理会圣美，圣美暗中讥笑他们的谈论，过了很久主人忽然回头问圣美："你曾读过《孟子》吗？"圣美回答说："平生喜爱此书，但全然不懂其含义。”主人说：“不懂哪些含义？”圣美说：“从头就不懂。”主人说：“怎么从头不懂？说说看。”圣美说：“‘孟子见梁惠王’，这句已经不懂了。”主人奇怪地说：“这有什么深奥的含义呢？”圣美说：“既然说孟子‘不见诸侯’，为什么去见梁惠王呢？”大官惊讶得无言以对。

## 255.《比红儿诗》

杨大年因奏事论及《比红儿诗》，大年不能对，甚以为恨，遍访《比红儿诗》，终不可得，忽一日见鬻故书者有一小编，偶取视之乃《比红儿诗》也，自此士大夫始多传之。予按《摭言》，《比红儿诗》乃罗虬所为，凡百篇，盖当时但传其诗而不载名氏，大年亦偶忘《摭言》所载。

【译文】杨大年因为进奏政事时皇上谈到《比红儿诗》，自己不能回答，特别感到遗憾，到处寻觅《比红儿诗》，却一直没能找到，忽然有一天见到卖旧书的人有本小册子，随手拿来翻看正是《比红儿诗》，从此士大夫之间才逐渐流传开来。我查阅《唐摭言》，《比红儿诗》是罗虬所写，共一百篇，大概当时只流传诗却没记载作者姓名，大年也偶然忘记了《唐摭言》的记载。

## 256. 晚唐士人读书灭裂

晚唐士人专以小诗著名而读书灭裂，如白乐天《题座隅》诗云“俱化为饿殍”，作孚字押韵。杜牧《杜秋娘》诗云“厌饫不能饴”，饴乃饧耳，若作饮食当音飤。又陆龟蒙作《药名》诗云“乌啄蠹根回”，乃是乌喙，非“乌啄”也；又“断续玉琴哀”，药名止有续断，无断续。此类极多，如杜牧《阿房宫赋》误用“龙见而雩”事，宇文时斛斯椿已有此谬，盖牧未尝读《周》、《隋书》也。

【译文】晚唐士大夫专靠小诗出名，读书却粗略草率，如白居易《题座隅》诗说“俱化为饿殍”，把“殍”字作孚字押韵。杜牧《杜秋娘》诗说“厌饫不能饴”，饴是饧糖，假如解作饮食当读作飤。陆龟蒙作《药名》诗说“乌啄蠹根回”，是乌喙，不是“乌啄”；还有“断续玉琴哀”，药名中只有续断，没有断续。这种情况很多，如杜牧《阿房宫赋》误用“龙见而雩”的典故，在北周时斛斯椿已有这样的错误，看来杜牧没有读过《周书》、《隋书》。

## 257. 穆修张景始为古文

往岁士人多尚对偶为文，穆修、张景辈始为平文，当时谓之“古文”。穆、张尝同造朝，待旦于东华门外，方论文次，适见有奔马践死一犬，二人各记其事，以较工拙，穆修曰：“马逸，有黄犬遇蹄而毙。”张景曰：“有犬死奔马之下。”时文体新变，二人之语皆拙涩，当时已谓之工，传之至今。

【译文】以往士人多喜欢用对偶句写文章，穆修、张景等人开始写散文，当时称为“古文”。穆修、张景曾一起上朝，在东华门外等天亮，正议论文章时，恰好见到有奔跑的马踩死了一条狗，他俩各自记录这件事，比较行文的优劣，穆修说：“马逸，有黄犬遇蹄而毙。”张景说：“有犬死奔马之下。”当时文体刚有所变化，张景和穆修的行文都还呆板生硬，那时已认为出色了，一直传诵到现在。

## 258.《史记》差谬

按《史记》年表，周平王东迁三年鲁惠公方即位，则《春秋》当始惠公，而始隐，故诸儒之论纷然，乃《春秋》开卷第一义也。唯啖、赵都不解始隐之义，学者常疑之，唯于《纂例》“惠公”下注八字云：“惠公三年平王东迁。”若尔，则《春秋》自合始隐，更无可论，此啖、赵所以不论也，然与《史记》不同，不知啖、赵得于何书？又尝见士人石端集一纪年书，考论诸家年统极为详密，其叙平王东迁亦在惠公三年，余得之甚喜，亟问石君，云出一史传中，遽检未得，终未见的据。《史记》年表注东迁在平王元年辛未岁，本纪中都无说，诸侯世家言东迁却尽在庚午岁。《史记》亦自差谬，莫知其所的。

【译文】按照《史记·十二诸侯年表》，周平王东迁第三年鲁惠公才继位，那么《春秋》该从惠公开始，却始于隐公，所以学者们的说法不一，这是读《春秋》要解决的第一个问题。啖助、赵匡不解说从隐公开始的含义，研究者常存疑问，只在《春秋集传纂例》“惠公”下面注有八个字说：“惠公三年平王东迁。”如果这样，《春秋》自然该从隐公开始，毋须再有什么说法，这就是啖助、赵匡不解说的原因，但这与《史记》记载不同，不知啖助、赵匡的说法来源于哪本书？我还曾见到士人石端编集的一本纪年书，考论各家的纪年非常详密，他记载平王东迁也在鲁惠公三年，我得到后很高兴，赶忙问石端，他说出自某史传中，马上查找没能找到，还是没见到确切的依据。《十二诸侯年表》说东迁在平王元年辛未岁，《周本纪》中却没有提及，各诸侯世家中记载东迁都在庚午年。《史记》本身也有误差，不知道它以哪种说法为准。

## 259. 卢宗回诗

长安慈恩寺塔有唐人卢宗回一诗颇佳，唐人诸集中不载，今记于此：“东来晓日上翔鸾，西转苍龙拂露盘。渭水冷光摇藻井，玉峰晴色堕栏干。九重宫阙参差见，百二山河表里观。暂辍去蓬悲不定，一凭金界望长安。”

【译文】长安慈恩寺塔存有唐代人卢宗回的一首诗较好，唐代人的各诗集都没有收录，现在记载在这里：“东来晓日上翔鸾，西转苍龙拂露盘。渭水冷光摇藻井，玉峰晴色堕栏干。九重宫阙参差见，百二山河表里观。暂辍去蓬悲不定，一凭金界望长安。”

## 260. 王荆公始为集句诗

古人诗有“风定花犹落”之句，以谓无人能对，王荆公以对“鸟鸣山更幽”。“鸟鸣山更幽”本宋王籍诗，元对“蝉噪林逾静，鸟鸣山更幽”上下句只是一意，“风定花犹落，鸟鸣山更幽”则上句乃静中有动，下句动中有静。荆公始为集句诗，多者至百韵，皆集合前人之句，语意、对偶往往亲切过于本诗，后人稍稍有效而为者。

【译文】古人诗有“风定花犹落”的句子，认为没人能对下句，王安石用“鸟鸣山更幽”为对。“鸟鸣山更幽”本是南朝宋代王籍的诗句，原来的对句“蝉噪林逾静，鸟鸣山更幽”上下句涵意相同，“风定花犹落，鸟鸣山更幽”就使得上句静中有动，下句动中有静。王安石开始做集句诗，长诗多到百韵，都把前人诗句搭配在一起，语意、对偶之贴切往往胜过原诗，后人才逐渐效仿着做。

## 261. 观人题壁可知文章

欧阳文忠尝言曰：“观人题壁而可知其文章矣。”

【译文】欧阳修曾说：“看人在墙壁上的题写就能知道他文章如何。”

## 262. 毗陵女子诗

毗陵郡士人家有一女，姓李氏，方年十六岁，颇能诗，甚有佳句，吴人多得之。有《拾得破钱》诗云：“半轮残月掩尘埃，依稀犹有开元字。想得清光未破时，买尽人间不平事。”又有《弹琴》诗云：“昔年刚笑卓文君，岂信丝桐解误身。今日未弹心已乱，此心元自不由人。”虽有情致，乃非女子所宜也。

【译文】毗陵郡的官宦人家有个女子，姓李，年方十六岁，很能作诗，常有好诗句，那一带的人常能接触到。有首《拾得破钱》诗说：“半轮残月掩尘埃，依稀犹有开元字。想得清光未破时，买尽人间不平事。”又有《弹琴诗》说：“昔年刚笑卓文君，岂信丝桐解误身。今日未弹心已乱，此心元自不由人。”虽然有情趣，但不是女孩子所该说的。

# 梦溪笔谈卷十五

## 艺文二

### 263. 切韵之学

切韵之学本出于西域，汉人训字止曰读如某字，未用反切。然古语已有二声合为一字者，如不可为叵、何不为盍、如是为尔、而已为耳、之乎为诸之类，似西域二合之音，盖切字之原也，如輭字文从而、犬，亦切音也，殆与声俱生，莫知从来。

今切韵之法，先类其字各归其母，唇音、舌音各八，牙音、喉音各四，齿音十，半齿、半舌音二，凡三十六，分为五音，天下之声总于是矣。每声复有四等，谓清、次清、浊、平也，如颠、天、田、年，邦、胮、庞、厖之类是也，皆得之自然，非人为之。如帮字横调之为五音，帮、当、刚、臧、央是也；帮，宫之清；当，商之清；刚，角之清；臧，徵之清；央，羽之清。纵调之为四等，帮、滂、傍、茫是也；帮，宫之清；滂，宫之次清；傍，宫之浊；茫，宫之不清不浊。就本音、本等调之为四声，帮、榜、傍、博是也。帮，宫清之平；榜，宫清之上；傍，宫清之去；博，宫清之入。四等之声，多有声无字者，如封、峰、逢止有三字，邕、胸止有两字，竦、火、欲、以皆止有一字。五音亦然，滂、汤、康、苍止有四字。四声则有无声，亦有无字者，如萧字、肴字全韵皆无入声。此皆声之类也。所谓切韵者，上字为切，下字为韵，切须归本母，韵须归本等。切归本母，谓之“音和”，如德红为东之类，德与东同一母也。字有重、中重、轻、中轻，本等声尽泛入别等，谓之“类隔”。虽隔等，须以其类，谓唇与唇类、齿与齿类，如武延为绵、符兵为平之类是也。韵归本等，如冬与东字母皆属端字，冬乃端字中第一等声，故都宗切，宗字第一等韵也，以其归精字，故精徵音第一等声；东字乃端字中第三等声，故德红切，红字第三等韵也，以其归匣字，故匣羽音第三等声。又有互用借声，类例颇多。

大都自沈约为四声，音韵愈密。然梵学则有华、竺之异，南渡之后又杂以吴音，故音韵庞驳，师法多门。至于所分五音，法亦不一，如乐家所用则随律命之，本无定音，常以浊者为宫，稍清为商，最清为角，清浊不常为徵、羽。切韵家则定以唇、齿、牙、舌、喉为宫、商、角、徵、羽，其间又有半徵、半商者，如来、日二字是也，皆不论清浊。五行家则以韵类清浊参配，今五姓是也。梵学则喉、牙、齿、舌、唇之外，又有折、摄二声，折声自脐轮起至唇上发，如﨤字浮金反之类是也；摄声鼻音，如歆字鼻中发之类是也。字母则有四十二，曰阿、多、波、者、那、啰、拖、婆、荼、沙、嚩、哆、也、瑟吒二合、迦、娑、么、伽、他、社、锁、拖、前一拖轻呼，此一拖重呼。奢、佉、叉、娑多二合、壤、曷攞多三合、婆上声、车、娑么二合、诃婆二合、縒、伽上声、吒、拏、娑颇二合、娑迦二合、也娑二合、室者二合、侘、陀。为法不同，各有理致，虽先王所不言，然不害有此理。历世浸久，学者日深，自当造微耳。

【译文】切韵的学说本来产生在西域，汉代人解释字只说读如某字，没用过反切。但古语已有两个字合为一个字的，如不可读作叵、何不读作盍、如是读作尔，而已读作耳，之乎读作诸之类，类似西域两字拼成一字，或许是反切读字的起源，如輭字的字形从而、犬，也是反切拼音，大概与字音同时产生，没人知道它的起源。

现在切韵的方法，先把字各按声母归类，唇音、舌音各八个，牙音、喉音各四个，齿音十个，半齿、半舌音二个，共三十六个，分为五音，所有的声母包括在内了。每个声母又有四等，称为清、次清、浊、平，如颠、天、田、年，邦、胮、庞、厐之类就是这样，都是自然形成，不是人为的。如帮字横调的五音，是帮、当、刚、臧、央；帮，宫之清；当，商之清；刚，角之清；臧，徵之清；央，羽之清。纵调的四等，是帮、滂、傍、茫；帮，宫之清；滂，宫之次清；傍，宫之浊；茫，宫之不清不浊。本音、本等的四个声调，是帮、牓、傍、博。帮，宫清之平；牓，宫清之上；傍，宫清之去；博，宫清之入。四等的声调，常出现有声无字，如封、峰、逢只有三个字，邕、胸只有两个字，竦、火、欲、以都只有一个字。五音也是这样，滂、汤、康、苍只有四个字。四声会出现没有声调，也会出现没有字，如萧字、肴字全韵都没有入声。这都是声母的情况。所谓切韵，以上字为切，下字为韵，上字须与被切字声母相同，下字须与被切字韵母相同。上字与被切字声母相同，称为“音和”。如德红拼为东之类，是因为德与东同一声母。字的读音有重、中重、轻、中轻，如果本等声都散入别等，称为“类隔”。虽然隔等，仍须以同类相切，指唇音对唇音、齿音对齿音，如武延拼为绵、符兵拼为平之类就是。下字与被切字韵母相同，如冬与东的韵母都属端母，冬是端母的第一等声，所以都宗拼为冬，宗是第一等韵，它属于精母，所以就读精母徵音的第一等声；东是端母的第三等声，所以德红拼为东，红是第三等韵，它属于匣母，所以就读匣母羽音的第三等声。还有相互借用声母的，例子也很多。

大致从沈约创制四声后，音韵趋于精密。但梵音有中土、印度的不同，东晋迁到南方后又掺杂了南方语音，所以音韵庞杂散乱，遵循的系统不一。至于对五音的区分，方法也不一致，如乐师所用的五音根据乐律命名，本无定音，常以浊音为宫，稍清音为商，最清音为角，清浊音不定的为徵、羽。切韵家则把唇、齿、牙、舌、喉音定为宫、商、角、徵、羽，其间又有半徵、半商音，如来、日二字就是这样，全不论清、浊。五行家用韵学上的清浊相互搭配，即现在所谓的五姓。梵音在喉、牙、齿、舌、唇音之外，还有折、摄二声，折声从肚脐起到唇上发出，如𠼖字（读浮金反）之类；摄声是鼻音，如歆字从鼻腔中发音之类。它的字母有四十二个，即阿、多、波、者、那、啰、拖、婆、荼、沙、嚩、哆、也、瑟咤（二字合音）、迦、娑、么、伽、他、社、锁、拖、前面的拖字读轻声，这个拖字重读。奢、佉、叉、娑多（二字合音）、壤、曷攞多（三字合音）、婆（读上声）、车、娑么（二字合音）、诃婆（二字合音）、縒、伽（读上声）、咤、拏、娑颇（二字合音）、娑迦（二字合音）、也娑（二字合音）、室者（二字合音）、侘、陀。采用的方法不同，各有其道理，虽然先王没有讲过，但不妨碍这种道理的存在。随着使用时间的长久，学者逐渐深入，自然会造诣精深。

## 264.《龙龛手镜》

幽州僧行均集佛书中字为切韵训诂，凡十六万字，分四卷，号《龙龛手镜》，燕僧智光为之序，甚有词辩，契丹重熙二年集。契丹书禁甚严，传入中国者法皆死，熙宁中有人自虏中得之，入傅钦之家。蒲传正帅浙西，取以镂板，其序末旧云“重熙二年五月序”，蒲公削去之。观其字音韵次序皆有理法，后世殆不以其为燕人也。

【译文】幽州和尚行均把佛经中的字集起来注音和解释，共十六万字，分为四卷，取名《龙龛手镜》，燕京和尚智光为书作序，很有文采，契丹重熙二年成书。契丹对图书外传禁止很严，把书传到中原者依法都要处死，熙宁年间有人从契丹那里得到此书，被傅尧俞收藏。蒲宗孟任浙西长官，拿来刻版印刷，该书序末原有“重熙二年五月序”，被蒲宗孟删去。看书中字的音韵排列次序都中规中矩，后世人大概不会认为作者是燕人。

## 265. 古人文章不主音韵

古人文章自应律度，未以音韵为主，自沈约增崇韵学，其论文则曰：“欲使宫、羽相变，低昂殊节，若前有浮声则后须切响。一简之内，音韵尽殊；两句之中，轻重悉异。妙达此旨，始可言文。”自后浮巧之语，体制渐多，如旁犯、蹉对蹉音千过反、假对、双声、叠韵之类，诗又有正格、偏格，类例极多，故有三十四格、十九图、四声、八病之类。今略举数事，如徐陵云“陪游馺娑，骋纤腰于结风；长乐鸳鸯，奏新声于度曲”，又云“厌长乐之疏钟，劳中宫之缓箭”，虽两“长乐”，意义不同，不为重复，此类为旁犯。如《九歌》“蕙肴烝兮兰藉，奠桂酒兮椒浆”，当曰“烝蕙肴”对“奠桂酒”，今倒用之，谓之蹉对。如“自朱耶之狼狈，致赤子之流离”，不唯赤对朱、耶对子，兼狼狈、流离乃兽名对鸟名；又如“厨人具鸡黍，稚子摘杨梅”，以鸡对杨，如此之类皆为假对。如“几家村草里，吹唱隔江闻”，几家、村草与吹唱、隔江皆双声。如“月影侵簪冷，江光逼屐清”，侵簪、逼屐皆叠韵。诗第二字侧入，谓之正格，如“凤历轩辕纪，龙飞四十春”之类。第二字平入，谓之偏格，如“四更山吐月，残夜水明楼”之类。唐名贤辈诗多用正格，如杜甫律诗，用偏格者十无一二。

【译文】古人写文章自然符合法则，没有以音韵为主，自从沈约推崇韵学，他评说文章说：“要使宫音、羽音互相变换，高低强弱分明，若前面有轻扬之声那后面须有重浊之音。一章之中，音韵完全不同；两句之内，轻重都不一样。完美理会这些要求，才能谈论文章。”从此以后浮艳工巧的词语，规范逐渐多起来，如傍犯、蹉对蹉读千过反、假对、双声、叠韵之类，诗歌创作又有正格、偏格，名目极多，因此有三十四格、十九图、四声、八病之类。现在大略举几个例子，如徐陵诗说“陪游馺娑，骋纤腰于结风；长乐鸳鸯，奏新声于度曲”，又说“厌长乐之疏钟，劳中宫之缓箭”，虽两次用“长乐”，但意义不同，不算重复，这是傍犯。如《九歌》的“蕙肴烝兮兰藉，奠桂酒兮椒浆”，应当以“烝蕙肴”对“奠桂酒”，现在用倒装句，称为蹉对。如“自朱耶之狼狈，致赤子之流离”，不只是赤对朱、耶对子，且狼狈、流离是兽名对鸟名；又如“厨人具鸡黍，稚子摘杨梅”以“鸡”对“杨”，如此之类都是假对。如“几家村草里，吹唱隔江闻”，几家、村草与吹唱、隔江都是双声字。如“月影侵簪冷，江光逼屐清”，侵簪、逼屐都是叠韵字。诗的第二字以仄声起句，称为正格，如“凤历轩辕纪，龙飞四十春”。如第二个字以平声起句，称为偏格，如“四更山吐月，残夜水明楼”之类。唐代有名的诗人写诗大多用正格，如杜甫的律诗，用偏格的连十分之一还不到。

## 266. 潞公同甲会诗

文潞公归洛日年七十八，同时有中散大夫程珦、朝议大夫司马旦、司封郎中致仕席汝言皆年七十八，尝为同甲会，各赋诗一首。潞公诗曰：“四人三百十二岁，况是同生丙午年。招得梁园为赋客，合成商岭采芝仙。清谈亹亹风盈席，素发飘飘雪满肩。此会从来诚未有，洛中应作画图传。”

【译文】文彦博回到洛阳时七十八岁，当时中散大夫程珦、朝议大夫司马旦、以司封郎中退休的席汝言都是七十八岁，曾以同甲会名义集会，各人赋诗一首。文彦博的诗说：“四人三百十二岁，况是同生丙午年。招得梁园为赋客，合成商岭采芝仙。清谈亹亹风盈席，素发飘飘雪满肩。此会从来诚未有，洛中应作画图传。”

## 267. 晚唐五代士人作赋

晚唐、五代间士人作赋，用事亦有甚工者，如江文蔚《天窗赋》：“一窍初启，如凿开混沌之时；两瓦𢿱飞，类化作鸳鸯之后。”又《土牛赋》：“饮渚俄临，讶盟津之捧塞；度关倘许，疑函谷之丸封。”

【译文】晚唐、五代时士人作赋，运用典故也有很规整的，如江文蔚《天窗赋》：“一窍初启，如凿开混沌之时；两瓦𢿱飞，类化作鸳鸯之后。”《土牛赋》：“饮渚俄临，讶盟津之捧塞；度关倘许，疑函谷之丸封。”

## 268. 鹳雀楼诗

河中府鹳雀楼三层，前瞻中条，下瞰大河，唐人留诗者甚多，唯李益、王之奂、畅诸三篇能状其景。李益诗曰：“鹳雀楼西百尺墙，汀洲云树共茫茫。汉家箫鼓随流水，魏国山河半夕阳。事去千年犹恨速，愁来一日即知长。风烟并在思归处，远目非春亦自伤。”王之奂诗曰：“白日依山尽，黄河入海流。欲穷千里目，更上一层楼。”畅诸诗曰：“迥临飞鸟上，高出世尘间。天势围平野，河流入断山。”

【译文】河中府鹳雀楼有三层，前面对着中条山，下面俯视黄河，唐代在此留诗篇的人很多，只有李益、王之奂、畅诸三篇能描摹它的情景。李益的诗说：“鹳雀楼西百尺墙，汀洲云树共茫茫。汉家箫鼓随流水，魏国山河半夕阳。事去千年犹恨速，愁来一日即知长。风烟并在思归处，远目非春亦自伤。”王之奂的诗说：“白日依山尽，黄河入海流。欲穷千里目，更上一层楼。”畅诸的诗说：“迥临飞鸟上，高出世尘间。天势围平野，河流入断山。”

## 269. 海陵王墓铭

庆历间余在金陵，有饔人以一方石镇肉，视之若有刻，试取石洗濯，乃齐海陵王墓铭，谢朓撰并书，其字如钟繇，极可爱。余携之十余年，文思副使夏元昭借去，遂托以坠水，今不知落何处。此铭朓集中不载，今录于此：“中枢诞圣，膺历受命。于穆二祖，天临海镜。显允世宗，温文著性。三善有声，四国无竞。嗣德方衰，时唯介弟。景祚云及，多难攸启。载骤軨猎，高辟代邸。庶辟欣欣，威仪济济。亦既负扆，言观帝则。正位恭己，临朝渊嘿。虔思宝缔，负荷非克。敬顺天人，高逊明德。西光已谢，东龟又良。龙轜夕俨，葆挽晨锵。风摇草色，日照松光。春秋非我，晚夜何长。”

【译文】庆历年间我在金陵，有个厨师用一块石板压肉，我看到石头表面好像有刻痕，尝试着把它清洗干净，发觉是南朝齐海陵王的墓铭，由谢朓撰文并且书写，他的字像钟繇的笔法，非常令人喜爱。我带着这方石块有十多年了，被文思院副使夏元昭借去，就借口掉入水中，现在不知道流落在什么地方。这篇铭文在谢朓的文集中没有收录，现在抄录在这里："中枢诞圣，膺历受命。于穆二祖，天临海镜。显允世宗，温文著性。三善有声，四国无竞。嗣德方衰，时唯介弟。景祚云及，多难攸启。载骤軨猎，高辟代邸。庶辟欣欣，威仪济济。亦既负扆，言观帝则。正位恭己，临朝渊嘿。虔思宝缔，负荷非克。敬顺天人，高逊明德。西光已谢，东龟又良。龙纛夕俨，葆挽晨锵。风摇草色，日照松光。春秋非我，晚夜何长。"

## 270. 观文辨枣棘

枣与棘相类，皆有刺。枣独生，高而少横枝；棘列生，卑而成林，以此为别。其文皆从朿，音刺，木芒刺也。朿而相戴立生者枣也，朿而相比横生者棘也，不识二物者观文可辨。

【译文】枣与棘相类似，都有刺。枣树独生，树干高而少横枝；棘木并生，形低矮而成丛，以此相区别。其字形都从朿，读音为刺，意为树木上的尖刺。朿叠起来呈直立状的是棗字，朿并列呈横向状的是棘字，不认识这两种植物看字形就能分辨。

## 271. 献诗自达

金陵人胡恢博物强记，善篆隶，臧否人物，坐法失官十余年，潦倒贫困，赴选集于京师，是时韩魏公当国，恢献小诗自达，其一联曰："建业关山千里远，长安风雪一家寒。"魏公深怜之，令篆太学石经，因此得复官，任华州推官而卒。

【译文】金陵人胡恢博闻强记，擅长篆书和隶书，喜欢褒贬人物，因犯法丢掉官职十多年，穷困潦倒，为参加选官来到京城，当时韩琦主持国政，胡恢献了小诗自通姓名，其中一联说："建业关山千里远，长安风雪一家寒。"韩琦很怜悯他，让他到太学书写石经，因此得以恢复官职，在华州推官任上逝世。

## 272. 蔡子正贺诗

熙宁六年有司言日当蚀四月朔，上为彻膳、避正殿，一夕微雨，明日不见日蚀，百官入贺，是日有皇子之庆。蔡子正为枢密副使，献诗一首，前四句曰："昨夜熏风入舜韶，君王未御正衙朝。阳辉已得前星助，阴沴潜随夜雨消。"其叙四月一日避殿、皇子庆诞、云阴不见日蚀，四句尽之，当时无能过之者。

【译文】熙宁六年有关部门禀报说四月初一将有日蚀，皇上为此撤掉御膳、暂停上朝，前一晚下小雨，第二天看不见日蚀，众官员进宫庆贺，这天有皇子诞生。蔡挺任枢密副使，献了首诗，前四句说："昨夜熏风入舜韶，君王未御正衙朝。阳辉已得前星助，阴沴潜随夜雨消。"他叙述四月初一皇上暂停上朝、皇子诞生、阴天不见日蚀，用四句都说全了，当时的诗没有能超过它的。

## 273. 推挽后学

欧阳文忠好推挽后学。王向少时为三班奉职，勾当滁州一镇，时文忠守滁州，有书生为学子不行束修，自往诣之，学子闭门不接，书生讼于向，向判其牒曰："礼闻来学，不闻往教。先生既已自屈，弟子宁不少高？盍二物以收威，岂两辞而造狱。"书生不直向判，径持牒以见欧公，公一阅大称其才，遂为之延誉奖进，成就美名，卒为闻人。

【译文】欧阳修惯于推荐扶植后辈。王向年轻时供职三班，管辖滁州的一个镇，当时欧阳修任滁州主官，有个读书人因为学生不行拜师礼，自己上门去见他，学生关门不接待，读书人向王向告状，王向在其状纸上判道："礼只听说前来学习，不曾听说上门去教。先生既然已自我委屈，学生怎不略搭点架子？何不以责罚来树立威仪，哪里用得着打官司诉讼？"这个读书人不认同王向的判决，拿着状纸直接去拜见欧阳修，欧阳修一看判语十分称赞王向的才学，于是替他赞誉提携，传扬美名，最终成为名人。

# 梦溪笔谈卷十六

## 艺文三

### 274. 刘克释杜诗

士人刘克博观异书。杜甫诗有“家家养乌鬼，顿顿食黄鱼”，世之说者皆谓夔、峡间至今有鬼户，乃夷人也，其主谓之“鬼主”，然不闻有乌鬼之说。又“鬼户”者夷人所称，又非人家所养。克乃按《夔州图经》称峡中人谓鸬鹚为乌鬼，蜀人临水居者皆养鸬鹚，绳系其颈使之捕鱼，得鱼则倒提出之，至今如此。余在蜀中，见人家养鸬鹚使捕鱼，信然，但不知谓之乌鬼耳。

【译文】士人刘克博览奇书。杜甫有“家家养乌鬼，顿顿食黄鱼”的诗句，解释杜诗的人都认为夔州、峡州一带至今有鬼户，是夷人，其首领称为“鬼主”，但没听说有乌鬼的说法。所谓“鬼户”是夷人的称呼，也不是家中饲养的动物。刘克依据《夔州图经》说峡州一带人称鸬鹚为乌鬼，蜀人靠水居住的都养鸬鹚，用绳子系住鸬鹚的头颈让它捕鱼，捕到了鱼就倒提起着让它把鱼吐出来，到现在还是如此。我在蜀中时，看见人家养鸬鹚让它捕鱼，确实如此，但不知道称为乌鬼。

### 275. 和鲁公艳词

和鲁公凝有艳词一编，名《香奁集》，凝后贵，乃嫁其名为韩偓，今世传韩偓《香奁集》乃凝所为也。凝生平著述分为《演纶》、《游艺》、《孝悌》、《疑狱》、《香奁》、《篇金》六集，自为《游艺集》序云：“余有《香奁》、《篇金》二集，不行于世。”凝在政府，避议论，讳其名，又欲后人知，故于《游艺集》序实之，此凝之意也。余在秀州，其曾孙和惇家藏诸书皆鲁公旧物，末有印记甚完。

【译文】和凝有一部描写艳情的词集，名为《香奁集》，后来地位显贵，就改称是韩偓的作品，现在世上流传的韩偓《香奁集》就是和凝所作。和凝平生的著述分为《演纶》、《游艺》、《孝悌》、《疑狱》、《香奁》、《籯金》六集，自己为《游艺集》写序说："我著有《香奁》、《籯金》二集，没在世上流传。"和凝在朝廷任职，为避免人们议论，隐去自己的名字，又想让后人知道，所以在《游艺集》序中说明，这是和凝的用意。我在秀州时，和凝曾孙和惇家中藏的书籍都是和凝遗物，书末所盖印章很完备。

## 276. 魏野善为诗

蜀人魏野隐居不仕宦，善为诗，以诗著名。卜居陕州东门之外，有《陕州平陆县》诗云"寒食花藏院，重阳菊绕湾。一声离岸橹，数点别州山"，最为警句。所居颇萧洒，当世显人多与之游，寇忠愍尤爱之，尝有赠忠愍诗云："好向上天辞富贵，却来平地作神仙。"后忠愍镇北都，召野置门下，北都有妓女，美色而举止生梗，士人谓之"生张八"，因府会，忠愍令乞诗于野，野赠之诗曰："君为北道生张八，我是西州熟魏三。莫怪樽前无笑语，半生半熟未相谙。"吴正宪《忆陕郊》诗曰："南郭迎天使，东郊访隐人。""隐人"谓野也。野死，有子闲，亦有清名，今尚居陕中。

【译文】蜀人魏野隐居而不出来做官，擅长作诗，以诗作闻名。他在陕州东门外居住，有《陕州平陆县》诗说"寒食花藏院，重阳菊绕湾。一声离岸橹，数点别州山"，是最为人推崇的佳句。他生活得颇为潇洒，当时有名望的人大多和他有交往，寇准尤其欣赏他，魏野曾赠寇准诗说："好向上天辞富贵，却来平地作神仙。"后来寇准镇守北都时，请来魏野当幕僚。北都有位歌妓，相貌漂亮却举止生硬倔强，文人称她"生张八"，某次官府宴会，寇准叫她向魏野求诗，魏野便赠她诗说："君为北道生张八，我是西州熟魏三。莫怪樽前无笑语，半生半熟未相谙。"吴充《忆陕郊》诗说："南郭迎天使，东郊访隐人。""隐人"就是指魏野。魏野死后，有儿子魏闲，也有清名，现在还住在陕中。

# 梦溪笔谈卷十七

## 书画

### 277. 耳鉴

藏书画者多取空名，偶传为钟、王、顾、陆之笔，见者争售，此所谓“耳鉴”。又有观画而以手摸之，相传以谓色不隐指者为佳画，此又在耳鉴之下，谓之“揣骨听声”。

【译文】收藏书画的人大多追求虚名，偶尔传说是钟繇、王羲之、顾恺之、陆探微的真迹，见到的人就争着买进，这就是所谓的“耳鉴”。又有人观赏画用手去触摸，他们的说法是颜色摸上去不浮滑是好画，这又比耳鉴低档，称为“揣骨听声”。

### 278. 正午牡丹

欧阳公尝得一古画牡丹丛，其下有一猫，未知其精粗，丞相正肃吴公与欧公姻家，一见曰：“此正午牡丹也。何以明之？其花披哆而色燥，此日中时花也；猫眼黑睛如线，此正午猫眼也。有带露花则房敛而色泽；猫眼早暮则睛圆，日渐中狭长，正午则如一线耳。”此亦善求古人笔意也。

【译文】欧阳修曾经得到一幅古画牡丹丛，花丛下有只猫，他不知道画的好坏，丞相吴育与欧阳修是儿女亲家，一看画就说：“这画的是正午牡丹。怎么知道呢？画中的牡丹张口开放而颜色干燥，这是正午时的花；画中猫眼的黑瞳孔呈线状，这是正午时的猫眼。带有露水的花其花瓣收拢而颜色润泽；猫眼的瞳孔早晚呈圆形，随着太阳升高而逐渐狭长，正午时就像一条线。”这也是善于领悟古人的笔意。

## 279. 相国寺画壁

相国寺旧画壁乃高益之笔，有画众工奏乐一堵，最有意。人多病拥琵琶者误拨下弦，众管皆发四字，琵琶四字在上弦，此拨乃掩下弦，误也。余以为非误也，盖管以发指为声，琵琶以拨过为声，此拨掩下弦则声在上弦也。益之布置尚能如此，其心匠可知。

【译文】相国寺的旧壁画是高益的作品，有一堵墙画的是许多乐工在奏乐，特别有情趣。看的人大多批评画上抱琵琶的人错拨了下弦，因为画中所有的管乐器都发四字音，琵琶的四字在上弦，所画的动作却在遮掩下弦，是错了。我认为没有错，因为管乐器是以手指离孔发音，琵琶则是手指拨过琴弦为声，这一拨虽遮掩下弦但发声却在上弦。高益的构图能够照顾到这样的细部，他的匠心可想而知。

## 280. 书画之妙

书画之妙当以神会，难可以形器求也。世之观画者，多能指摘其间形象、位置、彩色瑕疵而已，至于奥理冥造者，罕见其人。如彦远画评言王维画物多不问四时，如画花往往以桃、杏、芙蓉、莲花同画一景。余家所藏摩诘画袁安卧雪图有雪中芭蕉，此乃得心应手，意到便成，故造理入神，迥得天意，此难可与俗人论也。谢赫云："卫协之画，虽不该备形妙而有气韵，凌跨群雄，旷代绝笔。"又欧文忠《盘车图》诗云："古画画意不画形，梅诗咏物无隐情。忘形得意知者寡，不若见诗如见画。"此真为识画也。

【译文】书画的精妙应该心领神会，难以从具体形象寻求。世上观赏绘画的人，大多数只能指出形象、位置、色彩的毛病而已，至于寄托画中的深刻寓意，很少有人领会。如张彦远的画评说王维画景物大多不区别四季，如果画花常把桃花、杏花、芙蓉花和莲花同画在一景中。我家所藏王维的袁安卧雪图中有雪中芭蕉，这正是他得心应手，意到便成的画，所以构思入于神韵，妙手天成，这些难以同俗人谈论。谢赫说："卫协的画，虽不具备形象美却有气韵，超越众多名家，是从未有过的绝妙之笔。"欧阳修《盘车图》诗说："古画画意不画形，梅诗咏物无隐情。忘形得意知者寡，不若见诗如见画。"这才是真正懂得画。

## 281. 画如其人

王仲至阅吾家画，最爱王维画黄梅出山图，盖其所图黄梅、曹溪二人，气韵神检皆如其为人，读二人事迹还观所画，可以想见其人。

【译文】王钦臣观看我家藏画，最喜爱王维画的黄梅出山图，因为所画的黄梅、曹溪两个人，气质神韵都像他们的为人，读了他们的事迹再来看这幅画，可以想像出他们是怎样的人。

### 282. 观画知声

《国史补》言:“客有以按乐图示王维,维曰:‘此《霓裳》第三叠第一拍也。’客未然,引工按曲乃信。”此好奇者为之。凡画奏乐止能画一声,不过金石管弦同用一字耳,何曲无此声,岂独《霓裳》第三叠第一拍也?或疑舞节及他举动拍法中别有奇声可验,此亦不然。《霓裳》曲凡十三叠,前六叠无拍,至第七叠方谓之“叠遍”,自此始有拍而舞作,故白乐天诗云“中序擘騞初入拍”,“中序”即第七叠也,第三叠安得有拍?但言“第三叠第一拍”即知其妄也。或说尝有人观画弹琴图,曰:“此弹《广陵散》也。”此或可信。《广陵散》中有数声他曲皆无,如拨攦声之类是也。

【译文】《国史补》记载说:“有人拿按乐图给王维看,王维说:‘这画的是弹奏《霓裳羽衣曲》第三叠中的第一拍。’那人不以为然,招来乐工演奏此曲才相信。”这是喜欢猎奇的人编造的。凡是画奏乐只能画出演奏一个音的情景,不过各种乐器同时演奏一字罢了,哪个乐曲中没有这个音,难道只有《霓裳羽衣曲》第三叠第一拍才有吗?有人猜测这一节拍的舞蹈动作及演奏手法另有独特音声可以证实,这也不对。《霓裳羽衣曲》共十三叠,前六叠没有拍,到第七叠才叫“叠遍”,从这儿开始入拍、起舞,所以白居易的诗说“中序擘騞初入拍”,“中序”就是第七叠,第三叠怎么会有拍呢?只要说“第三叠第一拍”就知道是错的。还有记载说曾有人看弹琴图,说:“这是在弹《广陵散》。”这也许可信。《广陵散》中有几个音是其他曲子都没有的,如拨攦声之类就是。

### 283. 马不画细毛

画牛、虎皆画毛,惟马不画,余尝以问画工,工言:“马毛细,不可画。”余难之曰:“鼠毛更细,何故却画?”工不能对。大凡画马,其大不过盈尺,此乃以大为小,所以毛细而不可画,鼠乃如其大,自当画毛。然牛、虎亦是以大为小,理亦不应见毛,但牛、虎深毛,马浅毛,理须有别,故名辈为小牛、小虎虽画毛,但略拂拭而已,若务详密翻成冗长,约略拂拭自有神观,迥然生动,难可与俗人论也。若画马如牛、虎之大者,理当画毛,盖见小马无毛,遂亦不摹,此庸人袭迹,非可与论理也。

又李成画山上亭馆及楼塔之类,皆仰画飞檐,其说以谓自下望上,如人平地望塔檐间见其榱桷。此论非也,大都山水之法,盖以大观小,如人观假山耳。若同真山之法,以下望上只合见一重山,岂可重重悉见,兼不应见其溪谷间事,又如屋舍亦不应见其中庭及后巷中事。若人在东立则山西便合是远境,人在西立则山东却合是远境，似此如何成画？李君盖不知以大观小之法，其间折高、折远自有妙理，岂在掀屋角也。

【译文】画牛和虎都画毛，只有画马不画毛，我曾以此问过画工，画工说：“马的毛细，不好画。”我反问说：“鼠毛更细，为何却要画出来？”画工不能回答。一般画马，大不过一尺左右，这是把大的画成小的，所以毛细就不能画，画鼠是像原来那样大，自然应当画毛。但牛和虎也是把大的画成小的，照理也不应该画出毛的，但牛、虎是长毛，马是短毛，理应有所区别，所以有名画家画小牛、小虎虽然画毛，只是略微抹几笔而已，假如力求细密反而显得芜杂累赘，略微抹几笔自然有神采，显然就生动起来，这是难以同俗人谈论的。假如画马像牛和虎那样大，理应画出毛，大概见画小马无毛，就也不画，这是平庸画工沿袭旧套，不可与他们论理。

李成画山上亭馆和楼塔之类，都用仰视角度画飞檐，他认为从向上望，好像人在平地上望塔檐之间看见其椽子。这种说法不对，一般的山水画法，都是把大景物看作小景物，就像人看假山一样。假如和真山一样的方法，从下向上望只能见到一重山，怎么能重重山峦都看见，而且不该看到溪谷间的情景，又如房屋也不该看到中庭和后巷里的情景。如果人站在东面那么山西面应该是远境，人站在西面那么山东面就应该是远境，像这样怎能画成一幅画呢？李成大概不知道把大景物看作小景物的方法，其间处理高低、远近的景物自有绝妙的道理，哪里在于仰画屋角。

## 284. 佛光常圆

画工画佛身光有匾圆如扇者，身侧则光亦侧，此大谬也，渠但见雕木佛耳，不知此光常圆也。又有画行佛，光尾向后，谓之“顺风光”，此亦谬也，佛光乃定果之光，虽劫风不可动，岂常风能摇哉？

【译文】画工画佛身上的光有扁圆如扇子一般，佛身体侧转则光也侧转，这是大错误，他们只看见木雕的佛像，不知道这个光一直是圆的。又有画行走的佛，光有尾巴朝向后面，称为“顺风光”，这也是错的，佛光是定果之光，即使劫风也不能动摇，哪里是一般的风所能摇动的呢？

## 285. 古文己字

古文“己”字从一、从亡，此乃通贯天、地、人，与“王”字义同，中则为“王”，或左或右则为“己”。僧肇曰：“会万物为一己者，其惟圣人乎？”子曰：“下学而上达。”人不能至于此，皆自域之也，得己之全者如此。

【译文】古文的“己”字从一、从亡，这是贯通天、地、人，与“王”的字义相同，竖笔在中间的是“王”字，在左边或者右边的就是“已”字。僧肇说：“融会万物为一己的，大概只有圣人吧？”孔子说：“学习切身知识而通达天理。”人不能达到这一境界，都是因为自我束缚，充分发挥自身潜能的人才能如此。

## 286. 活笔

度支员外郎宋迪工画，尤善为平远山水，其得意者有平沙雁落、远浦帆归、山市晴岚、江天暮雪、洞庭秋月、潇湘夜雨、烟寺晚钟、渔村落照，谓之“八景”，好事者多传之。往岁小窑村陈用之善画，迪见其画山水，谓用之曰：“汝画信工，但少天趣。”用之深伏其言，曰：“常患其不及古人者正在于此。”迪曰：“此不难耳。汝先当求一败墙，张绢素讫，倚之败墙之上，朝夕观之。观之既久，隔素见败墙之上高平曲折皆成山水之象，心存目想，高者为山、下者为水，坎者为谷、缺者为涧，显者为近、晦者为远，神领意造，恍然见其有人禽草木飞动往来之象，了然在目，则随意命笔，默以神会，自然境皆天就，不类人为，是谓‘活笔’。”用之自此画格日进。

【译文】度支员外郎宋迪善于作画，尤其擅长旷远的山水，他的得意作品有平沙雁落、远浦帆归、山市晴岚、江天暮雪、洞庭秋月、潇湘夜雨、烟寺晚钟、渔村落照，称为“八景”，爱好的人常临摹这些作品。往年小窑村的陈用之善于作画，宋迪看了他画的山水后，对用之说：“你的画确实有功底，但缺少自然情趣。”用之非常佩服他的话，说：“常担忧自己比不上古人的正在这一点。”宋迪说：“这个不难。你先找一堵破墙，张挂起白绢布，把它靠在破墙上，从早到晚观看它。观看的时间长了，隔着绢布见到破墙上面的高平曲折都成了山水景象，用心冥想，高出的是山峰、低下的是水流，洼凹的是山谷、缺陷的是溪涧，清晰的是近景、模糊的是远景，心领神会，恍然看到有人物、飞禽、草木活动往来的景象，清楚地出现在眼前，然后信手下笔，体会其神态，自然描绘的境界都是天然造就，不像是人工雕琢的，这就叫‘活笔’。”用之从此画的格调不断长进。

## 287. 谬从楷法之非

古文自变隶，其法已错乱，后转为楷字，愈益讹舛，殆不可考。如言“有口为吴，无口为天”，按字书，“吴”字本从口、从夨音捩，非天字也。此固近世谬从楷法言之，至如两汉篆文尚未废，亦有可疑者。如汉武帝以隐语召东方朔云“先生来来”，解云：“来来，棗也。”按“棗”字从朿音刺不从来。此或是后人所传，非当时语，如卯金刀为劉、货泉为白水真人，此则出于纬书，乃汉人之语。按“劉”字从丣音酉、从金，如柳、駵、留皆从丣，非卯字也；货从贝，真乃从具，亦非一法，不知缘何如此？字书与本史所记必有一误也。

【译文】古文字自从演变成隶书后，它的写法已错乱，后来又变为楷体，更加错乱了，原义几乎不能考求。例如说“有口为吴，无口为天”，根据字书，“吴”字本来从口、从夨(读音捩)，不是天字。这固然是近代错误依据楷体写法来解说的，至于两汉时篆书还没有废除，也有值得怀疑的。例如汉武帝用隐语叫东方朔说“先生来来”，解释说：“来来，棗也。”按“棗”字字从朿(读音刺)，不从来。这或许是后人传说，不是当时的话，如卯金刀为劉、货泉为白水真人，这出于纬书，是汉代人的话。按劉字从丣(读音酉)、从金，如柳、駠、留都是从丣，不是卯字；货字从贝，真字则从具，也不一样，不道为何如此？字书和原来史书的记载必定有一种是错误的。

## 288. 韩偓诗迹

唐韩偓为诗极清丽，有手写诗百余篇在其四世孙奕处。偓天复中避地泉州之南安县，子孙遂家焉，庆历中余过南安，见奕出其手集，字极淳劲可爱。后数年奕诣阙献之，以忠臣之后得司士参军，终于殿中丞。又余在京师见偓送䛒光上人诗，亦墨迹也，与此无异。

【译文】唐代韩偓的诗极其清雅秀丽，有手写的诗作百多篇在他四代孙韩奕那里。韩偓在唐天复年间隐居泉州南安县，他的子孙就安居在此，庆历年间我经过南安，见到韩奕出示的韩偓手迹，字非常淳朴可爱。几年后韩奕到京城进献这些手迹，作为忠臣的后代任命为司士参军，在殿中丞职位上去世。我还在京城见到韩偓赠䛒光上人的诗，也是墨迹，和手抄诗篇没有什么两样。

## 289. 徐铉篆法

江南徐铉善小篆，映日视之，画之中心有一缕浓墨正当其中，至于曲折处亦当中，无有偏侧处，乃笔锋直下不倒侧，故锋常在画中。此用笔之法也，铉尝自谓：“吾晚年始得蝌匾之法。”凡小篆喜瘦而长，蝌匾之法非老笔不能也。

【译文】南唐的徐铉擅长小篆，对着阳光看他的字，笔划中心有一缕浓墨恰好处于其间，到了曲折的地方也在当中，没有一点偏斜，这是他笔锋直着下去不往边上偏斜，所以锋毫都落在笔划中间。这是用笔的方法，徐铉曾自述：“我晚年才学会蝌匾笔法。”小篆体崇尚瘦而长，蝌匾笔法不是书法老手是写不出的。

## 290. 吴道子画佛

《名画录》：“吴道子尝画佛，留其圆光，当大会中对万众举手一挥，圆中运规，观者莫不惊呼。”画家为之自有法，但以肩倚壁尽臂挥之自然中规，其笔画之粗细则以一指拒壁以为准，自然均匀。此无足奇，道子妙处不在于此，徒惊俗眼耳。

【译文】《名画录》说："吴道子曾画佛像，留着佛像的圆光不画，在大众集会时当着成千上万的人举手一挥，画的圆如同用了圆规一样，观看的人无不惊叹。"画家画圆自有方法，只要用肩靠着墙壁放开臂膀画去自然很圆，笔划粗细以手指抵着墙壁为准，自然就匀称。这没有什么值得奇怪，吴道子的神奇不在这里，只是让俗人们感到吃惊罢了。

## 291. 晋宋人墨迹

晋、宋人墨迹多是吊丧、问疾书简。唐贞观中购求前世墨迹甚严，非吊丧、问疾书迹皆入内府，士大夫家所存皆当日朝廷所不取者，所以流传至今。

【译文】晋代和南朝宋代人的墨迹大多是吊丧、问病的书信。唐贞观年间购求前代墨迹很彻底，不是吊丧、问疾的书迹都收入内府，士大夫家中所留存的都是当时朝廷不收的，所以流传到现在。

## 292. 鲤文之说

鲤鱼当胁一行三十六鳞，鳞有黑文如十字，故谓之"鲤"，文从鱼、里者，三百六十也。然井田法即以三百步为一里，恐四代之法容有不相袭者。

【译文】鲤鱼当胁部一排鳞共三十六片，鳞片上有黑色纹路像十字，所以称为"鲤"，字形从鱼、从里，就是三百六十。但井田制以三百步为一里，恐怕上古四代的制度或许有不相沿袭的地方。

## 293. 徐黄画格

国初，江南布衣徐熙、伪蜀翰林待诏黄筌皆以善画著名，尤长于画花卉。蜀平，黄筌并子居宝、居寀、居实，弟惟亮，皆隶翰林图画院，擅名一时。其后江南平，徐熙至京师，送图画院品其画格。诸黄画花妙在赋色，用笔极新细，殆不见墨迹，但以轻色染成，谓之"写生"。徐熙以墨笔画之，殊草草，略施丹粉而已，神气迥出，别有生动之意。筌恶其轧己，言其画粗恶不入格，罢之。熙之子乃效诸黄之格，更不用墨笔，直以彩色图之，谓之"没骨图"，工与诸黄不相下，筌等不复能瑕疵，遂得齿院品，然其气韵皆不及熙远甚。

【译文】本朝初年，南唐平民徐熙、后蜀翰林待诏黄筌都以擅画闻名，尤其擅长画花卉。后蜀平定后，黄筌和他的儿子居宝、居寀、居实，弟弟惟亮，都进入翰林图画院，名声显赫一时。此后南唐平定，徐熙来到京城，把画作送图画院品评画格。黄氏诸人画花的妙处在于着色，用笔极其新奇细致，几乎不见墨迹，只用淡彩点染而成，称为“写生”。徐熙用墨笔画花，十分潦草，稍略加点色彩而已，但神态充分显示，另有栩栩如生的意境。黄筌妒忌徐熙超过自己，便说他的画粗俗低劣不入品，排斥在外。徐熙的儿子效法黄氏诸人的画法，完全不用墨笔钩勒，直接用色彩成画，称为“没骨图”，程度和黄氏诸人不相上下，黄筌等不再能指责其瑕疵，才得以列入院品，但是那些画的气韵都比徐熙差多了。

## 294. 学书良法

余从子辽喜学书，尝论曰：“书之神韵虽得之于心，然法度必资讲学。常患世之作字分制无法，凡字有两字、三四字合为一字者，须字字可拆；若笔画多寡相近者，须令大小均停。所谓笔画相近，如‘殺’字乃四字合为一，当使乂、木、几、又四者大小皆均。如‘尗’字乃二字合，当使上与小二者大小长短皆均。若笔画多寡相远，则不可强牵使停，寡在左则取上齐，寡在右则取下齐。如从口、从金，此多寡不同也，‘唫’则取上齐，‘釦’则取下齐。如从尗、从又及从口、从胃三字合者多寡不同，则‘叔’当取下齐，‘喟’当取上齐。”如此之类，不可不知。又曰：“运笔之时常使意在笔前。”此古人良法也。

【译文】我的侄子沈辽爱好学习书法，曾说：“字的神韵虽然得之于心，但规则必须靠讲解学习。我常担忧现在的人写字拆分没有章法，凡由两个、三四个字合为一个字的，必须每个部分都能分拆；如果笔画多少比较接近，必须使它们大小匀称。所谓笔画相近，如‘殺’字由四个字合而为一，应当使乂、木、几、又四个部分大小都匀称。如‘尗’字由两个字合成，应当使上与小二者大小长短都匀称。如果笔画多少相差远，就不能勉强使它们匀称，笔画少的在左就使上部对齐，笔画少的在右则使下部对齐。如果字从口、从金，这就是笔划多少不等，‘唫’字就上部对齐，‘釦’字就下部对齐。如果字从尗、从又及从口、从胃三字合成的笔划多少不等，那么‘叔’字应当下部对齐。‘喟’字应当上部对齐。”如此之类，不能不知道。他还说：“运笔时常使立意在落笔之前。”这是古人的好方法。

## 295.《乐毅论》传本

王羲之书，旧传惟《乐毅论》乃羲之亲书于石，其他皆纸素所传。唐太宗裒聚二王墨迹，惟《乐毅论》石本，其后随太宗入昭陵，朱梁时耀州节度使温韬发昭陵得之，复传人间。或曰公主以伪本易之，元不曾入圹。本朝入高绅学士家，皇祐中绅之子高安世为钱塘主簿，《乐毅论》在其家，余尝见之，时石已破缺，末后独有一“海”字者是也。其家后十余年，安世在苏州，石已破为数片，以铁束之，后安世死，石不知所在。或云苏州一富家得之，亦不复见。

今传《乐毅论》皆摹本也，笔画无复昔之清劲，羲之小楷字于此殆绝，《遗教经》之类皆非其比也。

【译文】王羲之的书迹，过去传说只有《乐毅论》是他亲自书写上石，其他的都写在纸和绢上。唐太宗搜集二王墨迹，只有《乐毅论》是石碑，后来随太宗葬入昭陵，五代后梁时耀州节度使温韬发掘昭陵得到它，又使它在世间流传了。有人说当时公主用摹本调换了，真品根本就没有随葬。本朝传入学士高绅家，皇祐年间高绅的儿子高安世任钱塘主簿，《乐毅论》碑还在他家中，我曾经见过，当时石块已破损，末尾单独有一个'海'字的便是。又过了十多年，高安世在苏州，碑已碎成几片，用铁箍捆束着，后来高安世去世，石碑就不知到哪儿去了。有人说苏州一个有钱人得到了，也没有人再见过。现在流传的《乐毅论》都是摹本，笔画不再像过去那么清丽刚劲，王羲之的小楷字到此差不多是顶峰了，《遗教经》之类都不能和它相比。

## 296. 圣寿寺壁画

王珙据陕州，集天下良工画圣寿寺壁，为一时妙绝。画工凡十八人，皆杀之，同为一坎瘗于寺西厢，使天下不复有此笔，其不道如此。至今尚有十堵余，其间西廊迎佛舍利、东院佛母壁最奇妙，神彩皆欲飞动，又有鬼母、瘦佛二壁差次，其余亦不甚过人。

【译文】王珙割据陕州，聚集全国优秀画工画圣寿寺壁画，当时成为一绝。画工共十八名，都被杀掉，葬在一个墓穴掩埋于圣寿寺西侧，使世间不再有这样的技艺，竟如此残暴。壁画现在还留有十余幅，其中西廊的迎佛舍利画、东院的佛母画最奇妙，神态栩栩如生，还有鬼母、瘦佛两幅较差些，其余的画也不十分出色。

## 297. 董源画笔之妙

江南中主时有北苑使董源善画，尤工秋岚远景，多写江南真山，不为奇峭之笔。其后建业僧巨然祖述源法，皆臻妙理。大体源及巨然画笔皆宜远观，其用笔甚草草，近视之几不类物象，远观则景物粲然，幽情远思，如异境。如源画落照图，近视无功，远观村落杳然深远，悉是晚景，远峰之顶宛有反照之色，此妙处也。

【译文】南唐中主李璟时有北苑使董源擅长绘画，尤其拿手的是秋天山岚远景，大多描摹江南的真山，不用奇特峭拔的笔法。此后建业的和尚巨然效法董源的画法，也达到了神妙的水平。大体上董源与巨然的画都适于远看，他们用笔非常粗放，近看几乎不成景物，远看就觉得景物鲜明，意境深远悠长，如同人间胜境。例如董源画的落照图，近看没有什么效果，远看村落隐约深远，完全是一派晚景，远处山峰顶上好像有夕照的亮色，这是它的神妙之处。

# 梦溪笔谈卷十八

## 技 艺

### 298. 方士许我

贾魏公为相日有方士姓许，对人未尝称名，无贵贱皆称我，时人谓之“许我”。言谈颇有可采，然傲诞，视公卿蔑如也。公欲见，使人邀召数四卒不至，又使门人苦邀致之，许骑驴径欲造丞相厅事，门吏止之，不可，吏曰：“此丞相厅门，虽丞郎亦须下。”许曰：“我无所求于丞相，丞相召我来。若如此，但须我去耳。”不下驴而去。门吏急追之不还，以白丞相，魏公又使人谢而召之，终不至，公叹曰：“许市井人耳，惟其无所求于人，尚不可以势屈，况其以道义自任者乎？”

【译文】贾昌朝任丞相时有位方士姓许，对人从来不说自己的名字，不论贵贱都自称我，当时人称他“许我”。言谈很有些可取之处，但高傲怪诞，看不起达官显贵。贾昌朝想见他，派人邀请多次不来，又派门客苦苦邀他来，许我骑着毛驴直进相府客厅，守门人阻止他，他不听，守门人说：“这是相府厅门，即使是寺丞郎官也必须下马。”许我说：“我无求于丞相，是丞相请我来的。如果这样，我只能走了。”没下驴转头而去。守门人急忙追他也不肯回来，就禀告贾昌朝，贾昌朝又派人道歉并请他，最终还是不肯来，贾昌朝感叹说：“许我不过是个平民百姓，只因为无所求于人，尚且不能用权势压服，何况以道义为己任的人呢？”

### 299. 喻皓《木经》

营舍之法谓之《木经》，或云喻皓所撰。凡屋有三分去声，自梁以上为上分，地以上为中分，阶为下分。凡梁长几何，则配极几何以为榱等，如梁长八尺，配极三尺五寸则厅堂法也，此谓之“上分”。楹若干尺，则配堂基若干尺以为榱等，若楹一丈一尺，则阶基四尺五寸之类，以至承栱、榱桷皆有定法，谓之“中分”。阶级有峻、平、慢三等，宫中则以御辇为法，凡自下而登，前竿垂尽臂、后竿展尽臂为峻道，荷辇十二人，前二人曰前竿，次二人曰前绦，又次曰前胁；后二人曰后胁，又后曰后绦，末后曰后竿。辇前队长一人曰传唱，后一人曰报赛。前竿平肘、后竿平肩为慢道，前竿垂手、后竿平肩为平道，此之谓“下分”。其书三卷。近岁土木之工益为严善，旧《木经》多不用，未有人重为之，亦良工之一业也。

【译文】建造房屋方法的书叫《木经》，有人说是喻皓写的。凡房屋有三分读去声，从房梁以上是上分，地面以上是中分，台阶是下分。房梁长多少，相应地定屋脊高度多少来搭配，如房梁长八尺，配屋脊高度三尺五寸是厅堂的造法，这称为“上分”。柱子高若干尺，相应地定堂基高若干尺来搭配，如柱子高一丈一尺，阶基就应高四尺五寸等等，以至斗拱、椽条等都有固定的尺寸，称为“中分”。台阶有峻、平、慢三等，皇宫中以御辇作为标准，凡从下往上登阶，前竿垂直臂、后竿举直臂的是峻道，抬辇的十二个人，前面二个叫前竿，其后二个叫前绦，再后二个叫前胁；轿后二个叫后胁，其后的叫后绦，最后的叫后竿。辇前的队长一人叫传唱，后面一人叫报赛。前竿提到与肘平、后竿用肩抬的是慢道；前竿垂手、后竿用肩抬的是平道，称为“下分”。这部书有三卷。近年土木工程技术更加严密完善，旧《木经》大多不用了，还没有人重新编写，这也是优秀匠师们的一项任务。

## 300. 缀术

审方面势覆，量高深远近，算家谓之“軎术”。軎文象形，如绳木所用墨斗也。求星辰之行，步气朔消长，谓之“缀术”。谓不可以形察，但以算数缀之而已，北齐祖暅有《缀术》二卷。

【译文】了解方位和地形，测量高低和远近，数学家称为“軎术”。軎是个象形字，像在木头上画线用的墨斗。计算星辰的运行，推求节气朔望的变化，称为“缀术”。意思是说不能从外形考察，只能用数学方法补缀而已，北齐祖暅著有《缀术》二卷。

## 301. 隙积与会圆

算术求积尺之法，如刍萌、刍童、方池、冥谷、堑堵、鳖臑、圆锥、阳马之类，物形备矣，独未有隙积一术。古法，凡算方积之物，有立方，谓六幕皆方者，其法再自乘则得之。有堑堵，谓如土墙者，两边杀、两头齐，其法并上、下广折半以为之广，以直高乘之。又以直高为股，以上广减下广，余者半之为句，句股求弦以为斜高。有刍童，谓如覆斗者，四面皆杀，其法倍上长加入下长，以上广乘之，倍下长加入上长，以下广乘之，并二位以高乘之，六而一。

隙积者，谓积之有隙者，如累棋、层坛及酒家积罂之类，虽似覆斗四面皆杀，缘有刻缺及虚隙之处，用刍童法求之常失于数少。余思而得之，用刍童法为上位，下位别列下广，以上广减之，余者以高乘之，六而一，并入上位。假令积罂，最上行纵横各二罂，最下行各十二罂，行行相次。先以上行二相次，率至十二，当十一行也。以刍童法求之，倍上行长得四，并入下长得十六，以上广乘之得之三十二，又倍下行长得二十四，并入上长得二十六，以下广乘之得三百一十二，并二位得三百四十四，以高乘之得三千七百八十四。重列下广十二，以上广减之余十，以高乘之得一百一十，并入上位得三千八百九十四，六而一得六百四十九，此为罂数也。刍童求见实方之积，隙积求见合角不尽，益出羡积也。

履亩之法，方圆曲直尽矣，未有会圆之术。凡圆田，既能拆之，须使会之复圆，古法惟以中破圆法拆之，其失有及三倍者。余别为拆会之术，置圆田，径半之以为弦，又以半径减去所割数，余者为股，各自乘，以股减弦，余者开方为句，倍之为割田之直径，以所割之数自乘倍之，又以圆径除所得加入直径，为割田之弧。再割亦如之，减去已割之弧则再割之弧也。假令有圆田径十步，欲割二步，以半径为弦，五步自乘得二十五，又以半径减去所割二步，余三步为股，自乘得九，用减弦外有十六，开平方，除得四步为句，倍之为所割直径，以所割之数二步自乘为四，倍之得为八，退上一位为四尺，以圆径除，今圆径十已是盈数，无可除，只用四尺加入直径为所割之弧，凡得圆弧八步四尺也。再割亦依此法。如圆径二十步求弧数，则当折半，乃所谓以圆径除之。此二类皆造微之术，古书所不到者，漫志于此。

【译文】算术求体积的方法，如刍萌、刍童、方池、冥谷、堑堵、鳖臑、圆锥、阳马之类，形体具备，唯独没有隙积这种算法。古法，凡计算立体之物，有立方，指六个面都正方的物体，其算法是把边长自乘两次就可求得。有堑堵，指像土墙那样的物体，两面斜、两头平，其算法是用上、下底面宽度和的一半作为宽，乘以垂直高。或者以垂直高为股，用上底面宽减去下底面宽，所得差的一半为句，用句股法求出弦为斜高。有刍童，指像倒扣斗那样的物体，四个面都斜，其算法是把上底面长加倍再加下底面长，用上底面宽乘它，然后把下底面长加倍再加上底面长，用下底面宽乘它，把两个结果合并起来用高来乘，再除以六。

所谓隙积，指堆积起来有空隙的物体，如垒棋、层坛和酒店堆积酒坛之类，虽然像倒扣斗那样四个面都斜，由于有边缘残缺和中间空隙之处，用刍童算法计算往往比实际的少。我思考后找到其算法，用刍童算法得出的结果为上位，下位列出它的下底宽，减去上底宽，所得差用高来乘，再除以六，把所得并入上位。假设有堆积酒坛，最上层长宽各两只，最下层长宽各十二只，每层纵横各差一只。从最上层两只数起，数到十二只那层，正好十一层。用刍童算法计算，上层长加倍得四，加下层长得十六，用上层宽乘得三十二，又把下层长加倍得二十四，加上层长得二十六，用下层宽乘得三百十二，两项相加得三百四十四，用高来乘得三千七百八十四。另列下层宽十二，减去上层宽得十，用高来乘得一百十，加入上位得三千八百九十四，除以六得六百四十九，这就是酒坛数。用刍童法算出的是实方体积，隙积法求出的截剩边角，就是刍童法没有算进去的多余部分。

测量田亩的算法，方圆曲直都能求，却没有会圆的算法。凡是圆形的田，既能分开它，必须使它能合并复原，古法只用中分圆的方法拆分计算，误差可能达到三倍。我另作拆并算法，设有圆形土地，用半径作为弦，又从半径减去所割弧形田的高，所得差作为股，弦、股各自乘方，用弦的平方减去股的平方，所得差再开方作为句，然后加倍作为所割弧田的弦长，用所割弧田的高乘方再加倍，然后除以圆径所得商与弧田弦长相加，作为所割弧田的弧长。再割一块田算法也是如此，总弧长减去已割部分的弧长就得到再割田的弧长。假设有圆田直径十步，要求出高二步的弧长，就以半径为弦，五步自乘得二十五，再将半径减去弧高二步，剩下的三步作为股，自乘得九，两者相减得十六，开平方，得四步作为句，再加倍作为所割弧田的弦长，将所割弧形的高二步自乘得四，加倍得八步，退一位折合为四尺，除以圆径，现在圆径十已是整十数，不必除，只用四尺加上圆弧直径就是所割弧田的弧长，得弧长八步四尺。再割一块田也用这样的算法。如果圆径为二十步求所割弧田的弧长，就应当折半，再用圆径来除它。这两种都是精微的算法，古书上没有，随笔记在这里。

## 302. 蹙融

蹙融或谓之“蹙戎”，《汉书》谓之“格五”，虽止用数棋共行一道，亦有能否。徐德占善移，遂至无敌，其法以己常欲有余裕而致敌人于崄。虽知其术止是，然卒莫能胜之。

【译文】蹙融也称为“蹙戎”，《汉书》称为“格五”，虽只用几枚棋子共在一条棋路上移动，也有技艺高下之分。徐德占擅长移步，以至没有敌手，他的方法是使自己经常有余地而给对方造成险境。虽然知道他套路就这样，但是始终没人能胜他。

## 303. 为弓之法

余伯兄善射，自能为弓。其弓有六善，一者性体少而劲，二者和而有力，三者久射力不屈，四者寒暑力一，五者弦声清实，六者一张便正。

凡弓性体少则易张而寿，但患其不劲，欲其劲者妙在治筋。凡筋生长一尺，干则减半，以胶汤濡而梳之，复长一尺然后用，则筋力已尽，无复伸弛；又揉其材令仰，然后傅角与筋，此两法所以为筋也。

凡弓节短则和而虚虚谓挽过吻则无力。节长则健而柱，柱谓挽过吻则木强而不来。节谓把梢裨木，长则柱，短则虚。节若得中则和而有力，仍弦声清实。

凡弓初射与天寒则劲强而难挽，射久、天暑则弱而不胜矢，此胶之为病也。凡胶欲薄而筋力欲尽，强弱任筋而不任胶，此所以射久力不屈、寒暑力一也。弓所以为正者材也，相材之法视其理，其理不因矫揉而直，中绳则张而不跛。此弓人之所当知也。

【译文】我大哥擅长射箭，自己能造弓。他造的弓有六个优点，一是弓体轻巧而强劲，二是易开而有力，三是射久弓力不减弱，四是寒暑弓力一致，五是弦声清脆坚实，六是挂弦开弓不偏扭。

一般弓体轻巧则容易拉开且寿命长，就是怕弓力不强劲，要使弓力强劲的窍门在对筋的处理。凡是一尺长的生筋，干了就缩短一半，用胶汤浸泡并搓揉，重新伸长为一尺再使用，筋力已经发尽，不再伸长松弛；揉制弓材使之反向弯曲，然后缠角和筋，这两种方法是用来处理筋的。

一般弓节短则易开而力虚，虚是指弓开满就没有力量了。弓节长则难开而体柱，柱是指弓开满就木材僵硬而不随势。节是指弓把上的衬木，节长就会柱，节短就会虚。弓节如果适中则易开而有力，且弦声清脆坚实。

一般刚使用的新弓或在天冷时弓硬而难拉开，射久、天热时弓弱而不能发箭，这是胶造成的毛病。一般胶涂得薄则筋力能发挥，弓力的强弱靠筋而不靠胶，这就是射久弓力不减弱、寒暑弓力一致的原因。弓体之所以正取决于弓材，选择材料的方法是看它的纹路，纹路不是由于矫正变直，挂弦开弓就不偏扭。这些是造弓人应该知道的。

## 304. 棋局都数

小说，唐僧一行曾算棋局都数，凡若干局尽之。余尝思之，此固易耳，但数多非世间名数可能言之。今略举大数，凡方二路、用四子，可变八十一局；方三路、用九子，可变一万九千六百八十三局；方四路、用十六子，可变四千三百四万六千七百二十一局；方五路、用二十五子，可变八千四百七十二亿八千八百六十万九千四百四十三局；古法十万为亿、十亿为兆、万亿为秭，算家以万万为亿、万万亿为兆、万万兆为垓，今且以算家数计之。方六路、用三十六子，可变十五兆九十四万六千三百五十二亿九千六百九十九万九千一百二十一局；方七路以上，数多无名可纪，尽三百六十一路，大约连书“万”字四十三即是局之大数。“万”字四十三，最下“万”字即万局，第二是万万局，第三是万亿局，第四是一兆局，第五是万兆局，第六是万万兆，谓之一垓，第七是万垓局，第八是万万垓，第九是万亿垓。此外无名可纪，但四十三次万倍乘之即是都大数，零中数不与。

其法，初一路可变三局，一黑、一白、一空。自后不以横直，但增一子即三因之，凡三百六十一增皆三因之，即是都局数。又法，先计循边一行为法，凡十九路，得十一亿六千二百二十六万一千四百六十七局。凡加一行即以法累乘之，乘终十九行亦得上数。又法，以自法相乘得一百三十五兆八百五十一万七千一百七十六亿七千二百九十九万二千零八十九局。此是两行，凡三十八路变得此数也。下位副置之，以下乘上，又以下乘下，置为上位，又副置之，以下乘上，以下乘下，加一法亦得上数。有数法可求，唯此法最径捷，只六次乘便尽三百六十一路。千变万化不出此数，棋之局尽矣。

【译文】小说记载，唐代一行和尚曾计算围棋棋局总数，共若干局穷尽。我曾考虑过，这个问题其实容易，可是数字大得不是世上的数字所能表达。现在略举大数，棋盘二路见方、用四个子，可以变化八十一局；三路见方、用九个子，可以变化一万九千六百八十三局；四路见方、用十六个子，可以变化四千三百四万六千七百二十一局；五路见方、用二十五个子，可以变化八千四百七十二亿八千八百六十万九千四百四十三局；古法以十万为亿、十亿为兆、万亿为秭，算数家以万万为亿、万万亿为兆、万万兆为垓，现在姑且以算数家的方法来累计。六路见方、用三十六子，可变化十五兆九十四万六千三百五十二亿九千六百九十九万九千一百二十一局；七路见方以上，数目大得没有名称记下来，穷尽三百六十一路，大约连写四十三个“万”字就是变局的大数。四十三个“万”字，第一个“万”字是万局，第二个是万万局，第三个是万亿局，第四个是一兆局，第五个是万兆局，第六个是万万兆局，称为一垓，第七个是万垓局，第八个是万万垓局，第九个是万亿垓局，此外就没有名称可用，只是把万字乘四十三次所得就是总的大数，零头数字不算在内。

计算的方法是，第一路能变化三布局，或黑、或白、或空。以后不论横、直，只要增加一个位置就乘以三，增加三百六十一次都乘以三，就是棋局的总数。另一种算法，先算边上一行的局数为基数，一行十九路，得十一亿六千二百二十六万一千四百六十七局。每加一行就用基数乘一次，乘满十九行也得出上述总数。还有一种算法，先用基数自乘，得一百三十五兆八百五十一万七千一百七十六亿七千二百九十九万二千零八十九局，这是两行共三十八路变得此数。把它作为乘数，自乘一次，再乘上一次，再把得数作为乘数，自乘一次，再乘上一次，然后乘一次基数也得出上述总数。有几种方法能计算，只有这种方法最快捷，只乘六次就穷尽三百六十一路总数。千变万化不出此数，棋局总数穷尽了。

## 305. 弹棋

《西京杂记》云：“汉成帝好蹴踘，以蹴踘为劳，求相类而不劳者，遂为弹棋之戏。”余观弹棋绝不类蹴踘，颇与击踘相近，疑是传写误耳。唐薛嵩好蹴踘，刘钢劝止之曰：“为乐甚众，何必乘危邀顷刻之欢？”此亦击踘，《唐书》误述为蹴踘。弹棋今人罕为之，有谱一卷，盖唐人所为。其局方二尺，中心高，如覆盂，其巅为小壶，四角微隆起。今大名开元寺佛殿上有一石局，亦唐时物也。李商隐诗曰“玉作弹棋局，中心亦不平”，谓其中高也。白乐天诗“弹棋局上事，最妙是长斜”，“长斜”谓抹角斜弹，一发过半局，今谱中具有此法。柳子厚《序棋》用二十四棋者，即此戏也。《汉书》注云：“两人对局，白、黑子各六枚。”与子厚所记小异。如弈棋，古局用十七道，合二百八十九道，黑、白棋各百五十，亦与后世法不同。

【译文】《西京杂记》说：“汉成帝喜好蹴踘，认为蹴踘劳累，寻找类似蹴踘而不劳累的游戏，于是发明弹棋。”我看弹棋绝对不同于蹴踘，有点和击踘相似，怀疑传抄时出错。唐代薛嵩喜好蹴踘，刘钢劝阻他说：“取乐的游戏很多，何必冒险去求得片刻的欢乐呢？”这也是击踘，《唐书》就错写成蹴踘。弹棋现在人很少玩，有棋谱一卷，大概是唐代人所编。弹棋的棋盘二尺见方，当中高，像倒扣的盆，顶点是一个小壶，四角稍微高起。现在大名府开元寺佛殿上有一个石棋盘，也是唐代的东西。李商隐诗说“玉作弹棋局，中心亦不平”，是指棋盘当中高。白居易诗说“弹棋局上事，最妙是长斜”，“长斜”是指贴边角斜弹，一发过半局，现在棋谱中有这种方法。柳宗元《叙棋》说用二十四枚棋子，就是这种游戏。《汉书》注说：“两个人对局，白、黑棋子各六枚。”和柳宗元所记略有不同。就像下围棋，古局用十七路，共二百八十九路，黑、白棋子各一百五十枚，也和后代的规制不同。

## 306. 增成法

算术多门，如求一、上驱、搭因、重因之类皆不离乘除，唯增成一法稍异，其术都不用乘除，但补亏就盈而已。假如欲九除者增一便是，八除者增二便是，但一位一因之。若位数少则颇简捷，位数多则愈繁，不若乘除之有常。然算术不患多学，见简即用，见繁即变，不胶一法乃为通术也。

【译文】算法种类多，如求一、上驱、搭因、重因之类都不离乘除演算，只有增乘一法稍有不同，其演算全都不用乘除，只要补缺去余就行了。假如被九除只要在下一位加上该数本身，被八除只要在下一位加该数两次就成了，但必须每一位算一次。如果位数少颇为简捷，位数多算起来更繁，不如乘除法有常规。然而算法不怕多学，见方法简便就采用，方法繁琐就改变，不拘泥一种方法才是一般原则。

## 307. 毕昇活板

板印书籍唐人尚未盛为之，自冯瀛王始印五经，已后典籍皆为板本。庆历中，有布衣毕昇又为活板。其法用胶泥刻字，薄如钱唇，每字为一印，火烧令坚。先设一铁板，其上以松脂、腊和纸灰之类冒之，欲印则以一铁范置铁板上，乃密布字印，满铁范为一板，持就火炀之，药稍镕，则以一平板按其面，则字平如砥。若止印三、二本未为简易，若印数十百千本则极为神速。常作二铁板，一板印刷，一板已自布字，此印者才毕则第二板已具，更互用之，瞬息可就。每一字皆有数印，如“之”、“也”等字每字有二十余印，以备一板内有重复者。不用则以纸贴之，每韵为一贴，木格贮之。有奇字素无备者，旋刻之，以草火烧，瞬息可成。不以木为之者，木理有疏密，沾水则高下不平，兼与药相粘，不可取，不若燔土，用讫再火令药镕，以手拂之其印自落，殊不沾污。昇死，其印为余群从所得，至今宝藏。

【译文】雕板印书唐代人还没有广泛运用，自从五代冯道开始印五经，以后的典籍都是板印本。庆历年间，有个平民毕昇又采用活字板。他的方法是用胶泥刻字，笔画粗细像铜钱边缘那样，每个字做成一个印，用火烧使它坚硬。先放置一块铁板，上面用松脂、蜡和纸灰之类的东西覆盖，要印书时就把一个铁框子放在铁板上，密排字印，排满了一铁框就是一板，拿到火上烤，等覆盖的药料逐渐熔化时，用一块平板按字面，这样字印平整如同磨石。如果只印两三本不显得简便，如果印数十本以至千百本书就极为神速。一般准备两块铁板，一块板在印刷，另一块板已经在排字，第一块刚印完时第二块板已准备好了，交替着使用，很快就能完成。每个字都有几个印，像“之”、“也”等字每个有二十多个印，以备同一板里有重复的字。不用时就用纸标签贴上，每一个韵的字作为一贴，用木格子贮存起来。遇到特殊字平常没有置备的，当场刻制，临时架火烧烤，瞬息可成。之所以不用木材制作，因为木的纹理有疏密，沾水后会高低不平，而且与药料相粘，取不下来，不像烧泥字印，用完后再用火烤使药料熔化，用手拂去字印自己就会脱落，一点不沾药料。毕昇死后，他的字印被我的子侄们得到，到现在仍珍贵收藏着。

## 308. 卫朴历术

淮南人卫朴精于历术，一行之流也。《春秋》日蚀三十六，诸历通验，密者不过得二十六、七，唯一行得二十九，朴乃得三十五，唯庄公十八年一蚀，今古算皆不入蚀法，疑前史误耳。自夏仲康五年癸巳岁至熙宁六年癸丑凡三千二百一年，书传所载日蚀凡四百七十五，众历考验虽各有得失，而朴所得为多。朴能不用算推古今日月蚀，但口诵乘除，不差一算。凡大历悉是算数，令人就耳一读即能暗诵，旁通历则纵横诵之。尝令人写历书，写讫令附耳读之，有差一算者，读至其处则曰“此误某字”，其精如此。大乘除皆不下照位，运筹如飞，人眼不能逐。人有故移其一算者，朴自上至下手循一遍，至移算处则拨正而去。熙宁中撰《奉元历》，以无候簿未能尽其术，自言得六七而已，然已密于他历。

【译文】淮南人卫朴精通历术，唐代一行那样的人物。《春秋》日蚀三十六次，各种历法逐一验证，精密的也不过推得二十六、七次，唯有一行推得二十九次，卫朴却推得三十五次，只有鲁庄公十八年那次日蚀，古今推算方法都算不出日蚀，可能是前代史书记错了。从夏朝仲康五年癸巳岁到熙宁年六年癸丑岁共三千二百零一年，文献记载的日蚀共四百七十五次，各种历法考验虽然各有得失，以卫朴推得的为多。卫朴能不用算筹推算古今日月蚀，只靠口念乘除运算，不会错一个数字。凡著名历法验证过的数据，让人在耳边读一遍就能背诵，历表能纵横诵读。他曾叫人抄写历书，写完让人在耳边读给他听，如果错了一个数字，念到那里就说“这里某字错了”，他竟精通到如此程度。大数字乘除运算都不用定位，算筹移动得飞快，旁人的眼睛也跟不上。有人故意移动他一处算筹，卫朴从上到下用手摸一遍，到移动算筹的地方随即拨正而过。熙宁年间编纂《奉元历》，因为缺乏观测记录没能充分发挥才能，他自己说准确度不过六七成而已，然而已经精密于其他历法了。

## 309. 艾灼之壮

医用艾一灼谓之“一壮”者，以壮人为法。其言若干壮，壮人当依此数，老幼羸弱量力减之。

【译文】治疗用艾灸一柱称为“一壮”，是以健壮人为标准。说某种症状灸多少壮，健壮人应当按这个数，老幼弱差者则要酌情减少。

## 310. 分曹围棋

四人分曹共围棋者，有术可令必胜，以我曹不能者立于彼曹能者之上，令但求急，先攻其必应，则彼曹能者为其所制，不暇恤局，则常以我曹能者当彼不能者。此虞卿斗马术也。

【译文】四个人分两方一起弈棋，有办法能使我方必定取胜，把我方较差的人安排在对方高手之前，只须落子快，先手攻击对方必须应对的地方，那么对方高手被我方较差的人所牵制住，没时间照应全局，这样就能以我方高手对付对方较差的人。这是战国时虞卿的斗马术。

## 311. 西戎羊卜

西戎用羊卜，谓之“跋焦”，卜师谓之“厮乱”必定反。以艾灼羊髀骨，视其兆，谓之“死跋焦”。其法，兆之上为神明，近脊处为坐位，坐位者主位也，近旁处为客位。盖西戎之俗，所居正寝常留中一间以奉鬼神，不敢居之，谓之神明，主人乃坐其旁，以此占主客胜负。又有先咒粟以食羊，羊食其粟则自摇其首，乃杀羊视其五藏，谓之“生跋焦”。其言极有验，委细之事皆能言之，生跋焦土人尤神之。

【译文】西戎用羊占卜吉凶，称为“跋焦”，占卜师称为“厮乱”读必定反。用艾烧灼羊的大腿骨，看它的裂纹，称为“死跋焦”。其方法是，裂纹上端是神灵，靠近脊椎的地方是坐位，坐位是主位，靠近边缘的地方是客位。西戎的习俗，居室的正房常留出当中一间奉祀鬼神，人不敢居住，称为神明，主人就坐在它旁边，以此占卜主客方的胜负。又有用念过咒的谷物喂羊，羊吃了这种谷物就自己摇头，于是杀了羊看它的五脏，称为“生跋焦”。占卜师讲的话极灵验，琐碎细小的地方都能说出来，当地人对生跋焦尤其信奉。

## 312. 梵天寺木塔

钱氏据两浙时，于杭州梵天寺建一木塔，方两三级，钱帅登之，患其塔动，匠师云：“未布瓦，上轻，故如此。”乃以瓦布之而动如初，无可奈何，密使其妻见喻皓之妻，赂以金钗，问塔动之因，皓笑曰：“此易耳，但逐层布板讫，便实钉之则不动矣。”匠师如其言，塔遂定。盖钉板上下弥束，六幕相联如胠箧，人履其板，六幕相持，自不能动。人皆伏其精练。

【译文】钱氏割据两浙时，在杭州梵天寺修建一座木塔，才建两三层，钱帅登塔，嫌它摇晃，工匠说：“没有铺瓦，上面轻，所以才这样。”把瓦铺上后塔的摇晃和原来一样，工匠无可奈何，悄悄让自己妻子去见喻皓的妻子，送她金首饰，请教塔摇晃的原因，喻皓笑着说：“这个容易，只要逐层铺完木板，把板钉住就不摇晃了。”工匠照喻皓的说法去做，塔就稳定了。因为钉住木板上下充实约束，六面相联结如同箱子，人踩在楼板上，六面互相支撑，自然不会摇晃。人们都佩服喻皓的精练。

## 313. 毛类主五藏各异

医者所论人须发眉虽皆毛类，而所主五藏各异，故有老而须白眉发不白者，或发白而须眉不白者，藏气有所偏故也。大率发属于心，禀火气，故上生；须属肾，禀水气，故下生；眉属肝，禀木气，故侧生。男子肾气外行，上为须，下为势，故女子、宦人无势则亦无须，而眉发无异于男子，则知不属肾也。

【译文】医家认为人的须发眉毛虽然都是毛发，但从属的五脏不同，所以有年老而须发眉毛不白的，或者头发白而胡须眉毛不白的，这是五脏之气不一致的缘故。大体头发从属心脏，禀受火气，所以向上生长；胡须从属肾脏，禀受水气，所以往下生长；眉毛从属肝脏，禀受木气，所以旁侧生长。男子肾气向外发散，上表现为胡须，下表现为阳具，所以女性、宦官既无阳具也无胡须，但眉毛和头发与男子没有两样，由此可知它们不从属肾脏。

## 314. 医不可恃书为用

医之为术，苟非得之于心而恃书以为用者，未见能臻其妙。如朮能动钟乳，按《乳石论》曰“服钟乳当终身忌朮”，五石诸散用钟乳为主，复用朮，理极相反，不知何谓，余以问老医，皆莫能言其义。按《乳石论》云：“石性虽温而体本沉重，必待其相蒸薄然后发。”如此，则服石多者势自能相蒸，若更以药触之其发必甚，五石散杂以众药，用石殊少，势不能蒸，须藉外物激之令发耳。如火少必因风气所鼓而后发，火盛则鼓之反为害，此自然之理也。故孙思邈云：“五石散大猛毒。宁食野葛，不服五石。遇此方即须焚之，勿为含生之害。”又曰：“人不服石，庶事不佳；石在身中，万事休泰。唯不可服五石散。”盖以五石散聚其所恶，激而用之，其发暴故也。古人处方大体如此，非此书所能尽也，况方书仍多伪杂，如《神农本草》最为旧书，其间差误尤多，医不可以不知也。

【译文】医作为技艺，如果不是心领神会而单凭书本知识套用，不能达到神妙境界。如白朮能激发钟乳石，据《乳石论》说“服钟乳石应当终生忌白朮”，五石散一类的药物用钟乳石作主药，又用白朮，药理完全相反，不知道怎么解释，我以此请教老医生，都不能说出其中的道理。按《乳石论》说：“钟乳石药性虽温和而本体沉重，一定要等它互相作用才能发挥药性。”这样，服钟乳石多的势必自己能起作用，如果再用别的药激发则药性发挥必然加快，五石散配有各种药物，用钟乳石很少，势必不能互相作用，必须借助另外的药物激发使它发挥。如同火势小时必须靠风鼓才能旺，火旺时鼓风反而有害，这是自然的道理。所以孙思邈说：“五石散毒性猛烈。宁吃野葛，不服五石散。碰到五石散方子马上要烧掉，免得成为人的危害。”又说：“人不服用钟乳石，各种功能受影响；石钟乳在身体里，做什么都舒泰安宁。只是不可服五石散。”大概因为五石散聚集了有毒性的药物，用药去激发，药性发挥更猛烈的缘故。古人处方大体如此，不是这里所能说完的，况且医书还多有假冒混杂，像《神农本草经》是最古老的典籍，其中错误尤其多，做医生的不能不知道。

## 315. 芎䓖与苦参

余一族子旧服芎䓖，医郑叔熊见之云：“芎䓖不可久服，多令人暴死。”后族子果无疾而卒。又余姻家朝士张子通之妻因病脑风，服芎䓖甚久，亦一旦暴亡，皆余目见者。又余尝苦腰重，久坐则旅拒十余步然后能行，有一将佐见余曰：“得无用苦参洁齿否？”余时以病齿用苦参数年矣，曰：“此病由也。苦参入齿，其气伤肾，能使人腰重。”后有太常少卿舒昭亮用苦参揩齿，岁久亦病腰。自后悉不用苦参，腰疾皆愈。此皆方书旧不载者。

【译文】我的一个同族晚辈常服用川芎，医生郑叔熊见到说：“川芎不可久服，容易使人突然死亡。”后来这个同族晚辈果然无病而死。我的亲家朝官张子通的妻子因患脑痛风，服川芎很久，也一下子突然去世，都是我亲眼看到的。我曾苦于腰部沉重，坐久了要艰难挪十几步才能行走。有个将官见我这样说：“你是否用苦参洁齿了？”我当时因为患牙痛用苦参已几年了，他说：“这正是病因。苦参进入牙齿，其药性伤肾，会使人腰部沉重。”后来太常寺少卿舒昭亮用苦参擦牙，时间久了也得了腰病。从此之后我们都不用苦参，腰病都好了。这些都是医书从不记载的。

## 316. 临帖之法

世之摹字者，多为笔势牵制，失其旧迹。须当横摹之，泛然不问其点画，惟旧迹是循，然后尽其妙也。

【译文】世上临摹字的人，大多被笔势束缚，失去了本来的风貌。应当把字横过来临摹，不把注意力放在点画上，只遵循字的本来风貌，才能掌握它的妙处。

## 317. 散笔作书

古人以散笔作隶书，谓之“散隶”。近岁蔡君谟又以散笔作草书，谓之“散草”，或曰“飞草”。其法皆生于飞白，亦自成一家。

【译文】古人用散笔写隶书，称为“散隶”。近年蔡君谟又用散笔写草书，称为“散草”，也称为“飞草”。这些笔法都衍自飞白，也自成一家。

## 318. 泻肝救脾

四明僧奉真，良医也。天章阁待制许元为江淮发运使，奏课于京师，方欲入对而其子疾亟，瞑而不食，惙惙欲死逾宿矣，使奉真视之，曰：“脾已绝，不可治，死在明日。”元曰：“观其疾势，固知其不可救，今方有事须陛对，能延数日之期否？”奉真曰：“如此似可。诸脏皆已衰，唯肝脏独过，脾为肝所胜，其气先绝，一脏绝则死。若急泻肝气，令肝气衰则脾少缓，可延三日，过此无术也。”乃投药，至晚乃能张目，稍稍复啜粥，明日渐苏而能食，元甚喜，奉真笑曰：“此不足喜，肝气暂舒耳，无能为也。”后三日果卒。

【译文】四明和尚奉真，是良医。天章阁待制许元任江淮发运使，回京汇报公务，正要准备进宫奏对而儿子病危，闭着眼睛不吃东西，奄奄一息已经一夜了，请奉真来诊治，奉真说：“脾已丧失功能，不能治了，死期将在明天。”许元说：“看他的病势，自然知道不能救了，现在正赶上我有事必须奏对，能否延长几天期限？”奉真说：“这似乎有可能。他的各脏器功能都已衰竭，唯独肝脏旺盛，脾脏被肝脏所克，脾气先丧失，一脏丧失功能就要死亡。如果马上泻泄肝气，使肝气衰减则脾稍得缓解，能延长三天，以后就没有办法了。”于是下药，到晚上病人就能睁开眼睛，又略微吃了点粥，第二天渐渐苏醒而且能吃饭，许元很高兴，奉真笑着说；“这不值得高兴，是肝气减弱而暂时缓解，解决不了问题的。”过了三天许元的儿子果然死了。

# 梦溪笔谈卷十九

## 器 用

### 319. 礼图未可为据

礼书所载黄彝，乃画人目为饰，谓之“黄目”。余游关中得古铜黄彝，殊不然，其刻画甚繁，大体似缪篆，又如阑盾间所画回波曲水之文，中间有二目如大弹丸，突起煌煌然，所谓黄目也，视其文，仿佛有牙角口吻之象。或谓黄目乃自是一物。又余昔年在姑熟王敦城下土中得一铜钲，刻其底曰“诸葛士全茖鸣钲”，“茖”即古落字也，此部落之“落”，士全，部将名耳。钲中间铸一物，有角，羊头，其身亦如篆文，如今时术士所画符，旁有两字，乃大篆“飞廉”字，篆文亦古怪，则钲间所图盖飞廉也。飞廉，神兽之名。淮南转运使韩持正亦有一钲，所图飞廉及篆字与此亦同，以此验之，则黄目疑亦是一物。飞廉之类，其形状如字非字，如画非画，恐古人别有深理。大抵先王之器皆不苟为，昔夏后铸鼎以知神奸，殆亦此类，恨未能深究其理，必有所谓。或曰礼图樽彝皆以木为之，未闻用铜者。此亦未可质，如今人得古铜樽者极多，安得言无？如礼图瓮以瓦为之，《左传》却有瑶瓮；律以竹为之，晋时舜祠下乃发得玉律。此亦无常法，如蒲谷璧，礼图悉作草稼之象，今世人发古冢得蒲璧，乃刻文蓬蓬如蒲花敷时，谷璧如粟粒耳，则礼图亦未可为据。

【译文】礼书所记载的黄彝，画人的眼睛为装饰，称为“黄目”。我游历关中得到古代铜黄彝，完全不一样，它的纹饰很繁缛，大体上像缪篆字体，又像栏杆上所画回旋曲折的水纹，中间有二只眼睛像大弹丸，明显突起，即所谓的黄目，看它的花纹，仿佛有牙角口吻的形象。有人认为黄目另是一种东西。我往年在姑熟王敦城址的土中得到一件铜钲，底部刻有“诸葛士全茖鸣钲”，“茖”就是古文落字，这是部落的“落”，诸葛士全，是部将的名字。钲中间铸有动物，有角，羊头，它的身上花纹也像篆字，类似现在道士所画的符，边上有两个字，是大篆体的“飞廉”，篆字较古怪，看来钲中间的形象是飞廉。飞廉，是神兽的名字。淮南转运使韩持正也有一件钲，所铸的飞廉形象和篆字和我的相同，由此证明，黄目可能也是一种动物。飞廉这类图案，它的形状像字不是字，像画不是画，恐怕古人别有深意。大致上古的器物都不是随便做的，过去夏王铸鼎使人们识别鬼神，大概也属此类，遗憾的是不能深究其中的道理，必有其涵义。有人说礼图所载樽、彝等都是用木制作，没有听说用铜。这种说法也不可信，现在人们发现古铜樽的很多，怎么能说没有呢？如礼图所载瓮用陶制作，但《左传》中却有瑶瓮；律管用竹制作，晋代舜祠下曾出土过玉律管，这也没有一定之规。如蒲谷璧，礼图所载纹饰都是草和禾稼的形象，现在人发掘古墓得到蒲璧，所刻纹饰蓬蓬松松像蒲花盛开，谷璧的纹饰像粟粒，那么礼图也不能作为依据。

## 320. 云雷之象

礼书言罍画云雷之象，然莫知雷作何状。今祭器中画雷，有作鬼神伐鼓之象，此甚不经。余尝得一古铜罍，环其腹皆有画，正如人间屋梁所画曲水，细观之乃是云雷相间为饰。如ᘏ者，古云字也，象云气之形；如◎者，雷字也，古文@为雷，象回旋之声。其铜罍之饰，皆一ᘏ一◎相间，乃所谓云雷之象也。今《汉书》罍字作“櫑”，盖古人以此饰罍，后世自失传耳。

【译文】礼书说罍上刻划云雷形象，但不知道雷画成什么样子。现在祭器中画雷，有画成鬼神敲鼓的样子，这很荒诞。我曾得到一件古铜罍，整个腹部都有纹饰，正如人们屋梁上所画的曲折水纹，仔细观察乃是云雷相间的纹饰。像ᘏ形的，是古代的云字，像云气的形状；像◎形的，是古代的雷字，古文@为雷，象回旋的声音。铜罍上的纹饰，都是一ᘏ一◎相间，这就是所谓的云雷形象。现在《汉书》的罍字写成“櫑”，因为古人用这个形象装饰罍，后代失传了。

## 321. 吴钩

唐人诗多有言吴钩者，吴钩，刀名也，刃弯。今南蛮用之，谓之“葛党刀”。

【译文】唐代人诗常有称“吴钩”的，吴钩，刀名，刀口弯。现在南方各族用这种刀，称为“葛党刀”。

## 322. 矢服纳声

古法以牛革为矢服，卧则以为枕。取其中虚，附地枕之，数里内有人马声则皆闻之，盖虚能纳声也。

【译文】古法用牛皮做箭袋，睡觉时当枕头。利用它中间空虚，放在地上枕着，几里内有人马声都能听见，因为空虚能接纳声音。

## 323. 郓州弩机

郓州发地得一铜弩机，甚大，制作极工，其侧有刻文曰“臂师虞士，牙师张柔”，史传无此色目人，不知何代物也。

【译文】郓州掘地得到一架铜弩机，很大，制作非常精致，旁侧刻有文字说“臂师虞士，牙师张柔”，历史记载没有这样名目的人，不知道是哪个朝代的东西。

## 324. 神臂弓

熙宁中李定献偏架弩，似弓而施干镫，以镫距地而张之，射三百步，能洞重札，谓之“神臂弓”，最为利器。李定本党项羌酋，自投归朝廷，官至防团而死，诸子皆以骁勇雄于西边。

【译文】熙宁年间李定进献偏架弩，像弓而装有干蹬，把蹬踩在地上张开弓，能射三百步，可以穿透几层铠甲，称为“神臂弓”，是很厉害的武器。李定本是党项族头领，自动归附朝廷，官职做到防御使、团练使，几个儿子都以勇敢善战称雄西部边疆。

## 325. 沈卢鱼肠

古剑有沈卢、鱼肠之名沈音湛。沈卢谓其湛湛然黑色也，古人以剂钢为刃，柔铁为茎干，不而则多断折，剑之钢者刃多毁缺，巨阙是也，故不可纯用剂钢。鱼肠即今蟠钢剑也，又谓之松文，取诸鱼燔熟，褫去胁视见其肠，正如今之蟠钢剑文也。

【译文】古代宝剑沈卢、鱼肠的名称沈读音湛。沈卢是指剑有深黑色的光泽。古代人用剂钢做剑刃，柔铁做剑身，不然就容易折断，但剑若坚硬刃容易缺口，巨阙就是这样，所以不能全用剂钢。鱼肠就是现在的蟠钢剑，又称为松文剑，把鱼烧熟，除去胁骨看到鱼的肠子，就像现在蟠钢剑的花纹一样。

## 326. 汉朱鲔墓

济州金乡县发一古冢，乃汉大司徒朱鲔墓，石壁皆刻人物、祭器、乐架之类。人之衣冠多品，有如今之幞头者，巾额皆方，悉如今制，但无脚耳。妇人亦有如今之垂肩冠者，如近年所服角冠，两翼抱面，下垂及肩，略无小异。人情不相远，千余年前冠服已尝如此，其祭器亦有类今之食器者。

【译文】济州金乡县发掘一处古墓，是汉代大司徒朱鲔墓，墓壁都刻着人物、祭器、乐架之类的图像。人穿戴的衣冠式样很多，有像现在幞头的，巾额都是方形，完全像现在的式样，只是没有幞脚。妇女也戴有像现在垂肩冠的，类似近些年所戴的角冠，鬓角延伸到脸部，头发下垂到肩头，毫无差别。人情差别不远，一千多年前的冠服已经如此，祭器也有类似现在饮食器皿的。

## 327. 古鉴巧智

古人铸鉴，鉴大则平，鉴小则凸。凡鉴洼则照人面大，凸则照人面小，小鉴不能全观人面，故令微凸，收人面令小，则鉴虽小而能全纳人面，仍复量鉴之小大增损高下，常令人面与鉴大小相若。此工之巧智，后人不能造，比得古鉴皆刮磨令平，此师旷所以伤知音也。

【译文】古人铸镜，镜大就平，镜小就凸。凡镜面凹照见人脸大，面凸就照见人脸小，小镜不能全部看到人脸，所以让它稍凸一点，把人脸缩小些，这样镜虽小却能全部收纳人脸，并根据镜的大小来增减凹凸程度，总使照出来脸形与镜的大小相当。这是工匠的技巧智慧，后人不能这样做，有人得到古镜都把它刮磨成平的，这是师旷之所以感叹知音的缘故。

## 328. 肺石

长安故宫阙前有唐肺石尚在，其制如佛寺所击响石而甚大，可长八九尺，形如垂肺，亦有款志，但漫剥不可读。按秋官大司寇“以肺石达穷民”，原其义，乃伸冤者击之，立其下，然后士听其辞，如今之挝登闻鼓也。所以肺形者便于垂，又肺主声，声所以达其冤也。

【译文】长安旧宫殿前有唐代肺石还在，其形状像佛寺所敲的石磬但大得多，长约有八九尺，样子像挂着的肺，也有铸刻文字，但浸蚀剥落不能识读。按秋官大司寇“以肺石达穷民”，推究其涵义，是伸冤的人敲击它，站在它下面，然后官员来听取伸诉，就像现在敲登闻鼓。之所以做成肺的形状是便于垂挂，另外肺主导声音，声音用来表达其冤屈。

## 329. 顺天得壹钱

熙宁中尝发地得大钱三十余千文，皆“顺天”、“得壹”，当时在庭皆疑古无“得壹”年号，莫知何代物。余按《唐书》，史思明僭号，铸“顺天”、“得壹”钱，“顺天”乃其伪年号，“得壹”特以名铸钱耳，非年号也。

【译文】熙宁年间曾经从地下挖出大钱三十余千文，都铸有“顺天”、“得壹”字样，当时在场的人都怀疑古带没有“得壹”年号，不知是什么朝代的东西。我查检《新唐书》，史思明僭称皇帝，铸造“顺天”、“得壹”钱，“顺天”是他的伪年号，“得壹”是特地用来命名铸钱的，不是年号。

## 330. 透光鉴

世有透光鉴，鉴背有铭文凡二十字，字极古，莫能读，以鉴承日光，则背文及二十字皆透在屋壁上，了了分明。人有原其理，以谓铸时薄处先冷，唯背文上差厚，后冷而铜缩多，文虽在背，而鉴面隐然有迹，所以于光中现。余观之，理诚如是。然余家有三鉴，又见他家所藏，皆是一样，文画铭字无纤异者，形制甚古，唯此一样光透，其他鉴虽至薄者皆莫能透，意古人别自有术。

【译文】世上有透光镜，镜背面有铭文共二十字，字体极古，不能识读，用镜接受日光，则背面花纹和二十个字都透射在屋壁上，清清楚楚。有人探究其原理，认为铸造时薄的地方先冷却，只有背面的纹饰处较厚，所以冷却得慢而铜收缩多，纹饰虽然在背面，但镜面上隐隐约约有痕迹，所以在光中显现。我看了此镜，原理确实如此。然而我家有三面镜子，又见到别家所藏，都是一个式样，花纹铭文没有丝毫不同，形制很古老，只有这一种能透光，别的镜即使很薄都不能透光，想来古人另有独特技术。

## 331. 弩机望山

余顷年在海州，人家穿地得一弩机，其望山甚长，望山之侧为小矩，如尺之有分寸。原其意，以目注镞端，以望山之度拟之，准其高下，正用算家句股法也。《太甲》曰“往省括于度则释”，疑此乃度也。汉陈王宠善弩射，十发十中，中皆同处，其法以“天覆地载，参连为奇，三微三小，三微为经，三小为纬，要在机牙”。其言隐晦难晓，大意“天覆地载”，前后手势耳；“参连为奇”谓以度视镞、以镞视的，参连如衡，此正是句股度高深之术也；三经、三纬则设之于堋，以志其高下左右耳。余尝设三经、三纬，以镞注之发矢，亦十得七八，设度于机定加密矣。

【译文】我近年在海州，有人家挖地得到一架弩机，它的望山很长，望山的旁边有小标尺，像尺子那样有分寸。推测其用意，是用眼睛注视箭端，用望山的刻度与它对齐，确定发射的准头，这正是算家的勾股法。《尚书·太甲》说“看清箭在刻度上才发射”，可能这东西就是度。东汉陈王刘宠擅射弩箭，十发十中，中的都在同一个地方，他的方法是“天覆地载，参连为奇，三微三小，三微为经，三小为纬，要在机牙”。这些话隐晦难懂，大意是“天覆地载”，指发射前后的手势；“参连为奇”指刻度对准箭头、箭头对准目标，三点连成一线，这正是勾股测量高低的方法；三经、三纬是划在箭靶上线，用来标明靶心的上下左右。我曾在靶上划三经、三纬，用箭头瞄准发射，也能十中七八，如果在弩机上设置刻度肯定会更准。

## 332. 新莽铜匜

余于关中得一铜匜，其背有刻文二十字，曰“律斤衡兰注水匜，容一升，始建国元年正月癸酉造”，皆小篆。“律斤”当是官名，《王莽传》中不载。

【译文】我在关中得到一只铜匜，其背面铭文二十个字，说“律斤衡兰注水匜，容一升，始建国元年正月癸酉造”，都是小篆。“律斤”当是官名，《汉书·王莽传》中没有记载。

## 333. 瘊子甲

青堂羌善锻甲，铁色青黑莹彻，可鉴毛发，以麝皮为綇旅之，柔薄而韧。镇戎军有一铁甲，椟藏之，相传以为宝器，韩魏公帅泾原曾取试之，去之五十步，强弩射之不能入，尝有一矢贯札，乃是中其钻空，为钻空所刮，铁皆反卷，其坚如此。凡锻甲之法，其始甚厚，不用火，冷锻之，比元厚三分减二乃成，其末留筋头许不锻，隐然如瘊子，欲以验未锻时厚薄，如浚河留土笋也，谓之“瘊子甲”。今人多于甲札之背隐起，伪为瘊子，虽置瘊子，但元非精钢，或以火锻为之，皆无补于用，徒为外饰而已。

【译文】青堂羌人擅长锻造铁甲，甲片色泽青黑光亮，能照见毛发，用麝皮带编联起来，柔薄而且坚韧。镇戎军有一副铁甲，用匣子贮藏着，都以为珍稀之物，韩琦任泾原路长官时曾拿出来测试，距离五十步，用强弓射击射不进，曾有一支箭穿过甲片，那是射中甲片上的孔，箭头被孔边所刮，铁都翻卷起来，其坚硬如此。锻造铁甲的方法，开始时甲片很厚，不用火加热，直接锻打，直到比原来厚度减去三分之二即成，甲片末端留下筷子头大小的地方不锻，凸起来如同瘊块，用来表示未锻时的甲片厚度，好像挖河时留下来的土桩，称为“瘊子甲”。现在人们往往在甲片背上弄个鼓包，假装成瘊块，虽然有瘊块，但本不是好钢，或是用火加热锻打的，都无益于实用，只是作为外表装饰而已。

## 334. 前朝玉钗

朝士黄秉少居长安，游骊山，值道士理故宫石渠，石下得折玉钗，刻为凤首，已皆破缺，然制作精巧，后人不能为也。郑嵎《津阳门》诗曰：“破簪碎钿不足拾，金沟浅溜和缨緌。”非虚语也。余又尝过金陵，人有发六朝陵寝，得古物甚多，余曾见一玉臂钗，两头施转关，可以屈伸，合之令圆，仅于无缝，为九龙绕之，功侔鬼神。世多谓前古民醇，工作率多卤拙，是大不然。古物至巧，正由民醇故也，民醇则百工不苟。后世风俗虽侈，而工之致力不及古人，故物多不精。

【译文】朝官黄秉年轻时住在长安，去骊山游玩，遇上道士修理宫殿故址的石渠，在石下得到折断的玉钗，钗头刻成凤凰形，都已破损，但制作精巧，后代人做不出。郑嵎《津阳门》诗说："破簪碎钿不足拾，金沟浅溜和缨緌。"说的不是空话。我又曾到过金陵，有人挖掘六朝陵墓，得到古器物很多，我曾见到一件玉臂钗，两头有铰链，可以弯曲伸直，合上成为圆形，几乎没有缝，有九龙纹环绕，巧夺天工。人们都说古代民风淳朴，做功大多比较粗拙，完全不是如此。古器物非常精巧，正由于民风淳朴的缘故，民风淳朴则工匠们不马虎。后代风俗虽然奢华，但制做上用的工夫不及古人，所以器物大多不精美。

## 335. 藻井

屋上覆橑，古人谓之"绮井"，亦曰"藻井"，又谓之"覆海"。今令文中谓之"斗八"，吴人谓之"罳顶"，唯宫室、祠观为之。

【译文】天花板上的装饰椽条，古人称为"绮井"，也称"藻井"，又称为"覆海"。现在规程中称为"斗八"，江浙一带称为"罳顶"，只有宫殿、祠庙才做这种装饰。

## 336. 出土古印

今人地中得古印章，多是军中官。古之佩章，罢、免、迁、死皆上印绶，得以印绶葬者极稀，土中所得多是没于行阵者。

【译文】现在人从地下挖到的古印章，大多是军中官印。古代官员佩印，在撤职、免职、调任、死亡时都要上交，能用官印陪葬的极少，地下所挖到的大多是死于战场的人。

## 337. 唐玉辂

大驾玉辂，唐高宗时造，至今进御。自唐至今凡三至泰山登封，其他巡幸莫记其数，至今完壮，乘之安若山岳，以措杯水其上而不摇。庆历中尝别造玉辂，极天下良工为之，乘之动摇不安，竟废不用。元丰中复造一辂，尤极工巧，未经进御，方陈于大庭，车屋适坏，遂压而碎，只用唐辂。其稳利坚久，历世不能窥其法。世传有神物护之，若行诸辂之后则隐然有声。

【译文】皇帝乘坐的玉辂，唐高宗时所造，一直用到现在。从唐朝到本朝三次登泰山封禅，其他的出巡不计其数，到现在仍完整结实，乘坐在上面平稳如同山岳，把杯水放在上面都不摇晃。庆历年间曾另造玉辂，召集了全国的优秀工匠来造，乘坐在上面摇晃不稳，终于废弃不用。元丰年间又造了一辆，更为精巧，还没有使用，正陈放在殿庭，车棚恰好塌了，把它压碎了，只好用唐代玉辂。唐辂安稳便利、坚固耐久，后代不能了解其制造工艺。世人传说有神灵保护，假如在仪仗中把它排在其他辂车之后就会隐约发出声响。

# 梦溪笔谈卷二十

## 神 奇

### 338. 雷斧

世人有得雷斧、雷楔者，云雷神所坠，多于震雷之下得之，而未尝亲见。元丰中予居随州，夏月大雷震一木折，其下乃得一楔，信如所传。凡雷斧多以铜、铁为之，楔乃石耳，似斧而无孔。世传雷州多雷，有雷祠在焉，其间多雷斧、雷楔。按图经，雷州境内有雷、擎二水，雷水贯城下，遂以名州，如此则雷自是水名，言多雷乃妄也。然高州有电白县，乃是邻境，又何谓也？

【译文】人们有得到雷斧、雷楔的，说是雷神所坠落，常在雷击后得到，但我从未亲眼见过。元丰年间我住在随州，夏季大雷击断一根木头，下面得到一块楔子，确实像传闻所说。雷斧大多是铜、铁的，楔是石头的，像斧而没有孔。人们传说雷州多雷，有雷祠在那里，附近一带多有雷斧、雷楔。据图经记载，雷州境内有雷水、擎水两条河，雷水贯通城下，就用来作为州名，如此雷自然是水名，说多雷没有根据。可是高州有电白县，是雷州的邻境，又怎么解释呢？

### 339. 应天寺鳗井

越州应天寺有鳗井，在一大盘石上，其高数丈，井才方数寸，乃一石窍也，其深不可知，唐徐浩诗云"深泉鳗井开"即此也，其来亦远矣。鳗时出游，人取之置怀袖间了无惊猜，如鳗而有鳞，两耳甚大，尾有刃迹，相传云黄巢曾以剑劃之。凡鳗出游，越中必有水旱、疫疠之灾，乡人常以此候之。

【译文】越州应天寺有口鳗井，在一块大磐石上，石高数丈，井口只有几寸，是个石洞，井深无法知道，唐代徐浩诗说"深泉鳗井开"就是指它，它的由来也很久远了。井鳗时常游出水面，有人抓它放在衣袖间毫不惊异，像鳗却有鳞，两只耳朵很大，尾巴有刀刃痕迹，传说是黄巢曾用剑砍过它。凡是井鳗游出水面，浙江一带必有水旱、疫疠的灾害，当地人常根据这一点来预测。

## 340. 宜兴陨石

治平元年常州日禺时，天有大声如雷，乃一大星，几如月，见于东南，少时而又震一声，移著西南，又一震而坠在宜兴县民许氏园中，远近皆见，火光赫然照天，许氏藩篱皆为所焚。是时火息，视地中有一窍如杯大，极深，下视之星在其中，荧荧然，良久渐暗，尚热不可近，又久之发其窍，深三尺余乃得一圆石，犹热，其大如拳，一头微锐，色如铁，重亦如之。州守郑伸得之，送润州金山寺，至今匣藏，游人到则发视，王无咎为之传甚详。

【译文】治平元年常州正逢太阳落山时，天空中有雷鸣般大响声，是一颗大星，几乎像月亮那样大，出现在东南方，一会儿又一声巨响，大星移到西南，又一声巨响后落在宜兴县民姓许人家园子里，远近都见到，火光把天空照得通亮，许家篱笆都被烧毁。不久火灭了，只见地上有个窟窿如杯大，很深，往下看星在里面，微微发光，很久才逐渐暗下来，还是热得不能靠近，又过了很久挖开那个窟窿，在深三尺多的地方得到一块圆石头，还是热的，其大小如同拳头，一头略尖，颜色像铁，重量也像铁。州长官郑伸得到它，送给润州金山寺，到现在还用匣子保存着，有游人来就打开让人参观，王无咎记述这件事很详细。

## 341. 山阳女巫

山阳有一女巫，其神极灵，余伯氏尝召问之，凡人间物，虽在千里之外，问之皆能言，乃至人中心萌一意，已能知之。坐客方弈棋，试数白黑棋握手中，问其数莫不符合，更漫取一把棋不数而问之，则亦不能知数。盖人心所知者彼亦知之，心所无则莫能知，如季咸之见壶子、大耳三藏观忠国师也。又问以巾箧中物，皆能悉数，时伯氏有《金刚经》百册盛一大箧中，指以问之："其中何物？"则曰："空箧也。"伯氏乃发以示之，曰："此有百册佛经，安得曰空箧？"巫良久又曰："空箧耳，安能欺我。"此所谓文字相空，因真心以显非相，宜其鬼神所不能窥也。

【译文】山阳有个女巫，神力特别灵验，我胞兄曾请她来询问，凡是人间事物，即使远在千里之外，问她都能说出，以至人心里萌发一个意念，她已能知道。在座客人正在下棋，试数几颗黑白棋子，问她数目无不相符，再随意拿一把棋子不数就问她，那么也不能知道多少。大概人们心中知晓的她也能知道，心里没有那就不能知道了，如同季咸相不出壶子的未来之相、大耳三藏不能知道慧忠國師的将来想法。又问她箱子中的东西，都能一一讲出，当时胞兄有《金刚经》一百册放在大箱子中，于是指着箱子问她："这里面是什么东西？"她说："空箱子。”胞兄打开给她看，说：“这里面有一百册佛经，怎么能说空箱子？”她过了很长时间还是说：“空箱子罢了，怎么能骗我。”这就是所谓文字形相空虚，凭藉真心来显现形相，因此鬼神无法窥探。

## 342. 神仙传闻

神仙之说传闻固多，余之目睹者二事。供奉官陈允任衢州监酒务日，允已老，发秃齿脱，有客候之，称孙希龄，衣服甚褴褛，赠允药一刀圭，令揩齿，允不甚信之。暇日因取揩上齿，数揩而良，及归家，家人见之皆笑曰：“何为以墨染须？”允惊，以鉴照之，上髯黑如漆矣，急去巾视，童首之发已长数寸，脱齿亦隐然有生者。余见允时年七十余，上髯及发尽黑，而下髯如雪。

又正郎萧渤罢白波辇运，至京师，有黥卒姓石，能以瓦石沙土手挼之悉成银，渤厚礼之问其法，石曰：“此真气所化，未可遽传。若服丹药，可呵而变也。”遂授渤丹数粒，渤饵之，取瓦石呵之亦皆成银。渤乃丞相荆公姻家，是时丞相当国，余为宰士，目睹此事。都下士人求见石者如市，遂逃去不知所在，石才去渤之术遂无验。石，齐人也，时曾子固守齐，闻之亦使人访其家，了不知石所在。渤既服其丹，亦宜有补年寿，然不数年间渤乃病卒，疑其所化特幻耳。

【译文】神仙之说传闻很多，我亲眼目睹两件事。供奉官陈允任衢州监酒务时，已经年老，发秃齿落，有位客人拜访他，自称孙希龄，衣服破破烂烂，送给陈允一撮药，叫他擦牙齿，陈允不大相信。空闲时拿来擦上边的牙齿，擦了几次有效果，等回到家里，家人见到他都笑着说：“为什么用墨染胡须？”陈允大吃一惊，用镜子照意义下，上唇胡须墨黑如漆，急忙脱掉头巾来看，秃顶长出的头发已几寸长，掉了的牙齿也有在慢慢长出来的。我见到陈允时已七十多岁，上唇胡须与头发全黑，下巴胡须像雪一样白。

尚书省郎中萧渤免去白波辇运的差使，来到京城，遇见石姓刺面士兵，能用手揉搓瓦石沙土之类变成银子，萧渤用优厚款待他并询问变银子的方法，石某说：“这是真气所化，不能马上传授。如果服用丹药，就可呵气而变了。”于是给萧渤几粒丹药，萧渤服用后，拿瓦石呵气也都变成银子。萧渤是丞相王安石的亲家，当时安石主持国政，我在朝为官，目睹此事。京城士人求见石某的多得如同赶集，便逃走不知所在，他刚走萧渤的法术就不灵验了。石某是齐州人，当时曾巩任齐州长官，听说后也派人拜访他家，全不知道他在哪里。萧渤既然服用他的丹药，也该有助于延年益寿，但没过几年就病死了，怀疑石某变银子不过是幻术而已。

## 343. 佛牙

熙宁中余察访过咸平，是时刘定子先知县事，同过一佛寺，子先谓余曰："此有一佛牙甚异。"余乃斋洁取视之，其牙忽生舍利，如人身之汗飒然涌出，莫知其数，或飞空中，或坠地，人以手承之即透过，著床榻摘然有声，复透下，光明莹彻，烂然满目。余到京师，盛传于公卿间，后有人迎至京师，执政官取入东府，以次流布士大夫之家，神异之迹不可悉数，有诏留大相国寺，创造木浮图以藏之，今相国寺西塔是也。

【译文】熙宁年间我出行察访经过咸平，当时刘定任知县，一起走访一座佛寺，刘定对我说："这儿有颗佛牙很奇异。"我斋洁后拿来察看，那颗佛牙忽然生出舍利，像人身上的汗那样飒然涌出，不知其数，有的飞向空中，有的坠落在地上，人用手承接就穿过手掌，落在床榻上铮铮有声，再穿落下去，光亮莹彻，灿烂满目。我回到京城，在公卿中盛传其事，后来有人把佛牙迎到京城，执政官请到自己府邸，依次在士大夫人家流传，神异迹象难以列举，皇帝下令将佛牙留在大相国寺，建造木塔来贮藏它，就是现在的相国寺西塔。

## 344. 菜花变异

菜品中芜菁、菘、芥之类，遇旱其标多结成花，如莲花，或作龙蛇之形。此常性，无足怪者。熙宁中李宾客及之知润州，园中菜花悉成荷花，仍各有一佛坐于花中，形如雕刻，莫知其数，暴干之其相依然。或云李君之家奉佛甚笃，因有此异。

【译文】蔬菜中芜菁、白菜、芥菜之类，遇到天旱其花苔多结成花，像荷花，或呈现龙蛇的形状。这是常有的事，没什么可奇怪的。熙宁年间李及之任润州知州，菜园中的菜花都长成荷花的样子，还各有一尊佛坐在花中，形状像雕刻出来一样，不知其数，菜花晒干后形状仍然不变。有人说李家信佛很虔诚，所以有这种异象。

## 345. 彭蠡小龙

彭蠡小龙显异至多，人人能道之，一事最著。熙宁中王师南征，有军仗数十船泛江而南，自离真州即有一小蛇登船，船师识之，曰："此彭蠡小龙也，当是来护军仗耳。"主典者以洁器荐之，蛇伏其中，船乘便风，日棹数百里未尝有波涛之恐，不日至洞庭，蛇乃附一商人船回南康。世传其封域止于洞庭，未尝逾洞庭而南也。有司以状闻，诏封神为顺济王，遣礼官林希致诏。子中至祠下焚香毕，空中忽有一蛇坠祝肩上，祝曰："龙君至矣。"其重一臂不能胜，徐下至几案间，首如龟，不类蛇首也，子中致诏意曰："使人至此，斋三日然后致祭。王受天子命，不可以不斋戒。”蛇受命，径入银香奁中，蟠三日不动。祭之日，既酌酒，蛇乃自奁中引首吸之。俄出循案行，色如湿胭脂，烂然有光，穿一剪彩花过，其尾尚赤，其前已变为黄矣，正如雌黄色，又过一花复变为绿，如嫩草之色，少顷行上屋梁，乘纸旛脚以行，轻若鸿毛，倏忽入帐中，遂不见。明日子中还，蛇在船后送之，逾彭蠡而回。此龙常游舟檝间，与常蛇无辨，但蛇行必蜿蜒，而此乃直行，江人常以此辨之。

【译文】彭蠡小龙显现灵异很多，人人都能讲述，有一件事最出名。熙宁年间大军南征，有几十艘载着军器的船只沿江南下，自从离开真州就有一条小蛇爬到船上，船工认识它，说：“这是彭蠡小龙，该是来保护军器的。”主管者用干净器具安放它，那蛇就伏在里面，船队乘着顺风，每天航行数百里没有波涛惊扰，不久抵达洞庭湖，蛇就随着一艘商船返回南康。人们传说彭蠡小龙的活动范围到洞庭湖为止，从未越过洞庭湖再往南的。有关部门将情况上报，皇帝下令封彭蠡小龙为顺济王，派礼仪官林希去宣诏。林希来到神祠下烧香后，空中忽然有一条蛇落到庙祝的肩上，庙祝说：“龙君到了。”蛇的重量手臂不能承受，它慢慢下到桌子中间，头像乌龟，不似蛇头，林希宣读诏意说：“使者到这里，斋戒三天然后祭祀，王接受天子封授，不能不斋戒。”蛇受命，径直爬进银香奁中，盘曲三天不动。祭祀那天，酌酒之后，蛇从奁中伸出头来吸饮。过一会出来沿桌子爬行，颜色像湿胭脂，鲜艳有光泽，穿过一朵彩丝花时，尾巴还是赤色，但前身已变成黄色，恰如雌黄的颜色，再经过一朵彩丝花又变成绿色，像嫩草的颜色，不一会爬上屋梁，乘着纸旛尾部爬行，轻如鸿毛，忽然穿进帐中，就不见了。第二天林希返回，蛇在船后面送他，过了彭蠡就返回了。这条小龙常游动于船桨间，与一般蛇没什么两样，但蛇爬行必然蜿蜒弯曲，而小龙是直行的，江上行船的人都凭这一点来辨别。

## 346. 龙卵

天圣中近辅献龙卵，云得自大河中，诏遣中人送润州金山寺。是岁大水，金山庐舍为水所漂者数十间，人皆以为龙卵所致。至今椟藏，余屡见之，形类、色理都如鸡卵，大若五斗囊，举之至轻，唯空壳耳。

【译文】天圣年间京城近郊进献龙蛋，说是从黄河中得到的，皇帝派宦官送给润州金山寺。这年发大水，金山寺的房屋被水冲走了几十间，人们都认为是龙蛋造成的。龙蛋到现在还收藏着，我多次见过，形状、色泽都像鸡蛋，大小如同五斗容量的袋子，举起来很轻，只是空壳而已。

## 347. 雷火

内侍李舜举家曾为暴雷所震，其堂之西室雷火自窗间出，赫然出檐，人以为堂屋已焚，皆出避之，及雷止其舍宛然，墙壁、窗纸皆黔。有一木格，其中杂贮诸器，其漆器银釦者，银悉镕流在地，漆器曾不焦灼，有一宝刀极坚钢，就刀室中镕为汁，而室亦俨然。人必谓火当先焚草木，然后流金石，今乃金石皆铄而草木无一毁者，非人情所测也。佛书言"龙火得水而炽，人火得水而灭"，此理信然。人但知人境中事耳，人境之外，事有何限，欲以区区世智情识穷测至理，不其难哉。

【译文】内侍李舜举家曾遭大雷所击，雷火从堂屋西室的窗户间出来，亮晃晃地窜上屋檐，人们以为堂屋已着火，都跑出躲避，到雷声停止后房屋还是原样，墙壁、窗户纸都变黑。屋内有个木架，上面杂放着各种器皿，有镶着银的漆器，银全都熔流到地上，漆器却没有烧焦。有把宝刀极坚硬，刀身在刀鞘中熔化，而鞘还是原来样子。人们都认为火应当先焚毁草木，然后才熔化金石，现在金石都熔化而草木丝毫未损，不是常识所能预测的。佛经说"龙火得水更旺，人火得水则灭"，确实如此。人们只了解人世的事情，人世之外，事物没有止境，想以区区世情常识去追究至理，非常难啊。

## 348. 知道效验

知道者苟未至脱然，随其所得浅深，皆有效验。尹师鲁自直龙图阁谪官，过梁下，与一佛者谈，师鲁自言以静退为乐，其人曰："此犹有所系，不若进退两忘。"师鲁顿若有所得，自为文以记其说。后移邓州，是时范文正公守南阳，少日师鲁忽手书与文正别，仍嘱以后事。文正极讶之，时方馔客，掌书记朱炎在坐，炎老人好佛学，文正以师鲁书示炎，曰："师鲁迁谪失意，遂至乖理，殊可怪也。宜往见之，为致意开譬之，无使成疾。"炎即诣尹，而师鲁已沐浴衣冠而坐，见炎来道文正意，乃笑曰："何希文犹以生人见待？洙死矣。"与炎谈论顷时，遂隐几而卒。炎急使人驰报文正，文正至，哭之甚哀，师鲁忽举头曰："早已与公别，安用复来？"文正惊问所以，师鲁笑曰："死生常理也，希文岂不达此。"又问其后事，尹曰："此在公耳。"乃揖希文，复逝，俄顷又举头顾希文曰："亦无鬼神，亦无恐怖。"言讫遂长往。师鲁所养至此，可谓有力矣，尚未能脱有无之见何也？得非进退两忘犹存于胸中欤。

【译文】领悟大道者即使未达到超脱的境界，随其所得浅深，都有效验。尹师鲁从直龙图阁贬官，经过汴梁，与一位佛徒交谈，师鲁自己说以静心退养为乐，那人说："这还有所挂念，不如进退都不放在心上。"师鲁顿然若有所得，便写文章记下那些话。后来移住邓州，当时范仲淹任南阳主官，没几天师鲁忽然亲笔写信与仲淹诀别，并托付后事。仲淹非常吃惊，当时正好宴请客人，掌书记朱炎在坐，朱炎年长而喜好佛学，仲淹把师鲁的信给朱炎看，说："师鲁贬官失意，变得不通常理，很可怪。该去看看他，代我致意开导，不要让他得病。"朱炎马上去见师鲁，师鲁已洗干净穿好衣服坐着，见朱炎来传达仲淹的意思，就笑着说："为什么仲淹还把我当活人看待？我已经死了。"与朱炎交谈一会儿，就靠着桌子咽气了。朱炎赶紧派人跑去报告仲淹，仲淹来到，哭得很悲伤，师鲁忽然抬头说："早已与您告别，为什么还要再来？"仲淹吃惊地询问其中道理，师鲁笑着说："死生是普通的事，你难道不懂得这个事理。"仲淹又问他的后事，师鲁说："这就全在您了。"于是就向仲淹拱手行礼，又闭上了眼睛，过一会再抬起头看着仲淹说："也没有鬼神，也不可怕。"说完就真的去世了。师鲁修炼到这个程度，可以说有功力了，为什么还没超脱有无之见呢？莫不是进退两忘还放在心上吧。

## 349. 预知死日

吴人郑夷甫少年登科，有美才，嘉祐中监高邮军税务，尝遇一术士能推人死期，无不验者，令推其命，不过三十五岁，忧伤感叹，殆不可堪，人有劝其读《老》、《庄》以自广。久之，润州金山有一僧，端坐与人谈笑间遂化去，夷甫闻之喟然叹息曰："既不得寿，得如此僧复何憾哉。"乃从佛者授《首楞严经》，往还吴中，岁余忽有所见，曰："生死之理我知之矣。"遂释然放怀，无复芥蒂。后调封州判官，预知死日，先期旬日作书与交游、亲戚叙诀，及次叙家事备尽，至期沐浴更衣，公舍外有小园，面溪一亭洁饰，夷甫至其间，亲督人洒扫及焚香，挥手指画之间，屹然立化，家人奔出呼之，已立僵矣，亭亭如植木，一手犹作指画之状，郡守而下少时皆至，士民观者如墙，明日乃就敛。高邮崔伯易为墓志，略叙其事。余与夷甫远亲，知之甚详，士人中盖未曾有此事。

【译文】吴县人郑夷甫少年登科，有美才，嘉祐年间监高邮军税务时，曾遇见一位方士能推算人的死期，没有不灵验的，便请为自己推算，说活不过三十五岁，于是夷甫忧伤感叹，几乎不能忍受，有人劝他读《老子》、《庄子》以开阔心胸。过了一些年，润州金山寺有位和尚，端坐着与人谈笑间去世，夷甫听说后感叹道："既然不能长寿，能像这位和尚还有什么遗憾呢。"于是跟着佛徒学《首楞严经》，经常回家乡，一年多后忽有所见，说："生死的道理我知道了。"于是释然放怀，不再心存不快。后来调任封州判官，预先知道自己的死期，约在十天前写信与朋友、亲属诀别，然后把家事全部交待完毕，到了那天沐浴更衣，他的住处外面有个小园子，面对小溪的一座亭子很整洁，夷甫到亭子里，亲自督促下人打扫、烧香，挥手指使之间，站立着去世了，家人跑出来呼喊他，已僵硬了，站着的样子像棵树木，一只手还作指划的样子，郡守而下的官员一会儿都到了，观看的人们围得像堵墙，第二天才入殓。高邮崔公度给他写墓志，大致讲述了这些事。我和夷甫是远房亲戚，知道得很详细，士人中大概没有过这样的事。

## 350. 事非前定

人有前知者，数千百年事皆能言之，梦寐亦或有之，以此知万事无不前定。余以谓不然，事非前定，方其知时即是今日，中间年岁亦与此同时，元非先后。此理宛然，熟观之可谕。或曰“苟能前知，事有不利者可迁避之”，亦不然也，苟可迁避，则前知之时已见所避之事，若不见所避之事即非前知。

【译文】人里面有前知的，几千几百年的事都能说出来，做梦也有这样情况，由此知道万事没有不是预先定下的。我认为不是这样的，事情不是预先定下的，当知道这件事时就是现在，即使相隔年岁也是同时，本来就不是先后。这个道理显然，仔细观察就可了解。有人说“如果能前知，有不利的事情可以躲避”，也不对，如果能躲避，那么前知时已经了解躲避的事了，假如不能了解躲避的事就不是前知。

## 351. 吴僧文捷

吴僧文捷戒律精苦，奇迹甚多，能知宿命，然罕与人言，余群从遘为知制诰知杭州，礼为上客。遘尝学诵揭帝咒，都未有人知，捷一日相见曰：“舍人诵咒何故阙一句？”既而思其所诵，果少一句。浙人多言文通不寿，一日斋心，往问捷，捷曰：“公更三年为翰林学士，寿四十岁，后当为地下职任，事权不减生时，与杨乐道待制联曹，然公此时当衣衰绖视事。”文通闻之大骇曰：“数十日前曾梦杨乐道相过，云：‘受命与公同职事，所居甚乐，慎勿辞也。’”后数年果为学士，而丁母丧，年三十九矣。明年秋捷忽使人与文通诀别，时文通在姑苏，急往钱塘见之，捷惊曰：“公大期在此月，何用更来？宜即速还。”屈指计之，曰：“急行尚可到家。”文通如其言驰还，遍别骨肉，是夜无疾而终。捷与人言多如此，不能悉记，此吾家事耳。

捷尝持如意轮咒，灵变尤多，瓶中水咒之则涌立，畜一舍利，昼夜常转于琉璃瓶中，捷行道绕之，捷行速则舍利亦速，行缓则舍利亦缓。士人郎忠厚事之至谨，就捷乞以舍利，捷遂与之，封护甚严，一日忽失所在，但空瓶耳，忠厚斋戒延捷加持，少顷见观音像衣上一物蠢蠢而动，疑其虫也，试取乃所亡舍利。如此者非一。忠厚以余爱之，持以见归，余家至今严奉，盖神物也。

【译文】吴地僧人文捷守戒律认真刻苦，奇迹很多，能知人的命运，但是很少对人讲，我的侄儿沈遘当知制诰时出任杭州长官，礼待文捷为上宾。沈遘曾学诵揭帝咒，根本没人知道，文捷一天与他相见时说："你诵读咒语为什么漏了一句？"沈遘回想自己所诵咒语，果然少了一句。当地人多说沈遘短寿，一天静修后，前去问文捷，文捷说："您三年后当翰林学士，寿命四十岁，以后会在冥中为官，权力不比活着的时候小，和杨乐道分职掌权，不过您当学士时是穿着丧服处理公务的。"沈遘听后大为吃惊地说："几十天前曾梦见杨乐道来访，说：'接受委派和您一起任职，相处很快乐，请勿推辞。'"几年后沈遘果然成为翰林学士，但遭遇母亲丧事，已经三十九岁了。第二年秋天文捷忽然派人与沈遘决别，当时沈遘在苏州，急忙到钱塘见文捷，文捷吃惊地说："您的死期就在这个月，还来干什么？应当即刻速回。"他扳着手指算了一下，说："快些走还可以到家。"沈遘照他的话急速返回，与亲人一一告别，当晚无病去世。文捷跟人讲的事大多如此，不能全部记下来，这是我家中的事。

文捷曾修炼如意轮咒，灵变尤其多，瓶子中水被咒就涌立起来，他收藏一粒舍利，白天黑夜常在琉璃瓶中转动，文捷绕着瓶子行走，他走得快舍利也转动得快，走得慢舍利也转动得慢。士人郎忠厚侍奉文捷十分谨慎，向文捷求这颗舍利，文捷便给了他，他收藏守护很严密，一天忽然不见了，只剩下空瓶，郎忠厚尽心斋戒并请文捷加持，不多久见观音像的衣服上有件东西慢慢爬动，怀疑是小虫，试着取下来则是失掉的舍利。像这样的事不止一件。郎忠厚因为我喜爱这颗舍利，拿来送给我，我家中一直小心敬奉，因为是神物。

## 352. 蛤筒藏经

郢州渔人掷网于汉水，至一潭底，举之觉重，得一石长尺余，圆直如断椽，细视之乃群小蛤鳞次相比，绸缪巩固，以物试抉其一端，得一书卷，乃唐天宝年所造《金刚经》，题志甚详，字法奇古，其末云"医博士摄比阳县令朱均施"。比阳乃唐州属邑，不知何年坠水中，首尾略无沾渍。为土豪李孝源所得，孝源素奉佛，宝藏其书，蛤筒复养之水中，客至欲见则出以视之。孝源因感经像之胜异，施家财万余缗，写佛经一藏于郢州兴阳寺，特为严丽。

【译文】郢州渔民在汉水撒网，网下到潭底，提上来觉得有些分量，网到一块长一尺多的石头，又圆又直像折断的椽子，仔细察看乃是许多小蛤蜊像鱼鳞般挨个排列，胶结得很牢固，用东西试着挖开一头，得到一个书卷，是唐天宝年间所造的《金刚经》，题款很详尽，字体奇古，最后称"医博士摄比阳县令朱均施"。比阳是唐州的属县，不知何年掉入水中，头尾没有一点浸湿。这份东西被当地豪绅李孝源得到，孝源一向信奉佛教，把书卷珍藏起来，蛤筒又放养在水中，来客人要看就拿出来观看。孝源受到经卷神异的感化，施舍家财万余贯，抄写一藏佛经存放在郢州兴阳寺，特别庄重华丽。

## 353. 张咏前知

张忠定少时谒华山陈图南，遂欲隐居华山，图南曰："他人即不可知，如公者吾当分半以相奉，然公方有官职，未可议此，其势如失火家待君救火，岂可不赴也？"乃赠以一诗曰："自吴入蜀是寻常，歌舞筵中救火忙。乞得金陵养闲散，亦须多谢鬓边疮。"始皆不谕其言，后忠定更镇杭、益，晚年有疮发于项后，治不差，遂自请得金陵，皆如此诗言。忠定在蜀日与一僧善，及归谓僧曰："君当送我至鹿头，有事奉托。"僧依其言至鹿头关，忠定出一书封角付僧，曰："谨收此，后至乙卯年七月二十六日，当请于官司对众发之。慎不可私发，若不待其日及私发者，必有大祸。"僧得其书，至大中祥符七年岁乙卯，时凌侍郎策帅蜀，僧乃持其书诣府，具陈忠定之言，其僧亦有道者，凌信其言，集从官共开之，乃忠定真容也，其上有手题曰"咏当血食于此"。后数日得京师报，忠定以其年七月二十六日捐馆，凌乃为之筑庙于成都。蜀人自唐以来严祀韦南康，自此乃改祠忠定至今。

【译文】张咏年轻时上华山拜见陈抟，就想隐居华山，陈抟说："其他人我不清楚，像您这样的人我应当分一半地盘给您，不过您正有官运，不能谈这个问题，这情势就好比失火的人家等您去救火，怎么能不去呢？"于是赠他一首诗说："自吴入蜀是寻常，歌舞筵中救火忙。乞得金陵养闲散，亦须多谢鬓边疮。"起初人们都不明白他的话，后来张咏先后任杭州、益州长官，晚年有恶疮长在脑后，无法治好，就自请调到金陵任职，都像诗中所说。张咏在蜀地时与一位僧人很好，等到离任时对僧人说："您应当送我到鹿头，有事拜托。"僧人按他的话送到鹿头关，张咏拿出一件封口的信交给僧人，说："请收好此信，到乙卯年七日二十六日，请求官府当着大家的面拆开它。小心不可以私自拆开，假使不到那一天或者私自拆开的话，必有大祸。"僧人收下这封信，到大中祥符七年是乙卯年，当时凌策任成都府路长官，僧人拿着那封信来到官府，讲述张咏的话，那僧人也是有道行的人，凌策相信了他的话，召集属官吏一起拆开那封信，乃是张咏的画像，上面有他的亲笔题写说"咏当血食于此"。几天后得到京城通报，张咏在这一年七月二十六日去世，凌策就为他在成都筑庙。蜀人从唐朝以来虔诚祭祀韦皋，从这以后就改祀张咏直到今天。

## 354. 龙寿丹

熙宁七年，嘉兴僧道亲，号通照大师，为秀州副僧正。因游温州雁荡山，自大龙湫回，欲至瑞鹿院，见一人衣布襦行涧边，身轻若飞，履木叶而过，叶皆不动，心疑其异人，乃下涧中揖之，遂相与坐于石上，问其氏族、闾里、年齿皆不答，须发皓白，面色如少年，谓道亲曰："今宋朝第六帝也，更后九年当有疾，汝可持吾药献天子。此药人臣不可服，服之有大责，宜善保守。”乃探囊出一丸，指端大，紫色，重如金锡，以授道亲曰：“龙寿丹也。”欲去又谓道亲曰：“明年岁当大疫，吴、越尤甚，汝名已在死籍，今食吾药，勉修善业，当免此患。”探囊中取一柏叶与之，道亲实时食之，老人曰：“定免矣。慎守吾药，至癸亥岁自诣阙献之。”言讫遂去。南方大疫，两浙无贫富皆病，死者十有五六，道亲殊无恙。至元丰六年夏，梦老人趣之曰：“时至矣，何不速诣阙献药？”梦中为雷电驱逐，惶惧而起，径诣秀州，具述本末，谒假入京，诣尚书省献之。执政亲问，以为狂人，不受其献，明日因对奏知，上急使人追寻，付内侍省问状，以所遇对。未数日，先帝果不豫，乃使勾当御药院梁从政持御香，赐装钱百千，同道亲乘驿诣雁荡山求访老人，不复见，乃于初遇处焚香而还。先帝寻康复，谓辅臣曰：“此但预示服药兆耳。”闻其药至今在彰善阁，当时不曾进御。

【译文】熙宁七年，嘉兴僧人道亲，法号通照大师，任秀州副僧正。借云游温州雁荡山之便，从大龙湫折返，想到瑞鹿院去，看见一个人穿着短布袄在山涧边行走，身轻如飞，踩着树叶走过，树叶都不晃动，推测他是个异人，就下到山涧向他行礼，相对坐在山石上，询问他的姓氏、籍贯、年龄都不回答，他头发胡子都已雪白，脸色却像年轻人，对道亲说：“现在是宋朝第六位皇帝，再过九年可能会有疾病。你可拿着我的药进献给皇上。这个药臣下不可服用，服用了就会有大处罚，应当妥善保存。”于是从袋里取出一颗药丸，指尖般大小，紫色，像金锡那样重，授给道亲说：“这是龙寿丹。”临离开时又对道亲说：“明年有大瘟疫，江南一带尤其厉害，你的名字已上了死亡名册，现在吃我的药，认真修炼善业，可免去这一灾难。”从袋中取出一片柏叶给他，道亲当场吃了下去，老人说：“一定会免灾的。小心保存我的药，到癸亥年亲自去京城献药。”说完就离开了。江南瘟疫大流行，两浙一带不论贫富都生病，十分之五六的人死去，道亲没一点病。到元丰六年夏天，道亲梦见老人催促他说：“时候到了，为什么不赶快去京城献药？”道亲在梦中被雷电驱赶，在惊恐中醒来，直接到秀州，详细讲述事情经过，请假进京，到尚书省献药。执政官员亲自询问，认为是狂人，不接受他进献的药丸，第二天上朝时禀报，皇上急忙派人追寻，交内侍省询问情况，道亲和尚把遇见老人的情况汇报了。没几天，神宗皇帝果然患病，就派勾当御药院梁从政带着御香，赏赐许多旅费，与道亲乘坐驿车到雁荡山寻访老人，但没能见到，就在当初遇见老人的地方烧了香后返回。不久神宗皇帝恢复健康，对身边大臣说：“这只是预先告诉我要服药的征兆而已。”听说这药丸到现在还存在彰善阁，当时没有送进宫中。

## 355. 应元保运

庐山太平观乃九天采访使者祠，自唐开元中创建，元丰二年道士陶智仙营一舍，令门人陈若拙董作，发地忽得一瓶，封鐍甚固，破之，其中皆五色土，唯有一铜钱，文有“应元保运”四字，若拙得之以归其师，不甚为异。至元丰四年忽有诏进号九天采访使者为应元保运真君，遣内侍廖维持御书殿额赐之，乃与钱文符同。时知制诰熊本提举太平观，具闻其事，召本观主首推诘其详，审其无伪，乃以其钱付廖维表献之。

【译文】庐山太平观是九天采访使者祠观，创建于唐朝开元年间，元丰二年道士陶智仙建造一处房屋，派弟子陈若拙督造，挖掘地基时忽然得到一只瓶子，封盖很牢固，打破瓶子，里面都是五色土，只有一枚铜钱，刻有“应元保运”四个字，若拙得到后交给他师傅，不觉得有什么特异。到了元丰四年，忽然有皇帝命令晋升九天采访使者封号为应元保运真君，派内侍廖维拿着皇帝亲笔题写的殿堂匾额赏赐给祠观，其文字与铜钱上的文字完全相同。当时知制诰熊本掌管太平观，听说了这件事，叫来太平观主询问详细情况，确知不是出于伪造，就把那枚铜钱交给廖维上表进献。

## 356. 鸦觜金

祥符中方士王捷，本黥卒，尝以罪配沙门岛，能作黄金。有老锻工毕升，曾在禁中为捷锻金，升云：“其法为炉灶，使人隔墙鼓鞴，盖不欲人觇其启闭也。其金，铁为之，初自冶中出，色尚黑。凡百余两为一饼，每饼辐解，凿为八片，谓之‘鸦觜金’者是也。”今人尚有藏者。上令尚方铸为金龟、金牌各数百，龟以赐近臣，人一枚，时受赐者除戚里外，在庭者十有七人，余悉埋玉清昭应宫宝符阁及殿基之下以为宝镇；牌赐天下州、府、军、监各一，今谓之“金宝牌”者是也。洪州李简夫家有一龟，乃其伯祖虚己所得者，盖十七人之数也。其龟夜中往往出游，烂然有光，掩之则无所得，其家至今椟藏。

【译文】祥符年间的方士王捷，本是刺面士卒，曾因犯罪发配沙门岛，能炼造黄金。有个老锻工毕升，曾在宫中为王捷锻造黄金，说：“他的方法是用炉灶烧造，叫人隔着墙鼓动风箱，不想让人窥探他的动作。他的金子，乃是铁变成的，刚从炉中拿出来时，颜色还是黑的。约百余两为一饼，每一饼分解开，凿成八片，称为‘鸦觜金’的就是了。”现在还有人收藏着。皇帝命令尚方官署铸成金龟、金牌各几百个，金龟用来赏赐身边大臣，每人一个，当时受到赏赐的除了皇戚外，在朝廷中的有十七人，余下的都埋藏在玉清昭应宫宝符阁和殿基之下作为宝镇；金牌赏赐给全国各州、府、军、监各一块，现在称为“金宝牌”的就是这东西。洪州李简夫家有一个金龟，是他伯祖父李虚己得到的赏赐，大概属于十七个人之内。那金龟夜晚常常爬出来，有耀眼的光辉，想逮住它却空无所有，他们家到现在还收藏着。

# 梦溪笔谈卷二十一

## 异事异疾附

### 357. 虹

世传虹能入溪涧饮水，信然。熙宁中余使契丹，至其极北黑水境永安山下卓帐，是时新雨霁，见虹下帐前涧中，余与同职扣涧观之，虹两头皆垂涧中，使人过涧隔虹对立，相去数丈，中间如隔绡縠，自西望东则见，盖夕虹也。立涧之东西望则为日所铄，都无所睹，久之稍稍正东，逾山而去。次日行一程，又复见之。孙彦先云："虹乃雨中日影也，日照雨则有之。"

【译文】人们传说虹能下到溪涧饮水，是这样的。熙宁年间我出使契丹，到它们最北边黑水境内的永安山下宿营，当时刚好雨后初晴，看见虹下垂到帐篷前的涧中，我和同事一起到涧边观看，虹两头都下垂到涧里，派人跨过涧隔虹对立，相隔几丈，中间好像隔着一层轻纱，这虹从西向东可以看见。是傍晚的虹。站立在山涧东边向西望去则由于太阳耀眼，什么也看不见，过了好久虹慢慢东移，越过山而远去。第二天走到下一个宿营点，又看见了虹。孙彦先说："虹是雨中太阳的影子，太阳照着雨就有虹。"

### 358. 墙字

皇祐中，苏州民家一夜有人以白垩书其墙壁，悉似"在"字，字稍异，一夕之间数万家无一遗者，至于卧内深隐之处户牖间无不到者，莫知其然，后亦无他异。

【译文】皇祐年间，苏州居民家中夜里有人用白灰在墙壁上写字，全像"在"字，只是字体稍有不同，一夜功夫几万户人家无一遗漏，乃至卧室中非常隐蔽处的门窗间没有不写的，不知什么缘故，以后也没有其他怪事。

## 359. 尸毗王墓

延州天山之巅有奉国佛寺，寺庭中有一墓，世传尸毗王之墓也。尸毗王出于佛书《大智论》，言尝割身肉以饲饿鹰，至割肉尽。今天山之下有濯筋河，其县为肤施县，详肤施之义，亦与尸毗王说相符。按《汉书》，肤施县乃秦县名，此时尚未有佛书，疑后人傅会县名为说。虽有唐人一碑，已漫灭断折不可读。庆历中施昌言镇鄜延，乃坏奉国寺为仓，发尸毗墓，得千余秤炭，其棺椁皆朽，有枯骸尚完，胫骨长二尺余，颅骨大如斗，并得玉环玦七十余件，玉冲牙长仅盈尺，皆为在位者所取，金银之物则入于役夫，争取珍宝，遗骸多为拉碎，但贮一小函中埋之。东上閤门使夏元象时为兵马都监，亲董是役，为余言之甚详。至今天山仓侧，昏后独行者往往与鬼神遇，郡人甚畏之。

【译文】延州天山顶峰有座奉国佛寺，寺庙庭园中有座墓，相传是尸毗王的墓。尸毗王见于佛书《大智论》，说他曾割身上的肉来喂养饿鹰，直到肉全割完。现在天山下面有濯筋河，其县名肤施县，省察肤施的涵义，也与尸毗王传说相吻合。按《汉书》记载，肤施县是秦代的县名，那时还没有佛书，怀疑是后人附会县名臆造的说法。虽然有块唐代石碑，但已字迹模糊且碑体断折而不能阅读。庆历年间施昌言镇守鄜延路，撤消奉国寺把它作为仓库，挖开尸毗王墓，得到一千多斤炭，棺木都已朽烂了，残存的尸骨还比较完整，胫骨长二尺多，颅骨有斗那么大，还得到玉环玦七十多件，玉冲牙近一尺长，都被当官的拿去，金银器物则给了服役的民夫，众人争相获取珍宝，遗骸多被扯碎，只是放进一只小匣里掩埋。东上閤门使夏元象当时任兵马都监，亲自主持这件事，给我讲得很详细。到现在天山这座仓库旁边，黄昏后独身行走的人常和鬼神相遇，当地人十分害怕。

## 360. 夹镜

余于谯亳得一古镜，以手循之，当其中心则摘然如灼龟之声，人或曰此夹镜也。然夹不可铸，须两重合之，此镜甚薄，略无焊迹，恐非可合也，就使焊之，则其声当铣塞，今扣之其声泠然纤远。既因抑按而响，刚铜当破，柔铜不能如此澄莹洞澈，历访镜工皆罔然不测。

【译文】我在谯亳得到一面古镜，用手抚摩镜面，按到中心位置会发出像烧灼龟甲时开裂的声音，有人说这是夹镜。但夹镜不能铸造，须由两个铜片合成，这面镜子很薄，没有一点点焊接痕迹，恐怕不是合成的，即使是焊接的，它的声音应当沉闷，现在敲击它的声音清脆悠长。既然因按压而发出响声，硬铜应当有裂痕，柔铜不可能如此明亮清彻，到处询问制镜工匠都说不出所以然。

## 361. 雷击显字

世传湖湘间因震雷，有鬼神书“谢仙火”三字于木柱上，其字入木如刻，倒书之。此说甚著。近岁秀州华亭县亦因雷震，有字在天王寺屋柱上，亦倒书，云“高洞杨雅一十六人火令章”凡十一字，内“令章”两字特奇劲，似唐人书体，至今尚在，颇与“谢仙火”事同。所谓“火”者，疑若队伍若干人为一火耳。余在汉东时，清明日雷震死二人于州守园中，胁上各有两字，如墨笔画，扶疏类柏叶，不知何字。

【译文】世间传说湖湘一带由于雷击，有鬼神在木柱上书写“谢仙火”三个字，这些字深入木柱像刻上去的，是倒着写的。这一传说很普遍。近年秀州华亭县也由于雷击，有字写在天王寺屋柱上，也是倒着写的，是“高洞杨雅一十六人火令章”共十一个字。其中“令章”两个字特别奇劲，像唐朝人的书法字体，到现在还在，颇与“谢仙火”的情况相同。所谓“火”，可能如军队里若干人为一火的意思。我在汉东时，清明那天有两个人在州守园被雷击死，胁骨上各有两个字，像是墨笔所画，斑驳如同柏树叶，不知是什么字。

## 362. 元绛异梦

元厚之少时曾梦人告之：“异日当为翰林学士，须兄弟数人同在禁林。”厚之自思素无兄弟，疑此梦为不然。熙宁中厚之除学士，同时相先后入学士院，一韩持国维、一陈和叔绎、一邓文约绾、一杨元素绘，并厚之名绛，五人名皆从系，始悟兄弟之说。

【译文】元绛年少时曾梦见有人告诉他：“将来你会成为翰林学士，必定兄弟几人同在院中。”元绛私下想想向来没有兄弟，怀疑这个梦是不对的。熙宁年间元绛任学士，同时先后进入学士院的，有韩持国名维、陈和叔名绎、邓文约名绾、杨元素名绘，加上元厚之名绛，五个人的名字都有纟旁，这才明白梦中的兄弟之说。

## 363. 木中有文

木中有文，多是柿木。治平初杭州南新县民家析柿木，中有“上天大國”四字，余亲见之，书法类颜真卿，极有笔力，“國”字中间“或”字仍起挑作尖口，全是颜笔，知其非伪者。其横画即是横理，斜画即是斜理。其木直剖，偶当“天”字中分，而“天”字不破，上下两画并一脚皆横挺出半指许，如木中之节，以两木合之如合契焉。

【译文】木中有文字的，大多是柿木。治平初年杭州南新县民家剖开柿木，里面有“上天大國”四个字，我亲眼看到过，书法像颜真卿，很有笔力，“國”字中间的“或”字挑笔是尖口，全是颜体笔法，可知不是伪造的。字的横划就是木的横纹，斜划就是木的斜纹。那木头是纵向剖开的，恰好在“天”字正中分开，但“天”字没被破坏，上下两横划和一个捺脚都横向突出半个手指左右，如同木头里的结节，把劈开的两片木头合起来好像合契一样。

## 364. 冷光

卢中甫家吴中，尝未明而起，墙柱之下有光熠然，就视之似水而动，急以油纸扇挹之，其物在扇中滉漾，正如水银而光艳烂然，以火烛之则了无一物。又魏国大主家亦尝见此物。李团练评尝与余言，与中甫所见无少异，不知何异也。余昔年在海州，曾夜煮盐鸭卵，其间一卵烂然通明如玉，荧荧然屋中尽明，置之器中十余日，臭腐几尽，愈明不已。苏州钱僧孺家煮一鸭卵亦如是。物有相似者，必自是一类。

【译文】卢中甫家住吴县，他曾天不亮起床，发现墙柱下有一团闪闪的亮光，凑近看像水一样晃动，急忙用油纸扇舀起来，那东西在纸扇中晃动，正像水银一样灿烂发光，点上火来看却什么也没有。魏国大长公主家也曾见过这种东西，团练使李评曾和我讲过，与卢中甫所见到的没有什么差别，不知是什么异物。我前些年在海州时，曾在夜里煮咸鸭蛋，其中一只蛋像玉石般光亮通明，亮闪闪的照亮整个屋子，放在器皿中十多天，几乎全部腐烂发臭，却更亮个不停。苏州钱僧孺家煮一只鸭蛋也是这样。事物有彼此相似的，必定属于同一类。

## 365. 乡民咒术

余在中书检正时阅雷州奏牍，有人为乡民诅死。问其状，乡民能以熟食咒之，俄顷脍炙之类悉复为完肉，又咒之则熟肉复为生肉，又咒之则生肉能动，复使之能活，牛者复为牛、羊者复为羊，但小耳，更咒之则渐大，既而复咒之则还为熟食。人有食其肉，觉腹中淫淫而动，必以金帛求解，金帛不至则腹裂而死，所食牛羊自裂中出。狱具案上，观其咒语，但曰“东方王母桃，西方王母桃”两句而已，其他但道其所欲，更无他术。

【译文】我任中书检正时阅雷州公文，有人被乡民诅咒身亡。询问其案情，乡民能用熟肉下咒，不一会小块烤肉之类都变成整块的肉，再念咒熟肉变成生肉，再念咒生肉会动，又能让它有生命，牛肉又变成牛、羊肉又变成羊，只是小一些，再念咒就渐渐变大，然后又念咒就变回熟食。有人吃了这种肉，觉得肚子里有东西在搅动，必须用金帛寻求解除，若不给金帛就会肚子破裂而死，吃进去的肉变成牛羊从裂口出来。结案后上报案情，看乡民的咒语，只是说“东方王母桃，西方王母桃”两句而已，其他只是说他所希望的，再没有别的法术。

## 366. 印子金

寿州八公山侧土中及溪涧之间，往往得小金饼，上有篆文“刘主”字，世传淮南王药金也。得之者至多，天下谓之“印子金”是也。然止于一印，重者不过半两而已，鲜有大者。余尝于寿春渔人处得一饼，言得于淮水中，凡重七两余，面有二十余印，背有五指及掌痕，纹理分明，传者以谓埿之所化，手痕正如握埿之迹。襄、随之间故舂陵、白水地，发土多得金麟趾、褭蹏。麟趾中空，四旁皆有文，刻极工巧；褭蹏作团饼，四边无模范迹，似于平物上滴成，如今干柹，土人谓之“柹子金”。《赵飞燕外传》“帝窥赵昭仪浴，多袖金饼以赐侍儿私婢”，殆此类也。一枚重四两余，乃古之一斤也。色有紫艳，非他金可比。以刀切之，柔甚于铅，虽大块亦可刀切，其中皆虚软，以石磨之则霏霏成屑。小说谓麟趾、褭蹏乃娄敬所为药金，方家谓之“娄金”，和药最良，《汉书》注亦云异于他金。余在汉东，一岁凡数家得之，有一窖数十饼者，余亦买得一饼。

【译文】寿州八公山旁边的土中及山溪之间，常常得到小金饼，上面有篆体“刘主”文字，就是相传的淮南王药金。得到这种金饼的人很多，世人称为“印子金”的就是。不过其大小只有一印，重的不过半两而已，很少有较大的。我曾在寿春渔人那里得到一饼，说是得自淮水，重七两多，正面有二十多印，背面有五指和手掌的印痕，纹理清楚，收藏者说是湿泥化成，手的印痕正像捏泥的痕迹。襄阳、随县之间是过去的舂陵、白水之地，挖土常能得到麟趾金、马蹄金。麟趾金中间是空的，四边都有纹饰，镂刻十分精致；马蹄金呈团饼状，四边没有模造的痕迹，似乎在平的物体上滴成的，像现在的柿饼，当地人称为“柿子金”。《赵飞燕外传》说“汉成帝偷看赵昭仪沐浴，往往怀藏金饼赏赐给宫女们”，大概就是这类东西。金饼一枚重四两多，相当于古代的一斤。色泽带紫艳，不是其他的金所能比。用刀切割，比铅还柔软，即使是大块也能刀切，中间都空软，用石块去磨就纷纷变成碎屑。小说所谓的麟趾金、马蹄金是娄敬所做的药金，方家成为“娄金”，配药最好，《汉书》注说与其他金不同。我在汉东，一年里好几户人家得到金饼，有一窖藏几十饼的，我也买得一饼。

## 367. 紫姑灵异

旧俗正月望夜迎厕神，谓之“紫姑”。亦不必正月，常时皆可召，余少时见小儿辈等闲则召之，以为嬉笑。亲戚间曾有召之而不肯去者，两见有此，自后遂不敢召。景祐中，太常博士王纶家因迎紫姑，有神降其闺女，自称上帝后宫诸女，能文章，颇清丽，今谓之《女仙集》，行于世。其书有数体，甚有笔力，然皆非世间篆隶，其名有“藻笺篆”、“茁金篆”十余名，纶与先君有旧，余与其子弟游，亲见其笔迹。其家亦时见其形，但自腰以上见之乃好女子，其下常为云气所拥，善鼓筝，音调凄婉，听者忘倦。尝谓其女曰：“能乘云与我游乎？”女子许之，乃自其庭中涌白云如蒸，女子践之云不能载，神曰：“汝履下有秽土，可去履而登。”女子乃袜而登，如履缯絮，冉冉至屋复下，曰：“汝未可往，更期异日。”后女子嫁，其神乃不至，其家了无祸福，为之记传者甚详。此余目见者，粗志于此。近岁迎紫姑者极多，大率多能文章歌诗，有极工者，余屡见之，多自称蓬莱谪仙，医、卜无所不能，棋与国手为敌，然其灵异显著无如王纶家者。

【译文】旧习俗在正月十五晚上迎厕神，称为“紫姑”。也不一定正月，平时都能召请，我小时候见一些孩子随意召请，作为娱乐。亲戚中曾有召请来之后不肯离开的，两次遇到这种情况，从此就不敢再召请了。景祐年间，太常博士王纶家中因为迎紫姑，有神灵附在他女儿身上，自称是上帝后宫女子，能写文章，颇为清秀华美，现在名为《女仙集》，流行于世。她的书法有多种字体，很有笔力，但都不是世间篆、隶一类书法，其名称有“藻笺篆”、“茁金篆”十多种，王纶和我父亲有交情，我和他的孩子们来往，亲眼见过这些手迹。王家也时常见到她的样子，但从腰部以上看起来是漂亮女孩，腰部以下常被云气簇拥，擅长弹筝，音调悲哀委婉，听的人很入神。紫姑曾对王家女孩说：“能驾云与我出游吗？”女孩答应了，就从他们家庭院中涌起像蒸气般的白云，女孩踩上去云气载不住，紫姑说：“你鞋子下面有脏土，可以脱掉鞋子踩上去。”女孩就穿着袜子登上云气，好像踩着丝棉，慢慢升到屋顶又下来，神说：“你不能去，改日再说。”后来女孩出嫁，紫姑就不来了，他们家中没有什么祸福，记载此事的人描写得很详细。这是我亲眼见到的事，大略记载在这里。近年迎请紫姑的人很多，大多数能写文章诗歌，有写得很好的，我多次看到过，常自称蓬莱谪仙，医疗、占卜无所不能，弈棋能和国手匹敌，但她们的灵异显著比不上王纶家中见到的紫姑。

## 368. 奇疾

世有奇疾者。吕缙叔以知制诰知颍州，忽得疾，但缩小，临终仅如小儿。古人不曾有此疾，终无人识。有松滋令姜愚，无他疾，忽不识字，数年方稍稍复旧。又有一人家妾，视直物皆曲，弓弦、界尺之类视之皆如钩，医僧奉真亲见之。江南逆旅中一老妇，啖物不知饱，徐德占过逆旅，老妇愬以饥，其子耻之，对德占以蒸饼啖之，尽一竹篑约百饼，犹称饥不已，日饭一石米，随即痢之，饥复如故。京兆醴泉主簿蔡绳，余友人也，亦得饥疾，每饥立须啖物，稍迟则顿仆闷绝，怀中常置饼饵，虽对贵官，遇饥亦便龁啖。绳有美行，博学有文，为时闻人，终以此不幸，无人识其疾，每为之哀伤。

【译文】世上有奇怪的疾病。吕夏卿以知制诰任颍州知州，忽然得病，身体缩小，临终时缩小得像个小孩。古人不曾有这种疾病，始终没有人知道是什么病。松滋县令姜愚，没有别的病，忽然不认得字了，几年后才稍稍复原。又有一户人家的小妾，看直的东西都是弯曲的，弓弦、界尺之类的东西看上去像弯钩，医僧奉真曾亲自诊治过。江南旅舍中有个老妇人，吃东西不觉得饱，徐德占经过那家旅舍，老妇人诉说肚子饿，她的儿子很难为情，当着徐德占的面拿出蒸饼给她吃，吃完一竹筐约上百个饼，还不停地说肚子饿，她每天吃一石米的饭，随即泻出来，肚子饿仍像原来一样。京兆府醴泉县主簿蔡绳，是我的朋友，也得了饥饿病，每次觉得饿必须马上吃东西，稍慢点就昏倒在地，他怀中常带有饼食，即使有大官在场，觉得饿了也马上进食。蔡绳行为端正，博学有文采，是当时有名气的人，最终因此而受到挫折，没有人知道这是一种病，我常替他感到悲伤。

## 369. 扬州夜明珠

嘉祐中扬州有一珠甚大，天晦多见，初出于天长县陂泽中，后转入甓社湖，又后乃在新开湖中，凡十余年，居民、行人常常见之。余友人书斋在湖上，一夜忽见其珠甚近，初微开其房，光自吻中出，如横一金线，俄顷忽张壳，其大如半席，壳中白光如银，珠大如拳，烂然不可正视，十余里间林木皆有影，如初日所照，远处但见天赤如野火，倏然远去，其行如飞，浮于波中，杳杳如日。古有明月之珠，此珠色不类月，荧荧有芒焰，殆类日光。崔伯易尝为《明珠赋》，伯易高邮人，盖常见之。近岁不复出，不知所往。樊良镇正当珠往来处，行人至此，往往维船数宵以待现，名其亭为“玩珠”。

【译文】嘉祐年间扬州有一颗珠很大，天阴时常能见到，最初出现在天长县陂泽中，后来转到甓社湖中，再后来在新开湖中，有十多年，居民和过往客人常见到它。我朋友的书房就在湖附近，一天夜里忽看见那颗珠离得很近，开始略微张开蚌，光从缝中射出，像横着一条金线，过一会忽然张开壳，大得像半张席子，壳中的白光像银子，珠子大如拳头，光线灿烂鲜明不能盯着看，十多里范围林木都有光影，像初升太阳照射那样，远处看来只见天红得像野火燃烧，一会儿就远离而去，它移动像在飞翔，出没在水波中，远远地望去像太阳。古时候有明月之珠，但这珠子颜色不像月亮，光芒闪动如同火焰，完全像太阳光。崔伯易曾写有《明珠赋》，伯易是高邮人，大概经常看见。近年来不再出现，不知道到哪里去了。樊良镇正当珠子往来之处，过往客人来到这里，常停船几个晚上等珠子出现，称那座亭子为“玩珠”。

## 370. 登州地震

登州巨嵎山下临大海，其山有时震动，山之大石皆颓入海中，如此已五十余年，土人皆以为常，莫知何谓。

【译文】登州巨嵎山下临大海，这座山时常震动，山上的大石块都震落到海里，像这样已有五十多年，当地人都习以为常，不知道是什么缘故。

## 371. 滴翠珠

士人宋述家有一珠，大如鸡卵，微绀，色莹澈如水，手持之映空而观，则末底一点凝翠，其上色渐浅，若回转则翠处常在下，不知何物，或谓之“滴翠珠”。佛书“西域有琉璃珠，投之水中虽深皆可见，如人仰望虚月影”，疑此近之。

【译文】士人宋述家中有颗珠子，大小像鸡蛋，略带黑红色，色泽透彻如水，手拿着对天空看去，底部有一点凝聚的青绿色，向上颜色逐渐变浅，如转动珠子那个青绿点总在下面，不知道是什么东西，有人称为“滴翠珠”。佛书称“西域有琉璃珠，投入水中即使深都能看见，如同人们仰望天上的月亮”，恐怕这珠子就类似它。

## 372. 海市

登州海中时有云气，如宫室、台观、城堞，人物、车马、冠盖历历可见，谓之“海市”。或曰蛟蜃之气所为，疑不然也。欧阳文忠曾出使河朔，过高唐县，驿舍中夜有鬼神自空中过，车马、人畜之声一一可辨，其说甚详，此不具纪。问本处父老，云二十年前尝昼过县，亦历历见人物，土人亦谓之“海市”，与登州所见大略相类也。

【译文】登州海上有时有云气，像宫室、台观、城堞、人物、车马、冠盖等清楚可见，称为“海市”。有人说是蛟蜃之气所造成，恐怕不是这样的。欧阳修曾出使河朔，经过高唐县，在驿舍里夜间听见有鬼神从空中经过，车马、人畜的声音清晰可辨，他说得很详细，这里不细说。我询问当地老人，说二十年前曾白天经过县里，也清楚地看见人和物，当地人也称为“海市”，与登州所见到的大体类似。

## 373. 延州石笋

近岁延州永宁关大河岸崩，入地数十尺，土下得竹笋一林凡数百茎，根干相连，悉化为石。适有中人过，亦取数茎去，云欲进呈。延郡素无竹，此入在数十尺土下，不知其何代物，无乃旷古以前地卑气湿而宜竹邪？婺州金华山有松石，又如核桃、芦根、鱼蟹之类皆有成石者，然皆其地本有之物，不足深怪，此深地中所无，又非本土所有之物，特可异耳。

【译文】近年延州永宁关黄河岸坍塌，深达数十尺，土中发现一丛竹笋约几百棵，根干相连，都化成石质。恰好有宦官经过，也取走几棵，说要进献皇上。延州向来没有竹子，石笋深埋在数十尺土下，不知道是什么时代的东西，难道远古以前这一带地势低洼、气候潮湿而适宜竹子生长？婺州金华山有松石，又如桃核、芦根、鱼蟹之类都有化成石质的，但都是当地原有的东西，不必特别奇怪，而这是很深的地中不应有的，又不是本地所有的东西，特别感到奇怪。

## 374. 泽州石蛇

治平中泽州人家穿井，土中见一物蜿蜒如龙蛇状，畏之不敢触，久之见其不动，试摸之乃石也，村民无知，遂碎之。时程伯纯为晋城令，求得一段，鳞甲皆如生物。盖蛇蜃所化，如石蟹之类。

【译文】治平年间泽州有户人家打井，在土里看见一样东西弯弯曲曲像龙蛇一样，害怕而不敢碰，过了好久见它不动，试着摸了一下乃是石头，村民不懂，把它打碎了。那时程伯纯是晋城县令，弄到了一段，鳞甲都像活的动物一样。大概是蛇蜃所化，像石蟹一类的东西。

## 375. 息石

随州医蔡士宁尝宝一息石，云数十年前得于一道人。其色紫光如辰州丹砂，极光莹如映，人搜和药剂，有缠纽之纹，重如金锡，其上有两三窍，以细篾剔之，出赤屑如丹砂，病心狂热者服麻子许即定，其斤两岁息。士宁不能名，乃以归余。或云昔人所炼丹药也。形色既异，又能滋息，必非凡物，当求识者辨之。

【译文】随州医生蔡士宁曾珍藏一块息石，说是几十年前得自一位道人。它有紫色光泽如同辰州丹砂，极其光亮能映照事物，人们用它来配药，表面有缠绕的纹路，像金锡那样重，上面有两三个小洞，用细竹片剔挖，能刮出像丹砂那样的红粉末，患心情狂躁的人只要服用芝麻般大小就能安定，它的份量每年都增加。士宁叫不出它的名字，把它送给我。有人说这是古人炼的丹药。形状和颜色既特殊，又能滋长，必定不是平常东西，应当请懂的人来辨认它。

## 376. 买杖伏法

随州大洪山人李遥，杀人亡命逾年，至秭归，因出市见鬻柱杖者，等闲以数十钱买之。是时秭归适又有邑民为人所杀，求贼甚急，民之子见遥所操杖，识之曰“此吾父杖也”，遂以告官司，执遥验之，果邑民之杖也，榜掠备至。遥实买杖，而鬻者已不见，卒未有以自明，有司诘其行止来历，势不可隐，乃递随州而大洪杀人之罪遂败，卒不知鬻杖者何人。市人千万而遥适值之，因缘及其隐匿，此亦事之可怪者。

【译文】随州大洪山人李遥，杀人逃亡在外一年多，来到秭归，在集市上见到卖拐杖的，随意用几十文钱买了一根。那时秭归正好也有邑民被人所杀，追捕犯人很急，被害人儿子看见李遥所拿拐杖，认出来说“这是我父亲的拐杖”，便向官府告发，抓住李遥验看拐杖，果然是被害者的拐杖，就用各种刑法加以拷问。李遥实在是买来的拐杖，而卖的人已找不到了，最终无法洗清自己，官吏查问他的行踪来历，无法进行隐瞒，就押送到随州而大洪山杀人的罪行就败露了，最终仍不知道卖拐杖的是什么人。集市许许多多人却让李遥恰好遇到他，由此连及他隐匿的罪名，这也是可奇怪的事情。

## 377. 天禄

至和中交趾献麟，如牛而大，通身皆大鳞，首有一角。考之记传与麟不类，当时有谓之山犀者，然犀不言有鳞，莫知其的。回诏欲谓之麟则虑夷獠见欺，不谓之麟则未有以质之，止谓之“异兽”，最为慎重有体。今以余观之，殆天禄也。按《后汉书》“灵帝中平三年，铸天禄、虾蟆于平门外”，注云：“天禄，兽名。今邓州南阳县北宗资碑旁两兽，镌其膊，一曰‘天禄’、一曰‘辟邪’。”元丰中余过邓境，闻此石兽尚在，使人墨其所刻“天禄”、“辟邪”字观之，似篆似隶，其兽有角鬣，大鳞如手掌。南丰曾阜为南阳令，题宗资碑阴云：“二兽膊之所刻独在，制作精巧，高七八尺，尾鬣皆鳞甲，莫知何象而名此也。”今详其形，甚类交趾所献异兽，知其必天禄也。

【译文】至和年间交趾进贡麒麟，像牛而更大，遍体都是大鳞片，头上有一只角。查考文献记载与麒麟不像，当时有人说是山犀，但犀牛没听说有鳞片，不知道究竟是什么东西。回覆的诏书想称为麒麟则顾虑被进贡的夷獠欺骗，不称为麒麟又没有确切的称呼，只称为“异兽”，最为慎重得体。现在依我看来，大概是天禄。《后汉书》“灵帝中平三年，铸天禄、虾蟆于平门外”，注说：“天禄，兽名。现在邓州南阳县北宗资碑旁两头石兽，刻字于臂膀，一称‘天禄’、一称‘辟邪’。”元丰年间我经过邓州，听说那石兽还在，派人墨拓所刻“天禄”、“辟邪”字观看，像篆体又像隶书，石兽有角鬣，大鳞片像手掌。南丰人曾阜任南阳令时，在宗资碑背面题字说：“二兽臂膀上所刻的字仍在，制作精巧，高七八尺，尾巴、角鬣都有鳞片，不知根据什么来命名的。”现在详察它们的样子，很像交趾进贡的异兽，知道它一定是天禄。

## 378. 舒屈剑

钱塘有闻人绍者尝宝一剑，以十大钉陷柱中，挥剑一削，十钉皆截，隐如秤衡，而剑锋无纤迹，用力屈之如钩，纵之铿然有声，复直如弦。关中种谔亦畜一剑，可以屈置盒中，纵之复直。张景阳《七命》论剑曰“若其灵宝则舒屈无方”，盖自古有此一类，非常铁能为也。

【译文】钱塘人闻人绍曾珍藏一把宝剑，把十根大钉子钉在柱子上，挥剑砍去，十根钉子都砍断，柱子表面好像秤杆一样，然而剑刃没有丝毫痕迹，用力弯屈能把剑弯成钩子那样，放开手铿锵一声，又笔直如弓弦。关中的种谔也藏有一剑，可以弯曲放在盒子里，拿出来又伸直了。张景阳《七命》谈到剑说“若其灵宝则舒屈无方”，看来在古代就有这类刀剑，不是普通铁所能制成的。

## 379. 前知鉴

嘉祐中伯兄为卫尉丞，吴僧持一宝鉴来云：“斋戒照之，当见前途吉凶。”伯兄如其言，乃以水濡其鉴，鉴不甚明，仿佛见如人衣绯衣而坐。是时伯兄为京寺丞，衣绿，无缘遽有绯衣，不数月英宗即位，覃恩赐绯。后数年僧至京师，蔡景繁时为御史，尝照之，见已著貂蝉，甚自喜，不数日摄官奉祀，遂假蝉冕。景繁终于承议郎，乃知鉴之所卜，唯知近事耳。

【译文】嘉佑年间我堂兄沈披任卫尉丞时，江南和尚拿一面宝镜对堂兄说：“斋戒后照镜，会看到前途吉凶。”堂兄按他的话做了，就用水淋那镜子，镜子不很清楚，好像看见有人穿着红色官服坐着。当时堂兄在京城任寺丞，穿绿色官服，没有机遇马上改换红色官服，没几个月英宗皇帝即位，施恩惠赏赐红色官服。又过几年那位和尚来到京城，蔡承禧当时任御史，曾照过这面镜子，看见自己戴着饰貂尾的官帽，很高兴，没几天代理祭祀官，于是借戴貂蝉冠。蔡景繁在承议郎官职上去世，由此可知镜子所能预告的，只是将要发生的事而已。

## 380. 三司凶宅

三司使宅本印经院，熙宁中更造三司宅，自薛师政经始，宅成，日官周琮曰：“此宅前河，后直太社，不利居者。”始自元厚之，自拜日入居之，不久厚之谪去，而曾子宣继之，子宣亦谪去，章子厚居之，子厚又逐，而余为三司使亦以罪去，李奉世继为之，而奉世又谪，皆不缘三司职事，悉以他坐褫削。奉世去，安厚卿主计而三司官废，宅毁为官寺，厚卿亦不终任。

【译文】三司使官署本是印经院，熙宁年间改建三司官署，从薛师政开始经办，官署建成，日官周琮说：“这房子前面是河，后面临太社，不利于居住的人。”最初是元绛，从任命这天进去居住，不久被贬离开，曾布继任，也贬官离开，章惇住进去，又被贬官放逐，而我任三司使也因获罪离开，李承之接任，又被贬官，都不是由于三司使本职的事务，全因为其他过错被革除职务。李承之离开后，安焘去主持而三司使官职被撤消，官署毁改为官寺，安焘也没有任满。

## 381. 鳄鱼

《岭表异物志》记鳄鱼甚详。余少时到闽中，时王举直知潮州，钓得一鳄，其大如船，画以为图而自序其下。大体其形如鼍，但喙长等其身，牙如锯齿。有黄、苍二色，或时有白者。尾有三钩，极铦利，遇鹿、豕即以尾戟之以食。生卵甚多，或为鱼，或为鼍、鼋，其为鳄者不过一二。土人设钩于大豕之身，筏而流之水中，鳄尾而食之则为所毙。

【译文】《岭表异物志》记载鳄鱼很详细。我小时候到过福建，当时王举直任潮州知州，钓到一条鳄鱼，身体像船一样大，便把它绘成图画而亲自在画下作记述。大体上它的形状像鼍，但是嘴部长度等同于身体，牙齿像锯齿。有黄、青两种颜色，偶有白色的。尾巴上有三个钩，极锋利，遇到鹿、猪等就用尾巴击杀它们来吃。产卵很多，有的孵化为鱼，有的孵化为鼍、鼋，成为鳄鱼的不过十之一二。当地人铁钩钩着大猪，用竹筏载着漂在水中，鳄鱼跟上来吃猪就被弄死了。

## 382. 海蛮师

嘉祐中海州渔人获一物，鱼身而首如虎，亦作虎文，有两短足在肩，指爪皆虎也，长八九尺，视人辄泪下，舁至郡中数日方死。有父老云昔年曾见之，谓之“海蛮师”，然书传小说未尝载。

【译文】嘉祐年间海州渔民捕获一只动物，身体像鱼而头像虎，也有虎的花纹，有两条短足长在肩部，指和爪都像虎，长八九尺，看见人就流泪，抬到海州城里几天后才死去。有老年人说往年曾见过，称为“海蛮师”，但史书和小说都没有记载。

## 383. 邕州泥佛

邕州交寇之后，城垒方完，有定水精舍泥佛辄自动摇，昼夜不息，如此逾月。时新经兵乱，人情甚惧，有司不敢隐，具以上闻，遂有诏令置道场禳谢，动亦不已。时刘初知邕州，恶其惑众，乃舁像投江中，至今亦无他异。

【译文】邕州在交趾寇乱后，城上防卫设施刚修好，定水精舍有座泥佛自己摇动，白天黑夜不停息，如此一月有余。当时刚经受战乱，人情惶恐不安，有关部门不敢隐瞒，向朝廷报告，于是皇帝下令设置道场进行祛除，但摇动还是不停。当时刘初任邕州长官，厌恶其迷惑众人，叫人抬了泥像投入江中，到现在也没有异常变故。

## 384. 地内宿藏

洛中地内多宿藏，凡置第宅未经掘者，例出掘钱。张文孝左丞始以数千缗买洛大第，价已定，又求掘钱甚多，文孝必欲得之，累增至千余缗方售，人皆以为妄费。乃营建庐舍，土中得一石匣，不甚大而刻镂精妙，皆为花鸟异形，顶有篆字二十余，书法古怪，无人能读，发匣得黄金数百两，鬻之，金价正如置第之直，斸掘钱亦在其数，不差一钱。观其款识文画皆非近古所有，数已前定，则虽欲无妄费，安可得也？

【译文】洛阳地下多有陈年埋藏，凡购置宅第未经挖掘的，照例要出掘地钱。左丞张观起初用数千贯买了洛阳大宅第，价钱已谈妥，又要求给很多掘地钱，张观一定要买下，又增加了一千多贯才到手，他人都认为是枉费。建造房屋时，在地里挖到一个石匣子，不很大但雕刻精妙，都是花鸟异形，匣顶有篆字二十多个，书法古怪，没有人能释读，打开匣子得到黄金数百两，卖掉这些金子，所得钱款正好与购宅的价格相等，掘地钱也包括在内，分毫不差。观察匣上的文字图像都不是近古所有，运数早就注定，即使想不枉费，又怎么行呢？

## 385. 恩州旋风

熙宁九年恩州武城县有旋风自东南来，望之插天如羊角，大木尽拔，俄顷旋风卷入云霄中，既而渐近，乃经县城，官舍、民居略尽，悉卷入云中，县令儿女、奴婢卷去复坠地，死伤者数人，民间死伤亡失者不可胜计，县城悉为丘墟，遂移今县。

【译文】熙宁九年恩州武城县有旋风从东南方向刮来，看上去直插天空如同羊角，大树全被连根拔起，顷刻间被旋风卷入云霄，而后渐渐接近，经过县城，官府、民居一扫而光，全部卷入云中，县官的儿女、仆人被卷上去再摔下来，死伤了好几个，百姓死伤失踪的无法统计，县城完全变成废墟，就迁移到现在这个地方。

## 386. 冰花

宋次道《春明退朝录》言：“天圣中青州盛冬浓霜，屋瓦皆成百花之状。”此事五代时已尝有之，余亦自两见如此。庆历中，京师集禧观渠中冰纹皆成花果林木；元丰末余到秀州，人家屋瓦上冰亦成花，每瓦一枝，正如画家所为折枝，有大花如牡丹、芍药者，细花如海棠、萱草辈者，皆有枝叶，无毫发不具，气象生动，虽巧笔不能为之，以纸拓之无异石刻。

【译文】宋敏求《春明退朝录》说："天圣年间青州隆冬降浓霜，房屋瓦片上都凝成各种花朵的形状。"这样的现象五代时已曾有过，我也两次见到类似现象。庆历年间，京城集禧观沟渠里的冰纹都呈花果林木状；元丰末年我在秀州，民家屋顶瓦片上的冰也凝成花，每片瓦一枝，正像画家所画的折枝花卉，大的像牡丹、芍药，小的像海棠、萱草之类，都有枝叶，细微处都一丝不差显现，形象生动，即使善于作画的也不能画出来，用纸拓下来与石刻没有什么两样。

## 387. 河州雹异

熙宁中河州雨雹，大者如鸡卵，小者如莲芡，悉如人头，耳目口鼻皆具，无异镌刻。次年王师平河州，蕃戎授首者甚众，岂克胜之符预告邪？

【译文】熙宁年间河州下冰雹，大的如鸡蛋，小的如莲子、芡实，形状全像人头，五官都具备，与雕刻没有不同。第二年朝廷军队平定河州，蕃戎被杀的很多，难道是预告战胜的征兆吗？

# 梦溪笔谈卷二十二

## 谬 误 谲诈附

### 388. 竹箭

“东南之美，有会稽之竹箭”，竹为竹，箭为箭，盖二物也。今采箭以为矢而通谓矢为箭者，因其材名之也，至于用木为笴而谓之箭则谬矣。

【译文】“东南之美，有会稽之竹箭”，竹是竹，箭是箭，是两种东西。现在采折箭竹做成矢而通称矢为箭，是依据材料来称呼它，至于用木做箭杆而称为箭就错了。

### 389. 丁谓智变

丁晋公之逐，士大夫远嫌，莫敢与之通声问。一日忽有一书与执政，执政得之不敢发，立具上闻，洎发之乃表也，深自叙致，词颇哀切，其间两句曰“虽迁陵之罪大，念立主之功多”，遂有北还之命。谓多智变，以流人无因达章奏，遂托为执政书，度以上闻，因蒙宽宥。

【译文】丁谓被放逐，士大夫为远避嫌疑，不敢和他往来。一天忽然有封信给执政官员，执政官员拿到后不敢拆阅，即刻上报皇帝，等到拆开乃是奏表，倾情表达，言辞颇悲切，其中两句说“虽比马迁、李陵罪大，顾念拥戴皇上功多”，于是有让他回京的命令。丁谓多智谋权变，因为放逐者无法递交奏表，就借着给执政官员写信，估计会以此上报，由此蒙受宽赦。

### 390. 谬以屏为反坫

尝有人自负才名，后为进士状首，敭历贵近，曾谪官知海州，有笔工善画水，召使画便厅掩障，自为之记，自书于壁间，后人以其时名，至今严护之，其间叙画水之因曰“设于厅事以代反坫”，人莫不怪之。余窃意其心，以谓“邦君树塞门，管氏亦树塞门；邦君为两君之好有反坫，管氏亦有反坫”，其文相属，故谬以屏为反坫耳。

【译文】曾有人自负才名，后来考中状元，历任贵官近臣，曾被贬任海州长官，见有位画匠擅长画水，就请他画便厅的屏墙，自己为画写记，亲笔题写在墙上，后人因为他的名气，到现在仍严加保护，他讲到画水于屏墙的原因说“设在厅堂用来代替反坫”，见到的人没有不感到奇怪的。我私下揣测他的想法，是认为“国君设立照壁，管仲也设立照壁；国君为两国君主友好有反坫，管仲也有反坫”，两句话文字连属，所以错把照壁称为反坫了。

## 391.《酉阳杂俎》记事多诞

段成式《酉阳杂俎》记事多诞，其间叙草木异物尤多谬妄，率记异国所出，欲无根柢。如云“一木五香，根旃檀、节沉香、花鸡舌、叶藿、胶熏陆”，此尤谬，旃檀与沉香两木元异，鸡舌即今丁香耳，今药品中所用者亦非，藿香自是草叶，南方至多，熏陆小木而大叶，海南亦有熏陆，乃其胶也，今谓之“乳头香”。五物迥殊，元非同类。

【译文】段成式《酉阳杂俎》记载事情大多不实在，其中所记叙的草木异物尤其多谬误虚妄，大都说是异国所产，使人无法追寻根源。如说“一木五香，根旃檀、节沉香、花鸡舌、叶藿、胶熏陆”，这尤其谬误，旃檀和沉香两种树木本来就不同，鸡舌香就是现在的丁香，现在药品中所用的也不是鸡舌香，藿香就是草叶，南方最多，薰陆是小树木而大叶子，海南也有薰陆，是它的树胶，现在称为“乳头香”。五种东西迥然不同，本来就不是同类。

## 392. 内府比玉带

丁晋公从车驾巡幸，礼成，有诏赐辅臣玉带。时辅臣八人，行在祗候库止有七带，尚衣有带，谓之“比玉”，价直数百万，上欲以赐辅臣，以足其数。晋公心欲之，而位在七人之下，度必不及己，乃谕有司不须发尚衣带，自有小私带，且可服之以谢，候还京别赐可也，有司具以此闻。既各受赐，而晋公一带仅如指阔，上顾谓近侍曰：“丁谓带与同列大殊，速求一带易之。”有司奏唯有尚衣御带，遂以赐之。其带熙宁中复归内府。

【译文】丁谓跟随皇上出巡，礼仪完成后，有诏令赏赐辅佐大臣玉带。当时辅佐大臣有八个人，随行的祗候库只有七条带，皇帝行装有条玉带，称为“比玉”，价值数百万，皇上想用来赏赐辅佐大臣，补足数目。丁谓心里想得到这条带，但职位在七人之下，估计必定轮不到自己，就对有关官员说不必动用皇帝行装的玉带，自己有小玉带，暂且可以戴着它谢恩，等返回京城另外赏赐玉带就可以了，有关官员就照此上报办理。等到大臣各受赏赐，丁谓的玉带只有一指宽，皇上回头对近侍说："丁谓的玉带与同僚相差太多，快找条玉带替换。"有关官员禀报说只有行装中的比玉带，就把它赐给了丁谓。这条玉带熙宁年间又归入内府。

### 393. 黄宗旦病目

黄宗旦晚年病目，每奏事先具奏目，成诵于口，至上前展奏目诵之，其实不见也。同列害之，密以他书易其奏目，宗旦不知也，至上前所诵与奏目不同，归乃觉之，遂乞致仕。

【译文】黄宗旦晚年患眼疾，每次上朝奏事先准备好提纲，然后熟读背诵，到皇帝面前打开提纲述说，其实什么也看不到。同僚陷害他，暗中用其他奏章调换他的提纲，宗旦不知道，到皇帝面前所述说的与实际所奏不同，回到家中才觉察，就请求退休了。

### 394. 卖卜术

京师卖卜者，唯利举场时举人占得失。取之各有术，有求目下之利者，凡有人问皆曰必得，士人乐得所欲，竞往问之；有邀以后之利者，凡有人问悉曰不得，下第者常过十分之七，皆以为术精而言直，后举倍获，有因此著名，终身飨利者。

【译文】京城以占卜为业的人，最有利可图的是科考时应试举人占问得失。赚钱手法各有不同，有的图眼前生意，凡是有人问都说必定能考中，读书人乐于满足自己想望，竞相前往占问；有些谋求今后利益，凡是有人问都说不能考中，考不中的人往往超过十分之七，都认为他的算得准而且讲得直率，以后找上门来的更多，有的因此而出名，终身得利。

### 395. 吏欺包拯

包孝肃尹京，号为明察。有编民犯法当杖脊，吏受赇，与之约曰："今见尹，必付我责状，汝第呼号自辩，我与汝分此罪，汝决杖，我亦决杖。"既而包引囚问毕，果付吏责状，囚如吏言分辩不已，吏大声诃之曰："但受脊杖出去，何用多言！"包谓其市权，捽吏于庭，杖之十七，特宽囚罪，止从杖坐，以抑吏势，不知乃为所卖，卒如素约。小人为奸，固难防也。孝肃天性峭严，未尝有笑容，人谓包希仁笑比黄河清。

【译文】包拯任京城长官，号称明察秋毫。有平民犯法当处以杖脊刑罚，小吏受贿，与他约定说："现在见到府尹，必定给我施刑的命令，你只管大声喊叫自我辩解，我和你分担这项处罚，你被责打，我也被责打。"过一会包拯带上犯人审问完毕，果然命令小吏施刑，犯人按照小吏的吩咐辩解不已，那小吏大声喝叱说："只管挨脊杖后出去，何必多说！"包拯觉得小吏卖弄权势，在公堂上把他揪住，杖打十七下，特地宽恕了犯人的处罚，只是连带打了几杖，以抑制小吏的威势，却不知被小吏所算计，结果如同原先约定那样。小人耍奸谋，固然难以防范。包拯天性刚直严厉，从未有笑容，人们把包拯的笑比作黄河水清。

## 396. 江淮茶纲

李溥为江淮发运使，每岁奏计，则以大船载东南美货结纳当途，莫知纪极。章献太后垂帘时，溥因奏事盛称浙茶之美，云："自来进御唯建州饼茶，而浙茶未尝修贡，本司以羡余钱买到数千斤，乞进入内。"自国门挽船而入，称"进奉茶纲"，有司不敢问，所贡余者悉入私室。溥晚年以贿败，窜谪海州，然自此遂为发运司岁例，每发运使入奏，舳舻蔽川，自泗州七日至京。余出使淮南时见有重载入汴者，求得其籍，言两浙笺纸三暖船，他物称是。

【译文】李溥任江淮发运使时，每年回京汇报，就用大船运载东南特产结交当权大官，肆无忌惮。章献太后垂帘听政时，李溥借奏事之机极力称赞浙江茶叶的优良，说："向来进献的都是建州茶饼，浙江茶叶从来没有进贡过，本官用公款盈余买了几千斤，请进献宫内。"于是从京城正门挽着船进入，号称"进奉茶纲"，有关部门不敢查问，进贡余下的全部中饱私囊。李溥晚年因贪贿而败落，贬官流放到海州，然而从此载土产进京成了发运司每年的惯例，每当发运使回京汇报，船队蔽江塞河，从泗州行驶七天抵京。我出使淮南时见到满载货物的船只驶入汴河，找来那些船只的货单，说是两浙精美纸张三暖船，其他货物的情况和这差不多。

## 397. 瓦松

崔融为《瓦松赋》云："谓之木也，访山客而未详；谓之草也，验农皇而罕记。"段成式难之曰"崔公博学，无不该悉，岂不知瓦松已有著说"，引梁简文诗"依檐映昔耶"。成式以昔耶为瓦松，殊不知昔耶乃是垣衣，瓦松自名昨叶何，成式亦自不识。

【译文】崔融作《瓦松赋》说："说它是树，询问山里民众而不知详情；说它是草，查核神农所尝而缺乏记载。"段成式批评说"崔公学识渊博，无事不晓，岂不知瓦松已有诗文写到了"，并引梁简文帝诗"依檐映昔耶"。段成式把昔耶作为瓦松，殊不知昔耶乃是苔藓，瓦松名称叫昨叶何，段成式也不识瓦松。

## 398. 陈彭年博学

江南陈彭年博学书史，于礼文尤所详练，归朝列于侍从，朝廷郊庙礼仪多委彭年裁定，援引故事颇为该洽。尝摄太常卿，导驾误行黄道上，有司止之，彭年正色回顾曰："自有典故。"礼曹素畏其该洽，不复敢诘问。

【译文】南唐的陈彭年博通经典，对于礼仪尤为熟悉，归顺朝廷后成为侍从官，朝廷祭祀礼仪大多交由陈彭年裁定，引用过去的惯例颇为详备。陈彭年曾代理太常卿，导驾官误走在黄道上，有关官员出来阻止，陈彭年严肃地回头说："这是有惯例的。"负责礼仪官员向来敬畏他的博识，不再敢追问。

## 399. 车渠

海物有车渠，蛤属也，大者如箕，背有渠垄如蚶壳，攻以为器，致如白玉，生南海。《尚书大传》曰："文王囚于羑里，散宜生得大贝如车渠，以献纣。"郑康成乃解之曰："渠，车罔也。"盖康成不识车渠，谬解之耳。

【译文】海产里有车渠，属蛤类，大的像簸箕，背上有凹渠凸垄如蚶壳，加工成器皿，精致如白玉，生长在南海。《尚书大传》说："周文王囚禁在羑里，散宜生得到大贝壳如车渠，拿来献给纣王。"郑玄注释说："渠，车轮外圈。"郑玄不认识车渠，解释错了。

## 400. 雅言

李献臣好为雅言，曾知郑州，时孙次公为陕漕罢赴阙，先遣一使臣入京，所遣乃献臣故吏，到郑庭参，献臣甚喜，欲令左右延饭，乃问之曰："餐来未？"使臣误意"餐"者谓次公也，遽对曰："离长安日，都运待制已治装。"献臣曰："不问孙待制，官人餐来未？"其人惭沮而言曰："不敢仰昧，为三司军将日曾吃却十三。"盖鄙语谓遭杖为"餐"。献臣掩口曰："官人误也，问曾与未曾餐饭，欲奉留一食耳。"

【译文】李淑喜好说话文雅，曾担任郑州主官，当时孙长卿因陕西转运使任满回朝，先派一名使臣进京，此人是李淑以前的部下，到郑州拜见，李淑很高兴，想让手下招待他吃饭，就问他说："餐来没有？"使臣误认为"餐"是指孙长卿，马上回答说："我离开长安那天，长官已在整理行装了。"李淑说："我不是问孙长官，问你餐来没有？"那人惭愧沮丧地说："不敢隐瞒，任三司军将时曾挨了十三杖。"民间俗称被杖责为"餐"。李淑捂着嘴巴笑道："你听错了，是问你有没有用过餐，想留你吃顿饭罢了。"

# 梦溪笔谈卷二十三

## 讥谑谬误附

### 401. 石曼卿微行

石曼卿为集贤校理微行倡馆，为不逞者所窘，曼卿醉与之校，为街司所录，曼卿诡怪不羁，谓主者曰："只乞就本厢科决，欲诘旦归馆供职。"厢帅不喻其谑，曰："此必三馆吏人也。"杖而遣之。

【译文】石延年任集贤校理时私下去倡馆，被胡作非为的人为难，延年喝醉了与他们争吵，被巡街官吏拘留，延年怪诞无拘束，对主管官员说："只请求在这里按法规裁决，希望明天早上回馆上班。"官员不懂延年的玩笑，说："这一定是三馆小吏。"杖责后把他放了。

### 402. 文章之病

司马相如叙上林诸水曰"丹水、紫渊，灞、浐、泾、渭，八川分流，相背而异态，灏溔潢漾，东注太湖"，李善注："太湖，所谓震泽。"按，八水皆入大河，如何得东注震泽？又白乐天《长恨歌》云："峨嵋山下少人行，旌旗无光日色薄。"峨嵋在嘉州，与幸蜀路全无交涉。杜甫武侯庙柏诗云："霜皮溜雨四十围，黛色参天二千尺。"四十围乃是径七尺，无乃太细长乎？防风氏身广九亩，长三丈，姬室亩广六尺，九亩乃五丈四尺，如此防风之身乃一饼餤耳。此亦文章之病也。

【译文】司马相如记叙上林各条水流说"丹水、紫渊，灞、浐、泾、渭，八川分流，相背而异态，灏溔潢漾，东注太湖"，李善注释说："太湖，即所谓的震泽。"按，八条水都流入黄河，怎么会东流入震泽？白居易《长恨歌》说："峨嵋山下少人行，旌旗无光日色薄。"峨嵋山在嘉州，与前往四川的路全无关系。杜甫咏武侯庙柏诗说："霜皮溜雨四十围，黛色参天二千尺。"四十围是直径七尺，不是太细长了吗？防风氏身宽九亩，长三丈，周朝一亩宽六尺，九亩是五丈四尺，如此防风氏的身体乃是块饼。这也是文章的毛病。

## 403. 色缴

库藏中物，物数足而名差互者，帐籍中谓之“色缴”音叫。尝有一从官知审官西院，引见一武人，于格合迁官，其人自陈年六十无材力，乞致仕，叙致谦厚，甚有可观，主判攘手曰：“某年七十二，尚能拳殴数人，此辕门也，方六十岁岂得遽自引退？”京师人谓之“色缴”。

【译文】仓库里的物品，数量对而名称搞错，帐簿上称为“色缴”读音叫。曾有一名侍从官主持审官西院，引见一名武夫，按规定可以调动官职，那人自己诉说年已六十却没有本领才干，请求退休，讲述十分谦虚，非常动人，那主官挥着手说：“我年纪七十二，还能拳打几个人，这是军营，刚满六十岁怎能匆忙自我请退？”京里人称为“色缴”。

## 404. 热中允不博冷修撰

旧日官为中允者极少，唯老于幕官者累资方至，故为之者多潦倒之人，近岁州县官进用者多除中允，遂有“冷中允”、“热中允”。又集贤殿修撰旧多以馆阁久次者为之，近岁有自常官超授要任，未至从官者多除修撰，亦有“冷撰”、“热撰”，时人谓“热中允不博冷修撰”。

【译文】过去官做到中允的人极少，只有久任幕府官职的人积累资历才能做到，所以任职的大多是失意潦倒者，近年州县官员选拔进用的大多授中允，于是有“冷中允”、“热中允”。集贤殿修撰过去大多用久在馆阁任职的人担任，近年有从一般官员越级授要职，做不上副职的大多授修撰，也有“冷撰”、“热撰”，当时人称“热中允不换冷修撰”。

## 405. 不识字快活

梅询为翰林学士，一日书诏颇多，属思甚苦，操觚循阶而行，忽见一老卒卧于日中，欠伸甚适，梅忽叹曰：“畅哉！”徐问之曰：“汝识字乎？”曰：“不识字。”梅曰：“更快活也。”

【译文】梅询任翰林学士时，有天要写的诏书很多，构思很辛苦，拿着纸笔沿着台阶踱步，忽然见到一个老兵躺在太阳底下，伸着懒腰很舒适，梅询感叹说：“畅快啊！”慢慢问他：“你识字吗？”说：“不识字。”梅询说：“更快活啦。”

## 406. 知府独具只眼

有一南方禅僧到京师，衣间绯袈裟，主事僧素不识南宗体式，以为妖服，执归有司，尹正见之亦迟疑未能断，良久喝出禅僧，以袈裟送报慈寺泥迦叶披之。人以谓此僧未有见处，却是知府具一只眼。

【译文】有位南方禅僧来到京城，穿着夹杂绯红色的袈裟，主事和尚向来不知道南宗规制，认为是妖服，扭送府衙，知府看了也迟疑未能决断，过了好久喝令禅僧出去，把袈裟送报慈寺给泥塑迦叶披上。人们认为主事和尚没有见识，却是知府独具只眼。

## 407. 应敌文章

士人应敌文章多用他人议论，而非心得，时人为之语曰："问即不会，用则不错。"

【译文】士人应对文章大多采用别人议论，而不是自己心得，当时人对此说："问即不会，用则不错。"

## 408. 兴国寺题壁

张唐卿景祐元年进士第一人及第，期集于兴国寺，题壁云："一举首登龙虎榜，十年身到凤凰池。"有人续其下云："君看姚晔并梁固，不得朝官未可知。"后果终于京官。盖姚晔大中祥符元年、梁固二年皆状元而终于京官。

【译文】张唐卿在景祐元年考中状元，约期集会于兴国寺，在壁上题诗："一举首登龙虎榜，十年身到凤凰池。"有人续写下句说："君看姚晔并梁固，不得朝官未可知。"后来张唐卿果然只做到一般京官。因为大中祥符元年的姚晔、二年的梁固都是状元而只做到一般京官。

## 409. 木马凌床

信安、沧、景之间多蚊虻，夏月牛马皆以泥涂之，不尔多为蚊虻所毙。郊行不敢乘马，马为蚊虻所毒则狂逸不可制，行人以独轮小车，马鞍蒙之以乘，谓之"木马"，挽车者皆衣韦袴。冬月作小坐床冰上拽之，谓之"凌床"。余尝按察河朔，见挽者相属，问其所用，曰"此运使凌床"、"此提刑凌床"也，闻者莫不掩口。

【译文】信安、沧、景一带多蚊虻，夏季牛马身上都用泥涂抹，不这样常被蚊虻叮死。出行郊外不敢乘马，马被蚊虻叮咬后狂奔而无法控制，出行人用独轮小车，铺上马鞍乘坐，称为"木马"，拉车的人都穿皮裤。冬天做小坐床在冰上拉，称为"凌床"。我曾察访河朔，见拉坐床的人接连不断，问起它们的用途，说"这是运使凌床”、“这是提刑凌床”，听的人无不掩口而笑。

### 410. 王告判牒

庐山简寂观道士王告好学有文，与星子令相善，有邑豪修醮，告当为都工，都工薄有施利，一客道士自言衣紫，当为都工，讼于星子云：“职位颠倒，称号不便。”星子令封牒与告，告乃判牒曰：“客僧做寺主，俗谚有云；散众夺都工，教门无例。虽紫衣与黄衣稍异，奈本观与别观不同。非为称呼，盖利乎其中有物；妄自尊显，岂所谓大道无名。宜自退藏，无抵刑宪。”告后归本贯登科，为健吏，至祠部员外郎、江南西路提点刑狱而卒。

【译文】庐山简寂观道士王告好学有文采，和星子县令很友好，有城中富豪做法事，王告应当任都工，都工略有些得益，有位外来道士自称穿紫法衣，应当做都工，状告到星子县说：“职位颠倒，称号不便。”星子县令把状子封着交给王告，王告写判语说：“外来僧人做本寺主持，俗谚说；闲散人争当都工，教门里没有先例。虽然紫衣与黄衣略有不同，无奈本观与别观也不一样。不为称呼，想贪图其中利益；妄自尊大，岂能称大道无名。该自我退避，别触犯法典。”王告后来回原籍考中进士，成为干练官吏，在祠部员外郎、江南西路提点刑狱任上去世。

### 411. 题诗增俸

旧制，三班奉职月俸钱七百，驿羊肉半斤。祥符中，有人为诗题所在驿舍间曰：“三班奉职实堪悲，卑贱孤寒即可知。七百料钱何日富，半斤羊肉几时肥？”朝廷闻之曰：“如此何以责廉隅？”遂增今俸。

【译文】过去规定，三班奉职月薪七百文，驿站供给羊肉半斤。祥符年间，有人做诗题写于所住驿舍里：“三班奉职实堪悲，卑贱孤寒即可知。七百料钱何日富，半斤羊肉几时肥？”朝廷听说后说：“这样怎能要求他们廉洁呢？”于是增加到现在的薪俸。

### 412. 县尉戏吟

尝有一名公，初任县尉，有举人投书索米，戏为一诗答之曰：“五贯九百五十俸，省钱请作足钱用。妻儿尚未厌糟糠，僮仆岂免遭饥冻？赎典、赎解不曾休，吃酒、吃肉何曾梦？为报江南痴秀才，更来谒索觅甚瓮。”熙宁中例增选人俸钱，不复有五贯九百俸者，此实养廉隅之本也。

【译文】曾有位名气颇大的人，刚任县尉，有个举子写信求取粮食，他便开玩笑地写了首诗回答说：“五贯九百五十俸，省钱请作足钱用。妻儿尚未厌糟糠，僮仆岂免遭饥冻？赎典、赎解不曾休，吃酒、吃肉何曾梦？为报江南痴秀才，更来谒索觅甚瓮。”熙宁年间按惯例增加入选官员薪俸，不再有五贯九百文的薪俸了，这实在是养廉的根本之举。

## 413. 石曼卿初登科

石曼卿初登科，有人讼科场，复考落数人，曼卿是其数。时方期集于兴国寺，符至追所赐敕牒靴服，数人皆啜泣而起，曼卿独解靴袍还使人，露体戴幞头复坐，语笑终席而去。次日，被黜者皆授三班借职。曼卿为一绝句曰：“无才且作三班借，请俸争如录事参。从此罢称乡贡进，且须走马东西南。”

【译文】石延年刚考中进士，有人申诉科场不公正，复考刷落了几个人，延年也在其中。当时正约期集会于兴国寺，宣布追缴赐予落选者的文书、官服，名列其中的几个人都抽泣起身，只有延年独自脱下官服交还给来人，赤露身体戴着包头巾重新坐下，说笑着到筵席结束才离开。第二天，落选者都授予三班借职。延年做了首绝句说：“无才且作三班借，请俸争如录事参。从此罢称乡贡进，且须走马东西南。”

## 414. 取索卤簿案牍

蔡景繁为河南军巡判官日，缘事至留司御史台阅案牍，得乾德中回南郊仪仗使司牒检云：“准来文取索本京大驾卤簿，勘会本京卤簿仪仗，先于清泰年中末帝将带逃走，不知所在。”

【译文】蔡承禧任河南军巡判官时，因事到留司御史台查阅案卷，得到乾德年间回覆南郊仪仗使司的文书说：“依来文索要本朝皇上仪仗，据查本朝仪仗器物，早在后唐清泰年间被末帝带着逃跑，不知在什么地方。”

## 415. 宋齐丘

江南宋齐丘，智谋之士也，自以谓江南有精兵三十万，士卒十万，大江当十万，而己当十万。江南初主本徐温养子，及僭号迁徐氏于海陵，中主继统，用齐丘谋，徐氏无男女少长皆杀之。其后，齐丘尝有一小儿病，闭阁谢客，中主置燕召之亦不出，有老乐工且双瞽，作一诗书纸鸢上放入齐丘第中，诗曰：“化家为国实良图，总是先生画计谟。一个小儿抛不得，上皇当日合何如？”海陵州宅之东至今有小儿坟数十，皆当时所杀徐氏之族也。

【译文】南唐宋齐丘，是足智多谋的人，自认为南唐有精兵三十万，其中士兵十万，长江抵十万，而自己抵十万。南唐初主李昪本是徐温养子，篡位称帝后把徐氏家族迁到海陵，中主李璟继位，采纳齐丘的计谋，把徐氏家族不分男女老少都杀死。后来，齐丘曾有个小孩患病，闭门谢客，中主设宴召请他也不出门，有个老乐工双目失明，做了首诗题写在风筝上放进齐丘宅院，诗写道："化家为国实良图，总是先生画计谟。一个小儿抛不得，上皇当日合何如？"海陵州衙东面至今有小孩坟墓几十座，都是当时所杀的徐氏族人。

## 416. 题壁戏谑

有一故相远派在姑苏，有嬉游，书其壁曰"大丞相再从侄某尝游"。有士人李璋素好讪谑，题其旁曰"混元皇帝三十七代孙李璋继至"。

【译文】有位前丞相的远亲在苏州，外出游玩，在壁上题写说"大丞相再从侄某曾来游玩"。有位士人李璋向来喜好讥讽人，便在边上题写说"混元皇帝三十七代孙李璋接着来过"。

## 417. 吴中士人

吴中一士人曾为转运司别试解头，以此自负，好附托显位，是时侍御史李制知常州、丞相庄敏庞公知湖州，士人游毗陵，挈其徒饮倡家，顾谓一驺卒曰："汝往白李二，我在此饮，速遣有司持酒肴来。""李二"谓李御史也。俄顷郡厨以饮食至，甚为丰腆。有一蓐医适在其家，见其事，后至御史之家因语及之，李君极怪，使人捕得驺卒，乃兵马都监所假，受士人教戒，就使庖买饮食以给坐客耳。李乃杖驺卒，使街司押士人出城，郡僚有相善者，出与之别，唁之曰："仓卒遽行，当何所诣？"士人应之曰："且往湖州依庞九耳。"闻者莫不大笑。

【译文】江浙有位士人曾任转运司别试解头，因此自以为了不起，喜好吹嘘与高官的关系，当时侍御史李制任常州主官，丞相庞籍任湖州主官，此人到毗陵游玩，带着手下到倡家喝酒，转身对赶车士兵说："你去告诉李二，我在这里喝酒，快派属下拿酒菜来。"所谓的"李二"指李制。不久府衙厨师把酒菜送来，十分丰盛。有位产科医生正好在那里，见到此事，后来到李制家里讲起这件事，李制十分奇怪，派人抓来赶车士兵，得知是向兵马都监借用，受那士人的指使，让厨师买了酒菜来哄骗在坐的客人。李制就杖责赶车士兵，派街司押解那士人出城，郡署官吏中有与此人关系好的，出城向他告别，问他说："匆忙上路，准备到什么地方去？"他回答说："将要去湖州找庞九。"听的人无不大笑。

## 418. 馆阁宿历

馆阁每夜轮校官一人直宿，如有故不宿则虚其夜，谓之"豁宿"。故事，豁宿不得过四，至第五日即须入宿。遇豁宿，例于宿历名位下书"腹肚不安，免宿”，故馆阁宿历相传谓之“害肚历”。

【译文】馆阁每天夜里轮到一名校官值班，如果有事不值班就轮空，称为“豁宿”。按惯例，豁宿不得超过四天，到第五天必须值班。遇到豁宿，按例在值班表的名字下写上“肚子不舒服，免值班”，所以馆阁值班表相传称为“害肚历”。

## 419. 俗语为文

吴人多谓梅子为“曹公”，以其尝望梅止渴也；又谓鹅为“右军”，以其好养鹅也。有一士人遗人醋梅与燖鹅，作书云：“醋浸曹公一甏，汤燖右军两只，聊备一馔。”

【译文】江浙一带多称梅子为“曹公”，因为曹操曾望梅止渴；又称鹅为“右军”，因为王羲之喜好养鹅。有位士人送人醋梅和煮鹅，写信说：“醋浸曹公一坛，汤煮右军两只，聊供便饭。”

# 梦溪笔谈卷二十四

## 杂志一

### 420. 延州五城

延州今有五城，说者以谓旧有东、西二城夹河对立，高万兴典郡始展南、北、东三关城，余因读杜甫诗云“五城何迢迢，迢迢隔河水”、“延州秦北户，关防犹可倚”，乃知天宝中已有五城矣。

【译文】延州现在有五座城堡，谈到它的人都说过去有东、西二座城堡夹清水河对峙，高万兴镇守此地时始拓展南、北、东三座关城，我因为读杜甫诗说“五城何迢迢，迢迢隔河水”、“延州秦北户，关防犹可倚”，才知道天宝年间已经有五座城堡了。

### 421. 石油

鄜延境内有石油，旧说高奴县出脂水即此也。生于水际沙石，与泉水相杂，惘惘而出，土人以雉尾裛之，乃采入缶中，颇似淳漆，燃之如麻，但烟甚浓，所沾幄幕皆黑。余疑其烟可用，试扫其煤以为墨，黑光如漆，松墨不及也，遂大为之，其识文为“延川石液”者是也。此物后必大行于世，自余始为之，盖石油至多，生于地中无穷，不若松木有时而竭。今齐鲁间松林尽矣，渐至太行、京西、江南松山太半皆童矣，造煤人盖未知石烟之利也。石炭烟亦大，墨人衣，余戏为《延州》诗云：“二郎山下雪纷纷，旋卓穹庐学塞人。化尽素衣冬未老，石烟多似洛阳尘。”

【译文】鄜延路境内有石油，过去说高奴县出产油脂水就是指它。它产生在水边沙石中，与泉水相混杂，慢慢地冒出来，当地人用雉鸟尾羽把它沾起来，采集到瓦罐里，有点像纯漆，烧起来像麻秆，但烟很浓，被它沾染的帐幕都变黑了。我推想它的烟可利用，试着扫下烟炱来做墨，黑亮像漆一样，松烟墨比不上它，于是就大批制作，上面铭有“延州石液”的就是这种墨。这种墨将来必然会很流行于世，是由我首先制作的，因为石油极多，产生于地下而无穷尽，不像松树有用完的时候。现在齐鲁一带的松林已砍尽，逐渐延伸到太行、京西、江南的松岭也大半都光秃秃了，烧制烟炱的人大概不知道石油烟的优点。煤的烟也很大，能熏黑衣服，我开随意写了首《延州》诗说：“二郎山下雪纷纷，旋卓穹庐学塞人。化尽素衣冬未老，石烟多似洛阳尘。”

## 422. 盐南风

解州盐泽之南秋夏间多大风，谓之“盐南风”。其势发屋拔木，几欲动地，然东与南皆不过中条，西不过席张铺，北不过鸣条，纵广止于数十里之间。解盐不得此风不冰，盖大卤之气相感，莫知其然也。又汝南亦多大风，虽不及盐南之厉，然亦甚于他处，不知缘何如此。或云自城北风穴山中出，今所谓风穴者已夷矣，而汝南自若，了知非有穴也。方谚云“汝州风，许州葱”，其来素矣。

【译文】解州盐泽以南夏秋之交常刮大风，称为“盐南风”。它的力量能掀去屋顶、拔起树木，几乎撼动大地，然而东面与南面都不越过中条山，西面不越过席张铺，北面不越过鸣条，范围限于几十里之内。解盐没有这股风不凝结，大概它与卤水之气相互感应，但不知道其中的道理。汝州以南也常刮大风，虽然及不上盐南风那样厉害，但也超过其他地方，不知为何如此。有人说从城北风穴山中出来的，现在所谓的风穴已经淤塞，但汝南依然刮大风，可见并非有风穴的缘故。当地谚语说“汝州风，许州葱”，其由来已久了。

## 423. 黑山

昔人文章用北狄事多言黑山，黑山在大漠之北，今谓之“姚家族”，有城在其西南谓之“庆州”，余奉使尝帐宿其下。山长数十里，土石皆紫黑似今之磁石，有水出其下，所谓黑水也。胡人言黑水原下委高，水曾逆流，余临视之，无此理，亦常流耳。山在水之东。大抵北方水多黑色，故有卢龙郡，北人谓水为“龙”，卢龙即黑水也。黑水之西有连山，谓之“夜来山”，极高峻，契丹坟墓皆在山之东南麓。近西有远祖射龙庙，在山之上，有龙舌藏于庙中，其形如剑。山西别是一族，尤为劲悍，唯啖生肉血，不火食，胡人谓“山西族”，北与黑水胡、南与达靼接境。

【译文】前人文章中讲到北方少数民族事多称黑山，黑山在戈壁沙漠之北，现在称为“姚家族”，有城在它的西南称为“庆州”，我出使辽国时曾扎帐在山脚下住宿。山长数十里，山上的土壤、石块都呈紫黑色类似于现在的磁石，有水源于山脚下，即所谓的黑水。契丹人说黑水发源处低而聚水处高，所以水曾倒流，我到水边上看过，没有这种道理，也是往常一样的水流。黑山在黑水的东面。大体上说北方的水多呈黑色，所以有卢龙郡，北方人称水为"龙"，卢龙就是黑水。黑水以西有连绵不断的山脉，称为"夜来山"，极高耸峻峭，契丹人的坟墓都在山的东南麓。较近的西面有契丹玄祖的射龙庙，在山上面，有龙舌藏在庙中，它的形状像剑。山的西面另是一种部族，更为强劲凶悍，只吃生的兽肉，不吃熟食，契丹人称为"山西族"，他们北与黑水胡、南与达靼接壤。

## 424. 官不可妄得

余姻家朝散郎王九龄常言，其祖贻永侍中，有女子嫁诸司使夏偕，因病危甚，服医朱严药遂差，貂蝉喜甚，置酒庆之，女子于坐间求为朱严奏官，貂蝉难之，曰："今岁恩例已许门医刘公才，当候明年。"女子乃哭而起，径归不可留，貂蝉追谢之，遂召公才，谕以女子之意，辍是岁恩命以授朱严。制下之日而严死，公才乃嘱王公曰："朱严未受命而死，法容再奏。"公然之，再为公才请。及制下，公才之尉氏县，使人召之，公才方饮酒，闻得官大喜，遂暴卒。一四门助教而死二医，一官不可妄得，况其大者乎？

【译文】我的姻亲朝散郎王九龄曾说，他的祖父王贻永侍中，有个女儿嫁给诸司使夏偕，某次病得很厉害，吃了医生朱严的药就好了，贻永很高兴，备酒庆贺，他的女儿在酒席上请求为朱严荫官，贻永感到为难，说："今年我的荫官名额已答应了门下医生刘公才，你的事要等明年了。"他的女儿就哭着站起身来，直接跑回夫家而留不住，贻永追回女儿道歉，就叫来公才，把女儿的意思告诉他，把荫官名额换给了朱严。命令下达那天朱严死了，公才便对贻永说："朱严没有接受官职就死了，按规定允许重报名额。"贻永同意了，再为公才申请。等到命令下达，公才去了尉氏县，派人召请他，公才正在饮酒，听说得到官职非常高兴，结果突然去世了。为了一个四门助教而死了两个医生，一个小官职不可以随便得到，更何况更大的呢？

## 425. 赵普治第

赵韩王治第，麻捣钱一千二百余贯，其他可知。盖屋皆以板为笪，上以方砖甃之然后布瓦，至今完壮。涂壁以麻捣土，世俗遂谓涂壁麻为"麻捣"。

【译文】赵普修造府第，麻捣用钱一千二百多贯，其他可想而知。覆盖屋面都用木板代替竹席，上面用方砖砌后再铺瓦片，到现在仍完好结实。涂饰墙壁用麻混合泥土捣烂，世人便把涂饰墙壁的麻称为"麻捣"。

## 426. 跳兔

契丹北境有跳兔，形皆兔也，但前足才寸许，后足几一尺，行则用后足跳，一跃数尺，止则蹶然仆地。生于契丹庆州之地大漠中，余使虏日捕得数兔持归，盖《尔雅》所谓蟨兔也，亦曰蛩蛩巨驉也。

【译文】契丹北部地区有跳兔，形状完全是兔子，但前肢才一寸多，后肢近一尺，行进时用后肢跳跃，一跃有好几尺，停下来就仆倒在地上。它生长在契丹庆州的大沙漠中，我出使时曾捕到几只带回来，大概就是《尔雅》所说的蟨兔，也叫蛩蛩巨驉。

## 427. 蠊

蟭蟟之小而绿色者，北人谓之“蠊”，即《诗》所谓“蠊首蛾眉”者也，取其顶深且方也。又闽人谓大蝇为“胡蠊”，亦蠊之类也。

【译文】蟭蟟中小而绿色的，北方人称为“蠊”，就是《诗·卫风·硕人》所谓的“蠊首蛾眉”，取它的额形广且方。福建人称大蝇为“胡蠊”，也是蠊的同类。

## 428. 霜信

北方有白雁，似雁而小，色白，秋深则来。白雁至则霜降，河北人谓之“霜信”，杜甫诗云“故国霜前白雁来”，即此也。

【译文】北方有白雁，像大雁而体形小，白颜色，深秋时飞来。白雁来到就下霜，河北人称为“霜信”，杜甫诗说“故国霜前白雁来”，就是指它。

## 429. 淤田法

熙宁中初行淤田法，论者以谓《史记》所载“泾水一斛，其泥数斗，且粪且溉，长我禾黍”，所谓“粪”即淤也。余出使至宿州得一石碑，乃唐人凿六陡门发汴水以淤下泽，民获其利，刻石以颂刺史之功，则淤田之法其来盖久矣。

【译文】熙宁年间开始推行淤田法，谈论这件事的人认为《史记》所记载的“泾水一斛，其泥数斗，且粪且溉，长我禾黍”，所说的“粪”就是淤田。我出使到宿州见到一块石碑，是唐人开凿六陡门引汴水淤下游沼泽地，百姓得到益处，刻碑来称颂刺史的功绩，可见淤田的方法由来已久。

## 430. 海陆变迁

余奉使河北，遵太行而北，山崖之间往往衔螺蚌壳及石子如鸟卵者，横亘石壁如带。此乃昔之海滨，今东距海已近千里，所谓大陆者皆浊泥所湮耳。尧殛鲧于羽山，旧说在东海中，今乃在平陆。凡大河、漳水、滹沱、涿水、桑干之类悉是浊流，今关陕以西水行地中不减百余尺，其泥岁东流皆为大陆之土，此理必然。

【译文】我奉命察访河北，沿太行山北行，山崖间常常嵌有螺蚌壳以及像鸟卵的石砾，横贯石壁如同带子。这是过去的海滨，现在东距大海已将近千里，所谓的大陆都是水流夹带的泥沙沉积而成。尧处死鲧的羽山，过去传说在东海中，现在已在陆地。像黄河、漳水、滹沱、涿水、桑干之类都是含泥沙的河流，现在关陕以西水流都在地面以下不少于一百多尺，水中的泥沙年年东流都沉积为陆地的泥土，这是理所必然的。

## 431. 淮河故道

唐李翱为《来南录》云："自淮沿流至于高邮，乃溯至于江。"《孟子》所谓"决汝、汉，排淮、泗而注之江"，则淮、泗固尝入江矣，此乃禹之旧迹也。熙宁中曾遣使按图求之，故道宛然，但江、淮已深，其流无复能至高邮耳。

【译文】唐代李翱所撰《来南录》说："从淮河沿水流到达高邮，于是溯河道到长江。"《孟子》所谓的"决汝、汉，排淮、泗而注之江"，那么淮、泗原来曾流入长江，这是禹治水的旧迹。熙宁年间曾派人根据地图寻找，旧河道还清晰可见，但江、淮河床已深，它们的水流不再能流到高邮了。

## 432. 炼丹

余中表兄李善胜曾与数年辈炼朱砂为丹，经岁余，因沐砂再入鼎，误遗下一块，其徒丸服之，遂发懵冒，一夕而毙。朱砂至良药，初生婴子可服，因火力所变遂能杀人。以变化相对言之，既能变而为大毒，岂不能变而为大善？既能变而杀人，则宜有能生人之理，但未得其术耳。以此知神仙羽化之方不可谓之无，然亦不可不戒也。

【译文】我的表兄李善胜曾和几个同辈人炼朱砂做丹药，一年多后，由于淘洗朱砂再放进丹炉去炼，无意遗落一块，他们的仆役把它当丸药吃了，便昏迷过去，一夜间就死了。朱砂是极好的药，初生婴儿都能服用，由于火力烧炼起了变化就能致人死命。从转化到对立面这一点来说，既然能变为剧毒，难道就不能变为大有益处吗？既然能变为致人死命，就应该有能够救人性命的道理，只是没有掌握它的方法罢了。由此可知修道成仙的丹方不能说没有，但也不可不谨慎。

## 433. 雁荡山

温州雁荡山天下奇秀，然自古图牒未尝有言者。祥符中因造玉清宫伐山取材，方有人见之，此时尚未有名。按西域书，阿罗汉诺矩罗居震旦东南大海际雁荡山芙蓉峰龙湫，唐僧贯休为《诺矩罗赞》有“雁荡经行云漠漠，龙湫宴坐雨蒙蒙”之句。此山南有芙蓉峰，峰下芙蓉驿，前瞰大海，然未知雁荡、龙湫所在，后因伐木始见此山。山顶有大池，相传以为雁荡；下有二潭水，以为龙湫；又有经行峡、宴坐峰，皆后人以贯休诗名之也。谢灵运为永嘉守，凡永嘉山水游历殆遍，独不言此山，盖当时未有雁荡之名。余观雁荡诸峰皆峭拔崄怪，上耸于天，穹崖巨谷不类他，山皆包在诸谷中，自岭外望之都无所见，至谷中则森然干霄。原其理，当是为谷中大水冲激，沙土尽去，唯巨石岿然挺立耳，如大小龙湫、水帘、初月谷之类，皆是水凿音漕，去声之穴，自下望之则高岩峭壁，从上观之适与地平，以至诸峰之顶亦低于山顶之地面，世间沟壑中水凿之处皆有植土龛岩，亦此类耳。今成皋、陕西大涧中立土动及百尺，迥然耸立，亦雁荡具体而微者，但此土彼石耳。既非陡出地上，则为深谷林莽所蔽，故古人未见、灵运所不至，理不足怪也。

【译文】温州雁荡山的风景特别秀丽，但自古以来地图册籍都不曾提到过。大中祥符年间因建造玉清宫到山上采伐木材，才有人见到它，当时还不出名。据佛教典籍记载，阿罗汉诺矩罗居住在震旦东南大海之滨雁荡山芙蓉峰的龙湫，唐代和尚贯休写的《诺矩罗赞》有“雁荡经行云漠漠，龙湫宴坐雨濛濛”的句子。这座山的南面有芙蓉峰，峰下是芙蓉驿，前望鸟瞰大海，但不知雁荡、龙湫在什么地方，后来因为采伐木材才见到这座山。山顶上有大池，传说就是雁荡；山下有两个水潭，被认为是龙湫；还有经行峡、宴坐峰，都是后人用贯休的诗句命名的。谢灵运当永嘉太守时，永嘉山水几乎都游历遍了，唯独没有提到雁荡山，因为当时没有雁荡山的名声。我看雁荡各个山峰都峻峭险怪，高耸于天，高崖深谷不像其他地方，山峰都包在各个山谷中，从山外看去什么都看不见，进到谷中则山峰林立冲云霄。推究其原因，应当是受山谷中大水的冲刷，沙土都被冲走，只剩巨大岩石高峻地挺立着，像大小龙湫、水帘、初月谷之类的地方，都是流水冲凿读音漕的去声出来的洞穴，从下望去是高岩峭壁，从上看去恰好与地面相平，以至各个峰顶也低于周围山顶的地面，世上沟壑中被水冲凿地方都有直立的土柱、凹陷的岩石，也是这种情况。现在成皋、陕西大山涧中直立土柱往往高达百尺，突出地耸立在那儿，也就是雁荡诸峰的缩影，只不过这里是土而那里是石头罢了。雁荡山既然不是挺立在地表，被深谷和树丛所遮蔽，所以古人没有发现、谢灵运没有到过，按理不足为怪。

## 434. 木天

内诸司舍屋唯秘阁最宏壮，阁下穹隆高敞，相传谓之“木天”。

【译文】宫内各官署机构的房屋只有秘阁最宏伟壮丽，阁内顶蓬宽广高大，相传称为“木天”。

## 435. 毛罗海客

嘉祐中，苏州昆山县海上有一船桅折，风飘抵岸。船中有三十余人，衣冠如唐人，系红鞓角带，短皂布衫，见人皆恸哭，语言不可晓，试令书字，字亦不可读，行则相缀如雁行。久之自出一书示人，乃唐天祐中告授毛罗岛首领陪戎副尉制；又有一书，乃是上高丽表，亦称毛罗岛，皆用汉字。盖东夷之臣属高丽者。船中有诸谷，唯麻子大如莲的，苏人种之，初岁亦如莲的，次年渐小，数年后只如中国麻子。时赞善大夫韩正彦知昆山县事，召其人犒以酒食，食罢以手捧首而䩞，意若欢感。正彦使人为其治桅，桅旧植船木上不可动，工人为之造转轴，教其起倒之法，其人又喜，复捧首而䩞。

【译文】嘉祐年间，苏州昆山县海面上有条船断了桅杆，随风飘流到岸边。船上有三十几个人，穿戴像唐朝人，系着红色角銙皮带，穿着黑色短布衫，逢人就悲哀痛哭，说的话听不懂，试着让他们写出来，写的字也无法读懂，走路互相跟随如同大雁飞行。时间久了自己拿出一份东西给人看，是唐天祐年间封授毛罗岛首领为陪戎副尉的文书；另外一份，则是致送高丽国的文书，也称毛罗岛，都用汉字书写，大概是东夷中臣属高丽的国家。船上有各种粮食，只有芝麻如莲子般大，苏州人把它种下去，第一年像莲子那样大，第二年就变小了，几年后就和中国芝麻一样大了。当时赞善大夫韩师德任昆山知县，召见这些人用酒食慰劳，他们吃完后用手捧着脑袋露出笑容，样子好像很高兴。师德派人为他们修理桅杆，桅杆原先固定在船底上不能活动，工匠们为他们安装转轴，教他们把桅杆竖起放倒的方法，他们又很高兴，再次捧着脑袋露出笑容。

## 436. 使臣撒殿

熙宁中珠辇国使人入贡，乞依本国俗撒殿，诏从之。使人以金盘贮珠，跪捧于殿槛之间，以金莲花酌珠向御座撒之，谓之“撒殿”，乃其国至敬之礼也。朝退，有司扫彻得珠十余两，分赐是日侍殿閤门使副内臣。

【译文】熙宁年间珠辇国使者前来朝贡，请求按本国习俗撒殿，皇上下令同意请求。使者用金盘装着珠子，捧着跪在殿堂栏杆之间，用金子制作的莲花舀起珠子向御座抛撒，称为“撒殿”，是他们国家最尊敬的礼仪。退朝后，有关部门扫到了十多两珠子，分赏给那天在殿上执役的閤门官员和宦官。

## 437. 指南针

方家以磁石磨针锋则能指南，然常微偏东，不全南也。水浮多荡摇，指爪及碗唇上皆可为之，运转尤速，但坚滑易坠，不若缕悬为最善。其法取新纩中独茧缕，以芥子许蜡缀于针腰，无风处悬之则针常指南。其中有磨而指北者，余家指南、北者皆有之。磁石之指南犹柏之指西，莫可原其理。

【译文】方术者用磁石摩擦针尖就能使它指南，但常略微偏东，不完全正南。针浮在水面上常晃荡，在指甲和碗边上都能放置，运转尤为快捷，但坚硬光滑容易坠落，不如用丝悬挂最好。其方法是取新缫的单根蚕丝，用芥菜籽大小的蜡粘连在针的腰部，没有风的地方悬挂起来针就常指南方。其中有磨擦后指北的，我家指南、指北的针都有。磁石针指南方犹如柏树偏西生长，无法追究其中的道理。

## 438. 钟馗之始

岁首画钟馗于门，不知起自何时。皇祐中金陵发一冢，有石志，乃宋宗悫母郑夫人，宗悫有妹名钟馗，则知钟馗之设亦远。

【译文】元旦在大门上画钟馗，不知起源于什么时代。皇祐年间金陵挖出一座墓，有石刻墓志铭，是刘宋宗悫之母郑夫人的墓，宗悫有个妹妹名叫钟馗，由此知道钟馗的创设也有很久了。

## 439. 鹿奴诗

信州杉溪驿舍中有妇人题壁数百言，自叙世家本士族，父母以嫁三班奉职鹿生之子，鹿忘其名。娩娠方三日，鹿生利月俸逼令上道，遂死于杉溪，将死乃书此壁，具逼迫苦楚之状，恨父母远无地赴诉，言极哀切，颇有词藻，读者无不感伤。既死，藁葬之驿后山下，行人过此多为之愤激，为诗以吊之者百余篇，人集之，谓之《鹿奴诗》，其间甚有佳句。鹿生，夏文庄家奴，人恶其贪忍，故斥为“鹿奴”。

【译文】信州杉溪的驿站房舍中有位妇女在墙上题写了几百字，自述出身在世代为官的家中，父母把她嫁给三班奉职鹿某的儿子，鹿某，名字忘记了。生下孩子才三天，鹿生贪图早领一个月薪俸逼着要她动身，结果死在杉溪，临死前在墙上写下这些话，陈述被逼迫的痛苦状况，悔恨父母远离无处诉怨，语辞极其哀切，又有些文采，看到的人无不感伤。她死后，被草草安葬于驿站后面的山脚下，途经此地的人多为她愤慨不平，写诗吊唁她的有一百多篇，有人搜集起来，题名为《鹿奴诗》，其中很有些好句子。鹿生，是夏竦的家奴，人们憎恶他贪利狠心，所以指斥他为“鹿奴”。

## 440. 族望

士人以氏族相高虽从古有之，然未尝著盛，自魏氏铨总人物，以氏族相高，亦未专任门地。唯四夷则全以氏族为贵贱，如天竺以刹利、婆罗门二姓为贵种，自余皆为庶姓，如毗舍、首陀是也，其下又有贫四姓，如工巧、纯陀是也。其他诸国亦如是，国主、大臣各有种姓，苟非贵种国人莫肯归之，庶姓虽有劳能亦自甘居大姓之下，至今如此。自后魏据中原，此俗遂盛行于中国，故有八氏十姓、三十六族九十二姓，凡三世公者曰膏粱，有令、仆者曰华腴，尚书、领、护而上者为甲姓，九卿、方伯者为乙姓，散骑常侍、太中大夫者为丙姓，吏部正员郎为丁姓，得入者谓之"四姓"。其后迁易纷争，莫能坚定，逐取前世仕籍，定以博陵崔、范阳卢、陇西李、荥阳郑为甲族，唐高宗时又增太原王、清河崔、赵郡李，通谓"七姓"。然地势相倾，互相排诋，各自著书，盈编连简殆数十家，至于朝廷为之置官撰定，而流习所徇，扇以成俗，虽国势不能排夺。大率高下五等通有百家，皆谓之"士族"，此外悉为庶姓，婚宦皆不敢与百家齿。陇西李氏乃皇族，亦自列在第三，其重族望如此。一等之内，又如冈头卢、泽底李、土门崔、靖恭杨之类，自为鼎族，其俗至唐末方渐衰息。

【译文】士人以家世分高低虽然自古以来就有，但没有成为风气，自从曹魏以九品评定士人，以家世分高低，也没有专以门第为标准。只有周边少数民族才完全按家世区分贵贱，如印度以刹帝利、婆罗门二姓为贵族种姓，其他的都是平民种姓，如毗舍、首陀罗之类就是，这以下又有贫四姓，如工巧、纯陁就是。其他各国也是如此，国王、大臣各有种姓，假如不是贵族种姓民众就不肯归依，平民种姓即使有功劳和才能也自甘居于大姓之下，到现在都是这样。自从北魏入主中原，这种风俗便盛行于中土，因而有八氏十姓、三十六族九十二姓，凡是三世任三公的称膏粱，当过尚书令、尚书仆射的称华腴，当过尚书、领军、护军等高官的为甲姓，当过九卿、州刺史的为乙姓，当过散骑常侍、太中大夫的为丙姓，当过吏部郎官的为丁姓，属于以上姓氏称为"四姓"。后来世族间变易纷争，不能确定贵贱，就取前代当官的经历，确定博陵崔氏、范阳卢氏、陇西李氏、荥阳郑氏为一等氏族，唐高宗时又增入太原王氏、清河崔氏、赵郡李氏，通称"七姓"。这些望族地位、势力差不多，互相排挤攻击，各自著书立说，连篇累牍多达数十家，以至朝廷为此设官评定，但习惯相沿，成为风俗，即使国家权力都不能改变它们。大体上氏族中前五个等级共有一百家，都称为"士族"，此外均为平民姓氏，婚姻和做官都不敢与那百家士族并列。陇西李氏是唐朝的皇族，也只列在第三等，当时重视族望到如此程度。第一等里面，如冈头卢氏、泽底李氏、土门崔氏、靖恭杨氏之类，是显赫氏族，这种风气到唐末才逐渐衰落。

## 441. 茶芽

茶芽，古人谓之“雀舌”、“麦颖”，言其至嫩也。今茶之美者，其质素良而所植之土又美，则新芽一发便长寸余，其细如针，唯芽长为上品，以其质干、土力皆有余故也。如雀舌、麦颖者，极下材耳，乃北人不识，误为品题。余山居有《茶论》，《尝茶》诗云：“谁把嫩香名雀舌，定知北客未曾尝。不知灵草天然异，一夜风吹一寸长。”

【译文】茶的芽叶，古人称为“雀舌”、“麦颖”，是说它极其嫩。现在好的茶叶，其品种本就优良而种植的土壤又肥沃，所以新芽一长出来就有一寸多长，纤细如针，只有芽长的才是上品，因为它的植株、土壤都有余力的缘故。像雀舌、麦颖之类，是极为低下的东西，北方人不懂得，误把它评为上等。我住在山中时写有《茶论》，并有《尝茶》诗说：“谁把嫩香名雀舌，定知北客未曾尝。不知灵草天然异，一夜风吹一寸长。”

## 442. 丁香荔枝

闽中荔枝核有小如丁香者，多肉而甘。土人亦能为之，取荔枝木去其宗根，仍火燔令焦，复种之，以大石抵其根，但令旁根得生，其核乃小，种之不复芽，正如六畜去势则多肉而不复有子耳。

【译文】福建荔枝中有核小如丁香的品种，肉质厚而甘甜。当地人也能人工造就，把荔枝树去掉主根，用火烤焦根部，再种下去，用大石头挡住它的主根，只让傍侧的根能生长，果实的核就小了，但种下去不再能发芽，正如牲畜阉割就多长肉但不再能繁殖后代了。

## 443. 旁不肯

元丰中庆州界生子方虫，方为秋田之害，忽有一虫生，如土中狗蝎，其喙有钳，千万蔽地，遇子方虫则以钳搏之，悉为两段，旬日子方皆尽，岁以大穰。其虫旧曾有之，土人谓之“旁不肯”。

【译文】元丰年间庆州一带出现蚜蚄，正在危害秋季作物，忽然出现了一种虫子，好像土壤中的狗蝎，它的口端有钳子，成千上万布满地面，遇到蚜蚄就用口钳搏击，咬成两段，十多天里蚜蚄都被杀尽，这一年获得大丰收。这种虫过去曾有过，当地人称为“旁不肯”。

## 444. 咊漱

养鹰鹯者，其类相语谓之“咊以麦反漱”。三馆书有《咊漱》三卷，皆养鹰鹯法度及医疗之术。

【译文】驯养鹰雕的人，把呼唤它们的叫声称为“咊读以麦反漱”。三馆藏书中有《咊漱》三卷，都是驯养鹰雕的方法和治疗它们疾病的技术。

## 445. 芋梗疗蜂螫

处士刘易隐居王屋山，尝于斋中见一大蜂罥于蛛网，蛛搏之，为蜂所螫坠地，俄顷蛛鼓腹欲裂，徐行入草，蛛啮芋梗微破，以疮就啮处磨之良久，腹渐消，轻躁如故。自后人有为蜂螫者，挼芋梗傅之即愈。

【译文】处士刘易隐居王屋山时，曾在房间里见到一只大蜂被蛛网挂住，蜘蛛去捕捉它，遭到蜂的螫刺掉在地上，不一会蜘蛛肚子肿胀得像要裂开一样，慢慢爬入草丛，把芋梗外皮稍微咬破一点，将疮口咬破的地方磨蹭了很久，肚子渐渐消肿，像过去那样灵便轻快。从此以后人们被蜂螫刺了，揉搓芋梗敷上去就好了。

## 446. 南北异嗜

宋明帝好食蜜渍鱁鮧，一食数升。鱁鮧乃今之乌贼肠也，如何以蜜渍食之？大业中，吴郡贡蜜蟹二千头、蜜拥剑四瓮。又何胤嗜糖蟹。大抵南人嗜咸、北人嗜甘，鱼、蟹加糖蜜，盖便于北俗也。如今之北方人喜用麻油煎物，不问何物皆用油煎。庆历中群学士会于玉堂，使人置得生蛤蜊一篑，令饔人烹之，久且不至，客讶之，使人检视，则曰：“煎之已焦黑而尚未烂。”坐客莫不大笑。余尝过亲家设馔，有油煎法鱼，鳞鬣虬然，无下筯处，主人则捧而横啮，终不能咀嚼而罢。

【译文】宋明帝喜欢吃蜜渍鱁鮧，一顿吃好几升。鱁鮧就是现在的乌贼肠，怎么能蜜渍起来吃呢？隋大业年间，吴郡进贡蜜蟹二千只、蜜渍蟚蜞四坛。梁代何胤喜欢吃糖蟹。大体上南方人喜欢吃咸，北方人喜欢吃甜，鱼、蟹加糖蜜渍制，是迎合北方口味。好比现在北方人喜欢用麻油煎东西，不论什么食物都用油煎。庆历年间翰林学士们在玉堂聚会，派人买来一筐生蛤蜊，叫厨师去烹制，很长时间不见端出来，学士们感到奇怪，派人去察看，厨师说：“已经煎成焦黑色但还没有烂熟。”学士们无不大笑。我曾到姻亲家吃饭，有一味油煎腌鱼，鳞片、鳃鳍煎得翻卷起来，无法下筷食用，主人就拿起鱼横着咬啮，终因不能咀嚼而作罢。

## 447. 乌脚溪

漳州界有一水号“乌脚溪”，涉者足皆如墨，数十里间水皆不可饮，饮皆病瘴，行人皆载水自随。梅龙图公仪宦州县时，沿牒至漳州，素多病，预忧瘴疠为害，至乌脚溪使数人肩荷之，以物蒙身，恐为毒水所沾。兢惕过甚，睢盱矍铄，忽坠水中，至于没顶，乃出之，举体黑如昆仑，自谓必死，然自此宿病尽除，顿觉康健，无复昔之羸瘵，又不知何也。

【译文】漳州境内有条河称为“乌脚溪”，蹚过水的人脚都像墨一样黑，方圆几十里内的水都不能饮用，喝下去都会闹肚子，过往行人都随身带着水。龙图阁学士梅挚在州县当官时，曾途经漳州，他本来就多病，早就担心当地瘴疠之气侵害，到了乌脚溪就让几个人抬他，用东西蒙住身体，恐怕被有毒溪水沾上。因为戒备担心过头，仰眼朝天地摸索着过河，一不小心就掉入水中，差一点没过头顶，众人把他拖起来，全身黑得像昆仑奴，自己以为肯定没命了，不料从此旧病都没有了，顿时觉得身体康健，再没有往日病恹恹的样子，这又不知道是怎么回事。

## 448. 北岳恒山

北岳恒山，今谓之大茂山者是也，半属契丹，以大茂山分脊为界。岳祠旧在山下，石晋之后稍迁近里，今其地谓之“神棚”。今祠乃在曲阳，祠北有望岳亭，新晴气清则望见大茂。祠中多唐人故碑，殿前一亭中有李克用题名云：“太原河东节度使李克用亲领步骑五十万，问罪幽陵，回师自飞狐路即归雁门。”今飞狐路在大茂之西，自银冶寨北出倒马关度虏界，却自石门子、冷水铺入瓶形、梅回两寨之间至代州。今此路已不通，唯北寨西出承天阁路可至河东，然路极峭狭。太平兴国中，车驾自太原移幸恒山乃由土门路，至今有行宫在。

【译文】北岳恒山，现在称为大茂山的就是，它一半属契丹，以大茂山的山脊为分界。岳神祠原先在山脚下，石晋以后稍南迁靠近腹地，现在那地方称为“神棚”。现在岳神祠在曲阳，祠北面有望岳亭，天气刚放晴的清朗之时能望见大茂山。祠中有很多唐人旧碑，大殿前一个亭子里有李克用题名说：“太原河东节度使李克用亲领步骑五十万，问罪幽陵，回师自飞狐路即归雁门。”现在飞狐路在大茂山以西，从银冶寨北出倒马关经契丹地界，再从石门子、冷水铺经瓶形、梅回两寨之间至代州。现在这条路已不通，只有从北寨西出经承天军山路可到达河东，但道路极其峻峭狭窄。太平兴国年间，皇上从太原前往恒山走的是土门路，到现在仍有行宫在那里。

## 449. 展海子为稻田

镇阳池苑之盛冠于诸镇，乃王镕时海子园也。镕尝馆李匡威于此，亭馆尚是旧物，皆甚壮丽。镇人喜大言，矜大其池，谓之“潭园”，盖不知昔尝谓之

"海子"矣。中山人常好与镇人相雌雄，中山城北园中亦有大池，遂谓之"海子"，以压镇之潭园。余熙宁中奉使真定，时薛师政为定帅，乃与之同议，展海子直抵西城中山王冢，悉为稻田，引新河水注之，清波弥漫数里，颇类江乡矣。

【译文】镇州真定池沼园林的兴盛居附近各州首位，是王镕时的海子园。王镕曾客居李匡威于此，亭台楼阁还是当年的建筑，都很壮丽。镇州人喜欢说大话，夸耀吹嘘这个池子，称为"潭园"，大概不知道它过去称为"海子"。定州人常常喜欢和镇州人争高低，定州城北园中也有大池，便称为"海子"，以此来盖过镇州的潭园。我在熙宁年间曾奉命察访镇定，当时薛向任定州长官，就和他共同商议，拓展海子直到城西的中山王墓地，全部改为稻田，引新河的水注入其中，清澈的水波荡漾数里，颇类似于江南水乡。

# 梦溪笔谈卷二十五

## 杂志二

### 450. 枳首蛇

宣州宁国县多枳首蛇，其长盈尺，黑鳞白章，两首文彩同，但一首逆鳞耳，人家庭槛间动有数十同穴，略如蚯蚓。

【译文】宣州宁国县多有枳首蛇，它长约一尺，黑鳞白纹，两个头的斑纹色彩相同，只是一个头长在尾部，民家的庭院、门槛间常有几十条同处一穴，有点像蚯蚓。

### 451. 天蛇

太子中允关杞曾提举广南西路常平仓，行部邕管，一吏人为虫所毒，举身溃烂。有一医言能治，呼使视之，曰："此为天蛇所螫，疾已深，不可为也。"乃以药傅其创，有肿起处，以钳拔之，有物如蛇，凡取十余条而疾不起。又，余家祖茔在钱塘西溪，尝有一田家忽病癞，通身溃烂，号呼欲绝，西溪寺僧识之，曰："此天蛇毒耳，非癞也。"取木皮煮汁一斗许令其恣饮，初日疾减半，两三日顿愈。验其木，乃今之秦皮也，然不知天蛇何物。或云草间黄花蜘蛛是也，人遭其螫仍为露水所濡，乃成此疾。露涉者亦当戒也。

【译文】太子中允关杞曾任广南西路常平仓提举官，巡视管下邕州辖区时，有名吏员遭虫子毒害，全身溃烂。有位医生说能医治，便叫他来诊视，说："这是被天蛇所螫咬，病症已深，不能救治。"就用药敷在溃烂处，有肿起的地方，用钳子镊拔，钳出像蛇一样的东西，共取出十多条但还是病死了。我家的祖坟在钱塘西溪，曾有个农民忽然得癞病，全身溃烂，哀叫得死去活来，西溪寺和尚知道这种病，说："这是天蛇毒害，不是癞病。"取来树皮煮了一斗多汁让他尽量饮用，第一天病症减轻一半，两三天后就痊愈了。察看那种树皮，就是现在的秦树皮，但不知道天蛇是什么东西。有人说就是草丛间的黄花蜘蛛，人被它螫咬后再被露水沾濡，就会得这种病，在带露水草丛中行走的人也应当注意。

## 452. 舆棺随使臣

天圣中侍御史知杂事章频使辽，死于虏中，虏中无棺榇，舆至范阳方就殓。自后辽人常造数漆棺，以银饰之，每有使人入境则载以随行，至今为例。

【译文】天圣年间侍御史知杂事章频出使辽国，死在辽境，当地没有棺材，把尸体运到范阳才入殓。从此后辽人常预备几口漆好的棺材，用银装饰，每当有使者入境就用车装着跟在后面，到现在成为惯例。

## 453. 西夏事略

景祐中党项首领赵德明卒，其子元昊嗣立，朝廷遣郎官杨告入蕃吊祭。告至其国中，元昊迁延遥立，屡促之然后至前受诏，及拜起，顾其左右曰："先王大错，有国如此而乃臣属于人！"既而飨告于厅，其东屋后若千百人锻声，告阴知其有异志，还朝秘不敢言，未几元昊果叛。其徒遇乞先创造蕃书，独居一楼上，累年方成，至是献之，元昊乃改元，制衣冠礼乐，下令国中悉用蕃书、胡礼，自称"大夏"。朝廷兴师问罪，弥岁，虏之战士益少，而旧臣宿将如刚浪唛遇、野利辈多以事诛，元昊力孤，复奉表称蕃，朝廷因赦之，许其自新，元昊乃更称兀卒曩宵。

庆历中契丹举兵讨元昊，元昊与之战屡胜，而契丹至者日益加众，元昊望之大骇，曰："何如此之众也！"乃使人行成，退数十里以避之，契丹不许，引兵压西师阵，元昊又为之退舍，如是者三，凡退百余里，每退必尽焚其草莱，契丹之马无所食，因其退乃许平，元昊迁延数日以老北师，契丹马益病，亟发军攻之，大败契丹于金肃城，获其伪乘舆、器服，子婿、近臣数十人而还。

先是，元昊后房生一子，曰宁令受。"宁令"者，华言大王也。其后又纳没臧讹哤之妹，生谅祚而爱之，宁令受之母恚忌，欲除没臧氏，授戈于宁令受使图之，宁令受间入元昊之室，卒与元昊遇，遂刺之，不殊而走，诸大佐没臧讹哤辈仆宁令枭之，明日元昊死，立谅祚而舅讹哤相之。有梁氏者，其先中国人，为讹哤子妇，谅祚私焉，日视事于国，夜则从诸没臧氏，讹哤怼甚，谋伏甲梁氏之宫，须其人以杀之，梁氏私以告谅祚，乃使召讹哤执于内室。没臧，强宗也，子弟族人在外者八十余人，悉诛之，夷其宗。以梁氏为妻，又命其弟乞埋为家相，许其世袭。谅祚凶忍，好为乱，治平中遂举兵犯庆州大顺城。谅祚乘骆马，张黄屋，自出督战，陴者彍弩射之中，乃解围去。创甚，驰入一佛祠，有牧牛儿不得出，惧伏佛座下，见其脱韡，血涴于踝，使人裹创舁载而去，至其国死。子秉常立，而梁氏自主国事。梁乞埋死，其子移逋继之，谓之没宁令。“没宁令”者，华言天大王也。

秉常之世，执国政者有嵬名浪遇，元昊之弟也，最老于军事，以不附诸梁迁下治而死，存者三人，移逋以世袭居长契，次曰都罗马尾，又次曰罔萌讹，略知书，私侍梁氏。移逋、萌讹皆以昵幸进，唯马尾粗有战功，然皆庸才。秉常荒孱，梁氏自主兵，不以属其子，秉常不得志，素慕中国。有李青者，本秦人，亡虏中，秉常昵之，因说秉常以河南归朝廷，其谋泄，青为梁氏所诛而秉常废。

【译文】景祐年间党项首领赵德明去世，他的儿子元昊继位，朝廷派郎官杨告前去吊唁致祭。杨告到了那儿，元昊态度迟疑站得远远的，再三催促才前来接受诏书，行礼之后，环视臣僚说："父皇大错，有这样的部众却去向别人称臣！"接着在厅堂上宴请杨告，厅堂东屋后有好像千百人打铁的声音，杨告暗中明白元昊有叛逆念头，回朝廷后却隐瞒不敢上报，不久元昊果然反叛。他的部属遇乞事先创制文字，独自一人住在楼上，将近一年才制成，到这时献给元昊，元昊就改换年号，制订服饰礼乐制度，下令国中都用自己的文字和礼仪，自称"大夏"。朝廷兴师问罪，将近一年，西夏士兵越来越少，而旧臣老将如刚浪唛遇、野利等多因故被杀，元昊力量不足，再次送上文书表示臣服，朝廷赦免了他，允许他自新，元昊便改称兀卒曩霄。

庆历年间契丹派兵讨伐元昊，元昊和他们作战多次获胜，但契丹来到的部队越来越多，元昊见到大为惊恐，说："怎么会有这么多的人啊！"于是就派人求和，撤退几十里避让，契丹不同意，派兵进逼西夏阵地，元昊又为此退避三十里，这样反复三次，共撤退了一百多里，每次撤退都焚毁牧草，契丹的马匹没有草吃，于是趁元昊撤退允许议和，元昊拖延了几天以消耗契丹军队，使契丹马匹食料更困难，然后抓紧时机派部队攻击，在金肃城大败契丹军队，缴获他们皇帝的座车、器物，俘虏了帝婿、近臣等数十人。

先前，元昊妻子曾生了一个儿子，名叫宁令受。所谓"宁令"，就是我们所说的大王。后来元昊又娶了没臧讹哤的妹妹，生下了谅祚并宠爱他，宁令受的母亲怨恨嫉忌，想除掉没臧氏，把兵器交给宁令受指使他下手，宁令受找机会进入元昊的房间，不料遇上元昊，就行刺元昊，没有成功而逃跑，没臧讹哤等大臣们抓住宁令受处死，次日元昊去世，拥立谅祚为王并由谅祚舅舅讹哤辅佐他。有个梁氏，祖先是中原人，讹哤的儿子娶她为妻，谅祚与她私通，白天在朝堂上处理政务，晚上就和这没臧家媳妇混在一起，讹哤很怨恨，打算埋伏武士在梁氏房间里，等谅祚来就杀死他，梁氏私下把这事告诉谅祚，让谅祚召见讹哤在内室把他抓起来。没臧是有势力的大族，亲属在宫外还有八十多人，都被谅祚杀死，灭掉了他这一族。谅祚以梁氏为妻子，又任命她弟弟乞埋为家相，准许他世袭。

谅祚凶狠残忍，喜欢挑起事端，治平年间起兵侵犯庆州大顺城。谅祚乘坐骆马车，张着黄色车盖，亲自出阵督战，守城士兵发强弩射中他，才解围撤退。谅祚伤得厉害，跑进一座庙宇，有个放牛孩子来不及跑出来，吓得躲在佛座下，亲眼看到他脱去靴子，脚踝上沾满血迹，被随从包扎伤口抬着走，回去后就死了。他的儿子秉常继承王位，太后梁氏主持国政。梁乞埋去世，他的儿子移逋承袭官职，称为没宁令。所谓"没宁令"，就是我们所说的天大王。

秉常当政时，执掌国政的有嵬名浪遇，是元昊的弟弟，带兵打仗很有经验，因为不肯听命梁氏一伙被迁到偏僻地方而死去，剩下来的大臣有三个，移逋因为世袭而居住在长契，其次是都罗马尾，还有一个是罔萌讹，识一点字，私下侍奉梁氏。移逋、萌讹都因为亲近而受信用，只有马尾有些战功，但都是庸才。秉常无才能而软弱，梁氏自己掌握军队，不把它们交给儿子，秉常不能随心所欲，一直仰慕中原。有个叫李青的人，本是陕西人，逃亡到西夏，秉常亲近他，就趁机劝说秉常把河套归还朝廷，这件事泄露，李青被梁氏杀害而秉常则遭废黜。

## 454. 建茶

古人论茶，唯言阳羡、顾渚、天柱、蒙顶之类，都未言建溪。然唐人重串茶粘黑者，则已近乎建饼矣。建茶皆乔木，吴、蜀、淮南唯丛茇而已，品自居下。建茶胜处曰郝源、曾坑，其间又岔根、山顶二品尤胜，李氏时号为"北苑"，置使领之。

【译文】古人谈论茶叶，只提到阳羡、顾渚、天柱、蒙顶之类，都没有说到建溪。然而唐人看重的粘黑串茶，已接近于建饼茶。建溪茶树都是乔木，江浙、四川、淮南只是像丛生茭白一样而已，品级自然在建茶之下。建茶著名产地是郝源、曾坑，其中岔根、山顶这两个品种尤其出色，南唐时称为"北苑"，设置官员掌管。

## 455. 胆矾炼铜

信州铅山县有苦泉，流以为涧，挹其水熬之则成胆矾，烹胆矾则成铜，熬胆矾铁釜久之亦化为铜。水能为铜，物之变化固不可测。按《黄帝素问》有天五行、地五行，土之气在天为湿，土能生金石，湿亦能生金石，此其验也。又，石穴中水所滴皆为钟乳、殷孽，春、秋分时汲井泉则结石花，大卤之下则生阴精石，皆湿之所化也。如木之气在天为风，木能生火，风亦能生火，盖五行之性也。

【译文】信州铅山县有苦泉，水流出来成为小溪，舀它的水来煎熬就会生成胆矾，加进铁料烹煮就成为铜，熬胆矾的铁锅用久了也变成了铜。水能生成铜，物质的变化真是不可推测。据《黄帝素问》，有天五行、地五行，土气在天是湿，土能生出金石，湿气也能生出金石，上述现象就是验证。石洞中的水滴下来都成为钟乳、石笋，春分、秋分时打上来的井泉水会结出石花，卤水下能生成阴精石，都是湿气化成的。就像木气在天是风，木能生出火，风也能生出火，乃是五行的本性。

## 456. 古节如虎符

古之节如今之虎符，其用则有圭璋、龙虎之别，皆椟，“辅之英荡”是也，汉人所持节乃古之旄也。余在汉东得一玉琥，美玉而微红，酣酣如醉肌，温润明洁，或云即玫瑰也。古人有以为币者，春官“以白琥礼西方”是也；有以为货者，《左传》“赐以玉琥二”是也；有以为瑞节者，“山国用虎节”是也。

【译文】古代的节像现在的虎符，其形状则有圭璋、龙虎之别，都用匣子装着，所谓“辅之英荡”就是，汉代人所持的节乃是古代的旄。我在汉水以东得到一个玉琥，玉质优良微带红色，色泽浓郁像醉后的肌肤，细腻滋润而明亮洁净，有人说就是玫瑰。古人有把它作为币的，《周礼》春官“以白琥礼西方”就是；有把它作为财货的，《左传》“赐子家子双琥”就是；有把它作为信符的，《周礼》地官“山国用虎节”就是。

## 457. 验量地势

国朝汴渠，发京畿辅郡三十余万夫岁一浚。祥符中，閤门祗候使臣谢德权领治京畿沟洫，权借浚汴夫，自而后三岁一浚，始令京畿邑官皆兼沟洫河道，以为常职。久之，治沟洫之工渐弛，邑官徒带空名而汴渠至有二十年不浚，岁岁堙淀。异时京师沟渠之水皆入汴，旧尚书省都堂壁记云“疏治八渠，南入汴水”是也。自汴流堙淀，京城东水门下至雍丘、襄邑，河底皆高出堤外平地一丈二尺余，自汴堤下瞰，民居如在深谷。熙宁中，议改疏洛水入汴。余尝因出使按行汴渠，自京师上善门量至泗州淮岸凡八百四十里一百三十步。地势，京师之地比泗州凡高十九丈四尺八寸六分，就京城东数里渠心穿井至三丈，方见旧底。验量地势，用水平、望尺、幹尺量之亦不能无小差。汴渠堤外皆是出土故沟，余因决沟水令相通，时为一堰节其水，候水平其上，渐浅涸则又为一堰，相齿如阶陛，乃量堰之上下水面相高下之数，会之乃得地势高下之实。

【译文】本朝汴渠，征调京城周边郡县三十多万的民工每年疏浚一次。大中祥符年间，阁门祇候使臣谢德权主管治理京城地区沟渠，暂时借用疏浚汴渠民工，从此后三年疏浚一次，并让京城地区官员都兼管沟渠河道，作为日常职责。时间长了，治理沟渠的工作逐渐松懈，地方官员仅挂着兼管空名而汴渠有二十年未疏浚，年年淤塞。过去京城沟渠的水都流入汴渠，旧时尚书省都堂壁记说

"疏治八渠，南入汴水"就是。自从汴渠水流淤塞，从京城东水门直到雍丘、襄邑，河底都高出堤外平地一丈二尺多，从汴堤上往下看，民房好像在深谷中。熙宁年间，建议另导引洛水入汴渠。我曾因此受委派勘察汴渠，从京城上善门测量到泗州淮河边共计八百四十里一百三十步。按地势，京城比泗州高出十九丈四尺八寸六分，在京城以东几里渠中挖井到三丈深，才见到原来的河底。测量地势，用水平、望尺、干尺来量度也不能没有小误差。汴渠堤外都是取土留下的旧沟，我因而挖开沟让它们相互连通，隔一段筑道堰挡住水，让沟水与堰顶相平，水流逐渐浅涸时再筑道堰，一道道排列如同台阶，然后量度堰上下水面相差的数值，加起来就得到地势高低的数值。

## 458. 传拜

唐风俗，人在远或闺门间则使人传拜以为敬，本朝两浙仍有此俗。客至，欲致敬于闺闼，则立使人而拜之，使人入见所礼乃再拜致命，若有中外则答拜，使人出复拜客，客与之为礼如宾主。

【译文】唐代风俗，人在外乡或内室边便派人传拜表示敬意，本朝两浙一带仍有这种习俗。客人来访，想对女眷表示敬意，就派使者而向其行礼，使者到内室见到致敬对象便行礼传达敬意，如女眷与客人有亲戚关系则答拜还礼，使者出来再向客人行礼，客人向使者施礼如同宾主。

## 459. 王君贶使辽

庆历中王君贶使契丹，宴君贶于混同江，观钩鱼。临归，戎主置酒，谓君贶曰："南北修好岁久，恨不得亲见南朝皇帝兄，托卿为传一杯酒到南朝。"乃自起酌酒，容甚恭，亲授君贶举杯，又自鼓琵琶，上南朝皇帝千万岁寿。先是，戎主之弟宗元为燕王，有全燕之众，久畜异谋，戎主恐其阴附朝廷，故特效恭顺。宗元后卒以称乱诛。

【译文】庆历年间王君贶出使契丹，辽方在混同江接待君贶，请他观看钩鱼。返回前，辽帝设酒宴，对君贶说："南北和好多年，恨不能亲自会见南朝皇帝兄长，托你带杯酒到南朝致意。"于是亲自起身斟酒，样子很恭敬，亲手递给君贶举杯，还自己弹琵琶，为南朝皇帝祝寿。原先，辽帝的弟弟宗元被封为燕王，统辖整个燕地军民，早有叛逆图谋，辽帝担心他暗中依附朝廷，所以特地表示恭敬。宗元后来终因作乱被诛杀。

## 460. 潘阆狂放

潘阆字逍遥，咸平间有诗名，与钱易、许洞为友，狂放不羁。尝为诗曰"散拽禅师来蹴踘，乱拖游女上秋千”，此其自序之实也。后坐卢多逊党亡命，捕迹甚急，阆乃变姓名，僧服入中条山，许洞密赠之诗曰：“潘逍遥，平生才气如天高。仰天大笑无所惧，天公嗔尔口呶呶，罚教临老投补衲，归中条。我愿中条山神镇长在，驱雷叱电依前赶出这老怪。”后会赦，以四门助教召之，阆乃自归，送信州安置。仍不惩艾，复为《扫市舞》词曰：“出砒霜，价钱可。赢得拔灰兼弄火，畅杀我。”以此为士人不齿，放弃终身。

【译文】潘阆字逍遥，咸平年间以写诗闻名，与钱易、许洞是朋友，狂放不受拘束。他曾写诗称“散拽禅师来蹴踘，乱拖游女上秋千”，这确是他自我写照。后来受卢多逊案牵连而逃亡，官府追捕很紧，潘阆便改变姓名，穿着僧人衣服进了中条山，许洞暗中赠他诗说：“潘逍遥，平生才气如天高。仰天大笑无所惧，天公嗔尔口呶呶，罚教临老投补衲，归中条。我愿中条山神镇长在，驱雷叱电依前赶出这老怪。”后来遇到大赦，官府以四门助教官职召请他，他就自己回来，被送到信州安置。他仍不吸取教训，又写了《扫市舞》词说：“出砒霜，价钱可。赢得拔灰兼弄火，畅杀我。”因此被士人看不起，放逐在外直到死。

## 461. 预防风患

江湖间唯畏大风，冬月风作有渐，船行可以为备，唯盛夏风起于顾盼间，往往罹难。曾闻江国贾人有一术可免此患，大凡夏月风景须作于午后，欲行船者五鼓初起，视星月明洁、四际至地皆无云气便可行，至于巳时则止，如此无复与暴风遇矣，国子博士李元规云：“平生游江湖未尝遇风，用此术。”

【译文】江河湖面上最怕大风，冬季风刮起来逐渐加大，船只行驶能预作防备，唯有盛夏风发生在转眼之间，船只往往遭难。曾听说江湖上往来的商人有个办法能避免这种灾难，大体夏季风总在午后发作，要行船的人五更初起来，看到星星月亮明亮洁净、天际四周直到地面都没有云气就可上路，到午前就停下，这样就不再会与大风遭遇，国子博士李元规说：“平生在江湖上来往从未遇到大风，就用这个办法。”

## 462. 蓟

余使虏至古契丹界，大蓟茇如车盖，中国无此大者，其地名蓟恐其因此也，如杨州宜杨、荆州宜荆之类。荆或为楚，楚亦荆木之别名也。

【译文】我出使辽国到达原契丹境内，那里大蓟的根如同车盖一样，中原没有这样大的，那地方命名为蓟恐怕就因为这缘故，就像杨州宜于杨树、荆州宜于荆木生长一样。荆地有时称为楚，楚也是荆木的别名。

## 463. 契丹语入诗

刁约使契丹，戏为四句诗曰“押燕移离毕，看房贺跋支。饯行三匹裂，密赐十貔狸”，皆纪实也。移离毕，官名，如中国执政官。贺跋支，如执衣、防阁。匹裂，似小木罂，以色绫木为之，加黄漆。貔狸，形如鼠而大，穴居，食果谷，嗜肉，狄人为珍膳，味如纯子而脆。

【译文】刁约出使契丹，打趣地作四句诗说“押燕移离毕，看房贺跋支，饯行三匹裂，密赐十貔狸”，都是纪实。移离毕，是官名，如同中原的执政官。贺跋支，如同执衣、防阁。匹裂，类似小木瓶，以色绫木制作，涂饰黄漆。貔狸，形状如鼠而大，住在洞穴里，以瓜果谷物为食，但喜好肉食，契丹人作为珍贵菜肴，口味如乳猪而脆。

## 464. 邓思贤

世传江西人好讼，有一书名《邓思贤》，皆讼牒法也。其始则教以侮文，侮文不可得则欺诬以取之，欺诬不可得则求其罪以劫之。盖思贤，人名也，始传其术，遂以之名书，村校中往往以授生徒。

【译文】世上传说江西人喜欢打官司，有一本书名叫《邓思贤》，都是写诉讼状的方法。开始是传授歪曲律条的方法，歪曲律条达不到目的就用诬陷欺罔的手段来达到，诬陷欺罔达不到目的就找出对方罪名来威胁他。邓思贤，是人的名字，最先传授这一方法，就以他的名字来作书名，乡村学校里往往用它来教授学生。

## 465. 蔡君谟书帖

蔡君谟尝书小吴笺云：“李及知杭州，市白集一部，乃为终身之恨，此君殊清节，可为世戒。张乖崖镇蜀，当遨游时，士女环左右，终三年未尝回顾，此君殊重厚，可以为薄夫之检押。”此帖今在张乖崖之孙尧夫家。余以谓买书而为终身之恨，近于过激，苟其性如此，亦可尚也。

【译文】蔡襄曾在吴笺上写道：“李及任杭州知州，曾购买一部白居易文集，竟成终身遗憾，此君特别清廉守节，可以作为世人榜样。张咏任蜀地长官，在各地巡游时，年轻女子常在身边，但在三年任期中始终没有在意，此君特别稳重厚道，可以作为轻薄者的鉴戒。”这份书帖现在收藏在张咏之孙张尧夫家中。我认为买部书而成为终身的遗憾，近乎偏激，假如他本性如此，也是可以赞扬的。

## 466. 天子请客

陈文忠为枢密，一日日欲没时，忽有中人宣召。既入右掖，已昏黑，遂引入禁中，屈曲行甚久，时见有帘帏，灯烛炜煌，皆莫知何处。已而到一小殿，殿前有两花槛，已有数人先至，皆立廷中，殿上垂帘，蜡烛十余炬而已。相继而至者凡七人，中使乃奏班齐，唯记文忠、丁谓、杜镐三人，其四人忘之，杜镐时尚为馆职。良久，乘舆自宫中出，灯烛亦不过数十而已，宴具甚盛，卷帘令不拜，升殿就坐，御座设于席东，设文忠之坐于席西，如常人宾主之位。尧叟等皆惶恐不敢就位，上宣谕不已，尧叟恳陈自古未有君臣齐列之礼，至于再三，上作色曰："本为天下太平，朝廷无事，思与卿等共乐之。若如此，何如就外朝开宴。今日只是宫中供办，未尝命有司，亦不召中书辅臣。以卿等机密及文馆职任，侍臣无嫌，且欲促坐语笑，不须多辞。"尧叟等皆趋下称谢，上急止之曰："此等礼数且皆置之。"尧叟悚栗危坐，上语笑极欢，酒五六行，膳具中各出两绛囊置群臣之前，皆大珠也，上曰："时和岁丰，中外康富，恨不得与卿等日夕相会。太平难遇，此物助卿等燕集之费。"群臣欲起谢，上云："且坐，更有。"如是酒三行，皆有所赐，悉良金重宝，酒罢已四鼓。时人谓之"天子请客"，文惠之子述古得于文忠，颇能道其详，此略记其一二耳。

【译文】陈尧叟在枢密任职时，某日天将黄昏，忽然宫中派人传唤。进入宫廷西部后，天色暗了下来，就跟着进了禁苑，弯弯曲曲走了很久，不时看到有下着帘帐的殿堂，灯烛辉煌，都不知道是什么地方。最后到了一个小殿，殿前有二行雕花栏杆，已有几个人先到了，都站在殿堂里，殿上垂着帘子，不过点了十几支蜡烛而已。陆续来到的共七个人，内官于是禀告说人到齐了，只记得其中三个人是陈尧叟、丁谓和杜镐，另外四个人忘了姓名，杜镐这时还担任馆职。过了好一会，皇上从宫中出来，点起的蜡烛也不过几十支，宴席很丰盛，皇上命令把帘子卷起来不必跪拜见礼，然后上殿就坐，皇上的位子设在宴席东面，陈尧叟等人的位子安排在宴席西面，像一般人请客的宾主位次。尧叟等人都惶恐地不敢入坐，皇上一再邀他们就坐，陈尧叟恳切地陈说从古到今没有君臣坐在一起的礼节，反复了好几次，皇上生气地说："本来因为天下太平，朝中无事，想和你们一起高兴高兴。假如要拘礼，不如到外朝去设宴。今天的宴席只是宫中操办，没有下令给有关部门，也没有请中书、门下的长官。因为你们是机要部门和文馆官员，作为侍臣没有什么不便之处，想和你们坐在一起说说笑笑，不必多歉让。"尧叟等人都跑到下首表示谢意，皇上急忙阻止说："这些礼数暂且都免了。"尧叟等战战兢兢地坐得毕恭毕敬，皇上则说说笑笑极其高兴，饮了五六次酒，所上菜肴中各有两个绛红色袋子放在大臣们的面前，装的都是大珠子，皇上说："风调雨顺收成好，天下安康富裕，恨不能和你们每天晚上在一起。太平时节难遇，这些东西为你们添些宴饮聚会的费用。"尧叟等人打算起身谢恩，皇上说："都坐着，还有呢。"这样饮了三次酒，每次赏赐的东西，全是上好金子和珍贵宝物，散酒宴时已是四更天。当时人们称为“天子请客”，陈尧佑的儿子述古从尧叟那儿听说此事，还能说得很详细，这里大概记下一些情况。

## 467. 关中无螃蟹

关中无螃蟹，元丰中余在陕西，闻秦州人家收得一干蟹，土人怖其形状，以为怪物，每人家有病疟者则借去挂门户上，往往遂差。不但人不识，鬼亦不识也。

【译文】关中一带没有螃蟹，元丰年间我在陕西，听说秦州有户人家得到一只干蟹，当地人害怕它的模样，认为是怪物，每逢人家有人得疟疾就借去挂在门户上，往往因此痊愈。这东西不但人不认识，连鬼也不认识。

## 468. 陈秀公治第

丞相陈秀公治第于润州，极为闳壮，池馆绵亘数百步。宅成，公已疾甚，唯肩舆一登西楼而已。人谓之三不得：居不得，修不得，卖不得。

【译文】丞相陈升之在润州营造府第，极为宽敞壮丽，池塘馆舍连绵几百步。府第造成时，陈升之已病得厉害，只让人抬着上了一下西楼而已。人们称这府第有三个不能：不能住，不能修，不能卖。

## 469. 廖恩脚色

福建剧贼廖恩聚徒千余人，剽掠市邑，杀害将吏，江浙为之骚然，后经赦宥，乃率其徒首降，朝廷补恩右班殿直。赴三班院候差遣时，坐恩黜免者数十人，一时在铨班叙录其脚色，皆理私罪或公罪，独恩脚色称“出身以来并无公私过犯”。

【译文】福建大盗贼廖恩聚集党徒千余人，劫掠城镇，杀害地方官员，江浙一带为之惊扰不安，后来经赦免，廖恩带着部下归降，朝廷补授廖恩为右班殿直。他到三班院去听候授职时，有受他牵连而罢免职务的几十名官员，当时也在那里报送履历，都注明有什么私罪或公罪，只有廖恩的履历说“自从授官以来并无任何公私过失和违法”。

## 470. 死生有命

曹翰围江州三年，城将陷，太祖嘉其尽节于所事，遣使喻翰：“城下日，拒命之人尽赦之。”使人至独木渡，大风数日不可济，及风定而济，则翰已屠江州无遗类适一日矣。唐吏部尚书张嘉福奉使河北，逆韦之乱，有敕处斩，寻遣使人赦之，使人马上昏睡，迟行一驿，比至已斩讫。与此相类，得非有命欤。

【译文】曹翰围攻江州三年，城即将攻破，太祖皇帝赞赏守军尽责于委派的任务，派使者命令曹翰："城攻下之日，拒守人员一律赦免。"使者走到独木渡，遇到连续几天大风不能过渡，等风平息后摆渡过去，曹翰已把江州防守者杀光有一天了。唐代吏部尚书张嘉福奉命巡抚河北，韦后作乱，有命令把他斩首，旋即派使者赦免他，使者骑在马上打瞌睡，耽误了一个驿站的路程，等他到达张嘉福已被处决。这件事与江州被屠类似，该不会命中注定的吧。

## 471. 奏事过为文饰

庆历中河北大水，仁宗忧形于色，有走马承受公事使臣到阙，实时召对，问："河北水灾何如？"使臣对曰："怀山襄陵。"又问："百姓如何？"对曰："如丧考妣。"上默然，既退，即诏閤门："今后武臣上殿奏事并须直说，不得过为文饰。"至今閤门有此条，遇有合奏事人即预先告示。

【译文】庆历年间河北路洪灾，仁宗皇帝愁容满面。该路走马承受派使臣到京城，皇上马上召见，问："河北水灾怎么样了？"使臣回答说："怀山襄陵"。又问："百姓怎么样了？"回答说："如丧考妣。"皇上默然无语，使臣退出后，随即命令閤门司："今后武臣上殿报告事情都必须直截了当地说，不得过于堆砌辞藻。"到现在閤门司仍有这一条令，遇到有要向皇上报告事情的人就预先提醒他们。

## 472. 木图

予奉使按边，始为木图写其山川道路。其初遍履山川，旋以面糊、木屑写其形势于木案上，未几寒冻，木屑不可为，又镕蜡为之，皆欲其轻，易赍故也。至官所则以木刻上之，上召辅臣同观，乃诏边州皆为木图，藏于内府。

【译文】我奉命视察边防地区，创制木地图来摹示那里的山川道路。起初全面踏勘山脉和河流，随即用面糊、木屑把它们的形势摹塑在木板上，不久天寒地冻，木屑等物不能用了，又熔化了蜡来制作，都是为了使它们轻便，容易携带。回到官署后便雕刻成木图献给皇上，皇上召集大臣们一起观看，便命令边境各州都制作木图，收藏在宫内。

## 473. 李顺案款

蜀中剧贼李顺陷剑南、两川，关右震动，朝廷以为忧，后王师破贼，枭李顺，收复两川，书功行赏，了无间言。至景祐中，有人告李顺尚在广州，巡检使臣陈文琏捕得之，乃真李顺也，年已七十余，推验明白，囚赴阙复按皆实。朝廷以平蜀将士功赏已行，不欲暴其事，但斩顺，赏文琏二官，仍除閤门祗候。文琏，泉州人，康定中老归泉州，余尚识之。文琏家有李顺案款，本末甚详。顺本味江王小博之妻弟，始王小博反于蜀中，不能抚其徒众，乃共推顺为主。顺初起，悉召乡里富人大姓，令具其家所有财粟，据其生齿足用之外一切调发，大赈贫乏，录用材能，存抚良善，号令严明，所至一无所犯。时两蜀大饥，旬日之间归之者数万人，所向州县开门延纳，传檄所至无复完垒。及败，人尚怀之，故顺得脱去三十余年乃始就戮。

【译文】四川大盗贼李顺攻陷剑南、两川，关中受到影响，朝廷为此担忧，后来官军打败盗贼，杀死李顺，收复东、西川，朝廷记功行赏，没有一点流言蜚语。到景祐年间，有人告发李顺还在广州，巡检使陈文琏抓到他，乃是真的李顺，年纪已七十多岁，审问清楚后，押解到京城复查都认为是真的。朝廷认为平定蜀地将士的奖赏已颁发过，不打算张扬这件事，只处死了李顺，赏赐文琏官升二级，当了阁门祗候。文琏是泉州人，康定年间告老回泉州，我还和他认识。文琏家中藏有该案的文书，记叙事情经过很详细。李顺原是味江王小波的妻弟，起初王小波在四川造反，因为不能统驭自己的部下，便共同推举李顺为首领。李顺开始起事时，把乡里的富人大姓都召集起来，命令他们呈报家中所有的财物粮食，除按人口留下这些人够吃用数量外一概征调，广泛赈济贫民，任用有才能的人，保护善良的人，号令严明，所到之处秋毫无犯。当时东、西川大饥荒，十来天内参加的民众有几万人，所进攻的州县都开了城门迎接，号令所到之处没有能守住的城堡。失败后，百姓还怀念他，所以李顺能逃脱三十多年才被处死。

## 474. 交趾叛服

交趾乃汉、唐交州故地，五代杂乱，吴昌文始据安南，稍侵交、广之地。其后昌文为丁琏所杀，复有其地。国朝开宝六年琏初归附，授静海军节度使，八年封交趾郡王。景德元年土人黎桓杀琏自立，三年桓死，安南大乱，久无酋长，其后国人共立闽人李公蕴为主。天圣七年公蕴死，子德政立。嘉祐六年德政死，子日尊立。自公蕴据安南，始为边患，屡将兵入寇，至日尊乃僭称“法天应运崇仁至道庆成龙祥英武睿文尊德圣神皇帝”，尊公蕴为太祖神武皇帝，国号大越。熙宁元年伪改元宝象，次年又改神武。日尊死，子乾德立，以宦人李尚吉与其母黎氏号燕鸾太妃同主国事。熙宁八年举兵陷邕、钦、廉三州，九年遣宣徽使郭仲通、天章阁待制赵公才讨之，拔广源州，擒酋领刘纪，焚甲峒，破机郎、决里至富良江。尚吉遣王子洪真率众来拒，大败之，斩洪真，众歼于江上，乾德乃降。是时乾德方十岁，事皆制于尚吉。

广源州者，本邕州羁縻。天圣七年首领侬存福归附，补存福邕州卫职，转运使章频罢遣之，不受其地，存福乃与其子智高东掠龙州，有之七源，存福因其乱杀其兄，率土人刘川以七源州归存福。庆历八年智高自领广源州，渐吞灭右江、田州一路蛮峒。皇祐元年邕州人殿中丞昌协奏乞招收智高，不报，广源州孤立无所归，交趾觇其隙，袭取存福以归。智高据州不肯下，反欲图交趾，不克，为交人所攻，智高出奔右江文村，具金函表投邕州乞归朝廷，知邕州陈拱拒不纳。明年，智高与其匹卢豹、黎貌、黄仲卿、廖通等拔横山寨入寇，陷邕州，入二广。及智高败走，卢豹等收其余众归刘纪，下广河，至熙宁二年豹等归顺，未几复叛从纪。至大军南征，郭帅遣别将燕达下广源，乃始得纪，以广源为顺州。

甲峒者，交趾大聚落。主者甲承贵，娶李公蕴之女，改姓甲氏。承贵之子绍泰又娶德政之女，其子景隆娶日尊之女，世为婚姻，最为边患。自天圣五年承贵破太平寨，杀寨主李绪，嘉祐五年绍泰又杀永平寨主李德用，屡侵边境。至熙宁大举乃讨平之，改收隶机郎县。

【译文】交趾是汉、唐的交州故地，五代战乱，吴昌文据有安南，逐渐侵吞交、广州辖地。后来，昌文被丁琏杀死，地盘也归丁氏所有。本朝开宝六年丁琏前来归附，授予静海军节度使，开宝八年册封为交趾郡王。景德元年当地人黎桓杀丁琏自立为王，景德三年黎桓去世，安南内部大乱，很久没有首领，后来当地人共同拥立福建人李公蕴为王。天圣七年公蕴去世，儿子德政继位。嘉祐六年德政去世，儿子日尊继位。自从公蕴据有安南，成为边境祸害，屡次带兵入侵，到了日尊时便僭称"法天应运崇仁至道庆成龙祥英武睿文尊德圣神皇帝"，尊公蕴为太祖神武皇帝，国号大越。熙宁元年非法改年号为宝象，次年又改为神武。日尊去世，儿子乾德继位，由他母亲燕鸾太妃黎氏和宦官李尚吉共同主持国政。熙宁八年派兵攻陷邕、钦、廉三州，熙宁九年朝廷派宣徽使郭逵、天章阁待制赵禼讨伐他们，占领广源州，俘虏了将领刘纪，烧毁甲峒，攻破机郎、决里县抵达富良江。尚吉派太子洪真带兵抵御，被打得大败，洪真阵亡，部众被歼灭在富良江一带，乾德投降。这时乾德才十岁，国政都由尚吉操纵。

广源州，本属邕州羁縻。天圣七年首领侬存福归附本朝，被委任为州中小官，转运使章频将他除名，不接受他的地盘，存福就和他的儿子智高向东劫掠龙州，谋占七源州，存福乘乱杀死了那儿的首领，当地人刘川就以七源州归附存福。庆历八年智高自任广源州首领，逐渐吞灭右江、田州一带的少数民族聚落。皇祐元年邕州人殿中丞昌协上奏请求朝廷接纳智高，朝廷没有答复，广源州孤立无所归属，交趾抓住这个机会，袭击存福把他抓去。智高占据广源州不肯投降，反而打算进攻交趾，事情没有成功，受到交趾人的进攻，智高撤退到右江文村，备好金子和文书送到邕州要求归附朝廷，知州陈拱拒不接纳。次年，智高和他的部下卢豹、黎貌、黄仲卿、廖通等攻下横山寨入侵，占领邕州，进入两广地区。后来智高失败逃跑，卢豹等人召集剩下的人依附交趾将领刘纪，攻下广源州，到熙宁二年卢豹等归附本朝，不久又叛变依附刘纪。直到大军南征交趾，郭逵另派将领燕达攻下广源，才抓到刘纪，改称广源为顺州。

甲峒，是交趾的大聚落，首领甲承贵，娶李公蕴的女儿为妻，就改姓甲氏。承贵的儿子绍泰又娶李德政的女儿，绍泰的儿子景隆娶李日尊的女儿，世世与交趾联姻，是边界的大祸害。自从天圣五年承贵攻破太平寨，杀死寨主李绪，嘉祐五年绍泰又杀了永平寨主李德用，多次侵犯边境。直到熙宁年间大举进攻交趾才平定甲氏，把甲峒收隶于机郎县。

## 475. 太祖治军

太祖朝常戒禁兵之衣长不得过膝，买鱼肉及酒入营门者皆有罪。又制更戍之法，欲其习山川劳苦，远妻孥怀土之恋。兼外戍之日多，在营之日少，人人少子而衣食易足。又京师卫兵请粮者，营在城东者即令赴城西仓，在城西者令赴城东仓，仍不许佣僦车脚，皆须自负，尝亲登右掖门观之。盖使之习力，制其骄惰，故士卒衣食无外慕，安辛苦而易使。

【译文】太祖当政时曾约束禁兵的军服长度不得超过膝盖，凡买鱼肉和酒进入军营者都要治罪。又制订定期轮换防地的规定，想使士兵们适应爬山涉水的劳苦，淡薄对家室和乡土的依恋。加之在外守备的日子多，在军营里的日子少，士兵都少生孩子而生活容易富足。驻京城部队要领取军粮的，凡军营在城东的让他们到城西仓库去领，在城西的让他们到城东仓库去领，不许雇佣车马脚夫，都必须士兵自己背负，太祖皇帝曾亲自登上右掖门观看禁兵背粮。这些措施是要使士兵们劳动出力，抑制他们傲慢、懒惰的习气，因此士兵们除吃饭穿衣外不再羡慕其他东西，安于辛苦而容易指挥。

## 476. 唃厮啰

青堂羌本吐蕃别族，唐末蕃将尚恐热作乱，率众归中国，境内离散。国初有胡僧立遵者，乘乱挟其主籛逋之子唃厮啰，东据宗哥邈川城。唃厮啰，人号瑕萨，籛逋者胡言赞普也。唃厮，华言佛也；啰，华言男也。自称佛男，犹中国之称天子也。立遵姓李氏，唃厮啰立，立遵与邈川首领温殕、温逋相之，有汉陇西、南安、金城三郡之地，东西二千余里。宗哥邈川，即所谓三河间也。祥符九年立遵与唃厮啰引众十万寇边，入古渭州，知秦州曹玮攻败之，立遵归乃死。

唃厮啰妻李氏，立遵之女也，生二子，曰瞎毡、磨毡角。立遵死，唃厮啰更取乔氏，生子董毡，取契丹之女为妇，李氏失宠，去为尼，二子亦去其父，瞎毡居河州、磨毡角居邈川，唃厮啰往来居青堂城。赵元昊叛命，以兵遮唃厮啰，遂与中国绝。屯田员外郎刘涣献议通唃厮啰，乃使涣出古渭州，循末邦山至河州国门寺，绝河，逾廓州至青堂，见唃厮啰，授以爵命，自此复通。磨毡角死，唃厮啰复取邈川城，收磨毡角妻子质于结罗城。唃厮啰死，子董毡立，朝廷复授以爵命。

瞎毡有子木征，木征者华言龙头也，以其唃厮啰嫡孙，昆弟行最长，故谓之龙头，羌人语倒，谓之头龙。瞎毡死，青堂首领瞎药、鸡罗及胡僧鹿尊共立之，移居滔山。董毡之甥瞎征伏，羌蕃部李钺星之子也，与木征不协，其舅李笃毡挟瞎征居结古野反河，瞎征数与笃毡及沈千族首领常尹丹波合兵攻木征，木征去居安乡城。有巴斯温者，唃氏族子，先居结罗城，其后稍强，董毡河南之城遂三分，巴斯温、木征居洮河间，瞎征居结河，董毡独有河北之地。熙宁五年秋，王子醇引兵始出路骨山，拔香子城，平河州，又出马蔺州，擒木征母弟结吴叱，破洮州，木征之弟巴毡角降，尽得河南熙、河、洮、岷、叠、宕六州之地，自临江寨至安乡城，东西一千余里，降蕃户三十余万帐。明年瞎木征降，置熙河路。

【译文】青堂羌本是吐蕃的支族，唐代末年吐蕃将领尚恐热作乱，带着部下归附中央政府，吐蕃内部分裂散乱。本朝初年当地有个叫立遵的僧人，乘乱挟持王族籛逋的后裔唃厮啰，向东占据宗哥邈川城。唃厮啰，人们称他瑕萨，籛逋就是吐蕃所谓的赞普。唃厮，就是我们所说的佛；啰，就是我们所说的儿子。他自称佛的儿子，如同中原称天子。立遵姓李，唃厮啰当了首领，立遵和邈川首领温殕、温逋成了国相，占有汉朝的陇西、南安、金城三个郡地盘，东西之间有二千多里。宗哥邈川，就是所谓的三河间。大中祥符九年立遵和唃厮啰带着十万部众侵犯本朝疆界，攻入古渭州，秦州知州曹玮打败了他们，立遵回去后就死了。

唃厮啰的妻子李氏，是立遵的女儿，生了两个儿子，叫瞎毡、磨毡角。立遵去世，唃厮啰又娶了乔氏，生下儿子董毡，娶契丹的女子作媳妇。李氏失宠，去当了尼姑，两个儿子也离开了父亲，瞎毡据有河州、磨毡角据有邈川，唃厮啰来往于这几个地方而据有青堂城。赵元昊割据称帝，派兵隔断通道，唃厮啰就与朝廷断绝了联系。屯田员外郎刘涣提出与唃厮啰沟通联系，于是就派刘涣从古渭州出发，沿末邦山来到河州国门寺，渡过黄河，经廓州到达青堂城，见到唃厮啰，授予朝廷任命的官职，从此重新有了联系。磨毡角去世，唃厮啰再次夺取邈川城，把磨毡角的遗属作为人质拘留在结罗城。唃厮啰去世，儿子董毡继位，朝廷再次授予他官职。

瞎毡有个儿子叫木征，木征就是我们所说的龙头，因为他是唃厮啰的嫡孙，在兄弟中排行最长，所以叫他龙头，羌人的语序与我们相反，称为头龙。瞎毡去世，青堂首领瞎药、鸡罗和当地僧人鹿尊共同立木征为王，移居洮州。董毡外甥瞎征伏，是另一部族中李钺星的儿子，和木征不和，他的舅舅李笃毡就挟持他占据结读古野反河，瞎征伏多次和笃毡联合沈千族首领常尹丹进攻木征，木征移居安乡城。有个叫巴欺温的，是唃厮啰族的后裔，起先居结罗城，后来逐渐强盛，董毡在黄河以南的地盘就分成了三块，巴欺温、木征占据洮水和黄河之间，瞎征伏占据结河，董毡则独占黄河以北的地盘。熙宁五年秋天，王韶带兵从路骨山出击，攻下香子城，平定河州，又进攻马蔺州，俘虏了木征的舅舅结吴叱，攻破洮州，木征的弟弟巴毡角投降，完全占有了黄河以南熙、河、洮、岷、叠、宕等六个州的地方，从临江寨到安乡城，东西之间一千多里，归降的民众三十多万帐。第二年瞎木征投降，朝廷设置熙河路。

## 477. 用度外人

范文正常言：史称诸葛亮能用度外人。用人者莫不欲尽天下之才，常患近己之好恶而不自知也，能用度外人，然后能周大事。

【译文】范仲淹曾说：史书上说诸葛亮能起用与自己关系不密切的人。用人者无不想罗致天下贤才，但常担心与自己关系密切者的好坏无法确知，能够起用与自己关系不密切的人，然后才能成就大事。

## 478. 骂退夏兵

元丰中，夏戎之母梁氏遣将引兵卒至保安军顺宁寨，围之数重。时寨兵至少，人心危惧，有倡姥李氏得梁氏阴事甚详，乃掀衣登陴抗声骂之，尽发其私，虏人皆掩耳，并力射之莫能中，李氏言愈丑。虏人度李终不可得，恐且得罪，遂托以他事中夜解去。鸡鸣狗盗皆有所用，信有之。

【译文】元丰年间，西夏国太后梁氏派将领率军进犯保安军顺宁寨，把寨城围了好几层。当时寨中士兵很少，人人心中危惧，有个当过娼妓的老妇人李氏知道许多梁氏秘事，就提着衣襟爬上城头高声叫骂，把她的隐私都抖了出来，西夏人都捂着耳朵，一起用箭射她却没能射中，李氏越骂越难听。西夏人估计李氏肯定无法抓到，怕因此得罪太后，就找了个借口在半夜里解围撤走了。不管什么卑微的技能都有它的用处，确实有道理。

## 479. 校书如扫尘

宋宣献博学，喜藏异书，皆手自校雠，常谓："校书如扫尘，一面扫，一面生，故有一书每三四校犹有脱谬。"

【译文】宋绶学问广博，喜欢收藏珍奇书籍，都亲自校勘，常说："校书好比扫灰尘，一面扫去，一面产生，所以有时一部书经三四遍校勘还有错漏。”

# 梦溪笔谈卷二十六

## 药 议

### 480. 脏腑谬说

古方言云母粗服则著人肝肺不可去，如枇杷、狗脊毛不可食，皆云射入肝肺。世俗似此之论甚多，皆谬说也。又言人有水喉、食喉、气喉者，亦谬说也。世传《欧希范真五脏图》亦画三喉，盖当时验之不审耳。水与食同咽，岂能就口中遂分入二喉？人但有咽、有喉二者而已，咽则纳饮食，喉则通气，咽则下入胃脘，次入胃中，又次入广肠，又次入大、小肠；喉则下通五脏，为出入息。五脏之含气呼吸，正如冶家之鼓鞴，人之饮食药饵但自咽入肠胃，何尝能至五脏？凡人之肌骨、五脏、肠胃虽各别，其入肠之物，英精之气味皆能洞达，但滓秽即入二肠。凡人饮食及服药既入肠，为真气所蒸，英精之气味，以至金石之精者如细研硫黄、朱砂、乳石之类，凡能飞走融结者，皆随真气洞达肌骨，犹如天地之气贯穿金石土木，曾无留碍，自余顽石草木则但气味洞达耳，及其势尽，则滓秽传入大肠、润湿渗入小肠，此皆败物，不复能变化，惟当退泄耳。凡所谓某物入肝、某物入肾之类，但气味到彼耳，凡质岂能至彼哉？此医不可不知也。

【译文】古代医方说云母未加工直接吞服会粘附在肝肺无法除去，像枇杷、狗脊的毛不能吃一样，都说会进入肝肺。世间类似的议论很多，都是错误的说法。又说人有水喉、食喉、气喉，也是错误的说法。现在流传的《欧希范真五脏图》也画三个喉，是当时观察得不仔细。水和食物一同吞咽，怎么能在口腔里就分开进入水喉、食喉呢？人只有咽、喉二个部分而已，咽接纳饮食，喉通达气体，咽以下就进入胃，接着进入胃的内腔，再接着进入直肠，再以下进入大小肠；喉以下通达五脏，是气息的出入口。五脏的含气呼吸，就像冶炼金属的鼓风器，人的饮食药物只能从咽进入肠胃，怎么能到达五脏呢？大凡人的肌肉骨骼、五脏、肠胃虽然各不相同，但进入肠内的食物，其精华的气味都能通达，只有渣滓秽物才进入大、小肠。人的饮食和服下的药物进入肠子，被真气所蒸发，精华的气味，乃至金石药物中的精粹如研细的硫黄、朱砂、乳石之类，凡是能挥发融化的，都随同真气通达肌肉、骨骼，如同天地之气贯穿世间万物，毫无阻碍，剩余的顽石草木只有气味能通达，等到精华散发完毕后，渣滓秽物就转入大肠、液质就渗入小肠，这些都是废物，不再能起变化，只该排泄掉了。凡所谓某物入肝、某物入肾之类的说法，只是指气味到达那里，具体的物质怎么能到达那里呢？这点医家不能不知晓。

## 481. 鸡舌香

余集《灵苑方》，论鸡舌香以为丁香母，盖出陈氏《拾遗》，今细考之尚未然。按《齐民要术》云鸡舌香“世以其似丁子，故一名丁子香”，即今丁香是也。《日华子》云鸡舌香“治口气”，所以三省故事，郎官口含鸡舌香，欲其奏事对答其气芬芳，此正谓丁香治口气，至今方书为然。又古方五香连翘汤用鸡舌香，《千金》五香连翘汤无鸡舌香，却有丁香，此最为明验。《新补本草》又出丁香一条，盖不曾深考也。今世所用鸡舌香，乳香中得之，大如山茱萸，剉开中如柿核，略无气味，以治疾殊极乖谬。

【译文】我编集《灵苑方》，论定鸡舌香应是母丁香，这个说法出于陈藏器《本草拾遗》，现在仔细考究起来还不完备。《齐民要术》说鸡舌香“世人因为它像钉子，所以又称为丁子香”，就是现在的丁香。《日华子》说鸡舌香能“治口气”，因此三省成例，郎官口含鸡舌香，让他们陈奏事务应答时口气芬芳，这正是所谓的丁香能治口气，直到现在医书上都这样说。古方中的五香连翘汤用鸡舌香，《千金方》的五香连翘汤没有鸡舌香，却有丁香，这是最明显的证据。《嘉祐本草》在鸡舌香外又列出丁香一条，是没有深入查考。现在世上所用的鸡舌香，是从乳香中得到的，大小如同山茱萸，剖开来中间像柿核，毫无气味，用来治病极其错谬。

## 482. 君臣佐使

旧说有药用一君、二臣、三佐、五使之说，其意以谓药虽众，主病者专在一物，其他则节级相为用，大略相统制。如此为宜，不必尽然也。所谓君者，主此一方者，固无定物也。《药性论》乃以众药之和厚者定以为君，其次为臣、为佐，有毒者多为使，此谬说也。设若欲攻坚积，如巴豆辈岂得不为君哉？

【译文】过去有处方用一味君药、二味臣药、三味佐药、五味使药的说法，其用意是认为药虽有多种，主治病症专在一种药物，其他药物按主次发挥效用，大体上相互统属制约。这样是恰当的，但不一定都是如此。所谓君药，是主导这一处方的药物，原本就没有固定对象。《药性论》却把各种药物中气性平和淳厚者定为君药，差一些的定为臣药、佐药，有毒的大多定为使药，这是错误的说法。假如要攻治顽固积滞，像巴豆之类怎么能不作为君药呢？

## 483. 金罂子

金罂子止遗泄，取其温且涩也。世之用金罂者，待其红熟时取汁熬膏用之，大误也。红则味甘，熬膏则全断涩味，都失本性。今当取半黄时采，干捣末用之。

【译文】金樱子能治疗遗精、泄泻，取它温且涩的药性。一般用金樱子的人，等它果实红熟时榨汁熬膏服用，是极其错误的。果实红熟就味道甘甜，熬膏就完全没有涩味，都失掉了药性。应当在半黄时采摘，晒干捣成末服用。

## 484. 汤散丸各有所宜

汤、散、丸各有所宜。古方用汤最多，用丸、散者殊少，煮散古方无用者，唯近世人为之。大体欲达五脏四肢者莫如汤，欲留膈胃中者莫如散，久而后散者莫如丸；又无毒者宜汤，小毒者宜散，大毒者须用丸；又欲速者用汤，稍缓者用散，甚缓者用丸，此其大概也。近世用汤者全少，应汤者皆用煮散。大率汤剂气势完壮，力与丸、散倍蓰，煮散者一啜不过三五钱极矣，比功较力，岂敌汤势？然汤既力大，则不宜有失消息，用之全在良工，难可以定论拘也。

【译文】汤、散、丸剂各有所适宜对象。古代医方用汤剂最多，用丸剂、散剂很少，煮散古代医方是不用的，只有近来人们才这样做。大体上要使药力达到五脏四肢的比不上汤剂，要使留在膈胃中的比不上散剂，药效持久而后发散的比不上丸剂；没有毒性的药物宜用汤剂，毒性小的药物宜用散剂，毒性大的药物须用丸剂；要生效快的用汤剂，稍缓的用散剂，相当缓慢的用丸剂，这是它们的大致情况。近来用汤剂的很少，应该用汤剂的都用煮散。大体上汤剂气势完整壮实，药力是丸剂、散剂的好几倍，煮散每服不过三五钱就到顶了，比较功效和药力，怎么比得过汤剂呢？不过汤剂既然药力大，就不应在剂量上有差错，如何使用全在高明医家，很难用定论框死。

## 485. 采药不可限时月

古法采草药多用二月、八月，此殊未当，但二月草已芽、八月苗未枯，采掇者易辨识耳，在药则未为良时。大率用根者，若有宿根，须取无茎叶时采，则津泽皆归其根，欲验之，但取芦菔、地黄辈观，无苗时采则实而沈，有苗时采则虚而浮；其无宿根者，即候苗成而未有花时采，则根生已足而又未衰，如今之紫草，未花时采则根色鲜泽，花过而采则根色黯恶，此其效也。用叶者取叶初长足时，用芽者自从本说，用花者取花初敷时，用实者成实时采，皆不可限以时月，缘土气有早晚、天时有愆伏。如平地三月花者，深山中则四月花，白乐天《游大林寺》诗云“人间四月芳菲尽，山寺桃花始盛开”，盖常理也，此地势高下不同也；如筀竹笋有二月生者，有三四月生者，有五月方生者谓之“晚筀”，稻有七月熟者，有八九月熟者，有十月熟者谓之“晚稻”，一物同一畦之间自有早晚，此物性之不同也；岭峤微草凌冬不凋，并、汾乔木望秋先陨，诸越则桃李冬实，朔漠则桃李夏荣，此地气之不同也；一亩之稼则粪溉者先芽，一丘之禾则后种者晚实，此人力之不同也，岂可一切拘以定月哉？

【译文】古时候采草药大多在二月、八月，这很不妥当，只不过二月草木已发芽、八月植株未枯萎，采摘者容易辨识罢了，就草药来说不是好时候。大体用根的药物，如果有隔年老根，必须在没有茎叶时采摘，这样精华都集中在根部，要验证这点，只要取萝卜、地黄之类的看一下，没有植株时采摘就充实饱满，有植株时采摘就空虚轻浮；没有隔年老根的药物，要等到植株长成而尚未开花时采摘，这样根部已生长充足且还没有衰老，例如现在的紫草，未开花时采摘则根部颜色鲜润，花开过后采摘则根部颜色暗枯，这就是证明。用叶的药物在叶刚长足时采摘，用芽的药物按过去的做法采摘，用花的药物在花刚开时采摘，用果实的药物在果实长成时采摘，都不能用固定时间来限制，因为地气有早晚、天时有变化。如平地上三月开花的植物，在深山里则四月开花，白居易《游大林寺》诗说“人间四月芳菲尽，山寺桃花始盛开”，是普通的道理，这是因为地势高低的不同；如筀竹的笋有二月萌生的，有三四月萌生的，也有五月才萌生的称为“晚筀”，稻谷有七月成熟的，有八九月成熟的，也有十月才成熟的称为“晚稻”，一种作物在同一畦中成熟有早有晚，这是因为品性的不同；岭峤的小草隆冬不凋谢，并、汾的乔木将近秋天开始落叶，两广的桃李冬天结果，朔漠的桃李夏季开花，这是因为地气的不同；同一块地里的庄稼水肥充足的先萌发，同一丘地里的禾苗后种的晚结实，这是因为人力的不同，怎么能全都限制在固定时间里呢？

## 486. 橘柚皮不同

《本草》注：“橘皮味苦，柚皮味甘。”此误也。柚皮极苦，不可向口，皮甘者乃柑耳。

【译文】《本草》注：“橘皮味苦，柚皮味甘。”这是错误的。柚子的皮极其苦，无法入口，皮性味甘的乃是柑子。

## 487. 麋鹿茸之别

按《月令》"冬至麋角解，夏至鹿角解"，阴阳相反如此，今人用麋、鹿茸作一种，殆疏也。又有刺麋、鹿血以代茸，云茸亦血耳，此大误也。窃详古人之意，凡含血之物，肉差易长，其次筋难长，最后骨难长，故人自胚胎至成人，二十年骨髓方坚。唯麋角自生至坚无两月之久，大者乃重二十余斤，其坚如石，计一昼夜须生数两，凡骨之顿成生长神速无甚于此，虽草木至易生者亦无能及之。此骨血之至强者，所以能补骨血、坚阳道、强精髓也。头者诸阳之会，众阳之聚上钟于角，岂可与凡血为比哉？麋茸利补阳，鹿茸利补阴。凡用茸，无乐太嫩。世谓之"茄子茸"，但珍其难得耳，其实少力，坚者又太老，唯长数寸，破之肌如朽木，茸端如玛瑙、红玉者最善。又，北方戎狄中有麋、麖、麈，驼鹿极大而色苍，尻黄而无斑，亦鹿之类，角大而有文，坚莹如玉，其茸亦可用。

【译文】《礼记·月令》说"冬至时麋角脱落，夏至时鹿角脱落"，两者阴阳性质如此相反，现在人们把麋茸、鹿茸当作一种东西，恐怕是忽略了。又有刺取麋、鹿的血来代替茸，说茸也是血而已，这是大错误。我揣测古人的意思，大凡含血的东西，肉比较容易长，其次是筋难长，骨头是最难长成的，所以人从胚胎到成年，经二十年骨髓才坚实。唯有麋角从萌生到坚实不过两个月左右，大的重达二十多斤，其坚硬如同石头，累计一昼夜要增生几两，凡骨质一下子长成并增生神速没有超过它的，即使草木极其容易生长的也远远及不上。这是骨血中最强的，因此能补养骨血、壮实性功能、增强精髓。头是各部分阳气汇合的地方，众多阳气聚合起来向上集中于角，怎么能和一般的血相提并论呢？麋茸利于补阳，鹿茸利于补阴。凡是用茸，不要以为越嫩越好。世人所谓的"茄子茸"，只是珍贵其难得而已，其实功效不大，坚硬的茸又太老，只有长约数寸，剖开来质地如同朽木，茸顶端像玛瑙、红玉那样的最好。北方戎狄地区有麋、麖、麈，驼鹿体型极大而毛色灰黄，臀部黄色而没有斑纹，也属鹿类，角大而有花纹，坚硬光洁如同玉石，它的茸也能用。

## 488. 枸杞

枸杞，陕西极边生者高丈余，大可作柱，叶长数寸，无刺，根皮如厚朴，甘美异于他处者，《千金翼》云"甘州者为真，叶厚大"者是。大体出河西诸郡，其次江池间圩埂上者，实圆如樱桃，全少核，暴干如饼，极膏润有味。

【译文】枸杞，在陕西最边缘地区生长的高一丈多，大的能作柱子，叶有几寸长，没有刺，根皮像厚朴一样，性味甘美而与其他地方所产的不同，《千金翼方》所说"甘州者为真，叶厚大"的就是。大体以河西地区所出产的为上品，稍次一点的长在江河湖泊间的堤坝田埂上，果实浑圆如樱桃，基本没有核，晒干后像饼一样，极其肥厚润泽且有滋味。

## 489. 淡竹

淡竹对苦竹为文，除苦竹外悉谓之淡竹，不应别有一品谓之淡竹。后人不晓，于《本草》内别疏淡竹为一物。今南人食笋，有苦笋、淡笋两色，淡笋即淡竹也。

【译文】淡竹相对苦竹而言，除苦竹外都称为淡竹，不应该另有一个品种叫做淡竹。后人不了解，在《本草》中另外分列淡竹为一种。现在南方人吃笋，有苦笋、淡笋两种，淡笋就是淡竹。

## 490. 细辛

东方、南方所用细辛皆杜衡也，又谓之“马蹄香”，色黄白，拳局而脆，干则作团，非细辛也。细辛出华山，极细而直，深紫色，味极辛，嚼之习习如生椒，其辛更甚于椒。故《本草》云细辛“水渍令直”，是以杜衡伪为之也。襄汉间又有一种细辛，极细而直，色黄白，乃是鬼督邮，亦非细辛也。

【译文】东方、南方所用的细辛都是杜衡，又称为“马蹄香”，颜色黄白，卷曲而质脆，干后呈团状，不是细辛。细辛产于华山，极细而且直，深紫色，性味很辛辣，嚼起来阵阵辛味如同生花椒，而且辛辣程度更甚于花椒。所以《本草》说细辛“用水浸渍能使之伸直”，是用杜衡冒充的假货。襄汉地区又有一种细辛，极细而且直，颜色黄白，乃是鬼督邮，也不是细辛。

## 491. 蘦非甘草

《本草》注引《尔雅》云“蘦，大苦”，注：“甘草也。蔓延生，叶似荷，青黄，茎赤。”此乃黄药也，其味极苦，故谓之“大苦”，非甘草也。甘草枝叶悉如槐，高五六尺，但叶端微尖而糙涩，似有白毛，实作角生如相思角，四五角作一本生，熟则角坼，子如小扁豆，极坚，齿啮不破。

【译文】《嘉祐本草》注引《尔雅》说“蘦，大苦”，郭璞注说：“甘草也。蔓延生，叶似荷，青黄，茎赤。”这是黄药，其性味极苦，所以称为“大苦”，不是甘草。甘草的枝叶都像槐一样，高五六尺，只是叶端稍尖而且粗糙不光滑，像长有白毛一样，果实呈荚形如同相思豆，四五个果实长在一根枝头上，果实成熟了就绽裂，籽实像小扁豆，极坚硬，牙齿都咬不动。

## 492. 胡麻

胡麻直是今油麻，更无他说，余已于《灵苑方》论之。其角有六棱者、有八棱者，中国之麻今谓之“大麻”是也，有实为苴麻，无实为枲麻，又曰牡麻。张骞始自大宛得油麻之种，亦谓之麻，故以“胡麻”别之，谓汉麻为“大麻”也。

【译文】胡麻就是现在的油麻，再没有其他说法，我已在《灵苑方》中谈论过。它的荚果有六条棱、有八条棱的，中原地区的麻就是现在所说的“大麻”，能结实的是苴，不能结实的是枲，又叫做牡麻。张骞首次从大宛得到的油麻品种，也称为麻，所以用“胡麻”来区别，把汉地的麻叫做“大麻”。

## 493. 赤箭

赤箭即今之天麻也，后人既误出天麻一条，遂指赤箭别为一物，既无此物，不得已又取天麻苗为之，兹为不然，《本草》明称“采根暴干”，安得以苗为之？草药上品除五芝之外，赤箭为第一，此神仙补理养生上药，世人惑于天麻之说，遂止用之治风，良可惜哉。或以谓其茎如箭，既言赤箭，疑当用茎，此尤不然，至如鸢尾、牛膝之类，皆谓茎叶有所似，用则用根耳，何足疑哉。

【译文】赤箭就是现在的天麻，后人既误把天麻列为一条，就说赤箭是另外一种东西，但又不存在，不得已仍用天麻苗来充当，就更加不对了，《本草》明明说“采根暴干”，怎么能用苗来充当呢？草部药物上品中除五芝以外，赤箭是第一等，这是神仙调理养生的上等药，世人被它是天麻的说法所迷惑，只用它来治风症，实在可惜。有人说它的茎像箭，既称赤箭，怀疑应当用茎部入药，此尤其不对，像鸢尾、牛膝之类的药物，都是因茎叶有所类似而命名的，入药却是用根部，有什么可怀疑的。

## 494. 地菘

地菘即天名精也。世人既不识天名精，又妄认地菘为火蔹，《本草》又出鹤虱一条，都成纷乱。今按，地菘即天名精，盖其叶似菘又似蔓菁，蔓菁即蔓精也。故有二名，鹤虱即其实也。世间有单服火蔹法，乃是服地菘耳，不当用火蔹。火蔹，《本草》名豨莶，即是猪膏莓，后人不识，亦重复出之。

【译文】地菘就是天名精。世人不仅不认识天名精，又错把地菘认作火蔹，《唐本草》又把鹤虱列为一条，全都搅乱了。据我考查，地菘就是天名精，因为它的叶子类似菘菜又像蔓菁，蔓菁就是蔓精。所以有两个名称，鹤虱是它的果实。世人有单独服用火蔹的方法，乃是服用地菘。不应当用火蔹。火蔹，《唐本草》称豨莶，就是猪膏莓，后人不认识，也重复立条。

## 495. 南烛草木

南烛草木，记传、《本草》所说多端，今少有识者，为其作青精饭色黑，乃误用乌桕为之，全非也。此木类也，又似草类，故谓之“南烛草木”，今人谓之“南天烛”者是也。南人多植于庭槛之间，茎如蒴藋，有节，高三四尺，庐山有盈丈者，叶微似楝而小，至秋则实赤如丹，南方至多。

【译文】南烛草木，文献记载、《本草》的说法各不相同，现在很少有人认识，因为它做出来的青精饭呈黑色，就误用乌桕来充当，完全不对。它属木类，又类似草类，所以称为“南烛草木”，现在人称为“南天烛”的就是。南方人大多将它种在庭园里，它的茎像蒴藋，有节，高三四尺，庐山有高近一丈的，叶子有点像楝而小些，到了秋天果实红得像丹砂一样，南方极多。

## 496. 太阴玄精

太阴玄精生解州盐泽大卤中，沟渠土内得之。大者如杏叶，小者如鱼鳞，悉皆六角，端正如刻，正如龟甲。其裙襕小堕，其前则下剡，其后则上剡，正如穿山甲，相掩之处全是龟甲，更无异也。色绿而莹彻，叩之则直理而折，莹明如鉴，折处亦六角如柳叶。火烧过则悉解折，薄如柳叶，片片相离，白如霜雪，平洁可爱。此乃禀积阴之气凝结，故皆六角。今天下所用玄精乃绛州山中所出绛石耳，非玄精也。楚州盐城古盐仓下土中又有一物，六棱如马牙硝，清莹如水晶，润泽可爱，彼方亦名太阴玄精，然喜暴润如盐鹻之类，唯解州所出者为正。

【译文】太阴玄精生成于解州盐池卤水中，能在沟渠土壤中找到它。大的像杏叶，小的像鱼鳞，都呈六角形，端正得就像刻出来的，与龟甲一模一样。它四周裙边稍许低下，正面向下倾斜，反面向上倾斜，就像穿山甲那样，重叠的地方全是甲片，没有变异。颜色绿而透明，叩击它就会沿纹理折裂，断面光洁如镜，折断处也呈六角形如同柳叶。用火加热后就全部散裂，薄得像柳叶，片片分离，白如霜雪，滑净可爱。它是禀受深重阴气凝成，所以都呈六角形。如今世人所用的玄精石乃是绛州山中出产的绛石，不是真正的玄精。楚州盐城旧盐仓的土壤里还有一种东西，六棱状如同马牙硝，清彻透明如同水晶，润泽可爱，那里人也称为太阴玄精，然而它容易吸水潮解像盐碱之类的东西，只有解州所出产的才是正宗。

## 497. 稷乃今之穄

稷乃今之穄也，齐、晋之人谓即、积皆曰祭，乃其土音，无他义也。《本草》注云又名糜子，糜子乃黍属，《大雅》：“维秬维秠，维糜维芑。”秬、秠、穈、芑皆黍属，以色为别，丹黍谓之穈音门，今河西人用穈字而音穈。

【译文】稷就是现在的穄，齐、晋一带的人称即、积都说祭，乃是当地土音，没有其他涵义。《唐本草》注说稷又名穈子，穈子属黍类，《诗经·大雅·生民》说："维秬维秠，维穈维芑。"秬、秠、穈、芑都属黍类，以颜色相区别，红色外壳的黍称为穈读音门，现在河西人用穈字但读作穈。

## 498. 苦䏘

苦䏘即《本草》酸浆也，新集《本草》又重出苦䏘一条，河西番界中酸浆有盈丈者。

【译文】苦䏘就是《神农本草》中的酸浆，新编修《本草图经》又重复将苦䏘列为一条，河西西夏境内中的酸浆有高近一丈的。

## 499. 苏合香

今之苏合香如坚木，赤色。又有苏合油，如糯胶，今多用此为苏合香。按刘梦得《传信方》用苏合香，云："皮薄，子如金色。按之即小，放之即起，良久不定如虫动。气烈者佳也。"如此则全非今所用者，更当精考之。

【译文】现在的苏合香如坚硬的木头，红色。又有苏合油，如同糯胶，现在多用它来作为苏合香。刘禹锡《传信方》采用苏合香，说："皮薄，颜色像黄金，按上去就缩小，放开就弹起，长久摇荡不定像虫子爬动，气味辛烈者优良。"按其所说完全不是现在所用的东西，还应当进一步考究。

## 500. 熏陆即乳香

熏陆即乳香也，本名熏陆，以其滴下如乳头者谓之"乳头香"，镕塌在地上者谓之"塌香"，如腊茶之有滴乳、白乳之品，岂可各是一物？

【译文】薰陆就是乳香，本名薰陆，将其滴下来如同乳头的称为"乳头香"，融化平摊在地上的称为"塌香"，如同建茶有滴乳、白乳的品种，难道能是不同的东西吗？

## 501. 山豆根

山豆根味极苦，《本草》言味甘者，大误也。

【译文】山豆根的性味极苦，《开宝本草》说它性味甘，是大错误。

## 502. 青蒿

蒿之类至多，如青蒿一类自有两种，有黄色者，有青色者，《本草》谓之

"青蒿"，亦恐有别也。陕西绥、银之间有青蒿，在蒿丛之间时有一两株迥然青色，土人谓之"香蒿"，茎叶与常蒿悉同，但常蒿色绿而此蒿色青翠一如松桧之色，至深秋余蒿并黄，此蒿独青，气稍芬芳，恐古人所用以此为胜。

【译文】蒿的品种极多，如青蒿这一类就有两个品种，有黄色的，有青色的，《神农本草》称为"青蒿"，也恐怕有另外的品种。陕西绥、银一带有青蒿，在蒿丛中常有一二株呈完全不同的青色，当地人称为"香蒿"，茎叶与一般蒿都相同，只是一般蒿呈绿色而这种蒿颜色青翠完全像松桧的叶色，到了深秋其他的蒿都变黄了，唯独这种蒿仍是青色，气味稍有芬芳，恐怕古人所用青蒿以这种品种为好。

## 503. 海蛤

按文蛤即吴人所食花蛤也，魁蛤即车螯也。海蛤今不识其生时，海岸泥沙中得之，大者如棋子，细者如油麻粒，黄、白或赤相杂，盖非一类，乃诸蛤之房为海水砻砺光莹，都非旧质。蛤之属其类至多，房之坚久莹洁者皆可用，不适指一物，故通谓之"海蛤"耳。

【译文】文蛤就是江浙一带人们所吃的花蛤，魁蛤就是车螯。海蛤现在不了解它活的状况，在海滩泥沙中得到它，大的如同棋子，小的像芝麻粒，或黄、白色或黄、红色相夹杂，恐怕不是一类，而是各种蛤的壳被海水冲刷磨砺得光滑晶莹，已不是原来的样子。蛤这种东西种类极多，外壳坚硬、历时久、光洁的都能药用，不专指一种，所以就通称为"海蛤"了。

## 504. 漏芦

今方家所用漏芦乃飞廉也，飞廉一名漏芦，苗似苦芙，根如牛蒡，绵头者是也，采时用根。今闽中所用漏芦，茎如油麻，高六七寸，秋深枯黑如漆，采时用苗，《本草》自有条，正谓之"漏芦"。

【译文】现在医家所用的漏芦乃是飞廉，飞廉又名漏芦，植株类似苦芙，根如同牛蒡，长有白色绵毛者即是，采摘时用根。现在福建一带所用的漏芦，茎如同芝麻，高六七寸，深秋就枯萎而黑得像漆，采摘时用植株，《本草》中另有条目，正称为"漏芦"。

## 505. 赭魁

《本草》所论赭魁皆未详审。今赭魁南中极多，肤黑肌赤似何首乌，切破，其中赤白理如槟榔，有汁赤如赭，南人以染皮制鞾。闽、岭人谓之"余粮"，《本草》"禹余粮"注中所引乃此物也。

【译文】《本草》所记述的赭魁都不详细确实。赭魁现在在南中地区很多，根皮紫黑色类似何首乌，切开来，里面红白色肌理如槟榔，有汁液红得如赭色，南方人用它来染皮革制靴。福建、五岭一带称为“余粮”，《本草》“禹余粮”的注中所提到的就是这种植物。

## 506. 石龙芮

石龙芮今有两种，水生者叶光而末圆，陆生者叶毛而末鋭，入药用水生者。陆生亦谓之“天灸”，取少叶揉系臂上，一夜作大泡如火烧者是也。

【译文】石龙芮现在有两种，长在水边的叶片光滑而末端浑圆，长在陆上的叶片有毛而末端尖锐，入药用长在水边的。长在陆上的也称为“天灸”，拿少许叶子揉烂敷在臂上，一个晚上就灼出大水泡像被火烧灼那样的就是。

## 507. 炮制麻子

麻子，海东来者最胜，大如莲实，出毛罗岛，其次上郡、北地所出，大如大豆，亦善，其余皆下材。用时去壳，其法取麻子帛包之，沸汤中浸，候汤冷乃取悬井中一夜，勿令着水，明日日中暴干，就新瓦上轻挼，其壳悉解，簸扬取肉，粒粒皆完。

【译文】胡麻子，东部沿海的舶来品最好，像莲子那样大，出产于毛罗岛，其次是上郡、北地所出产的，像黄豆那样大，也很好，其他品种都较差。药用时去壳，方法是把麻子用帛包起来，浸在沸水中，等水冷却后取出悬挂在井里一个晚上，不要让它碰到井水，次日放在太阳下晒干，放在新制成的瓦片上轻轻搓揉，它们的壳全都会绽开脱落，簸扬掉壳留下的籽实，粒粒都完好。

# 补笔谈卷一

## 故 事

### 508. 常参放班

故事，不御前殿则宰相一员押常参官再拜而出。神宗初即位，宰相奏事多至日晏。韩忠献当国，遇奏事退晚即依旧例一面放班，未有著令。王乐道为御史中丞，弹奏语过当，坐谪陈州。自此令宰臣奏事至辰时未退，即一面放班，遂为定制。

【译文】相沿的成例，皇上如不在文德殿上朝就由一名宰相带领上朝官员行礼后退出。神宗皇帝即位之初，宰相奏事大多要到上午，韩琦任宰相时，遇上奏事晚退就按过去的惯例让其他官员自行退朝，但没有定为法令。王陶任御史中丞，因以此事弹劾韩琦太过分，被贬官到陈州。皇上因此下令，如宰相奏事到辰时还没有结束，其他官员可自行退朝，就此定为制度。

### 509. 致仕不以荫迁官

故事，升朝官有父致仕，遇大礼则推恩迁一官，不增俸。熙宁中张丞相杲卿以太子太师致仕，用子荫当迁仆射，廷议以为执政官非可以子荫迁授，罢之。前两府致仕不以荫迁官，自此始。

【译文】相沿的成例，升朝官如有父亲退休，遇到郊祀大典可受恩惠晋升一级，但不增加俸禄。熙宁年间宰相张昪以太子太师退休，他的儿子受荫庇应当升尚书仆射，官员们讨论时认为执政官不能由荫庇子孙升官来担任，没有批准。中书、枢密两府长官退休不因此荫庇亲属升官，就从这件事开始。

### 510. 赐金紫

故事，初授从官、给谏未衣紫者，告谢日面赐金紫。何圣从在陕西就任除待制，仍旧衣绯，后因朝阙值大宴，殿上独圣从衣绯，仁宗问所以，中筵起，乃赐金紫，遂服以就坐。近岁许冲元除知制诰犹着绿，告谢日面赐银绯，后数日别因对方赐金紫。

【译文】相沿的成例，首次授予中书门下属官、给事中、谏议大夫之职而没有穿上紫色公服者，在告谢时面赐金紫章服。何郯在陕西地方官任上授待制，还像过去那样穿绯色公服，后来因为进京朝见遇上庆典大宴，殿上只有他一个穿绯色公服，仁宗皇帝问起其中原因，就在宴会中间赐予金紫章服，当场改换衣服就坐。近年许将授知制诰时仍穿绿色公服，告谢时面赐银绯章服，几天后另外因奏对才赐金紫章服。

## 511. 过正衙

自国初以来未尝御正衙视朝，百官辞、见必先过正衙，正衙既不御，但望殿两拜而出，别日却赴内朝。熙宁中草视朝仪，独不立见辞谢班，正御殿日却谓之“无正衙”，须候次日依前望殿虚拜谓之“过正衙”，盖阙文也。

【译文】从建国初年以来皇上从没有到过正衙视朝，但百官辞、见必须先赴正衙，皇上既然不在正衙，他们就对着正衙大殿磕两个头退出，另外找日子到垂拱殿参见。熙宁年间起草朝会礼仪，唯独不规定召见辞谢官员礼仪，皇上在垂拱殿上朝的日子却称为“无正衙”，要等到第二天再按过去那样朝着大殿虚拜称为“过正衙”，这是礼仪的缺略。

## 512. 王禹玉召对

熙宁三年，召对翰林学士承旨王禹玉于内东门小殿。夜深，赐银台烛双引归院。

【译文】熙宁三年，皇上在内东门小殿召见翰林学士承旨王珪谈话。直到夜深，派二名内官打着银烛台的蜡烛灯送他回学士院。

## 513. 虚室待尊官

夏郑公为忠武军节度使，自河中府徙知蔡州，道经许昌，时李献臣为守，乃徙居他室空使宅以待之，时以为知体。庆历中张邓公还乡，过南阳，范文正公亦虚室以待之，盖以其国爵也，遂守为故事。

【译文】夏竦任忠武军节度使，从河中府调任蔡州知州，途经许昌，当时李淑任许州知州，就移住别的房间而空出官署来接待他，当时人们认为他的做法得体。庆历年间张士逊还乡，经过南阳，范仲淹也空出房间来接待他，因为他有国公封爵的缘故，这种做法便成为惯例。

## 514. 亲王佩鱼

国朝仪制，亲王玉带不佩鱼。元丰中，上特制玉鱼袋，赐扬王、荆王施于玉带之上。

【译文】本朝礼仪制度，亲王玉带不佩鱼。元丰年间，皇上特地制作玉鱼袋，赐给扬王、荆王佩带在玉带上。

## 515. 除检讨不试

旧制，馆职自校勘以上，非特除者皆先试，唯检讨不试。初置检讨官只作差遣，未比馆职故也。后来检讨给职钱并同带职，在校勘之上，亦承例不试。

【译文】过去的制度，凡校勘以上的馆职，如不是特别任命者都要先经考试，唯独检讨不试。开始设置检讨官只是作为差遣职务，不像其他馆职作为虚衔兼带的缘故。后来检讨也像官阶那样领取俸禄与兼任的馆职没有区别，其级别在校勘之上，仍沿袭原先的成例不考试。

## 516. 馆职腰金

旧制，侍从官学士以上方腰金。元丰初，授陈子雍以馆职使高丽，还除集贤殿修撰，赐金带。馆职腰金出特恩，非故事也。

【译文】过去的制度，侍从官中学士以上者才可用金带。元丰初年，陈睦被授予馆职出使高丽，回来后授集贤殿修撰，赐给金带。馆职用金带出于特别恩典，不是成例。

## 517. 门状

今之门状称"牒件状如前，谨牒"，此唐人都堂见宰相之礼。唐人都堂见宰相，或参辞谢□事，皆先具事因，申取处分。有非一事，故称"件状如前"。宰相状后判"引"，方许见。后人渐施于执政私第，小说记施于私第自李德裕始，近世谄敬者无高下一例用之，谓之"大状"。予曾见白乐天诗稿，乃是新除寿州刺史李忘其名门状，其前序住京因宜及改易差遣数十言，其末乃言"谨祗候辞，某官"。至如稽首之礼唯施于人君，大夫家臣不稽首，避人君也，今则虽交游皆稽首。此皆生于谄事上官者始为流传，至今不可复革。

【译文】现在的门状称"牒件状如前，谨牒"，这是唐代官员在都堂拜见宰相的礼仪。唐代官员在都堂拜见宰相，若有陈述辞别、致谢之类的事情，都要先写明原由，要求听取宰相的安排。有时不止一件事，所以称"件状如前"。宰相在状后批"引"，方才允许进见。后来人们逐渐把它用于宰相的家中，据笔记杂著记载用于家中从李德裕开始，近年谄媚者不论官位高低一律用这种样式，称为"大状”。我曾见到白居易的诗稿，其背面是新任寿州刺史李名字忘记了的门状，前面写了住在京城中的原因以及改任官职等几十字，末尾称“谨祇候辞，某官”。至于像稽首之类的礼节只用于臣子见皇上，卿大夫的家臣不行稽首礼，是避免使用对君王的礼节，现在即使朋友之间都用稽首礼。这都源于谄媚侍奉上级的人而开始流传起来的，到现在已无法革除。

## 辩　证

### 518. 庑序之辨

今人多谓廊屋为庑，按《广韵》“堂下曰庑”，盖堂下屋檐所覆处，故曰立于庑下。凡屋基皆谓之堂，廊檐之下亦得谓之庑，但庑非廊耳。至如今人谓两廊为东、西序，亦非也。序乃堂上东、西壁，在室之外者，序之外谓之荣。荣，屋翼也。今之两徘徊又谓之两厦，四注屋则谓之东、西溜，今谓之“金厢道”者是也。

【译文】现在人多称廊屋为庑，据《广韵》“堂下曰庑”的说法，庑是指堂下被屋檐所遮蔽的地方，所以说立于庑下。凡房屋、基台都称为堂，走廊、屋檐之下也就得以称为庑，但庑不是廊。至于现在人们把两侧走廊称为东、西序，也是不对的。序是堂屋的东、西墙，或堂室之外的厢室，序的外侧称为荣。荣就是墙上与屋檐挑角结合的部位。现在又把两侧的回廊称为两厦，若是四角攒尖顶房屋则称为东、西溜，即现在所谓的“金厢道”。

### 519. 梓榆

梓榆，南人谓之朴，齐鲁间人谓之驳马。驳马即梓榆也，南人谓之朴，朴亦言驳也，但声之讹耳，《诗》“隰有六驳”是也。陆机《毛诗疏》：“檀木，皮似系迷，又似驳马，人云：‘斫檀不谛得系迷，系迷尚可得驳马。’”盖三木相似也。今梓榆皮甚似檀，以其班驳似马之驳者，今解《诗》用《尔雅》之说以为兽，“倨牙，食虎豹”，恐非也。兽，动物，岂常止于隰者，又与苞栎、苞棣、树檖非类，直是当时梓榆耳。

【译文】梓榆，南方人称为朴，齐鲁一带的人称为驳马。驳马就是梓榆，南方人称为朴，朴也就是驳，只是读音不同罢了，即《诗·秦风·晨风》的“隰有六驳”。陆机《毛诗草木鸟兽虫鱼疏》说：“檀木，皮类似系迷，又类似驳马，俗话说：‘砍檀树不仔细砍了系迷，系迷不加注意会错砍驳马。’”就因为这三种树木相似。

梓榆的皮很像檀木，因为它色彩斑驳类似于花斑马，现在解说《诗》的人采用《尔雅》的说法认为驳马是一种兽，“倨牙，食虎豹”，恐怕不对。兽是动物，怎么会长久停留在低湿地方，又与《诗》中的苞栎、苞棣、树檖不是同类，只能是指当时的梓榆。

## 520. 襄王未梦神女

自古言楚襄王梦与神女遇，以楚辞考之似未然。《高唐赋》序云：“昔者先王尝游高唐，怠而昼寝，梦见一妇人，曰：‘妾巫山之女也，为高唐之客，朝为行云，暮为行雨。’故立庙，号为朝云。”其曰“先王尝游高唐”，则梦神女者怀王也，非襄王也。又《神女赋》序曰：“楚襄王与宋玉游于云梦之浦，使玉赋高唐之事。其夜王寝，梦与神女遇。王异之，明日以白玉，玉曰：‘其梦若何？’对曰：‘晡夕之后，精神恍惚，若有所憙，见一妇人，状甚奇异。’玉曰：‘状如何也？’王曰：‘茂矣美矣，诸好备矣；盛矣丽矣，难测究矣；瑰姿玮态，不可胜赞。’王曰：‘若此盛矣，试为寡人赋之。’”以文考之，所云“茂矣”至“不可胜赞”云云皆王之言也，宋玉称叹之可也，不当却云“王曰‘若此盛矣，试为寡人赋之’”。又曰“明日以白玉”，人君与其臣语，不当称“白”。又其赋曰：“他人莫睹，玉览其状，望余帷而延视兮，若流波之将澜。”若宋玉代王赋之若王之自言者，则不当自云“他人莫睹，玉览其状”，既称“玉览其状”，即是宋玉之言也，又不知称“余”者谁也。以此考之，则“其夜王寝，梦与神女遇”者，“王”字乃“玉”字耳；“明曰以白玉”者，“以白王”也，“王”与“玉”字误书之耳。前日梦神女者怀王也，其夜梦神女者宋玉也，襄王无预焉，从来枉受其名耳。

【译文】向来都说楚襄王梦中与神女相会，根据楚辞来看好像不是这么回事。《高唐赋》的序说：“过去先王曾到高唐游览，感到疲倦而白天睡觉，梦见一位女子，说：‘我是巫山的神女，来到高唐作客，清晨化为流动的云彩，傍晚变作飘洒的雨水。’楚王因此为她建庙，命名为朝云。”文中说“先王曾到高唐游览”，那么梦见神女的是楚怀王，不是襄王。《神女赋》序说：“楚襄王与宋玉游于云梦之浦，使玉赋高唐之事。其夜王寝，梦与神女遇。王异之，明日以白玉，玉曰：‘其梦若何？’对曰：‘晡夕之后，精神恍惚，若有所憙，见一妇人，状甚奇异。’玉曰：‘状如何也？’王曰：‘茂矣美矣，诸好备矣；盛矣丽矣，难测究矣；瑰姿玮态，不可胜赞。’王曰：‘若此盛矣，试为寡人赋之。’”据行文来看，其中的“茂矣”到“不可胜赞”这一段都是楚王的话，宋玉表示赞叹是可以的，不该又称“王曰‘若此盛矣，试为寡人赋之’”。文中还说楚王“明日以白玉”，君王对他的臣属说话，不应当称“白”。赋中说：“他人莫睹，玉览其状，望余帷而延视兮，若流波之将澜。”假如是宋玉代楚王作赋模仿楚王自己的口气来说这件事的话，就不应该说“他人莫睹，玉览其状”，既然称“玉览其状”，就是宋玉的话了，这样又不明白其中所谓的“余”是指谁了。据此推考，“其夜王寝，梦与神女遇”，其中的“王”字应该是“玉”字；“明日以白玉”，是“以白王”，“王”和“玉”相互误写了。过去梦见神女的是怀王，那天晚上梦见神女的是宋玉，襄王毫不相干，一直错担了这个名声。

## 521. 王才人

《唐书》载武宗宠王才人，尝欲以为皇后，帝寝疾，才人侍左右，熟视曰：“吾气奄奄，顾与汝辞，奈何？”对曰：“陛下万岁后，妾得一殉。”及大渐，悉取所常贮散遗宫中，审帝已崩，即自经于幄下。宣宗即位，嘉其节，赠贤妃。按李卫公《文武两朝献替记》云：“自上临御，王妃有专房之宠，以娇妒忤旨，日夕而殒，群情无不惊惧，以谓上成功之后喜怒不测。”与《唐书》所载全别。《献替记》乃德裕手自记录，不当差谬，其书王妃之死固已不同，据《献替记》所言则王氏为妃久矣，亦非宣宗即位乃始追赠。按张祜集有《孟才人叹》一篇，其序曰：“武宗皇帝疾笃，迁便殿，孟才人以歌笙获宠者，密侍其右，上目之曰：‘吾当不讳，尔何为哉？’指笙囊泣曰：‘请以此就缢。’上悯然，复曰：‘妾尝艺歌，愿对上歌一曲以泄其愤。’上以其恳，许之，乃歌一声《何满子》，气亟立殒，上令医候之，曰：‘脉尚温而肠已绝。’”详此，则《唐书》所载者又疑其孟才人也。

【译文】《唐书》记载说唐武宗宠爱王才人，曾经打算立为皇后，武宗卧病，王才人在身边服侍，武宗注视着她说：“我气息微弱，不久就要和你分手，怎么办啊？”王才人回答说：“陛下归天后，我将以身相殉。”到武宗病危时，王才人把自己平常所收藏物品都拿出来送给宫中的人，确知武宗逝世，就在宫中自尽。宣宗继位，为表彰她的操守，追封为贤妃。按李德裕《文武两朝献替记》说：“自从武宗皇帝亲政，王妃专有皇上宠爱，因傲慢嫉忌而违背旨意，在一天晚上死了，大臣们无不感到惊恐，觉到皇上继位后其喜怒都预料不到了。”与《唐书》的记载完全不同。《献替记》乃是李德裕亲手所记，不该出错，他记载王妃早就去世固然已不一样，而据《献替记》所说王氏早就是妃子了，也不是宣宗继位后才追封的。张祐文集中有一篇《孟才人叹》，它的序说：“武宗皇帝病势沉重，移住到别殿，因吹笙而得到宠爱的孟才人，暗中跟在身边服侍，武宗看着她说：‘我就要不行了，你怎么办啊？’才人指着装笙的袋子哭着说：‘就让我用它来自尽吧。’武宗感到哀怜，才人又说：‘我曾学过唱歌，愿对着皇上唱一曲来抒发心中不平’。武宗看她很恳切，就同意了，才人刚唱了一句《何满子》歌，就回不上气来倒在地下，皇上叫来医师诊视，说：‘脉搏还有温热，但肠已断裂。’”据此，《唐书》所记载的又恐怕是孟才人了。

## 522. 北苑茶

建茶之美者号“北苑茶”。今建州凤凰山，土人相传谓之北苑，言江南尝置官领之，谓之北苑使。予因读李后主文集有《北苑诗》及《北苑纪》，知北苑乃江南禁苑，在金陵，非建安也。江南北苑使，正如今之内园使。李氏时有北苑使善制茶，人竞贵之，谓之“北苑茶”，如今茶器中有学士瓯之类，皆因人得名，非地名也。丁晋公为《北苑茶录》云：“北苑，地名也，今曰‘龙焙’。”又云：“苑者，天子园囿之名。此在列郡之东隅，缘何却名北苑？”丁亦自疑之。盖不知北苑茶本非地名，始因误传，自晋公实之于书，至今遂谓之北苑。

【译文】建茶中最好的称“北苑茶”。现在建州的凤凰山，当地人相传称为北苑，说南唐曾设置官员掌管，称为北苑使。我因为读李后主文集中有《北苑诗》与《北苑纪》，得知北苑是南唐的宫廷园苑，在金陵，不是建安。南唐的北苑使，正如现在的内园使。李后主时有位北苑使善于制茶，人们竞相尊贵，称为“北苑茶”，如同现在茶具中有学士瓯之类，都是由于人而得名，不是地名。丁谓的《北苑茶录》说：“北苑是地名，现在称‘龙焙’。”又说：“苑，是皇帝园囿的名称。北苑在州治的东面，为什么要称北苑呢？”丁谓本身也有怀疑。人们不知道北苑茶本来就不是地名，开始是出于误传，自从丁谓写入书中，到现在就把那儿称为北苑了。

## 523. 短后衣

唐以来，士人文章好用古人语而不考其意。凡说武人，多云“衣短后衣”，不知短后衣作何形制。短后衣出《庄子·说剑》篇，盖古之士人衣皆曳后，故时有衣短后之衣者，近世士庶人衣皆短后，岂复更有短后之衣？

【译文】唐代以来，文人写文章喜欢用古人的语词而不考查它的涵义。凡说到武人，多称“衣短后衣”，却不知道短后衣是怎样的式样。短后衣出于《庄子·说剑》篇，古代士人的衣服都有后摆，所以经常有穿缩短后摆之衣的人，近世士人、平民的衣服都缩短了后摆，怎么会另外还有短后摆的衣服呢？

## 524. 班固讥迁不慊

班固论司马迁为《史记》，“是非颇谬于圣人，论大道则先黄老而后六经，序游侠则退处士而进奸雄，述货殖则崇势利而羞贫贱，此其所蔽也”。予按后汉王允曰“武帝不杀司马迁，使作谤书流于后世”，班固所论乃所谓谤也，此正是迁之微意。凡《史记》次序、说论皆有所指，不徒为之，班固乃讥迁

"是非颇谬于圣人"，论甚不慊。

【译文】班固评论司马迁的《史记》，说"是非标准不同于圣人，谈论大道则先称黄老而后提六经，叙说游侠则贬低隐士而突出奸雄，记述货殖则推崇势利而羞辱贫贱，这是它见识不明之处"。我认为东汉王允说"汉武帝不杀司马迁，使他能写出诽谤的书流传后世"，班固所说的就是所谓的诽谤，而这正是司马迁的微意。《史记》中的篇目次序、叙述评论都有针对性，不是随便这样做的，班固居然嘲讽司马迁"是非标准不同于圣人"，这个说法很不能令人满意。

## 525. 不音否之谬

人语言中有"不"字，可否世间事未尝离口也，而字书中须读作否音也。若谓古今言音不同，如云"不可"岂可谓之"否可"，"不然"岂可谓之"否然"，古人曰"否，不然也"岂可曰"否，否然也"？古人言音决非如此，止是字书谬误耳。若读《庄子》"不可乎不可"须云"否可"，读《诗》须云"曷否肃雍"、"胡否佽焉"，如此全不近人情。

【译文】我们口头言语中有个"不"字，在认可或否定世上事物时不可缺少，而在字书中这个字应读否音。假如说这是古今语音不同，那么我们现在说"不可"难道就可以读作"否可"，"不然"难道就可以读作"否然"，古人说"否，不然也"难道可以说是"否，否然也"吗？古人的语音决不是如此，那只是字书的谬误。假如读《庄子》"不可乎不可"必须作"否可乎否可"，读《诗》必须作"曷否肃雍"、"胡否佽焉"，这样就全然不近人情了。

## 526. 章句与义理

古人谓章句之学，谓分章摘句，则今之疏义是也。昔人有鄙章句之学者以其不主于义理耳，今人或谬以诗赋声律为章句之学，误矣。然章句不明亦所以害义理。如《易》云"终日乾乾"，两"乾"字当为两句，上乾"知至至之"，下乾"知终终之"也。"王臣蹇蹇"，两"蹇"字谓王与臣也，九五、六二王与臣皆处蹇中，王任蹇者也，臣或为冥鸿可也，六二所以不去者以应乎五故也，则六二之蹇"匪躬之故"也。后人又改"蹇蹇"字为"謇"，以謇謇比谔谔，尤为讹谬。"君子夬夬"，"夬夬"二义也，以义决其外，胜己之私于内也。凡卦名而重言之皆兼上下卦，如"来之坎坎"是也，先儒多以为连语，如虩虩、哑哑之类读之，此误分其句也。又"履虎尾咥人凶"当为句，君子则夬夬矣，何咎之有，况于凶乎。"自天祐之吉"当为句，非吉而利，则非所当祐也。

《书》曰"成汤既没，太甲元年"，孔安国谓："汤没至太甲方称元年。"按《孟子》，成汤之后尚有外丙、仲壬，而《尚书疏》非之；又或谓古书缺落，文有不具。以予考之，《汤誓》、《仲虺之诰》、《汤诰》皆成汤时诰命，汤没，至太甲元年始复有《伊训》著于《书》，自是孔安国离其文于"太甲元年"下注之，遂若可疑，若通下文读之曰"成汤既没，太甲元年伊尹作《伊训》"，则文自足，亦非缺落。尧之终也，百姓如服考妣之丧三年。百姓，有命者也；为君斩衰，礼也。邦人无服，三年四海无作乐者，况畿内乎？《论语》曰"先行"当为句，"其言"自当后也。似此之类极多，皆义理所系，则章句亦不可不谨。

【译文】古人所谓的章句之学，是指分章析句解释经籍，就是现在的义疏。过去有人鄙薄章句之学认为它不着眼于义理，现在人甚至误把诗赋声律作为章句之学，是错的。但章句不弄明白也会因此妨碍理解义理。例如《易》说"终日乾乾"，两个"乾"字应该断为两句，前者即所谓"知至至之"，后者即所谓"知终终之"。蹇卦"王臣蹇蹇"，两个"蹇"字分别指王与臣，该卦九五、六二之爻中王与臣都处于险难中，王是险难的承担者，臣有可能逃避，六二之所以不避开是要与王共渡难关，就是六二爻辞所说的"匪躬之故"。后来有人把"蹇蹇"改为"謇謇"，说成是忠贞直言，更为荒谬。夬卦"君子夬夬"，"夬夬"包含二重意思，对外以义作为处理事务的准则，对内以义来战胜自己的私念。凡是卦名在爻辞中重叠而言的都兼指上下卦，如坎卦"来之坎坎"之类，过去的学者大多把它们作为连绵词，像虩虩、哑哑那样来断句，这就错分了句读。又如履卦"履虎尾咥人凶"应断为一句，君子已夬夬，会有什么灾祸，更何况凶险呢。大有卦"自天祐之吉"应断为一句，不吉而得利，就不是天所应当保佑的。

《尚书》说"成汤既没，太甲元年"，孔安国说："成汤去世直到太甲才称元年。"据《孟子》，成汤之后当王的还有外丙、仲壬，《尚书疏》却不予承认；也有人认为这是古书文字脱漏所致，所以没有提及。据我看来，《汤誓》、《仲虺之诰》、《汤诰》都是成汤时的文书，成汤去世，直到太甲元年才有《伊训》收录于《尚书》，自从孔安国断开这句话在"太甲元年"下面加注，所以好像有疑问，假如把下文连起来读成"成汤既没，太甲元年伊尹作《伊训》"，文义自然完备，也就没有缺失了。《尚书》说尧去世时，百姓好像死了父母那样服丧三年。百姓，是有爵位的贵族；为国君服斩衰三年，是礼制。一般平民虽没有穿丧服的规定，但三年之中连边远少数民族都不奏乐，更何况君王自己的辖区呢？《论语·为政》的"先行"应断为一句，"其言"自然应后于行为。经书中像这样的例子极多，都和义理有关，可见章句也不可不注意。

## 527. 断章

古人引《诗》，多举诗之断章，断音段，读如断截之断，谓如一诗之中只断取一章或一二句取义，不取全篇之义，故谓之"断章"。今之人多读断章，断音锻，谓诗之断句，殊误也。诗之末句古人只谓之“卒章”，近世方谓“断句”。

【译文】古人引用《诗经》，多节取诗篇的断章，断读音段，即断截之断，意思说在一篇诗中只截取某一章或一二句的涵义，不取全篇的涵义，所以称为“断章”。现在的人多把断章的断读作锻，用来指称诗的结句，完全错了。诗的结句古人只称为“卒章”，近世才称为“断句”。

## 528. 玄纁五两

古人谓币言“玄纁五两”者，一玄一纁为一两。玄，赤黑，象天之色；纁，黄赤，象地之色。故天子六服皆玄衣纁裳，以朱渍丹秫染之。《尔雅》曰“一染谓之縓”，縓，今之茜也，色小赤；“再染谓之竀”，竀，赪也；“三染谓之纁”，盖黄赤色也。玄、纁二物也，今之用币以皂帛为玄纁，非也。古之言束帛者以五匹屈而束之，今用十匹者非也。《易》曰“束帛戋戋”，戋戋者寡也，谓之盛者非也。

【译文】古人提到币时所谓的“玄纁五两”，是以一玄一纁为一两。玄是红黑色，象征天的色彩；纁是黄红色，象征地的色彩。所以天子六种吉服都是玄衣纁裳，用朱砂浸渍的丹秫来染色。《尔雅》说“一染谓之縓”，縓就是现在的茜色，色泽淡红；“再染谓之竀”，竀是浅红色；“三染谓之纁”，就是黄红色。玄、纁是二种东西，现在用币把黑色的帛作为玄纁，是不对的。古代所谓的束帛是把五匹布相对折拢束在一起，现在用十匹布是不对的。《易》说“束帛戋戋”，戋戋是少的意思，释为众多是不对的。

## 529. 南北音

《经典释文》如熊安生辈，本河朔人，反切多用北人音；陆德明，吴人，多从吴音；郑康成，齐人，多从东音。如璧有肉好，肉音揉者，北人音也；“金作赎刑”，赎音树者，亦北人音也，至今河朔人谓肉为揉、谓赎为树。如打字音丁梗反、罢字音部买反，皆吴音也；如疡医“祝药劀杀之齐”，祝音咒，郑康成改为注，此齐、鲁人音也，至今齐谓注为咒；官名中尚书本秦官，尚音上，谓之尚书者秦人音也，至今秦人谓尚为常。

【译文】《经典释文》各家音切，熊安生等人是河北人，标音多用北方语音；陆德明是吴人，多用吴地语音；郑玄是齐人，多用山东语音。例如璧有肉好，肉读作揉，是北方语音；“金作赎刑”，赎读作树，也是北方语音，至今河北人仍把肉读作揉、赎读作树。例如打字读作丁梗反、罢字读作部买反，都是吴地语音；如《周礼》疡医“祝药劀杀之齐”，祝字读作咒，郑玄改为注，这是山东人的语音，至今山东人仍把注读作咒；官职中的尚书原是秦朝所设的官，尚的读音是上，尚书的读音是秦人语音，至今西北人仍把尚读作常。

# 乐 律

## 530. 义海琴艺

兴国中，琴待诏朱文济鼓琴为天下第一。京师僧慧日大师夷中尽得其法，以授越僧义海。海尽夷中之艺，乃入越州法华山习之，谢绝过从，积十年不下山，昼夜手不释弦，遂穷其妙。天下从海学琴者辐辏，无有臻其奥，海今老矣，指法于此遂绝。海读书能为文，士大夫多与之游，然独以能琴知名。海之艺不在于声，其意韵萧然得于声外，此众人所不及也。

【译文】太平兴国年间，琴待诏朱文济的琴技是天下独一无二的。京城僧人慧日大师夷中全部学到了他的技艺，把它传授给越地僧人义海。义海全部学到了夷中的技艺，到越州法华山中去练习，谢绝与他人的交往，连续十年没有下山，日夜手不离弦，终于掌握了演奏的奥妙。天下人像车辐向心那样跟随义海学琴，却没有一个达到他的水平，义海现在已经老了，他的演奏技艺要就此失传了。义海博学能文，士大夫大多与他有交往，然而他独以擅长琴技而知名。义海的琴艺不在于音声，其意韵潇洒深远而来自于音声之外，这是人们所不及的。

## 531. 燕乐二十八调

十二律，每律名用各别，正宫、大石调、般涉调七声，宫、羽、商、角、徵、变宫、变徵也。今燕乐二十八调用声各别，正宫、大石调、般涉调皆用九声，高五、高凡、高工、尺、上、高一、高四、六、合；大石角同此，加下五，共十声。中吕宫、双调、中吕调皆用九声，紧五、下凡、高工、尺、上、下一、四、六、合；双角同此，加高一，共十声。高宫、高大石调、高般涉皆用九声，下五、下凡、工、尺、上、下一、下四、六、合；高大石角同此，加高四，共十声。道调宫、小石调、正平调皆用九声，高五、高凡、高工、尺、上、高一、高四、六、合；小石角加勾字，共十声。南吕宫、歇指调、南吕调皆用七声，下五、高凡、高工、尺、高一、高四、勾；歇指角加下工，共八声。仙吕宫、林钟商、仙吕调皆用九声，紧五、下凡、工、尺、上、下一、高四、六、合；林钟角加高工，共十声。黄钟宫、越调、黄钟羽皆用九声，高五、下凡、高工、尺、上、高一、高四、六、合；越角加高凡，共十声。外则为犯。

燕乐七宫，正宫、高宫、中吕宫、道调宫、南吕宫、仙吕宫、黄钟宫；七商，越调、大石调、高大石调、双调、小石调、歇指调、林钟商；七角，越角、大石角、高大石角、双角、小石角、歇指角、林钟角；七羽，中吕调、南吕调又名高平调、仙吕调、黄钟羽又名大石调、般涉调、高般涉、正平调。

【译文】十二音律，在不同调上的名称、用法都不一样，正宫、大石调、般涉调为七声，即宫、羽、商、角、徵、变宫、变徵。现在的燕乐二十八调所用音声各不相同，正宫、大石调、般涉调都用九声，高五、高凡、高工、尺、上、高一、高四、六、合；大石角与此相同，另增下五，共十声。中吕宫、双调、中吕调都用九声，紧五、下凡、高工、尺、上、下一、四、六、合；双角与此相同，另增高一，共十声。高宫、高大石调、高般涉调都用九声，下五、下凡、工、尺、上、下一、下四、六、合；高大石角与此相同，另增高四，共十声。道调宫、小石调、正平调都用九声，高五、高凡、高工、尺、上、高一、高四、六、合；小石角另增勾字，共十声。南吕宫、歇指调、南吕调都用七声，下五、高凡、高工、尺、高一、高四、勾；歇指角另增下工，共八声。仙吕宫、林钟商、仙吕调都用九声，紧五、下凡、工、尺、上、下一、高四、六、合；林钟角另增高工，共十声。黄钟宫、越调、黄钟羽都用九声，高五、下凡、高工、尺、上、高一、高四、六、合；越角另增高凡，共十声。越出这个范围用音便是犯调。

燕乐七个宫调，正宫、高宫、中吕宫、道调宫、南吕宫、仙吕宫、黄钟宫；七个商调，越调、大石调、高大石调、双调、小石调、歇指调、林钟商；七个角调，越角、大石角、高大石角、双角、小石角、歇指角、林钟角；七个羽调，中吕调、南吕调又名高平调、仙吕调、黄钟羽又名大石调、般涉调、高般涉调、正平调。

## 532. 燕乐声调

十二律并清宫当有十六声，今之燕乐止有十五声，盖今乐高于古乐二律以下，故无正黄钟声。今燕乐只以合字配黄钟，下四字配大吕，高四字配太簇，下一字配夹钟，高一字配姑洗，上字配中吕，勾字配蕤宾，尺字配林钟，下工字配夷则，高工字配南吕，下凡字配无射，高凡字配应钟，六字配黄钟清，下五字配大吕清，高五字配太簇清，紧五字配夹钟清。虽如此，然诸调杀声亦不能尽归本律，故有祖调、正犯、偏犯、旁犯，又有寄杀、侧杀、递杀、顺杀。凡此之类皆后世声律渎乱，各务新奇，律法流散。然就其间亦自有伦理，善工皆能言之，此不备纪。

【译文】十二律连同清音应该有十六声，现在的燕乐只有十五声，因为现在乐律高于古乐二律不到一点，所以没有准确的黄钟音声。现在燕乐只是把合字配黄钟，下四字配大吕，高四字配太簇，下一字配夹钟，高一字配姑洗，上字配中吕，勾字配蕤宾，尺字配林钟，下工字配夷则，高工字配南吕，下凡字配无射，高凡字配应钟，六字配黄钟清音，下五字配大吕清音，高五字配太蔟清音，紧五字配夹钟清音。虽然如此，但各调结束音仍不能都回到本调所属的音上，所以有祖调、正犯、偏犯、傍犯，又有寄杀、侧杀、递杀、顺杀。这些都由于后世音律遭淆乱，各自追求新奇，乐律制度流散不全。但这其中也自有次序条理，通晓音律的乐工都能讲说，这里不一一记载。

## 533. 中声正声

乐有中声、有正声，所谓“中声”者，声之高至于无穷，声之下亦无穷，而各具十二律，作乐者必求其高下最中之声，不如是不足以致大和之音、应天地之节；所谓“正声”者，如弦之有十三泛韵，此十二律自然之节也。盈丈之弦其节亦十三，盈尺之弦其节亦十三，故琴以为十三徽。不独弦如此，金石亦然。《考工》为磬之法，“已上则磨其旁，已下则磨其端”。磨之至于击而有韵处即与徽应，过之则复无韵；又磨之至于有韵处，复应以一徽。石无大小，有韵处亦不过十三，犹弦之有十三泛声也，此天地至理，人不能以毫厘损益其间，近世金石之工盖未尝及此。不得正声，不足为器；不得中声，不得为乐。

【译文】乐音有中声、有正声，所谓“中声”，音声可以高到无穷，其低下也没有穷尽，然而都各具备十二音律，制定乐律者必须找出高低最适中的音声，不这样就不足以表达阴阳和谐之声、应和自然的节律；所谓“正声”，如同琴弦有十三个泛音，这是十二律固有的韵节。一丈长的弦其韵节也只是十三个，一尺长的弦其韵节也具有十三个，所以琴上把它们作为十三个徽位。不仅琴弦如此，金石也是这样。《考工记》制磬之法，“音声太高就挫磨其两侧，音声太低就挫磨两头”。磨到击奏有乐音的程度就会与徽音相应和，过此就又没有乐音了；再磨到有乐音的程度，又会与另一个徽音相应和。石料不论大小，能有乐音的机会也只是十三次，犹如琴弦有十三个泛音，这是自然的规律，人不能在这上面增减分毫，现在制作金石乐器的人没有认识到这一点。得不到正声，不能制作乐器；得不到中声，无法制定乐律。

## 534. 十六声

律有四清宫，合十二律为十六，故钟磬以十六为一堵。清宫所以为止于四者，自黄钟而降至林钟，宫、商、角三律皆用正律，不失尊卑之序；至夷则即以黄钟为角，南吕以大吕为角，则民声皆过于君声，须当折而用黄钟、大吕之清宫；无射以黄钟为商、太族为角，应钟以大吕为商、夹钟为角，不可不用清宫，此清宫所以有四也。其余徵、羽，自是事、物用变声，过于君声无嫌，自当用正律，此清宫所以止于四而不止于五也。君、臣、民用从声，事、物用变声，非但义理次序如此，声必如此然后和，亦非人力所能强也。

【译文】音律中有四个清音，加上十二律共十六音，所以钟磬以十六个编为一组。清音之所以只有四个的原因是，从黄钟宫以下到林钟宫，宫、商、角三个音级都在正律范围之内，没有失去尊卑高低的次序；到了夷则宫应以黄钟为角，南吕宫应以大吕为角，这样角音都高于宫音，必须转而用黄钟、大吕的清音；无射宫应以黄钟为商、太蔟为角，应钟宫应以大吕为商、夹钟为角，这些不能不用清音，这就是清音之所以有四个的道理。至于徵、羽，由于与事、物相配属于变声，所以超过宫音没有关系，自然取用应与它相配的正律，这就是清音之所以限于四个而不设五个的缘故。以从声与君、臣、民相配，以变声与事、物相配，不但道理、次序如此，音律也必定如此才能和谐，也不是人力所能任意改变的。

## 535. 声律差舛

本朝燕部乐经五代离乱，声律差舛，传闻国初比唐乐高五律，近世乐声渐下，尚高两律。予尝以问教坊老乐工，云：“乐声岁久势当渐下，一事验之可见，教坊管色，岁月浸深则声渐差，辄复一易，父祖所用管色今多不可用，唯方响皆是古器。铁性易锈，时加磨莹，铁愈薄而声愈下。乐器须以金石为准，若准方响则声自当渐变。”古人制器用石与铜，取其不为风雨燥湿所移，未尝用铁者，盖有深意焉。律法既亡，金石又不足恃，则声不得不流亦自然之理也。

【译文】本朝燕乐经五代割据动乱，音律参差错乱，据说本朝初年的乐律比唐代高五律，近年乐声逐渐低下，仍高于唐代两律。我曾就此问过教坊老乐工，他说：“乐声时间久了势必逐渐低下，有一件事可以验证，教坊的乐管，年岁用得久了其音色会逐渐变化，经常要重新更换，祖辈父辈所用的乐管现在大都不能用，只有方响都是旧乐器。铁性容易生锈，经常加以磨砺，铁片越薄则音声越低。乐器以金石之音为准，如以方响为准则音声自然会逐渐变化。”古人制作乐器用石和铜，取其音声不受风雨燥湿的影响而起变化，从未用铁来制作，其中有深意的。乐律的标准既已不存，金石乐器又不足为据，音声必然产生差讹也是很自然的道理。

## 536. 扁钟圆钟

古乐钟皆圆如合瓦。盖钟圆则声长，扁则声短，声短则节，声长则曲，节短处声皆相乱，不成音律。后人不知此意，悉为扁钟，急叩之多晃晃尔，清浊不复可辨。

【译文】古代乐钟都像对合起来的瓦那样圆。圆钟的音声延续时间长，扁钟的音声延续时间短，音声短就有节奏，音声长就有杂音，节奏短时音声都混杂在一起，不成音调。后人不了解其中用意，都做成扁钟，急促击奏多发出晃晃的声响，音声高低不再能分辨。

## 537. 琴瑟应声

琴瑟弦皆有应声，宫弦则应少宫，商弦即应少商，其余皆隔四相应，今曲中有声者须依此用之。欲知其应者，先调诸弦令声和，乃剪纸人加弦上，鼓其应弦则纸人跃，他弦即不动。声律高下苟同，虽在他琴鼓之应弦亦震，此之谓“正声”。

【译文】琴瑟的乐弦都有应声，宫弦与少宫弦相应，商弦与少商弦相应，其余的弦都与相隔四弦的乐弦相应，现在乐曲中要有应声的必须按这个规律来运用。要想知道乐弦的应弦，先调节各弦使之音声和谐，然后剪纸人放在弦上，当弹奏到能与相应的乐弦时纸人就会振动，弹奏其他弦时则不动。如果音律高低相同，即使在别的琴上弹奏而这张琴上的应弦也会振动，这就是所谓的“正声”。

## 538. 敦掣住折

乐中有敦、掣、住三声，一敦、一住各当一字，一大字住当二字，一掣减一字，如此迟速方应节，琴瑟亦然。更有折声，唯合字无，折一分、折二分至于折七八分者皆是。举指有浅深，用气有轻重，如笙、箫则全在用气，弦声只在抑按，如中吕宫一字、仙吕宫工字，皆比他调低半格方应本调。唯禁伶能知，外方常工多不喻也。

【译文】乐谱中有敦、掣、住三种音声符号，一敦、一住各相当一个音，一大字住相当二个音，一掣是缩短一个音，这样快慢才和节奏相应，演奏琴瑟也是如此。此外还有折声，只有合字没有，折一分、折二分乃至折七八分的都属此类。指头按奏有深浅，发声用气有轻重，像吹奏笙、箫全在于用气，弹奏弦乐只在于按指，如中吕宫的一字、仙吕宫的工字，都应比在其他调中降低半音才与本调相和。这只有宫廷乐工能知道，民间普通乐工大多不明白。

## 539. 一弦稽琴格

熙宁中宫宴，教坊伶人徐衍奏稽琴，方进酒而一弦绝，衍更不易琴，只用一弦终其曲，自此始为一弦稽琴格。

【译文】熙宁年间宫廷举行宴会，教坊乐工徐衍演奏稽琴，刚开始进酒就断了一根弦，徐衍不再换琴，只靠一根弦奏完了那支曲子，由此才开创一弦稽琴格。

## 540. 正声变声

律吕宫、商、角声各相间一律，至徵声顿间二律，所谓“变声”也。琴中宫、商、角皆用缠弦，至徵则改用平弦，隔一弦鼓之皆与九徽应，独徵声与十徽应，此皆隔两律法也。古法唯有五音，琴虽增少宫、少商，然其用丝各半本律，乃律吕清倍法也，故鼓之六与一应、七与二应皆不失本律之声。后世有变宫、变徵者，盖自羽声隔八相生再起宫，而宫生徵，虽谓之宫、徵而实非宫、徵声也。变宫在宫、羽之间，变徵在角、徵之间，皆非正声，故其声庞杂破碎，不入本均，流以为郑卫，但爱其清焦而不复古人纯正之音。惟琴独为正声者，以其无间声以杂之也。世俗之乐惟务清新，岂复有法度，乌足道哉。

【译文】在乐律中宫、商、角声之间各相隔一律，到徵声则一下子相隔二律，即所谓的“变声”。琴上的宫、商、角音都用缠弦，到了徵音就改用平弦，这些琴弦隔一弦弹奏都和第九个徽位的泛音相应，只有徵音弦与第十个徽位的泛音相应，这都是因为角、徵间隔两律的缘故。古代乐律只有五音，琴上虽然增加了少宫、少商，但其乐弦用丝只有宫、商弦的一半，这是音律清半浊倍的法度，所以弹奏中第六弦少宫与第一弦宫相应、第七弦少商与第二弦商相应而都不失本律的音声。后来所出现的变宫、变徵，是从羽生角之后再进行损益产生变宫，由变宫而产生变徵，虽然称为宫、徵而其实不是宫、徵的音声。变宫之音在宫、羽之间，变徵之音在角、徵之间，都不是标准音声，所以它们的音声浊杂散碎，不被列为音阶中的正音，于是就发展演变为郑卫之音，人们只喜欢它音声高昂急促而不再用古人纯正的乐音。琴惟独还是正声，是因为没有变宫、变徵那样的间声掺杂的缘故。世俗的音乐只追求新奇动听，那还有法度，有什么值得称道的呢。

## 541. 燕乐杀声

十二律配燕乐二十八调，除无徵音外，凡杀声，黄钟宫今为正宫，用六字；黄钟商今为越调，用六字；黄钟角今为林钟角，用尺字；黄钟羽今为中吕调，用六字。大吕宫今为高宫，用四字；大吕商、大吕角、大吕羽、太簇宫，今燕乐皆无。太簇商今为大石调，用四字；太簇角今为越角，用工字；太簇羽今为正平调，用四字。夹钟宫今为中吕宫，用一字；夹钟商今为高大石调，用一字；夹钟角、夹钟羽、姑洗宫、商，今燕乐皆无。姑洗角今为大石角，用凡字；姑洗羽今为高平调，用一字。中吕宫今为道调宫，用上字；中吕商今为双调，用上字；中吕角今为高大石角，用六字；中吕羽今为仙吕调，用上字。蕤宾宫、商、羽、角，今燕乐皆无。林钟宫今为南吕宫，用尺字；林钟商今为小石调，用尺字；林钟角今为双角，用四字；林钟羽今为黄钟调，用尺字。夷则宫今为仙吕宫，用工字；夷则商、角、羽、南吕宫，今燕乐皆无。南吕商今为歇指调，用工字；南吕角今为小石角，用一字；南吕羽今为般涉调，用工字。无射宫今为黄钟宫，用凡字；无射商今为林钟商，用凡字；无射角，今燕乐无；无射羽今为高般涉调，用凡字。应钟宫、应钟商，今燕乐皆无；应钟角今为歇指角，用尺字；应钟羽，今燕乐无。

【译文】十二律的调式与燕乐二十八调相对照，除没有徵调外，凡是杀声，黄钟宫现在是正宫，用六字；黄钟商现在是越调，用六字；黄钟角现在是林钟角，用尺字；黄钟羽现在是中吕调，用六字。大吕宫现在是高宫，用四字；大吕商、大吕角、大吕羽、太蔟宫，现在的燕乐中都没有。太蔟商现在是大石调，用四字；太蔟角现在是越角，用工字；太蔟羽现在是正平调，用四字。夹钟宫现在是中吕宫，用一字；夹钟商现在是高大石调，用一字；夹钟角、夹钟羽、姑洗宫、姑洗商，现在的燕乐中都没有。姑洗角现在是大石角，用凡字；姑洗羽现在是高平调，用一字。中吕宫现在是道调宫，用上字；中吕商现在是双调，用上字；中吕角现在是高大石角，用六字；中吕羽现在是仙吕调，用上字。蕤宾的宫、商、羽、角，现在的燕乐中都没有。林钟宫现在是南吕宫，用尺字；林钟商现在是小石调，用尺字；林中角现在是双角，用四字；林钟羽现在是黄钟调，用尺字。夷则宫现在是仙吕宫，用工字；夷则商、角、羽和南吕宫，现在的燕乐中都没有。南吕商现在是歇指调，用工字；南吕角现在是小石角，用一字；南吕羽现在是般涉调，用工字。无射宫现在是黄钟宫，用凡字；无谢商现在是林钟商，用凡字；无射角，现在的燕乐中没有；无射羽现在是高般涉调，用凡字。应钟宫、应钟商，现在的燕乐中都没有；应钟角现在是歇指角，用尺字；应钟羽，现在的燕乐中没有。

# 补笔谈卷二

## 象 数

### 542. 纳音新说

又一说，子、午属庚，此纳甲之法。震初爻纳庚子、庚午也。丑、未属辛，巽初爻纳辛丑、辛未也。寅、申属戊，坎初爻纳戊寅、戊申也。卯、酉属己，离初爻纳己卯、己酉也。辰、戌属丙，艮初爻纳丙辰、丙戌也。巳、亥属丁。兑初爻纳丁巳、丁亥也。一言而得之者，宫与土也；假令庚子、庚午，一言便得庚；辛丑、辛未，一言便得辛；戊寅、戊申，一言便得戊；己卯、己酉，一言便得己，故皆属土。余皆仿此。三言而得之者，徵与火也；假令戊子、戊午皆三言而得庚，己丑、己未皆三言而得辛，丙寅、丙申皆三言而得戊，丁卯、丁酉皆三言而得己，故皆属火。五言而得之者，羽与水也；假令丙子、丙午皆五言而得庚，丁丑、丁未皆五言而得辛，甲寅、甲申皆五言而得戊，乙卯、乙丑皆五言而得己，故皆属水。七言而得之者，商与金也；假令甲子、甲午皆七言而得庚，乙丑、乙未皆七言而得辛，壬申、壬寅皆七言而得戊，癸丑、癸酉皆七言而得己，故皆属金。九言而得之者，角与木也。假令壬子、壬午皆九言而得庚，癸丑、癸未皆九言而得辛，庚寅、庚申皆九言而得戊，辛卯、辛酉皆九言而得己，故皆属木。

此出于《抱朴子》，云是《河图玉版》之文。然则一何以属土，三何以属火，五何以属水？其说云："中央总天之气一，南方丹天之气三，北方玄天之气五，西方素天之气七，东方苍天之气九。"皆奇数而无偶数，莫知何义，都不可推考。

【译文】纳音还有一种说法，子、午属庚，这是纳甲的方法。震的初爻纳庚子、庚午。丑、未属辛，巽的初爻纳辛丑、辛未。寅、申属戊，坎的初爻纳戊寅、戊申。卯、酉己，离的初爻纳己卯、己酉。辰、戌属丙，艮的初爻纳丙辰、丙戌。巳、亥属丁。兑的初爻纳丁巳、丁亥。当位就能得到的，是宫和土；例如庚子、庚午，当位就得到庚；辛丑、辛未，当位就得到辛；戊寅、戊申，当位就得到戊；己卯、己酉，当位就得到己，所以都属土。其他都与此类似。下推三位才得到的，是徵和火；例如戊子、戊午都是下推三位才得到庚，己丑、己未都是下推三位才得到辛，丙寅、丙申都是下推三位才得到戊，丁卯、丁酉都是下推三位才得到己，所以都属火。下推五位才得到的，是羽和水；例如丙子、丙午都是下推五位才得到庚，丁丑、丁未都是下推五位才得到辛，甲寅、甲申都是下推五位才得到戊，乙卯、乙丑都是下推五位才得到己，所以都属水。下推七位才得到的，是商和金；例如甲子、甲午都是下推七位才得到庚，乙丑、乙未都是下推七位才得到辛，壬申、壬寅都是下推七位才得到戊；癸丑、癸酉都是下推七位才得到己，所以都属金。下推九位才得到的，是角和木；例如壬子、壬午都是下推九位才得到庚，癸丑、癸未都是下推九位才得到辛，庚寅、庚甲都是下推九位才得到戊，辛卯、辛酉都是下推九位才得到己，所以都属木。

这种说法出于《抱朴子》，说是《河图玉版》中的内容。但是一为什么属土，三为什么属火，五为什么属水呢？其说法是："中央总天之气一，南方丹天之气三，北方玄天之气五，西方素天之气七，东方苍天之气九。"都是奇数而没有偶数，不知道是什么意思，完全无法推究。

## 543. 倒布

世俗十月遇壬日，北人谓之"入易"，吴人谓之"倒布"。壬日气候如本月，癸日差温类九月，甲日类八月，如此倒布之，直至辛日如十一月。遇春、秋时节则温，夏则暑，冬则寒。辛日以后自如时令。此不出阴阳书，然每岁候之亦时有准，莫知何谓。

【译文】民间习俗在十月遇到壬日，北方人称为"入易"，江浙一带人称为"倒布"。壬日的气候与本月一样，癸日稍暖和些如同九月，甲日如同八月，像这样逆向排比，直到辛日如同十一月。如果对应的月份属春、秋季该日气候就温暖，属夏季就热，属冬季就冷。辛日以后气候仍和季节相一致。这在占卜术数书籍中没有记载，但每年验证也时常准确，不知道是什么道理。

## 544. 潮汐

卢肇论海潮，以谓日出没所激而成，此极无理。若因日出没，当每日有常，安得复有早晚？予常考其行节，每至月正临子、午则潮生，候之万万无差。此以海上候之得潮生之时，去海远即须据地理增添时刻。月正午而生者为潮，则正子而生者为汐；正子而生者为潮，则正午而生者为汐。

【译文】卢肇谈论海潮，认为是由于太阳出没所激而形成的，这是极其没有道理的。如果海潮是由于太阳出没所引起，应该每天发生在一定的时间，怎么还会有早有晚呢？我曾考察海潮涨落的规律，每当月亮正在子、午时海潮就产生，据此候望一点都没有差讹。这是在海边候望所得的海潮发生时刻，离海远的地方就必须根据地理位置添加时刻。若以月正午时所产生的为潮，那么月正子时所产生的就是汐；若以月正子时所产生的为潮，那么月正午时所产生的就是汐。

## 545. 十二气历

历法见于经者，唯《尧典》言"以闰月定四时成岁"。置闰之法自尧时始有，太古以前又未知如何。置闰之法先圣王所遗，固不当议，然事固有古人所未至而俟后世者，如岁差之类方出于近世，此固无古今之嫌也。凡日一出没谓之一日，月一盈亏谓之一月，以日月纪天虽定名，然月行二十九日有奇复与日会，岁十二会而尚有余日，积三十二月复余一会，气与朔渐相远，中气不在本月，名实相乖，加一月谓之"闰"。闰生于不得已，犹构舍之用橝楔也，自此气朔交争，岁年错乱，四时失位，算数繁猥。凡积月以为时，四时以成岁，阴阳消长、万物生杀变化之节皆主于气而已，但记月之盈亏，都不系岁事之舒惨。今乃专以朔定十二月，而气反不得主本月之政。时已谓之春矣而犹行肃杀之政，则朔在气前者是也，徒谓之乙岁之春而实甲岁之冬也；时尚谓之冬也而已行发生之令，则朔在气后者是也，徒谓之甲岁之冬乃实乙岁之春也。是空名之正、二、三、四反为实，而生杀之实反为寓，而又生闰月之赘疣，此殆古人未之思也。

今为术，莫若用十二气为一年，更不用十二月，直以立春之日为孟之春一日，惊蛰为仲春之一日，大尽三十一日、小尽三十日，岁岁齐尽，永无闰余；十二月常一大、一小相间，纵有两小相并，一岁不过一次。如此，则四时之气常正，岁政不相陵夺，日、月、五星亦自从之，不须改旧法。唯月之盈亏，事虽有系之者如海潮、胎育之类，不预岁时寒暑之节，寓之历间可也。藉以元祐元年为法，当孟春小，一日壬寅、三日望、十九日朔；仲春大，一日壬申、三日望、十八日朔。如此，历日岂不简易端平，上符天运，无补缀之劳？予先验天百刻有余、有不足，人已疑其说；又谓十二次斗建当随岁差迁徙，人愈骇之。今此历论，尤当取怪怨攻骂，然异时必有用予之说者。

【译文】历法见于经典记载的，只有《书·尧典》所说"以闰月定四时成岁"。设置闰月的办法从尧的时代就开始有了，远古以前还不知道是怎样的情况。置闰的方法是前代圣王所流传下来的，本来不应当议论，然而事情确实有古人没有做到而留待后人的，例如岁差之类就是才在近世提出的，这原本就没有古今的顾忌。凡是太阳出没一次称为一日，月亮盈亏一次称为一月，用日月来记录天时虽然确定了名称，但月亮运行二十九日多一点才再度与太阳相会，一年相会十二次还有剩余的日子，累积三十二个月就剩余一次会合的日子，节气与朔日逐渐错开，中气不在本来的月份，名称与实际相互背离，就增加一个月称为"闰"。闰月是出于不得已，犹如造房子要在檐椽下使用楔子，由此节气与朔日相矛盾，年岁错乱，四季离开了原位，历算繁琐复杂。累积月组成季，积四季组成年，阴阳消长、万物盛衰的变化节律都只是受节气制约而已，仅反映月亮的盈亏，完全与农事活动的忙闲没有关联。现在纯以朔日来确定十二个月，节气反而不能制约本月的状况。季节上已称为春天却仍然是万物萧条的景像，这是朔在节气之前了，名义上称为今年春天而实际上却是去年冬天；季节上还称为是冬天却已是万物向荣的景象，这是朔在节气之后了，名义上称为今年冬天而实际上却是来年春天。这样徒有空名的正、二、三、四月反而成为实际，而万物盛衰的实际反而变为依附，另外还生出闰月的累赘，这恐怕是古人所没有想到的。

现在的办法，不如用十二气作为一年，不再用往常的十二个月，直接以立春这天作为春季第一个月的开端，以惊蛰这天作为春季第二个月的开端，大月三十一天、小月三十天，每一年都整齐完整，永远没有多余的时日；十二个月通常是一大、一小相间隔，即使有两个小月连在一起，一年不过一次。如此，四季的节气总是正常，年岁自然现象不会相互混淆，太阳、月亮和五星的运行也自然与此相随，不需要更改旧的法度。唯有月亮的盈亏，虽然有些现象如潮汐、胎育之类与它有关，但不影响年岁季节的划分，依附在历法中间就行了。试以元祐元年为例，轮到春季第一个月是小月，一日为壬寅、三日为望、十九日为朔；春季第二个月是大月，一日为壬申、三日为望、十八日为朔。如此，历法岂不简单整齐，既符合天体运行，又没有补救的麻烦？我先前曾验证每天的一百刻有超过、有不足，人们已经怀疑这种说法；又曾说十二个月的斗建应当随着岁差而改变，人们更加惊骇。现在这种历法议论，当然更会招致诧异指责、攻击谩骂，但将来必定会有采纳我这种说法的。

## 546. 五辰

天事以辰名者为多，皆本于辰巳之“辰”，今略举数事。十二支谓之十二辰，一时谓之一辰，一日谓之一辰，日、月、星谓之三辰，北极谓之北辰，大火谓之大辰，五星中有辰星，五行之时谓之五辰，《书》曰“抚于五辰”是也，已上皆谓之辰。

今考子、丑至于戌、亥谓之十二辰者，《左传》云“日月之会是谓辰”，一岁日月十二会，则十二辰也。日月之所舍始于东方，苍龙角、亢之星起于辰，故以所首者名之。子、丑、戌、亥之月既谓之辰，则十二支、十二时皆子、丑、戌、亥，则谓之辰无疑也。一日谓之一辰者，以十二支言也，以十干言之谓之今日，以十二支言之谓之今辰，故支干谓之日辰。日、月、星谓之三辰者，日、月、星至于辰而毕见，以其所见者名之，故皆谓之辰。四时所见有早晚，至辰则四时毕见，故日加辰为“晨”，谓日始出之时也。星有三类，一经星，北极为之长；二舍星，大火为之长；三行星，辰星为之长，故皆谓之辰。北辰居其所而众星拱之，故为经星之长。大火，天王之座，故为舍星之长。辰星，日之近辅，远乎日不过一辰，故为行星之长。五行之时谓之五辰者，春、夏、秋、冬各主一时，以四时分属五行，则春、夏、秋、冬虽属木、火、金、水，而建辰、建未、建戌、建丑之月各有十八日属土，故不可以时言，须当以月言。十二月谓之十二辰，则五行之时谓之五辰也。

【译文】天上事象以辰称呼的很多，都根源于辰、巳的"辰"，在此简单举几例。十二支称为十二辰，一时称为一辰，一日称为一辰，日、月、星称为三辰，北极星称为北辰，大火称为大辰，五大行星中有辰星，与五行配合的季节称为五辰，《书·皋陶谟》所说的"抚于五辰"就是，以上这些都称为辰。

据我查考子、丑到戌、亥称为十二辰，《左传》说"日月交会就称为辰"，一年中太阳、月亮交会十二次，就是十二辰。太阳、月亮的运行始于东方，苍龙七宿的角宿、亢宿从辰开始，所以用为首的方位来命名。子、丑、戌、亥的月份既然称为辰，那么十二支、十二时都是子、丑、戌、亥，称它们为辰就没有疑问了。一日称为一辰，是据十二支而言的，据甲、乙、丙、丁等十干而言称为今日，据子、丑、寅、卯等十二支而言称为今辰，所以干支所纪的日子称为日辰。日、月、星称为三辰，是因为它们三者到了辰时同时出现，按它们所出现的时辰来命名，所以都称为辰。日、月、星在不同季节出现的时间有早晚，但到了辰时不管什么季节都同时出现，所以日加上辰就是"晨"，指的是太阳刚升起的时间。星有三类，第一类是经星，北极星为首；第二类是宿星，大火为首；第三类是行星，辰星为首，所以都称为辰。北辰处在自己的位置上而众多星星拱卫它，所以是经星之首。大火，是天帝的星座，所以是宿星之首；辰星，是太阳的近邻，离开太阳的距离不超过一辰，所以是行星之首。与五行配合的季节称为五辰，由于春、夏、秋、冬各主一个季节，把四个季节分别配属五行，那么春、夏、秋、冬虽然属于木、火、金、水，但三、六、九、十二月却各有十八天属土，所以不能以按季节来说，必须以月份来说。十二个月称为十二辰，那么与五行配合的季节就称为五辰了。

## 547. 十干化运

《黄帝素问》有五运六气。所谓"五运"者，甲、己为土运，乙、庚为金运，丙、辛为水运，丁、壬为木运，戊、癸为火运。如甲、己所以为土，戊、癸所以为火，多不知其因。予按，《素问·五运行大论》黄帝问五运之所始于岐伯，引《太始天元册》文曰"始于戊、己之分"，"所谓戊、己分者奎壁、角轸，则天地之门户也"，王砯注引《遁甲》："六戊为天门，六己为地户。"天门在戌、亥之间，奎壁之分；地户在辰、巳之间，角轸之分。

凡阴阳皆始于辰，上篇所论十二月谓之十二辰，十二支亦谓之十二辰，十二时亦谓之十二辰，日、月、星谓之三辰，五行之时谓之五辰。五运起于角轸者，亦始于辰也。甲、己之岁，戊己黅天之气经于角轸，故为土运，戊辰、己巳也；角属辰、轸属巳，甲、己之岁得戊辰、己巳，干皆土，故为土运。下皆同此。乙庚之岁，庚辛素天之气经于角轸，故为金运，庚辰、辛巳也；丙、辛之岁，壬癸玄天之气经于角轸，故为水运，壬辰、癸巳也；丁、壬之岁，甲乙苍天之气经于角轸，故为木运，甲辰、乙巳也；戊、癸之岁，丙丁丹天之气经于角轸，故为火运，丙辰、丁巳也。《素问》曰始于“奎壁、角轸，则天地之门户也”，凡运临角轸，则气在奎壁以应之，气与运常同天地之门户，故曰“土位之下，风气承之”者，甲、己之岁戊己土临角轸，则甲乙木在奎壁；奎属戌、壁属亥，甲、己之岁得甲戌、乙亥。下皆同此。曰“金位之下，火气承之”者，乙、庚之岁庚辛金临角轸，则丙丁火在奎壁；曰“水位之下，土气承之”者，丙、辛之岁壬癸水临角轸，则戊己土在奎壁；曰“风位之下，金气承之”者，丁、壬之岁甲乙木临角轸，则庚辛金在奎壁；曰“相火之下，水气承之”者，戊、癸之岁丙丁火临角轸，则壬癸水在奎壁。古今言《素问》者皆莫能喻，故具论如此。

【译文】《黄帝素问》有五运六气。所谓“五运”，是指甲、己为土运，乙、庚为金运，丙、辛为水运，丁、壬为木运，戊、癸为火运。至于甲、己为什么是土运，戊、癸为什么是火运，则大多不知道它的原因。我认为，《素问·五运行大论》黄帝向岐伯询问五运的开端，岐伯引用《太始天元册》文的说法“始于戊、己之分”，称“所谓戊、己分是指奎壁宿、角轸宿，乃是天地的门户”；王砅注引《遁甲经》说：“六戊是天门，六己是地户。”天门在戌、亥之间，相当奎壁宿的位置；地户在辰、巳之间，相当角轸宿的位置。

凡阴阳都发端于辰，我在上一篇谈到十二月称为十二辰，十二支也称为十二辰，十二时也称为十二辰，日、月、星称为三辰，五行的时节称为五辰。五运发端于角轸宿，也就是发端于辰。逢甲年、己年，戊己黅天之气经过角轸宿，所以是土运，即戊辰、己巳；角宿属辰、轸宿属巳，甲年、己年得戊辰、己巳，天干都属土，所以是土运。下面均与此相同。乙年、庚年，庚辛素天之气经过角轸宿，所以是金运，即庚辰、辛巳；丙年、辛年，壬癸玄天之气经过角轸宿，所以是水运，即壬辰、癸巳；丁年、壬年，甲乙苍天之气经过角轸宿，所以是木运，即甲辰、乙巳；戊年、癸年，丙丁丹天之气经过角轸宿，所以是火运，即丙辰、丁巳。《素问》说发端于“奎壁宿、角轸宿，乃是天地的门户”，凡运来到角轸宿，那么气就在奎壁宿呼应，气和运经常同处在天地的门户上，所以说“土位之下，风气承之”，是指甲年、己年戊己土来到角轸宿，甲乙木就在奎壁宿；奎宿属戌、壁宿属亥，甲年、己年得甲戌、乙亥。下面均与此相同。说“金位之下，火气承之”，是指乙年、庚年庚辛金来到角轸宿，丙丁火就在奎壁宿；说“水位之下，土气承之”，是指丙年、辛年壬癸水来到角轸宿，戊己土就在奎壁宿；说“风位之下，金气承之”，是指丁年、壬年甲乙木来到角轸宿，庚辛金就在奎壁宿；说“相火之下，水气承之”，是指戊年、癸年丙丁火来到角轸宿，壬癸水就在奎壁宿。古今谈论《素问》的人都不能知晓，所以详细论述如此。

## 548. 干土寄支

世之言阴阳者，以十干寄于十二支，各有五行相从，唯戊己则常与丙丁同行。五行家则以戊寄于巳、己寄于午，六壬家亦以戊寄于巳而以己寄于未，唯《素问》以奎壁为戊分、轸角为己分。奎壁在亥、戌之间，谓之戊分，则戊当在戌也；轸角在辰、巳之间，谓之己分，则己当在辰也。《遁甲》以六戊为天门，天门在戌、亥之间，则戊亦当在戌；六己为地户，地户在辰、巳之间，则己亦当在辰。辰、戌皆土位，故戊己寄焉，二说正相合。按字书，戌从戊、从一，则戊寄于戌盖有从来；辰文从厂音汉、从㫃，音身，《左传》"亥有二首六身"亦用此㫃字。㫃从乙音隐、从己，则己寄于辰与《素问》、《遁甲》相符矣。五行，土常与水相随。戊，阳土也；一，水之生数也。水乃金之子，水寄于西方金之末者，生水也，而旺土包之，此戌之理如是。己，阴土也；六，水之成数也。水乃木之母，水寄于东方木之末者，老水也，而衰土相与隐于厂下者，水土之墓也。厂，山岩之可居者；乙，隐也。

【译文】世上谈论阴阳的人，把十干寄托于十二支，各有五行相依从，唯独戊己经常与丙丁分在一起。五行家把戊寄托于巳、己寄托于午，六壬家也把戊寄托于巳，但把己寄托于未，唯独《素问》把奎壁宿作为戊分、轸角宿作为己分。奎壁宿在亥、戌之间，称为戊分，那么戊应当在戌；轸角宿在辰、巳之间，称为己分，那么己应当在辰。《遁甲经》把六戊作为天门，天门在戌、亥之间，那么戊也应当在戌；把六己作为地户，地户在辰、巳之间，那么己也应当在辰。辰、戌都是土的方位，所以戊己寄托在那儿，两种说法正相符合。根据字书，戌字从戊、从一，那么戊寄托在戌是有缘由的；辰字从厂读音汉、从㫃，读音身，《左传》"亥有二首六身"也用这个字。㫃从乙读音隐、从己，那么己寄托在辰与《素问》、《遁甲经》相符合。在五行中，土经常与水相随从。戊是阳土，一是水的生数。水是金所生出的，水寄托于西方金最末位的，是生水，外面有旺土包裹，戌的道理就是如此。己是阴土，六是水的成数。水能生出木来，水寄托于东方木最末位的，是老水，衰土与它一起隐居在厂的下面，是水土的墓地。厂是可供居住的山岩，乙是隐蔽的意思。

## 549. 音律之数

律有实积之数，有长短之数，有周径之数，有清浊之数。

所谓"实积之数"者，黄钟管长九寸，围九分，以黍实其中，其积九九八十一，此实积之数也。太簇长八寸，围九分，八九七十二，《前汉书》称八八六十四，误也，解具下文。余律准此。

所谓"长短之数"者，黄钟九寸，三分损一下生林钟，长六寸；林钟三分益一上生太簇，长八寸，此长短之数也，余律准此。

所谓“周径之数”者，黄钟长九寸，围九分；古人言黄钟围九分，举盈数耳，细率之当周九分七分之三。林钟长六寸，亦围九分，十二律皆围九分，《前汉》志言“林钟围六分”者误也，予于《乐论》辩之甚详。《史记》称“林钟五寸十分四”，此则六九五十四，足以验《前汉》误也。余律准此。

所谓“清浊之数”者，黄钟长九寸为正声，一尺八寸为黄钟浊宫，四寸五分为黄钟清宫，倍而长为浊宫，倍而短为清宫。余律准此。

【译文】乐律有实积之数、长短之数、周径之数、清浊之数。

所谓“实积之数”，如黄钟律管长九寸，周长九分，将黍装在其中，容积为九九八十一，这就是实积之数。太蔟律管长八寸，周长九分，容积为八九七十二，《汉书》说八八六十四，是错的，解释详下文。其他律管依次类推。

所谓“长短之数”，如黄钟律管长九寸，三分损一下生林钟，管长六寸；林钟三分益一上生太蔟，管长八寸，这就是长短之数，其他律管依此类推。

所谓“周径之数”，如黄钟律管长九寸，周长九分；古人说黄钟周长九分，是举整数而言，准确地说是九又七分之三分。林钟律管长六寸，也是周长九分，十二律都是周长九分，《汉书·律历志》说“林钟围六分”是错的，我在《乐论》中辨析很详细。《史记》说“林钟五寸十分四”，这样其实积为六九五十四，足以验证《汉书》的错误。其他律管依此类推。

所谓“清浊之数”，如以黄钟律管长九寸为正声，则管长一尺八寸为黄钟浊宫，长四寸五分为黄钟清宫，长一倍是浊宫，短一半是清宫。其他律管依次类推。

## 550. 八卦之数

八卦有过揲之数，有归余之数，有阴阳老少之数，有河图之数。

所谓“过揲之数”者，亦谓之八卦之策。乾九揲而得之，揲必以四，四九三十六；坤六揲而得之，揲必以四，四六二十四。此乾、坤之策，过揲之数也，余卦准此。前卷叙之已详。

所谓“归余之数”者，乾一爻三少，初变之初五，再变、三变之初各四，并卦为十四，爻三合四十二，此乾卦归余之数也；坤一爻三多，初变之初九，再变、三变各八，并卦为二十六，爻三合之七十八，此坤卦归余之数也，余卦准此。

所谓“阴阳老少之数”者，乾九揲而得之，故曰老阳之数九；坤六揲而得之，故曰老阴之数六；震、艮、坎皆七揲而得之，故曰少阳之数七；巽、离、兑皆八揲而得之，故曰少阴之数八。

所谓“河图之数”者，河图北方一、南方九、东方三、西方七、东北八、西北六、东南四、西南二、中央五，乾得东、东南、西南、中、北，故其数十有五；

坤得西、南、东北、西北，故其数三十；震得东南、西南、东、西、北，故其数十有七；巽得南、中、东北、西北，故其数二十有八；坎得东南、西南、东北、西北、中，故其数二十有五；离得东、西、南、北，故其数二十；艮得南、东、西、东北、西北，故其数三十有三；兑得东南、西南、中、北，故其数十有二，具图如后。

【译文】八卦有过揲之数，有归余之数，有阴阳老少之数，有河图之数。

所谓“过揲之数”，也称为八卦的策数。乾卦经九次揲数得出，每揲必须四根蓍草，四九是三十六；坤卦经六次揲数得出，每揲必须四根蓍草，四六是二十四。这是乾、坤卦的策数，即过揲之数，其余的卦依次类推。在前面篇卷中已说得很详细。

所谓“归余之数”，乾卦每一爻三变都是少，第一变归余是五，二变、三变的归余各是四，加上卦爻本身是十四，三爻的总数是四十二，这是乾卦的归余之数；坤卦每一爻三变都是多，第一变归余是九，二变、三变的归余各是八，加上卦爻本身是二十六，三爻的总数是七十八，这是坤卦的归余之数，其余的卦依次类推。

所谓“阴阳老少之数”，乾卦经九次揲数得出，所以说老阳的数是九；坤卦经六次揲数得出，所以说老阴的数是六；震、艮、坎卦都经七次揲数得出，所以说少阳的数是七；巽、离、兑卦都经八次揲数得出，所以说少阴的数是八。

所谓“河图之数”，河图的北方是一、南方是九、东方是三、西方是七、东北是八、西北是六、东南是四、西南是二、中央是五，乾卦得方位东、东南、西南、中、北，所以它的数是十五；坤卦得方位西、南、东北、西北，所以它的数是三十；震卦得方位东南、西南、东、西、北，所以它的数是十七；巽卦得方位南、中、东北、西北，所以它的数是二十八；坎卦得方位东南、西南、东北、西北、中，所以它的数是二十五；离卦得方位东、西、南、北，所以它的数是二十；艮卦得方位南、东、西、东北、西北，所以它的数是三十三；兑卦得方位东南、西南、中、北，所以它的数是十二，图像画在后面。

## 551. 藏往知来

揲蓍之法，凡一爻含四卦，凡一阳爻，乾为老阳，两多一少，非震即坎，非坎即艮，少在前震也，少在中坎也，少在后艮也，三揲之中含此四卦方能成一爻。阴爻亦如此，三爻坤为老阴，两少一多，非巽即离，非离即兑，多在前巽也，多在中离也，多在后兑也。积三爻为内卦，凡含十二卦。一爻含四卦，三爻共十二卦也。所以含十二卦，自相重为六，内卦三爻，凡得六十四卦；重卦之法，以下爻四卦乘中爻四卦得十六卦，又以上爻四卦乘之得六十四卦。外卦三爻，亦六十四卦。以内外六十四卦复自相乘，为四千九十六卦，方成《易》之卦。此之卦法也。揲蓍凡十有八变成《易》之一卦，一卦之中含四千九十六卦在其间，细算之乃见。凡一卦可变为六十四卦，此变卦法，《周易》是也。六十四卦之为四千九十六卦，此之卦法也，如乾之坤、之屯、之蒙，尽六十四卦每卦皆如此，共得四千九十六卦，今焦贡《易林》中所载是也。四千九十六卦方得能却成一卦，终始相生，以首生尾，以尾生首，积至微之数以成至大，积至大之数却为至微，循环无端，莫知首尾，故《罔象成名图》曰"其大无外，其小无内，迎之不见其首，随之不见其尾"。一卦变为六十四卦，六十四卦之为四千九十六卦，四千九十六卦却变为一卦，循环相生，莫如其端。大小一也，积小以为大，积大复为小，岂非一乎？往来一也，首穷而成尾，尾穷而反成首，岂非一乎？故至诚可以前知，始末无异故也。以夜为往者，以昼为来；以昼为往者，以夜为来。来往常相代，而吾所以知之者一也，故藏往知来不足怪也。圣人独得之于心而不可言喻，故设象以示人。象安能藏往知来，成变化而行鬼神？学者当观象以求圣人所以自然得者，宛然可见，然后可以藏往知来，成变化而行鬼神矣。《易》之象皆如是，非独此数也，知言象为糟粕，然后可以求《易》。

【译文】以蓍成卦的方法，一爻有四种可能成卦，如果是阳爻，归余三多的老阳是乾，归余两多一少，不是震就是坎，不是坎就是艮，少在前是震，少在中是坎，少在后是艮，三变揲数中含有这四种可能之一才能得出一个阳爻。阴爻也是这样，归余三少的老阴是坤，归余两少一多，不是巽就是离，不是离就是兑，多在前是巽，多在中是离，多在后是兑。累积三爻成为内卦，共含有十二个卦。一爻含有四卦，三爻总共十二卦。内卦所含的十二卦，自相重叠是六个卦，共能组合出六十四个卦；重卦的方法，把下爻四卦乘中爻四卦得到十六个卦，再用上爻四卦来乘就得到六十四卦。外卦三爻，也能组合出六十四卦。把内外卦的六十四卦再自我相乘，就有四千零九十六卦，方才穷尽《易》的变卦。这是之卦的方法。以蓍成卦经十八变确定《易》中的一卦，每一卦中包含了四千零九十六卦的变化可能，仔细推算就可明白。每一个卦能变化为六十四个卦，这是变卦的方法，就是《周易》。六十四卦能之变为四千零九十六卦，这是之卦的方法，如乾之坤、之屯、之蒙，穷尽六十四卦每卦都是如此，共能得四千零九十六卦，焦赣《易林》中所记载的就是这种方法。四千零九十六卦方才能了结一个卦，开端、终结互为因果，由开端衍化出终结，由终结衍化出开端，累积极小的数成为极大的数，累积极大的数反过来成为极小的数，循环往复没有开端，不知道开头和结尾，所以《罔象成名图》说"它庞大到没有外在的东西，它细小到没有内在的东西，迎接它看不见开头，跟随它看不见结尾"。一卦变化为六十四卦，六十四卦之变为四千零九十六卦，四千零九十六卦反过来变为一个卦，循环衍生，无法知道它的开端。大小一致，累积小的成为大的，累积大的又成为小的，岂不是一致吗？过去未来一致，开头穷尽了就是结尾，结尾穷尽了就是开头，岂不是一致吗？所以把握了大道就能预知未来，是因为原因、结果没有差异的缘故。把夜晚看作过去，白天就是未来；把白天看作过去，夜晚就是未来。未来过去经常相互更替，而我们之所以能推知在于它们是一致的，所以推知过去未来不足为怪。圣人独自了然于心中但无法用言语说明，所以比拟成象来告诉人们。象怎么能推知过去未来，成就变化而驱使鬼神呢？学者应当观察象来寻求圣人从自然中所得的道理，弄清楚这一点，才能推知过去未来，成就变化而驱使鬼神。《易》的象都是如此，不单是这个数理，知道谈论《易》象的不足之处，然后才能求得《易》的真髓。

## 官 政

### 552. 不使一物失所

有一朝士与王沂公有旧，欲得齐州，沂公曰："齐州已差人。"乃与庐州，不就，曰："齐州地望卑于庐州，但于私便尔耳，相公不使一物失所，改易前命当亦不难。"公正色曰："不使一物失所唯是均平，若夺一与一，此一物不失所，则彼一物必失所。"其人惭沮而退。

【译文】有位朝士与王曾是老相识，谋求齐州主官，王曾说："齐州已经派人了。"就派他去庐州，他不肯去，说："齐州的档次低于庐州，只是对我便利罢了，您不让一人使用失当，更改先前的任命应当也不难。"王曾用严肃的神色对他说："不让一人使用失当只在均等，如果夺去一个给另一个，这个人使用不失当，那个人使用必定失当了。"那人惭愧沮丧地退了出去。

### 553. 孙伯纯远虑

孙伯纯史馆知海州日，发运司议置洛要、板浦、惠泽三盐场，孙以为非便，发运使亲行郡，决欲为之，孙抗论排沮甚坚，百姓遮孙，自言置盐场为便，孙晓之曰："汝愚民，不知远计。官买盐虽有近利，官盐患在不售，不患盐不足，盐多而不售，遗患在三十年后。"至孙罢郡，卒置三场。近岁连、海间刑狱、盗贼、差徭比旧浸繁，多缘三盐场所置积盐如山，运卖不行，亏失欠负，动辄破人产业，民始患之。朝廷调发军器有弩椿、箭干之类，海州素无此物，民甚苦之，请以鳔胶充折，孙谓之曰："弩椿、箭干共知非海州所产，盖一时所须耳，若以土产物代之，恐汝岁被科无已时也。"其远虑多类此。

【译文】孙冕任海州知州时，发运司商议在洛要、板浦、惠泽设置三个制盐场，孙冕认为对百姓不利，发运司长官就亲自来到州府，决定要设置，孙冕坚持意见尽力阻止很坚决，百姓拦住孙冕，说设置盐场有便利，孙冕开导他们说："你们愚蠢，不知道长远打算。官府卖盐虽有眼前利益，但官盐就怕卖不出去，不怕盐产量不足，盐多了却卖不出去，留下的祸害在三十年之后。”等到孙冕被免职，终于设置了三个盐场。近些年连、海一带刑狱、盗贼、差徭比往常更多，大多是因为三个盐场滞销的盐堆积如山，无法运出去卖，亏损负债，动不动就损害人们的产业，百姓才感到祸害。朝廷征调军器有弩柄、箭杆一类东西，海州向来没有这些原料，百姓很受累，请求用鱼胶折抵，孙冕对他们说：“弩柄、箭杆都知道不是海州的出产，是朝廷一时需要罢了，如果用土产品来替代，恐怕你们每年要被征收而没有停止的日子了。”孙冕的远虑大多像这样。

## 554. 争字构讼

孙伯纯史馆知苏州，有不逞子弟与人争“状”字当从犬、当从大，因而构讼，孙令褫去巾带，纱帽下乃是青巾，孙判其牒曰：“偏旁从大，书传无闻；巾帽用青，屠沽何异？量决小杖八下。”苏民传之，以为口实。

【译文】孙冕任苏州知州时，有个不讲理的读书人跟别人争论“状”字应当从犬还是从大，因此而打官司，孙冕下令剥去他的巾带，纱帽下是青布巾，孙冕在文书上批写说：“偏旁从大，书传无闻；巾帽用青，屠沽何异？量决小杖八下。”苏州百姓传诵批语，作为笑话。

## 555. 张知县菜

忠定张尚书曾令鄂州崇阳县，崇阳多旷土，民不务耕织，唯以植茶为业，忠定令民伐去茶园，诱之使种桑麻，自此茶园渐少，而桑麻特盛于鄂、岳之间。至嘉祐中改茶法，湖、湘之民苦于茶租，独崇阳茶租最少，民监他邑，思公之惠，立庙以报之。民有入市买菜者，公召谕之曰：“邑居之民无地种植，且有他业，买菜可也，汝村民皆有土田，何不自种而费钱买菜？”笞而遣之，自后人家皆置圃，至今谓芦菔为“张知县菜”。

【译文】张咏曾任鄂州崇阳县令，崇阳有许多荒废的土地，百姓不肯从事耕田织布，只以种植茶树为业，张咏命令百姓砍掉茶园，引导他们种植桑麻，从此茶园逐渐少了，而桑麻在鄂州、岳州一带特别兴盛。到了嘉祐年间朝廷改革茶法，湖北、湖南一带百姓苦于茶租，唯独崇阳茶租最少，百姓们观察邻近乡县，感到张咏的惠政，便建庙报答他。百姓有到市场买菜的，张咏叫来告诉他：“居住在城镇的百姓没有地可以种植，并有其他的生计要干，买菜是可以的，你们村民都有田地，为什么不自己种而要花钱买菜？”责打后把他放了，从此村民家家都辟菜园，至今称芦菔为“张知县菜”。

# 权 智

## 556. 释谍却虏

王子醇枢密帅熙河日，西戎欲入寇，先使人觇我虚实，逻者得之，索其衣缘中获一书，乃是尽记熙河人马、刍粮之数，官属皆欲支解以殉，子醇忽判杖背二十，大刺面"蕃贼决讫放归"六字纵之。是时适有戍兵步骑甚众，刍粮亦富，虏人得谍书知有备，其谋遂寝。

【译文】王韶任熙河路主官时，西戎想来侵扰，先派人刺探我方虚实，被巡逻士兵抓住，搜查他衣服边缝获取一份文书，上面详细写着熙河军队、粮草的数字，官吏都想杀了他，王韶忽然判决杖责二十，在脸上刺写"蕃贼决讫放归"六字放了他。这时正好有支防守部队人数很多，粮草也充足，敌方得到情报后知道已有防备，侵扰谋划就停止了。

## 557. 老军校退敌

宝元元年党项围延安七日，邻于危者数矣，范侍郎雍为帅，忧形于色，有老军校出，自言曰："某边人，遭围城者数次，其势有近于今日者，虏人不善攻，卒不能拔。今日万万无虞，某可以保任，若有不测，某甘斩首。"范嘉其言壮人心，亦为之小安，事平此校大蒙赏拔，言知兵善料敌者首称之。或谓之曰："汝敢肆妄言，万一言不验，须伏法。"校笑曰："君未之思也。若城果陷，何暇杀我邪？聊欲安众心耳。"

【译文】宝元元年党项人包围延安七天，危险的情况出现多次，范雍任主官，忧形于色，有位老年军校出来，陈述说："我是边境上的人，多次遭遇围城，情势有与现在接近的，敌方不善于攻城，最终不会攻占城池。现在毫无忧虑，我可以担保，如有不测，我甘愿斩首。"范雍赞许他的话鼓舞人心，也因此而稍微安心，战事结束后这位军校大受奖赏提拔，谈到懂军事善于了解敌方的人就提起他。有人对他说："你胆敢放肆妄言，万一所讲的不应验，是要杀头的。"军校笑着说："你没好好想。如果城池果然攻陷，哪里顾得上杀我呢？不过想安定大伙的心罢了。"

## 558. 《汉书》脱略

韩信袭赵，先使万人背水阵，乃建大将旗鼓出井陉口，与赵人大战，佯败，弃旗鼓走水上。军背水而阵已是危道，又弃旗鼓而趋之，此必败势也，而信用之者，陈余老将，不以必败之势邀之不能致也，信自知才过余，乃敢用此耳。向使余小黠于信，信岂得不败？此所谓知彼知己，量敌为计。后之人不量敌势，袭信之迹，决败无疑。

汉五年楚、汉决胜于垓下，信将三十万自当之，孔将军居左，费将军居右，高帝在其后，绛侯、柴武在高帝后。信先合不利，孔将军、费将军纵，楚兵不利，信复乘之，大败楚师，此亦拔赵策也。信时威震天下，籍所惮者独信耳，信以三十万人不利而却，真却也，然后不疑，故信与二将得以乘其隙，此"建成堕马"势也。信兵虽却，而二将维其左右，高帝军其后，绛侯、柴武又在其后，异乎背水之危，此所以待项籍也，用破赵之迹则歼矣。此皆信之奇策。

观古人者当求其意，不徒视其迹。班固为《汉书》乃削此一事，盖固不察所以得籍者，正在此一战耳。从古言韩信善用兵，书中不见信所以善者。予以谓信说高帝还用三秦，据天下根本，见其断；虏魏豹、斩龙且，见其智；拔赵、破楚，见其应变；西向师亡虏，见其有大志。此其过人者，惜乎《汉书》脱略，漫见于此。

【译文】韩信袭击赵国，先让万人军队背水列阵，树起大将旗鼓越过井陉口，与赵军大战，假装败退，丢弃旗鼓逃到水边。军队背水列阵已属危险，又丢弃旗鼓逃跑，这是必败的态势，而韩信却这样做，因为陈余是老将，不用必败的态势引诱他不能达到目的，韩信自知才能胜过陈余，才敢于用这样的手段。假如陈余比韩信略微聪明一些，韩信怎能不败呢？这就是所谓的知彼知己，根据敌情采取对策。后人不根据敌方情势，照抄韩信的做法，必败无疑。

汉高帝五年楚、汉在垓下决战，韩信率军三十万抵挡，孔将军在左，费将军在右，高帝在他后面，周勃、柴武在高帝后面。韩信先接战不利，孔将军、费将军出击，楚军不利，韩信又乘机夹击，大败楚军，这也是攻下赵国的计策。韩信当时威震天下，项羽所怕的只有韩信，韩信率军三十万失利退却，是真退却，项羽才不会怀疑，所以韩信与孔、费两将军能利用他的漏洞，这是"建成堕马"阵势。韩信所部虽然退却，但孔、费两将军护卫他的左右侧，高帝军队部署在他后面，周勃、柴武又在高帝后面，与背水的危险不一样，这是用来对付项羽的，用击败赵国的做法就会被歼灭。这都是韩信的出奇妙谋划。

观察古人应当寻求其用意，不仅看他的做法。班固撰写《汉书》删去了这件事，大概班固不了解所以能打败项羽，正在于这一仗。自古以来说韩信善于用兵，但史书中没见到韩信所以善用兵的地方。我认为韩信劝说高帝夺取三秦，占据天下的根本，说明他的决断；俘虏魏豹、斩杀龙且，说明他的智谋；攻赵、败楚，说明他的应变；降格拜俘虏为师，说明他有雄心壮志。这是他胜过其他人的地方，可惜《汉书》脱漏删略，随手记在这里。

## 559. 种世衡用间

种世衡初营清涧城，有紫山寺僧法崧刚果有谋，以义烈自名，世衡延置门下，恣其所欲，供亿无算，崧酗酒、狎博无所不为，世衡遇之愈厚。留岁余，崧亦深德世衡，自处不疑。一日，世衡忽怒谓崧曰："我待汝如此而阴与贼连，何相负也？"拽下械击捶掠，极其苦楚，凡一月，濒于死者数矣，崧终不伏，曰："崧丈夫也，公听奸人言，欲见杀则死矣，终不以不义自诬。"毅然不顾。世衡审其不可屈，为解缚沐浴，复延入卧内，厚抚谢之曰："尔无过，聊相试耳。欲使为间，万一可胁，将泄吾事，设虏人以此见穷，能不相负否？"崧默然曰："试为公为之。"世衡厚遗遣之，以军机密事数条与崧曰："可以此藉手，仍伪报西羌。"临行，世衡解所服絮袍赠之曰："胡地苦寒，以此为别，至彼须万计求见遇乞，非此人无以得其心腹。"遇乞，虏人之谋臣也。崧如所教，间关求通遇乞，虏人觉而疑之，执于有司，数日，或发袍，领中得世衡与遇乞书，词甚款密。崧初不知领中书，虏人苦之备至，终不言情，虏人因疑遇乞，舍崧迁于北境。久之，遇乞终以疑死，崧邂逅得亡归，尽得虏中事以报。朝廷录其劳，补右侍禁，归姓为王。崧后官至诸司使，至今边人谓之"王和尚"。世衡本卖崧为死间，邂逅得生还亦命也。康定之后，世衡数出奇计。予在边，得于边人甚详，为新其庙像，录其事于篇。

【译文】种世衡刚建造清涧城，紫山寺有位和尚法崧刚正果断有智谋，以忠义刚烈自称，世衡聘请他留在自己门下，满足他的欲求，供给不限制，法崧酗酒、狎玩、赌博无所不为，世衡却对他更为优厚。待了一年多，法崧也深感世衡的恩德，照旧过日子而没有疑虑。一天，世衡忽然发怒对法崧说："我对待你这样优厚却暗中与敌方勾结，为什么背弃我？"把法崧拖下去拷打，让他吃尽苦头，在一个月中，多次几乎丧命，法崧始终不屈服，说："我是个男子汉，种公听信奸人的话，想要加害我就把我杀了，我绝不会用不义之事自诬。"毅然决然地不再理睬。世衡见他不能屈服，便解开绳索让他洗浴，又请到自己卧室里，多方安抚并道歉说："你没过错，只是试试你而已。我想派你做间谍，万一被要胁，将会泄露我的机密，假使敌方用这些手段逼迫你，能不背弃我吗？"法崧默然说："试着为你做吧。"世衡馈赠优厚派他前往，把一些军机密事告诉法崧说："可以借用这些，伪装向西羌投诚。"法崧临走时，世衡脱下自己穿的丝棉袍送给他说："北方非常寒冷，以此作为送别礼物，到了那里必须想方设法求见遇乞，不见到此人就不能得到他们的信任。"遇乞，是敌方的谋臣。法崧按世衡的办法，寻找机会请求与遇乞往来，敌人觉察并产生疑虑，把他抓起来交给有关部门，过了几天，有人检查丝棉袍，在衣领中发现世衡给遇乞的信，语辞十分亲切。法崧原先不知道衣领中有信，敌人用尽方法拷问，始终不说出实情，敌人于是怀疑遇乞，放过了法崧并把他迁到北部边境。过了很久，遇乞终于因怀疑而死去，法崧找机会逃回来，汇报了敌方的详细情况。朝廷记录他的功劳，任命为右侍禁，恢复王氏本姓。法崧后来做到诸司使，到现在边境上的人称为“王和尚”。世衡本来是出卖法崧作为死间，碰巧能活着回来也是命运。康定以后，世衡多次使用奇谋妙计。我在边境时，从当地人那里得知很详细，于是为他重新修庙塑像，并记录他的事迹。

## 560. 一举济三役

祥符中禁火，时丁晋公主营复宫室，患取土远，公乃令凿通衢取土，不日皆成巨堑，乃决汴水入堑中，引诸道竹木排筏及船运杂材，尽自堑中入至宫门，事毕却以斥弃瓦砾灰壤实于堑中，复为街衢。一举而三役济，计省费以亿万计。

【译文】大中祥符年间皇宫火灾，当时丁谓主持重新修建宫室，担心取土地方远，便命令在大街上取土，没几天街道都成了大壕沟，就决开汴堤引水流入壕沟，引导各地竹木排筏及船运杂材，都从壕沟中运到宫门，工程完毕后就把废弃的碎瓦灰土填入壕沟，重新成为街道。一举而三件事办成，总计节省费用约上亿万。

## 561. 凿澳修船

国初两浙献龙船，长二十余丈，上为宫室层楼，设御榻以备游幸。岁久腹败，欲修治而水中不可施工，熙宁中宦官黄怀信献计，于金明池北凿大澳可容龙船，其下置柱，以大木梁其上，乃决水入澳，引船当梁上，即车出澳中水，船乃于空中，完补讫复以水浮船，撤去梁柱，以大屋蒙之，遂为藏船之室，永无暴露之患。

【译文】本朝初年两浙地区进献龙船，长二十多丈，甲板上是宫室楼房，设有御榻以备皇帝坐船游玩。年久船腹坏了，想要修理但水中不能施工，熙宁年间太监黄怀信出主意，在金明池北边挖个能容纳龙船的深池，池底安置柱子，用大木头架在上面，然后放水入池，牵引龙船停在木梁上，然后排出池中的水，龙船就架空了，修完后重新放水进池浮起龙船，去掉梁柱，在池上盖个大房顶，便成为藏船室，再也没有暴露受损的危害了。

# 艺 文

## 562. 真摹淆乱

李学士世衡喜藏书，有一晋人墨迹在其子绪处，长安石从事尝从李君借去，窃摹一本以献文潞公，以为真迹。一日潞公会客，出书画而李在坐，一见此帖惊曰："此帖乃吾家物，何忽至此？"急令人归取验之，乃知潞公所收乃摹本，李方知为石君所传，具以白潞公，而坐客墙进，皆言潞公所收乃真迹，而以李所收为摹本，李乃叹曰："彼众我寡，岂复可伸？今日方知身孤寒。"

【译文】李世衡学士喜爱收藏书法，有件晋人墨迹在他的儿子李绪那里，长安石姓从事曾向李绪借去，私下临摹了一本送给文彦博，彦博认为是真迹。一天彦博会见客人，拿出一些书画作品而世衡也在坐，一看见晋人墨帖就吃惊地说："这帖是我家中的东西，怎么忽然到这里来啦？"急忙派人回去取来验看，才知道彦博所藏的是摹本，世衡才知道是石某人干的事，将情况告诉了彦博，可是在坐的客人满屋子，都说彦博所藏的是真迹，而世衡所藏的是摹本，世衡叹惜说："彼众我寡，怎么再能说明白？今天才知道身单力薄。"

## 563. 墨禅

章枢密子厚善书，尝有语："书字极须用意，不用意而用意，皆不能佳。此有妙理，非得之于心者不晓吾语也。"尝自谓"墨禅"。

【译文】枢密使章惇擅长书法，曾说："写字最须集中注意力，有时不集中有时集中，都写不好。这其中的妙理，不是用心体会的人不理解我的话。"他曾自称为"墨禅"。

## 564. 书法入神之途

世之论书者，多自谓书不必有法，各自成一家。此语得其一偏，譬如西施、毛嫱，容貌虽不同而皆为丽人，然手须是手、足须是足，此不可移者。作字亦然，虽形气不同，掠须是掠、磔须是磔，千变万化，此不可移也。若掠不成掠、磔不成磔，纵其精神、筋骨犹西施、毛嫱，而手足乖戾，终不为完人；杨朱、墨翟贤辩过人，而卒不入圣域。尽得师法，律度备全，犹是奴书，然须自此入，过此一路乃涉妙境，无迹可窥，然后入神。

【译文】世上谈论书法的人，大多认为写字不必有章法，各自成一家。这话只说对了一个方面，比如西施、毛嫱，相貌虽不一样却都是美女，但手必须是手、脚必须是脚，这是不能变动的。写字也是这样，虽然形体和气韵不一样，但撇必须是撇、捺必须是捺，尽管千变万化，这是不能变动的。如果撇不成撇、捺不成捺，即使其精神、筋骨像西施、毛嫱，但手脚不正常，最终不是完人；杨朱、墨翟辩才超人，但终究算不上圣人。完全学到了师法，规矩法度完备，仍然是奴书，可是又必须从这里入门，经过这一步才能进入佳境，没有摹仿踪迹可寻，然后出神入化。

## 565. 八分书

今世俗谓之“隶书”者，只是古人之八分书，谓初从篆文变隶，尚有二分篆法，故谓之“八分书”，后乃全变为隶书，即今之正书、章草、行书、草书皆是也。后之人乃误谓古八分书为隶书，以今时书为正书，殊不知所谓“正书”者，隶书之正者耳，其余行书、草书皆隶书也。杜甫《李潮八分小篆歌》云：“陈仓石鼓文已讹，大小二篆生八分。苦县光和尚骨立，书贵瘦硬方通神。”苦县，《老子朱龟碑》也。《书评》云：“汉、魏牌榜碑文和《华山碑》，皆今所谓隶书也，杜甫诗亦只谓之八分。”又《书评》云：“汉、魏牌榜碑文非篆即八分，未尝用隶书。”知汉、魏碑文皆八分，非隶书也。

【译文】现在世俗称为“隶书”的，乃是古人的八分书，是说最初从篆文演变为隶书，还有二分篆体写法，所以称为“八分书”，后来就全部变为隶书了，即现在的正楷、章草、行书、草书都是。后来的人误称古代八分书为隶书，把现在的字体作为正书，全不知道所谓的“正书”，是隶书的正体，其他的行书、草书都是隶书。杜甫《李潮八分小篆歌》说：“陈仓石鼓文已讹，大小二篆生八分。苦县光和尚骨立，书贵瘦硬方通神。”苦县，指《老子朱龟碑》。《书评》说：“汉、魏牌榜碑文和《华山碑》，都是现在所谓的隶书，杜甫诗中也只称为八分书。”《书评》又说：“汉、魏牌榜碑不是篆体就是八分书，未曾用过隶书。”由此可知汉、魏之碑文都是八分书，不是隶书。

## 566. 后主钟隐笔

江南府库中书画至多，其印记有“建业文房之印”、“内合同印”。“集贤殿书院印”以墨印之，谓之“金图书”，言惟此印以黄金为之。诸书画中时有李后主题跋，然未尝题书画人姓名，唯钟隐画皆后主亲笔题“钟隐笔”三字。后主善画，尤工翎毛。或云凡言“钟隐笔”者皆后主自画，后主尝自号钟山隐士，故晦其名，谓之钟隐，非姓钟人也。今世传钟画，但无后主亲题者皆非也。

【译文】南唐府库中书画很多，所盖印章有“建业文房之印”、“内合同印”。“集贤殿书院印”用墨色加盖，称为“金图书”，是说只有这颗印用黄金制作。众多书画中常有后主李煜的题跋，但没有题写书画作者的姓名，只有钟隐画都由后主亲笔题写“钟隐笔”三个字。后主擅长作画，花鸟尤其画得好。有人说凡是题写“钟隐笔”的画都是后主自己画的，他曾自号钟山隐士，所以隐去名字，称为钟隐，不是姓钟的人。现在世上流传的钟隐画，凡没有后主亲笔题名的都不是真品。

## 器　用

### 567. 兵车制度

熙宁八年章子厚与予同领军器监，被旨讨论兵车制度，本监以《周礼·考工记》及《小戎》诗考定，车轮崇六尺，轵崇三尺三寸。毂末至地也，并轸轐为四尺。牙围一尺一寸，厚一尺三分寸之二。车罔也。毂长三尺二寸，径一尺三分寸之二。轮之薮三寸九分寸之五，毂上札辐凿眼是也。大穿内径四寸五分寸之二，记谓之“贤”，毂之里穿也。小穿内径三寸十五分寸之四。记谓之“轵”，毂之外穿也。辐九寸半，辐外一尺九寸，并辐三寸半，共三尺二寸，乃毂之长。金厚一寸，大小穿其金皆一寸。辐广三寸半。深亦如之。舆六尺六寸，车队四尺四寸。队音遂，谓车之深。盖深四尺四寸，广六尺六寸也。式深一尺四寸三分寸之二，七寸三分寸之一在轸内。崇三尺三寸，半舆之广为之崇。较崇二尺二寸，通高五尺五寸。较，两輢上出式者，并车高五尺五寸。轸围一尺一寸，车后横木。贰围七寸三分寸之一，较围四寸九分寸之八，轵围三寸二十七分寸之七，此轵乃輢木之植者，衡者与毂末同名。轛围二寸八十一分寸之十四。此式之植者，衡者如较之植轵而名互异。任正围一尺四寸五分寸之二。此舆下三面材，持车正者。辀深四尺七寸，此梁舡辀也。轵崇三尺三寸，此辀如桥梁，矫上四尺七寸，并衡颈为八尺七寸。国马高八尺，除衡颈则如马之高。长一丈四尺四寸。帆前十尺，队四尺四寸。軓前一丈。筞长五尺。衡围一尺三寸五分寸之一，长六尺六寸，轴围一尺三寸五分寸之一，兔围一尺四寸五分寸之二，辀当伏兔者，与任正相应。颈围九寸十五分寸之九，颈，辀前持衡者。踵围七寸七十五分寸之五。踵，辀后承辕处。轨广八尺，两辙之间。阴如轨之长。侧于轨前。靷二，前著骖辔，后属阴。在骖之外，所以止出。胁驱长一丈，皮为之，前系于衡，当骖马内，所以止入。服马颈当衡轭，两服齐首。骖马齐衡，两骖雁行，谓小却也。辔六。服马二辔，骖马一辔。度皆以周尺。一尺当今七寸三分少强。以法付作坊制车，兼习五御法，是秋八月大阅，上御延和殿亲按，藏于武库以备仪物而已。

【译文】熙宁八年章惇与我同管军器监，接受皇上指令讨论兵车制度，我们凭藉《周礼·考工记》和《小戎》诗考定，车轮高六尺，车轴高三尺三寸。从毂端到地，连轸轐是四尺。牙围一尺一寸，厚一尺三分之二寸。即车罔。毂长三尺二寸，直径一尺三分之二寸。轮的辐条会聚处三又九分之五寸，即毂上札辐凿眼的地方。大穿内径四又五分之二寸，《考工记》称为"贤"，毂的里穿。小穿内径三又十五分之四寸。《考工记》称为"轵"，毂的外穿。辐九寸半，辐外一尺九寸，连辐三寸半，共三尺二寸，是毂的长度。金属包片厚一寸，大、小穿的金属包片都是一寸。辐宽三寸半。厚度也像这样。车厢六尺六寸，车队四尺四寸队读音遂，指车厢的长度。即长四尺四寸，宽六尺六寸。式长一尺四又三分之二寸，七又三分之一寸在轸内。高三尺三寸，车厢宽的一半作为高。较高二尺二寸，通高五尺五寸较，车厢两边长出式的部分，加上车高是五尺五寸。轸围一尺一寸，车后面的横木。贰围七又三分之一寸，较围四又九分之八寸，轵围三又二十七分之七寸，这个轵是輢木插入的地方，横着的轵和毂末同名。轛围二又八十一分之十四寸。这是式插入的地方，横着的轛如同较上插的轵而名称不同。任正围一尺四又五分之二寸。这是车厢下三方木，使车保特平衡的。辀深四尺七寸，这是梁舡辀。轵高三尺三寸，这个辀像桥梁，矫上四尺七寸，连衡颈是八尺七寸。国马高八尺，除去衡颈就相当马的高度。长一丈四尺四寸。軓前十尺，队四尺四寸。軓前一丈。策长五尺。衡围一尺三又五分之一寸，长六尺六寸，轴围一尺三又五分之一寸，兔围一尺四又五分之二寸，辀当伏兔，与任正相应。颈围九又十五分之九寸，颈，辀前连接衡的地方。踵围七又七十五分之五寸。踵，辀后承辕的地方。轨宽八尺，两轮的间距。阴像轨的长度。在轨侧前方。靷绳二根，前面连着骖马缰绳，后面连接阴。在骖马之外，用来制止偏出去。胁驱长一丈，皮做成，前面系在衡上，安在骖马内侧，用来制止挤进来。服马颈架衡轭，两服马头相齐。骖马齐衡，两骖如大雁般排列，指稍后一点。缰绳六根。服马二根，骖马一根。长度都用周尺。一尺相当现在七寸三分稍多些。将这种规格颁下作坊造车，并学习五种驾驭方法，这年秋天八月大检阅，皇王到延和殿亲临察看，藏在武库里作为仪仗用品而已。

## 568. 古器曲意

古鼎中有三足皆空、中可容物者，所谓鬲也。煎和之法，常欲湆在下、体在上，则易熟而不偏烂，及升鼎则浊滓皆归足中。鼎卦初六"鼎颠趾，利出否"，谓浊恶下，须先泻而虚之，九二阳爻方为鼎实。今京师大屠善熟彘者，钩悬而煮，不使着釜底，亦古人遗意也。又古铜香垆多镂其底，先入火于垆中，乃以灰覆其上，火盛则难灭而持久，又防垆热灼席，则为盘荐水以渐其趾，且以承灰灺之坠者。其他古器率有曲意，而形制文画大概多同，盖有所传授，各守师法，后人莫敢辄改。今之众学，人人皆出已意，奇袤浅陋，弃古自用，不止器械而已。

【译文】古鼎中有三足中空、足中可容纳东西的，即所谓的鬲。烹煮的方法，常希望汤汁在下面、肉块在上面，就容易煮熟而不夹生，等到烧煮完毕则渣滓都沉到鼎足中空里。《周易》鼎卦初六"鼎颠趾，利出否"，是说污垢沉在鼎足里，必须先翻倒而清空足部，九二阳爻才是鼎里有东西。现在京城名厨善于煮肉的，把肉钩起来悬在锅里煮，不使肉碰着锅底，也是古代流传下来的方法。古代铜香炉大多在底部镂孔，先把火种放入炉中，然后用灰覆盖在它上面，火烧起来就难以熄灭而持久，为了防止香炉太热烧坏座席，就用盘子盛水浸没炉足，且能承接掉下的灰烬。其他的古器都有独到的用意，而形状、图案则大致相同，大概有所传授，各自遵循，后人不敢随意改动。现在的各种技艺，人人都别出心裁，形制奇怪粗陋，摒弃古人而自以为是，不仅仅器物如此啊。

## 569. 立鐀

“大夫七十而有阁，天子之阁，左达五、右达五“，阁者板格，以庋膳羞者，正是今之立鐀。今吴人谓立鐀为“厨”者，原起于此，以其贮食物也，故谓之“厨”。

【译文】“大夫七十而有阁，天子之阁，左达五、右达五”，阁就是板格，用来存放食物，正是现在的立鐀。现在江浙一带人称立鐀为“厨”，就是起源于此，因为它储藏食物，所以称为“厨“。

# 补笔谈卷三

## 异　事

### 570. 金缠腰

韩魏公庆历中以资政殿学士帅淮南，一日后园中有芍药一干分四岐，岐各一花，上下红，中间黄蕊间之。当时扬州芍药未有此一品，今谓之“金缠腰”者是也。公异之，开一会，欲招四客以赏之，以应四花之瑞。时王岐公为大理寺评事、通判，王荆公为大理评事、签判，皆召之，尚少一客，以判钤辖诸司使——忘其名——官最长，遂取以充数。明日早衙，钤辖者申状暴泄不至，尚少一客，命取过客历求一朝官足之，过客中无朝官，唯有陈秀公时为大理寺丞，遂命同会。至中筵剪四花，四客各簪一枝，甚为盛集，后三十年间四人皆为宰相。

【译文】韩琦在庆历年间以资政殿学士任淮南主官，一天后园中有棵芍药一根枝干上分出四枝，每枝各开一朵花，花的上下呈红色，中间有黄色花蕊。当时扬州芍药没有这一品种，现在称为“金缠腰”的就是。韩琦感到奇异，搞了一次聚会，想请四位客人一起欣赏，来对应四朵花的吉兆。当时王珪是大理寺评事、通判，王安石是大理寺评事、签判，都请到了，还少一位，以判钤辖诸司使——忘了他的姓名——职位最高，就请来凑数。第二天早上衙门参见，这位钤辖报告说剧烈腹泻不能来，仍缺少一位，便下令拿过路官员名册找一位朝官充数，过路官员中没有升朝官，只有陈升之当时任大理寺丞，就邀他一齐聚会。在筵席中途剪下那四朵花，四位客人各插一枝，实在是盛会，此后三十年间这四个人都成了宰相。

### 571. 龟葬梁家

濒海素少士人，祥符中廉州人梁氏卜地葬其亲，至一山中，见居人说，旬日前有数十龟负一大龟葬于此山中，梁以谓龟神物，其葬处或是福地，与其人登山观之，乃见有丘墓之象，试发之果得一死龟，梁乃迁葬他所，以龟之所穴葬其亲。其后梁生三子，立仪、立则、立贤，立则、立贤皆以进士登科。立仪尝预荐，皇祐中依智高平，推恩授假板官。立则值熙宁立八路选格，就二广连典十余郡，今为朝请大夫致仕，予亦识之。立仪、立则皆朝散郎，至今皆在，徙居广州，郁为士族，至今谓之"龟葬梁家"。龟能葬，其事已可怪，而梁氏适兴，其偶然邪，抑亦神物启之邪？

【译文】沿海地区一向少有士人，祥符年间廉州人梁氏选择地方葬他的亲人，到了一座山中，听见居住在那儿的人说，十天前有几十只乌龟驮着一只大龟葬在这座山中，梁氏认为龟是神物，它的葬身之处可能是福地，于是就和那人登上山头察看，看见有坟墓的形状，试着挖掘果然挖出一只死龟，梁氏就把它迁葬到别的地方，用乌龟的坟穴来安葬他的亲人。后来梁氏生了三个儿子，立仪、立则、立贤，立则、立贤都考上进士。立仪曾被官府荐举，皇祐年间平定侬智高，皇上施恩惠授予代理官。立则遇上熙宁年间设置八路量才选官标准，在两广连续担任十几任州官，现在以朝请大夫退休，我也认识他。立仪、立则都是朝散郎，到现在都还在，他们迁居广州后，发展为那里的世族，至今称为"龟葬梁家"。乌龟能择地埋葬，这事已值得奇怪，而梁氏恰好兴盛，这是偶然的呢，还是神灵之物引导的呢？

# 杂　志

## 572. 名流雅谑

宋景文子京判太常日，欧阳文忠公、刁景纯同知礼院。景纯喜交游，多所过从，到局或不下马而去。一日退朝，与子京相遇，子京谓之曰："久不辱至寺，但闻走马过门。"李邯郸献臣立谈间，戏改杜子美《赠郑广文》诗嘲之曰："景纯过官舍，走马不曾下。忽地退朝逢，便遭官长骂。多罗四十年，偶未识磨毡。赖有王宣庆，时时乞与钱。"叶道卿、王原叔各为一体诗，写于一幅纸上，子京于其后题六字曰"效子美谇景纯"，献臣复注其下曰"道卿隶，原叔古篆，子京题篇，献臣小书"。欧阳文忠公又以子美诗书于一绫扇上，高文庄在坐，曰："今日我独无功。"乃取四公所书纸为一小帖，悬于景纯直舍而去。时西羌首领唃厮啰新归附，磨毡乃其子也；王宣庆大阉求景纯为墓志，送钱三百千，故有"磨毡"、"王宣庆"之诮。今诗帖在景纯之孙概处，扇诗在杨次公家，皆一时名流雅谑，予皆曾借观，笔迹可爱。

【译文】宋祁任判太常寺时，欧阳修、刁约都在太常礼院任职。刁约喜欢与人交往，朋友间的应酬很多，去官署有时连马都不下就走了。一天退朝，正好遇到宋祁，宋祁对他说："很久没有劳你到官署来了，但听到你骑马经过门口。"李淑趁他们站着说话，打趣地改写杜甫《赠郑广文》诗嘲讽说："景纯过官舍，走马不曾下。忽地退朝逢，便遭官长骂。多罗四十年，偶未识磨毡。赖有王宣庆，时时乞与钱。"叶清臣、王洙各用一种字体抄写，并写在一张纸上，宋祁在后面题六个字说"效子美谇景纯"，李淑又在下面注道"道卿隶书，原叔古篆，子京题篇，献臣小书"。欧阳修又把杜甫的诗写在一个绫扇面上，高若讷在坐，说："今天只有我没有出力。"于是就把他们四位所写的纸粘贴成一张书帖，挂在刁约办公的地方而作罢。当时西北羌族首领唃厮啰刚归附朝廷，磨毡是他的儿子；大宦官王宣庆曾请刁约写墓志铭，送给他三百千润笔钱，所以诗中有"磨毡"、"王宣庆"的讥讽。现在这份诗帖在刁约的孙子刁概手中，欧阳修所写的扇面在杨杰家，这都是当时名流间高雅戏谑，我都曾借来看过，文笔书法令人赞赏。

## 573. 吴道子画钟馗

禁中旧有吴道子画钟馗，其卷首有唐人题记曰："明皇开元讲武骊山，岁□翠华还宫，上不怿，因痁作，将逾月，巫医殚伎不能致良。忽一夕梦二鬼，一大一小。其小者衣绛犊鼻，屦一足，跣一足，悬一屦，搢一大筠纸扇，窃太真紫香囊及上玉笛，绕殿而奔。其大者戴帽，衣蓝裳，袒一臂，鞹双足，乃捉其小者，刳其目，然后擘而啖之。上问大者曰：'尔何人也？'奏云：'臣钟馗氏，即武举不捷之士也，誓与陛下除天下之妖孽。'梦觉，痁若顿瘳而体益壮。乃诏画工吴道子，告之以梦，曰：'试为朕如梦图之。'道子奉旨，恍若有睹，立笔图讫以进，上瞠视久之，抚几曰：'是卿与朕同梦耳，何肖若此哉！'道子进曰：'陛下忧劳宵旰，以衡石妨膳而痁得犯之，果有蠲邪之物以卫圣德。'因舞蹈上千万岁寿，上大悦，劳之百金，批曰：'灵祇应梦，厥疾全瘳。烈士除妖，实须称奖。因图异状，颁显有司。岁暮驱除，可宜遍识。以祛邪魅，兼静妖氛。仍告天下，悉令知委。'"

熙宁五年，上令画工摹拓镌板，印赐两府辅臣各一本。是岁除夜，遣入内供奉官梁楷就东西府给赐钟馗之象。观此题相记，似始于开元时，皇祐中金陵上元县发一冢，有石志，乃宋征西将军宗悫母郑夫人墓。夫人，汉大司农郑众女也。悫有妹名钟馗，后魏有李钟馗，隋将乔钟馗、杨钟馗，然则钟馗之名从来亦远矣，非起于开元之时，开元之时始有此画耳。"钟馗"字亦作"钟葵"。

【译文】宫中曾有幅吴道子画的钟馗，画卷前有唐代人的题记说："玄宗皇帝开元年间在骊山阅兵，回宫后，皇上感到不舒服，因而患上疟疾，病了将近一个月，巫师用尽办法不能治好病。忽然在一天晚上梦见二个鬼，一大一小。小的鬼穿着绛红色犊鼻裤，一只脚穿鞋，一只脚光着，腰带上挂着一只鞋，并插着一把大竹纸扇，偷了贵妃的香囊和皇上的玉笛，绕着殿奔跑。大的鬼戴着帽子，穿着襕衫，露出一条胳膊，穿着皮靴，抓住了那个小鬼，挖出他的眼睛，然后把他撕碎吃掉了。皇上问大鬼：'你是什么人？'回答说：'臣是钟馗，是武科考试中落选的人，发誓为陛下除去天下妖孽。'皇上从梦中醒来，病似乎一下子好了而且身体更健壮。于是叫来画工吴道子，告诉他梦景，说：'试着为朕把梦境画下来。'吴道子接受命令，似乎像看到了什么，即刻画好呈上去，皇上张大眼睛盯着看了很久，抚着几案说：'你简直和朕一起在做梦，怎么会画得如此像呢！'吴道子上前说：'陛下勤于政务，因操劳妨碍日常起居因而染上疟病，终究有驱邪的东西来保卫皇上。'因而舞蹈祝皇上长寿，皇上大为高兴，慰劳吴道士黄金百两，批示说：'神祇显灵梦境，疾病彻底痊愈。壮士驱除妖邪，确实应该褒奖。绘其不凡之状，颁付官司弘扬。每届年终驱邪，宜于四方张挂，借此赶除魅魑，兼以肃清不祥。据以布告天下，都要了解施行。'"

熙宁五年，神宗皇帝命令画工将画临摹刻板印刷，赐给中书、枢密大臣们每人一份。这一年除夕，派入内内侍省供奉官梁楷到两府分送钟馗画像。从上述题记来看，似乎钟馗起源于开元时，皇祐年间上元县掘出一座墓，有石刻墓志铭，是刘宋征西将军宗悫母亲郑夫人之墓。郑夫人是东汉大司农郑众的后裔。宗悫有个妹妹名叫钟馗，北魏有李钟馗，隋代有将领乔钟馗、杨钟馗，如此钟馗的名字由来也很久了，并非起源于开元时，不过开元时才有这画罢了。"钟馗"这二个字也写作"钟葵"。

## 574. 因诉改谥

故相陈岐公，有司谥荣灵，太常议之，以荣灵为甚，请谥恭。以"恭"易"荣灵"虽差美，乃是用唐许敬宗故事，适足以为累耳。钱文僖公始谥不善，人有为之申理而改思，亦是用于頔故事，后乃易今谥。

【译文】宰相陈执中去世，有关部门拟谥荣灵，太常礼院讨论时，认为荣灵太过份了，要求谥恭。用"恭"来代替"荣灵"虽然好一点，却沿用了唐许敬宗的成例，正足以成为陈执忠名声的累赘。钱惟演初拟的谥有贬义，有人为之申辩而改谥思，也是沿用了唐代于頔的成例，后来才改为现在的谥。

## 575. 守令图

地理之书，古人有飞鸟图，不知何人所为。所谓“飞鸟”者，谓虽有四至里数，皆是循路步之，道路迂直而不常，既列为图则里步无缘相应，故按图别量径直四至，如空中鸟飞直达，更无山川回屈之差。予尝为守令图，虽以二寸折百里为分率，又立准望、互融，旁验高下、方斜、迂直之法以取鸟飞之数。图成，得方隅远近之实，始可施此法，分四至、八到为二十四至，以十二支、甲乙丙丁庚辛壬癸八干、乾坤艮巽四卦名之，使后世图虽亡，得予此书，按二十四至以布郡县立可成图，毫发无差矣。

【译文】地理书籍中，古人绘制过飞鸟图，不知道是什么人所为。所谓“飞鸟”，是指一般地图虽有四至距离，都是沿道路步测，道路曲直而无一定规律，画到图上与实际距离无法相对应，因此按图另外量取四至直线距离，就像空中之鸟飞翔直达那样，不再有山川相隔、道路曲折的误差。我曾绘制守令图，除以二寸表示一百里作为比例外，又确定方位和高度，并采取高下、方斜、曲直的校正方法来取得鸟飞直达的数值。这要在图制成后，求得方位和距离的实际情况，才可施用上述方法，把四至、八到细分为二十四至，分别用子丑寅卯等十二地支、甲乙丙丁庚辛壬癸等八天干及乾坤艮巽四卦来命名它们，即使以后地图散失，只要得到我的这部书，按二十四至把州县布列上去马上可以制成地图，不会有丝毫差错。

## 576. 咸平和议

咸平末契丹犯边，戍将王显、王继忠屯兵镇定，虏兵大至，继忠力战，为契丹所获，授以伪官，复使为将，渐见亲信。继忠乘间进说契丹讲好朝廷，息民为万世利，虏母老，亦厌兵，遂纳其言，因寓书于莫守石普，使达意于朝廷，时亦未之信。明年虏兵大下，遂至河，车驾亲征，驻跸澶渊，而继忠自虏中具奏戎主请和之意，达于行在，上使曹利用驰遗契丹书，与之讲平。利用至大名，时王冀公守大名，以虏方得志，疑其不情，留利用未遣。会围合不得出，朝廷不知利用所在，又募人继往，得殿前散直张皓，引见行在，皓携九岁子见曰：“臣不得虏情为报，誓死不还，愿陛下录其子。”上赐银三百两遣之。皓出澶州，为徼骑所掠，皓具言讲和之意，骑乃引与俱见戎母萧及戎主。萧搴车帏召皓，以木横车轭上令皓坐，与之酒食，抚劳甚厚。皓既回，闻虏欲袭我北塞，以其谋告守将周文质及李继隆、秦翰、文质等，厚备以待之，黎明虏兵果至，迎射其大师挞览坠马死，虏兵大溃。上复使皓申前约及言已遣曹利用之意，皓入大名以告王冀公，与利用俱往，和议遂定，乃改元景德。后皓为利用所轧，终于左侍禁。真宗后知之，录其先留九岁子牧为三班奉职，而累赠继忠至大同军节度使兼侍中。国史所书本末不甚备，予得其详于张牧及王继忠之子从伾之家。蒋颖叔为河北都转运使日，复为从伾论奏，追录其功。

【译文】咸平末年契丹侵犯边界，将领王显、王继忠屯兵镇州、定州，辽兵大批抵达，继忠努力拼杀，被契丹俘虏，授予他官职，仍让他当将领，逐渐信任起来。继忠趁机向契丹人进言与朝廷和好，与民休息为子孙后代谋利，辽帝母亲年老，也倦于战争，便采纳继忠的建议，继忠便写信给莫州守将石普，请他把辽方意向转达给朝廷，当时朝廷还不相信。第二年辽兵大举进攻，直到黄河边上，皇上亲征，驻留在澶渊，继忠在契丹营中转达辽帝要求讲和的奏章，送到了皇上驻地。皇上派曹利用赶快送信给契丹，与他们讲和。利用到大名，当时王钦若镇守大名，认为辽人正得志，恐怕他们没有诚意，就留住利用没让他前往。结果大名被辽兵包围无法出城，朝廷不知道利用在什么地方，又找人继续与契丹联络，选中殿前散直张皓，皇上在驻地召见他，张皓带着九岁的儿子觐见说："臣不得到契丹的情况作为答复，誓死不回来，请陛下收留臣的儿子。"皇上赐给三百两银子派他出发。张皓出了澶州，遇上辽方游骑，张皓讲述了议和的意向，辽兵带他一起去见萧太后和辽帝。萧太后掀起车上的帐幕招呼张皓，让人把木头横放在车轭上叫张皓坐在上面，赐给他酒和食品，大加慰劳。张皓在返回路上，听说契丹人打算袭击我军北部防线，就把这一消息告诉守将周文质和李继隆、秦翰、文质等人，充分作好准备等待他们进攻，黎明时辽兵果然来了，交战中辽方大将挞览被我军射中落马而死，辽军大败。皇上再次派张皓向辽方申明前次议和的意向以及已派出曹利用的情况，张皓进入大名把这些告诉王钦若，和利用一起前往，和议才定下来，于是改元景德。后来张皓被利用排挤，官职升到左侍禁。真宗皇帝后来得知这一情况，就录用张皓原先留下的九岁之子张牧任三班奉职，多次加赠继忠的职位直至大同军节度使兼侍中。国史对此事的记载始末不很完备，我从张牧及王继忠的儿子王从伾那儿了解到详细情况。蒋之奇任河北都转运使时，再次为从伾上奏，追加表彰他的功绩。

## 577. 书后敬空

前世风俗，卑者致书于所尊，尊者但批纸尾答之曰"反"，故人谓之"批反"，如官司批状、诏书批答之类。故纸尾多作"敬空"字，自谓不敢抗敌，但空纸尾以待批反耳。尊者亦自处不疑，不务过敬。前世启甚简，亦少用联幅者，后世虚文浸繁，无昔人款款之情，此风极可惜也。

【译文】过去的习惯，晚辈写信给尊长，尊长仅在信纸末尾批语作答称"反"，因此人们称为"批反"，如同官府批公文、皇上批奏章之类。所以信纸末尾都写"敬空"字样，自称不敢匹敌，留空纸尾来等待批反。尊长也安然接纳没有疑义，不追求过分谦敬。过去的信函很简要，也很少再添加信纸，后世空泛礼节逐渐繁多，没有了过去人淳朴的情意，上述习俗极可珍惜。

## 578. 阵数

风后八阵，大将握奇处于中军，则并中军为九军也。唐李靖以兵少难分九军，又改制六花阵，并中军为七军。予按，九军乃方法，七军乃圆法也。算术，方物八裹一，盖少阴之数，并其中为老阳；圆物六裹一，乃老阴之数，并其中为少阳。此物之定行，其数不可改易者，既为方、圆二阵，势自当如此。九军之次，李靖之后始变古法，为前军、策前军、右虞候军、右军、中军、左虞候军、左军、后军、策后军；七军之次，前军、右虞候军、右军、中军、左虞候军、左军、后军，扬奇备伏。先锋、踏白皆在阵外，跳荡、弩手皆在军中。

【译文】风后八阵，大将掌握机动兵力处在中军，这样加上中军是九队。唐代李靖因为士兵少而难以分为九队，又改变创制六花阵，加上中军是七队。我认为，九队是方形阵法，七队是圆形阵法。在算术中，方的东西八个包裹一个，是少阴之数，加上中间一个就是老阳之数；圆的东西六个包裹一个，是老阴之数，加上中间一个就是少阳之数。这是物体的固定格局，其数目不能变动，既然是方、圆两种阵法，按道理自然应当如此。九队的次序，李靖以后才改变古代方法，为前军、策前军、右虞候军、右军、中军、左虞候军、左军、后军、策后军；七队的次序，为前军、右虞候军、右军、中军、左虞候军、左军、后军，分别承担攻击、机动、增援等任务。先锋、踏白都在战阵之外，跳盪、弩手都在战阵里面。

## 579. 九军阵法

熙宁中，使六宅使郭固等讨论九军阵法，著之为书，颁下诸帅府，副藏秘阁。固之法，九军共为一营阵，行则为阵，住则为营。以驻队绕之。若依古法，人占地二步、马四步，军中容军、队中容队，则十万人之阵占地方十里余，天下岂有方十里之地无丘阜、沟涧、林木之碍者？兼九军共以一驻队为篱落，则兵不复可分，如九人共一皮，分之则死，此正孙武所谓“縻军”也。又古阵法有“面面相向，背背相承”之文，固不能解，乃使阵间士卒皆侧立，每两行为一巷，令面相向而立，虽文应古说，不知士卒侧立如何应敌？上疑其说，使予再加详定。予以谓九军当使别自为阵，虽分列左右前后而各占地利，以驻队外向自绕，纵越沟涧、林薄不妨各自成营，金鼓一作则卷舒合散，浑浑沦沦而不可乱，九军合为一大阵，则中分四衢如井田法，九军皆背背相承、面面相向，四头八尾，触处为首。上以为然，亲举手曰：“譬如此五指，若共为一皮包之则何以施用？”遂著为令，今营阵法是也。

【译文】熙宁年间，皇上命令六宅使郭固等人讨论九军阵法，写作成书，颁发给各路经略安抚司，副本藏于秘阁。郭固的阵法，九队士兵共同组成一个营阵，行进时为阵，驻扎时为营。用驻队来环绕。如果按以前的成法，每名士兵占地二步、战马占地四步，军中有军、队内有队，那么十万的军阵要占地十里多，世上哪有纵横十里的地盘没有山丘、溪涧和树木障碍呢？再说九队士兵共同由一个驻队制约，队伍不再能分开行动，如同九个人共用一层皮肤，分开就会死去，这正是孙武所说的“縻军”。古代阵法有“面面相向，背背相承”的条文，郭固不理解涵义，就让阵中士兵都侧面站立，每两行组成一条巷道，要他们正面相对而站，虽然字面上符合古代的说法，却不明白士兵侧面站立如何应对敌人？皇上怀疑他的说法，派我再作详细研究。我认为九队士兵应让他们各自组成军阵，虽然分别排列在前后左右却各占据有利地形，用驻队在军阵外表各自约束，即使穿越溪涧、密林也不妨碍各自为营，钲、鼓一响就收缩展开、集结分散，形成一个整体而不紊乱，九队士兵合并组成一个大阵，中间分出四条通道如同井田形状那样，九队士兵都背靠背、面对面，四个朝向、八个门户，接敌方向就成为正面。皇上认为我说得对，亲自举手说：“譬如这五个指头，如果用一张皮包起来怎么动作呢？”于是就定为条令，现在的营阵法就是。

## 580. 尚右

古人尚右，主人居左、坐客在右者，尊宾也，今人或以主人之位让客，此甚无义。惟天子适诸侯“升自阼阶”者，主道也，非以左为尊也。《礼记》曰：“主人就东阶，客就西阶。客若降等，则就主人之阶。主人固辞，乃就西阶。”盖尝以西阶为尊，就主人阶所以为敬也。韩信得广武君，东向坐，西向对而师事之，此尊右之实也。今惟朝廷有此礼，凡臣僚登阶奏事，皆由东阶立于御座之东，不由西者，天子无宾礼也。方外唯释门主人升堂，众宾皆立于西，惟职属及门弟子立于东，盖旧俗时有存者。

【译文】古人以右方为尊，主人在左方而让客人坐在右方，是尊敬客人，现在人往往把客人让到主人的位置上，这很没有道理。只有天子到诸侯那儿去“从阼阶进入”，因为那是主人的走道，不是以左方为尊位。《礼记》说：“主人站在东阶，客人站在西阶。客人地位如低于主人，就站在主人的东阶。主人再次礼让，客人才站到西阶上去。”过去曾以右方的西阶为尊位，客人站到主人的东阶是以此表示敬礼。韩信俘获广武君，让他面东而坐，自己则面西像对待老师一样，这是以右方为尊位的实例。现在只有朝廷有这样的礼仪，凡是大臣上台阶向皇上奏事，都从东阶而上面向西站在御坐的东侧，不从右侧的西阶而上，是因为天子没有宾礼。世俗礼仪之外唯独佛教中的主人登上殿堂时，各宾客都站在右方，只有任教职的僧人和门下弟子站在左方，过去的习俗往往还有流传下来的。

## 581. 扬州二十四桥

扬州在唐时最为富盛，旧城南北十五里一百一十步，东西七里十三步，可纪者有二十四桥。最西浊河茶园桥，次东大明桥今大明寺前，入西水门有九曲桥今建隆寺前，次东正当帅牙南门有下马桥，又东作坊桥，桥东河转向南有洗马桥，次南桥见在今州城北门外，又南阿师桥、周家桥今此处为城北门、小市桥今存、广济桥今存、新桥、开明桥今存、顾家桥、通泗桥今存、太平桥今存、利园桥，出南水门有万岁桥今存、青园桥，自驿桥北河流东出有参佐桥今开元寺前，次东水门今有新桥，非古迹也，东出有山光桥。见在今山光寺前。又自衙门下马桥直南有北三桥、中三桥、南三桥，号“九桥”，不通船，不在二十四桥之数，皆在今州城西门之外。

【译文】扬州在唐代最为富庶繁华，旧城南北长十五里一百十步，东西宽七里十三步，值得记叙的有二十四桥。最西面是浊河上的茶园桥，往东一些是大明桥现在的大明寺前，进入西水门有九曲桥现在的建隆寺前，往东一些正当官署南门的是下马桥，再往东是作坊桥，桥的东面河流转向南则有洗马桥，往南一些是南桥在现在州城北门外，再往南依次是阿师桥、周家桥现在这里是州城北门、小市桥现在还在、广济桥现在还在、新桥、开明桥现在还在、顾家桥、通泗桥现在还在、太平桥现在还在、利园桥，出南水门有万岁桥现在还在、青园桥，在驿桥北面河流往东有参佐桥现在的开元寺前，接下来是东水门现在有新桥，不是古迹，再往东有山光桥在现在的山光寺前。此外，从衙署的下马桥往南有北三桥、中三桥、南三桥，号称“九桥”，桥下不能通船，不在二十四桥数目中，都在现在州城的西门之外。

## 582. 水丹

士人李，忘其名，皇祐中为舒州观察支使，能为水丹。时王荆公为通判，问其法，云：“以清水入土鼎中，其下以火然之，少日则水渐凝结如金玉，精莹骇目。”问其方，则曰：“不用一切，但调节水火之力，毫发不均即复化去，此坎、离之粹也。”曰：“日月各有进退节度。”予不得其详，推此可以求养生治病之理。如仲春之月草木奋发，鸟兽孳乳，此定气所化也。今人于春、秋分夜半时汲井水满大瓮中，封闭七日，发视则有水花生于瓮面如轻冰，可采以为药，非二分时则无，此中和之在物者；以春、秋分时吐翕咽津，存想腹胃，则有丹砂自腹中下，璀然耀日，术家以为丹药，此中和之在人者。凡变化之物皆由此道，理穷玄化，天人无异，人自不思耳。深达此理，则养生治疾可通神矣。

【译文】士人李某，名字忘记了，皇祐年间任舒州观察支使，会炼制水丹。当时王安石任通判，询问他炼制方法，他说：“把清水放入陶土容器中，下面用火加热，不多日子水中会逐渐凝结出像金玉一样的东西，晶莹耀眼。”询问他配方，说：“什么都不用放，只须调节水的多少与火的大小，稍不均衡马上又会融解消失，那是水火的精华。”还说：“不同季节水、火各有增减的法度。”我不知道其中详情，推衍他的方法能求得养生治病的道理。例如春季二月草木萌发，鸟兽繁殖，这是时令节气的衍化。现在的人在春分、秋分日半夜时汲取井水装满大瓮，封闭七天，打开来看有如薄冰般的水花生成在水面上，可以收采起来作为药物，不是春分、秋分时就没有这种东西，这是阴阳中和在物体上的体现；在春分、秋分时呼吸吐纳吞咽唾液，使意念专注于下腹部，就会有类似丹砂的东西从腹中向下运行，灿烂夺目，方术家把它看作丹药，这是阴阳中和在人体上的体现。凡是变化的东西都遵循这个途径，它的道理穷尽玄妙变化，自然、人体没有差别，只是人们不去深思罢了。掌握了这个道理，那么养生治病就能通达神妙了。

## 药 议

### 583. 莽草

世人用莽草，种类最多，有叶大如手掌者，有细叶者，有叶光厚坚脆可拉者，有柔软而薄者，有蔓生者，多是谬误。按《本草》：“若石南而叶稀无花实。”今考，木若石南信然，叶稀无花实亦误也。今莽草，蜀道、襄汉、浙江湖间山中有，枝叶稠密，团栾可爱，叶光厚而香烈，花红色，大小如杏花，六出反卷向上，中心有新红蕊，倒垂下，满树垂动摇摇然，极可翫。襄汉间渔人竞采以捣饭饴鱼，皆翻上，乃捞取之。南人谓之“石桂”，白乐天有庐山桂诗，其序曰“庐山多桂树”，又曰“手攀青桂枝”，盖此木也。唐人谓之“红桂”，以其花红故也，李德裕诗序曰：“龙门敬善寺有红桂树独秀伊川，移植郊园众芳色沮，乃是蜀道莽草徒得佳名耳。”卫公此说亦甚明。自古用此一类，仍毒鱼有验，《本草》木部所收不知何缘谓之草，独此未喻。

【译文】世人所用的莽草，种类最多，有叶子大如手掌的，有叶子细小的，有叶子光厚坚脆可拉断的，有薄而柔软的，有蔓生的，大多是错误的。据《本草图经》说：“如石楠而叶子稀少、没有花和果实。”经现在考查，它的植株如石楠是对的，说它叶子稀少、没有花和果实也错了。现在的莽草，长在蜀道、襄汉、浙江一带湖边山中，枝叶稠密，形状浑圆可爱，叶子光洁厚实而香味浓烈，花呈红色，大小如杏花，六个花瓣反卷向上，当中有鲜红色花蕊，花向下倒垂，满树垂着花朵动起来摇晃不停，极可赏玩。襄汉一带渔民竞相采摘它捣在饭里喂鱼，鱼吃了都翻转浮上水面，就捕捞起来。南方人称为“石桂”，白居易有庐山桂诗，它的序中说“庐山多桂树”，又有诗句说“手攀青桂枝”，就是这种树木。唐朝人称为“红桂”，因为它的花是红色的缘故，李德裕诗序说：“龙门敬善寺有红桂树是伊川最秀美，移植到城郊园子里使其他的花显得逊色，这乃是蜀道的莽草枉得了好名声。”李德裕说得也很明确。从古到今就用这个品种，仍然毒鱼有效验，《神农本草》木部所收录的不知为何称为草，只有这点不明白。

## 584. 流水止水

孙思邈《千金方》人参汤，言须用流水煮，用止水则不验。人多疑流水、止水无异，予尝见丞相荆公喜放生，每日就市买活鱼，纵之江中莫不洋然，唯鳅入江中辄死，乃知鳅但可居止水，则流水与止水果不同，不可不知。又鲫鱼生流水中则背鳞白而味美，生止水中则背鳞黑而味恶，此亦一验。《诗》所谓“岂其食鱼，必河之鲂”，盖流水之鱼品流自异。

【译文】孙思邈《千金方》中的人参汤，说必须用流动的水来煮，用静止的水就没有功效。人们大多怀疑流动的水与静止的水没有差别，我曾见到王安石丞相喜欢放生，每天到市场上买活鱼，放到江里无不洋然自得，唯有泥鳅和黄鳝放到江里马上就会死去，才知道泥鳅和黄鳝只能处在静止的水中，可见流动的水与静止的水果然不同，这是不能不知道的。鲫鱼生长在流动的水里就背鳞白而味道鲜美，生长在静止的水中就背鳞黑而味道粗劣，这也是一个证明。《诗·陈风·衡门》所说的“岂其食鱼，必河之鲂”，就因为流动的水中的鱼品质自然不一样。

## 585. 摩娑石与无名异

熙宁中阇婆国使人入方物，中有摩娑石二块，大如枣，黄色微似花蕊；又无名异一块，如莲菂，皆以金函贮之。问其人真伪何以为验，使人云：“摩娑石有五色，石色虽不同，皆姜黄汁磨之汁赤如丹砂者为真。无名异色黑如漆，水磨之色如乳者为真。”广州市舶司依其言试之皆验，方以上闻。世人蓄摩娑石、无名异颇多，常患不能辨真伪。小说及古方书如《炮炙论》之类亦有说者，但其言多怪诞不近人情。天圣中予伯父吏书新除明州，章献太后有旨令于舶船求此二物，内出银三百两为价，值如不足更许于州库贴支，终任求之竟不可得。医潘璟家有白摩娑石，色如糯米糍，磨之亦有验，璟以治中毒者，得汁栗壳许入口即瘥。

【译文】熙宁年间阇婆国派使者前来进贡土产，其中有摩娑石二块，大小如枣子，颜色发黄有点像花蕊；又有无名异一块，如莲子，都用金匣子装着。询问使者有什么办法检验真假，使者说："摩娑石有五种颜色，石头色泽虽然不同，但都以用姜黄汁研磨后汁液像丹砂那样红的是真品。无名异的颜色深黑如漆，用水研磨后颜色像乳汁那样白的是真品。"广州市舶司根据他的说法进行试验都得到证实，然后才向上报告。世人收藏摩娑石、无名异的很多，常常担心不能辨别真假。小说及古代医药典籍如《炮炙论》之类也有论说，但它们的说法大多离奇而不近情理。天圣年间我的伯父经吏部调任明州，章献太后下旨要他向外来船只购求这两种药物，从内库拨出三百两银子作为货款，如果不够还准许由州库垫付，但到任期结束竟然没有能访求到。医生潘璟家里有白色摩娑石，颜色像糯米糍粑，研磨后也证实是真品，潘璟用来治疗中毒的人，只要服用栗壳左右的汁就能痊愈。

## 586. 根茎叶性不同

药有用根或用茎叶，虽是一物，性或不同，苟未深达其理未可妄用。如仙灵脾，《本草》用叶，南人却用根；赤箭，《本草》用根，今人反用苗，如此未知性果同否？如古人远志用根，则其苗谓之小草，泽漆之根乃是大戟，马兜零之根乃是独行，其主疗各别。推此而言，其根、苗盖有不可通者，如巴豆能利人，唯其壳能止之；甜瓜蒂能吐人，唯其肉能解之；坐拏能懵人，食其心则醒；楝根皮泻人，枝皮则吐人；邕州所贡蓝药即蓝蛇之首，能杀人，蓝蛇之尾能解药；鸟兽之肉皆补血，其毛角鳞鬣皆破血，鹰鹯食鸟兽之肉，虽筋骨皆化而独不能化毛，如此之类甚多，悉是一物而性理相反如此。山茱萸能补骨髓者，取其核温涩能秘精气，精气不泄乃所以补骨髓，今人或削取肉用而弃其核，大非古人之意，如此皆近穿凿。若用《本草》中主疗，只当依本说，或别有主疗改用根茎者，自从别方。

【译文】药物有用根或者用茎叶的，虽属同一种植物，性味或许不同，如果没有深入通达它们的药理不能随便使用。例如仙灵脾，《本草》用叶子，南方人却用根；赤箭，《本草》用根，现在人们反而用植株，这样不知道药性果然相同否？又如古人用远志的根，把它的植株叫做小草；泽漆的根就是大戟，马兜铃的根就是独行，它们主治病症各有不同。由此推论，它们的根和植株恐怕有不能通用的，例如巴豆能利泻，但它的壳能止泻；甜瓜蒂能催吐，但它的肉能止吐；坐拏能致人昏迷，服用它的茎髓就苏醒；苦楝根皮能利泻，其树皮则催吐；邕州进贡的蓝药就是蓝蛇的头，能毒死人，而蓝蛇的尾能作解药；鸟兽的肉都能补血，而它们的毛角鳞鬣都耗损血，鹰鹯吃鸟兽的肉，即使是筋骨都能消化却唯独不能消化毛，像这样的例子很多，完全属于一种东西而性味、药理如此相反。山茱萸能补骨髓，是取其核性味温涩能藏匿精气，精气不泄漏就能补骨髓，现在的人有时剜取果肉入药而去掉它的核，完全不是古人的用意，像这样都近乎牵强附会。如果采用《本草》中的主治药物，就应当依从该项疗效下的说法，如果它另有主治病症而改用根、茎的，自当依从另外的方法。

## 587. 天竹黄

岭南深山中有大竹，有水甚清澈，溪涧中水皆有毒，唯此水无毒，土人陆行多饮之，至深冬则凝结如玉，乃天竹黄也。王彦祖知雷州日，盛夏之官，山溪间水皆不可饮，唯剖竹取水，烹饪、饮啜皆用竹水。次年被召赴阙，冬行，求竹水不可复得，问土人，乃知至冬则凝结，不复成水。遇夜野火烧林木为煨烬，而竹黄不灰，如火烧兽骨而轻，土人多于火后采拾以供药，品不若生得者为善。

【译文】岭南深山里有大竹，竹中有水相当清澈，溪涧中的水都有毒，唯独这种水没有毒，当地人陆地行路大多饮用它，到隆冬竹水就凝结如玉石，就是天竹黄。王彦祖任雷州知州时，在盛夏季节上任，山间溪水都不能饮用，只得剖开竹子取水，煮食、饮用都用竹子里的水。第二年他接到命令去京城，冬天上路，找竹子里的水却再也找不到了，询问当地人，才知道到了冬天竹水就凝结，不再成水了。夜间遇上野火把树木烧成灰烬，竹黄不会烧成灰，如同火烧兽骨变轻一样，当地人常在火烧过后采拾起来当药用，但质地不如从长着的竹子中所得的好。

## 588. 磁针指南北之异

以磁石磨针锋则鋭处常指南，亦有指北者，恐石性亦不同，如夏至鹿角解、冬至麋角解，南北相反，理应有异，未深考耳。

【译文】用磁石摩擦针尖那么针尖那头会经常指向南方，也有指向北方的，恐怕磁石性质也有不同，如同夏至鹿角脱落、冬至麋角脱落，南、北方指向相反，按理应有差别，不过没有去深入研究罢了。

## 589. 河豚

吴人嗜河豚鱼，有遇毒者往往杀人，可为深戒。据《本草》“河豚味甘温，无毒，主补虚、去湿气、理腰脚”，因《本草》有此说，人遂信以为无毒，食之不疑，此甚误也。《本草》所载河豚乃今之鮰鱼，亦谓之“鮠五回反鱼”，非人所嗜者，江浙间谓之“回鱼”者是也。吴人所食河豚有毒，本名侯夷鱼。《本草》注引《日华子》云河豚“有毒，以芦根及橄榄等解之。肝有大毒。又名规鱼、吹肚鱼”，此乃是侯夷鱼，或曰胡夷鱼，非《本草》所载河豚也，引以为注，大误矣。《日华子》称“又名规鱼”，此却非也，盖差互解之耳。规鱼浙东人所呼，又有生海中者，腹上有刺，名海规；吹肚鱼南人通言之，以其腹胀如吹也。南人捕河豚法，截流为栅，待群鱼大下之时小拔去栅，使随流而下，日暮猥至，自相排蹙，或触栅则怒而腹鼓，浮于水上，渔人乃接取之。

【译文】江浙一带人嗜好河豚鱼，有遇上中毒的往往丧命，应该深为警惕。据《本草》说“河豚味甘温，无毒，主补虚、去湿气、理腰脚”，因为《本草》有这种说法，人们就信以为没有毒，食用时不加怀疑，这是很大的错误。《本草》所记载的河豚就是现在的鮠鱼，也称为“鮠读五回反鱼”，不是人们所嗜好的河豚，即江浙一带所谓的“鲴鱼”。当地人所吃的河豚鱼有毒，原名叫侯夷鱼。《本草》注引《日华子》说河豚“有毒，以芦根及橄榄等解之。肝有大毒。又名规鱼、吹肚鱼”，这乃是侯夷鱼，或称胡夷鱼，不是《本草》所记载的河豚，引来作为注解，是大谬误。《日华子》说“又名规鱼”，这却不对了，恐怕是解释时弄混淆了。规鱼是浙东一带人的称呼，还有生长在海里面的，肚子上有刺，名叫海规；吹肚鱼是南方人的通行称呼，因为它的肚子胀起来就像吹起来的一样。南方人捕捉河豚鱼的方法，拦河流设置栅栏，等到鱼群大批下来时稍许抽去几根栏杆，使之顺流而下，傍晚时分到来的鱼很多，相互拥挤，碰上栅栏的鱼就发怒而肚子鼓涨，浮在水面上，渔人便捕捞上来。

## 590. 零陵香

零陵香本名蕙，古之兰蕙是也，又名薰，《左传》曰“一薰一莸，十年尚犹有臭”即此草也。唐人谓之“铃铃香”，亦谓之“铃子香”，谓花倒悬枝间如小铃也，至今京师人买零陵香须择有铃子者，铃子乃其花也。此本鄙语，文士以湖南零陵郡，遂附会名之，后人又收入《本草》，殊不知《本草》正经自有薰草条，又名蕙草，注释甚明，南方处处有，《本草》附会其名言出零陵郡，亦非也。

【译文】零陵香的本名蕙，就是古代的兰蕙，又名叫薰，《左传》说“一薰一莸，十年尚犹有臭”就是这种草。唐代人称为“铃铃香“，又称为”铃子香“，指它的花倒挂枝条间像小铃一样，到现在京城人买零陵香必须挑选有铃子的。铃子乃是它的花。这本是民间俗语，文人因为湖南有零陵郡，便附会为它的名称，后人又收进《本草》，却不知道《本草》中原本就有薰草的条目，说它又名蕙草，注释得很明白，南方到处都有，《开宝本草》附会它的名称说出产在零陵郡，也是错误的。

## 591. 芦荻

药中有用芦根及苇子、苇叶者，芦、苇之类凡有十数种，芦、苇、葭、菼、薍、萑、葸息理反、华之类皆是也，名字错乱，人莫能分。或谓薍似苇而小，则薍非苇也；舍人云葭一名苇，郭璞云葭与苇是一物。按《尔雅》云"菼，薍；葭，芦"，盖一物也，名字虽多，会之则是两种耳，今世俗只有芦与荻两名。按《诗》疏亦将葭、菼等众名判为二物，曰："此二草，初生为菼，长大为薍，成则名为萑；初生为葭，长大为芦，成则名为苇，故先儒释薍为萑，释葭为苇。"予今详诸家所释，葭、芦、苇皆芦也，则菼、薍、萑自当是荻耳。《诗》云"葭菼揭揭"，则葭，芦也；菼，荻也。又曰"萑苇"，则萑，荻也；苇，芦也。连文言之，明非一物。又《诗释文》云"薍，江东人呼之为乌蓲"，今吴中乌蓲草乃荻属也，则萑、薍为荻明矣。然《召南》"彼茁者葭"谓之初生可也，《秦风》曰"蒹葭苍苍，白露为霜"，则散文言之，霜降之时亦得谓之葭，不必初生，若对文须分大小之名耳。

荻芽似竹笋，味甘脆可食；茎脆，可曲如钩，作马鞭节；花嫩时紫，脆老则白如散丝；叶色重，狭长而白脊；一类小者可用为曲薄，其余唯堪供爨耳。芦芽味稍甜，作蔬尤美；茎直；花穗生如狐尾，褐色；叶阔大而色浅；此堪作障席、筐筥、织壁、覆屋、绞绳杂用，以其柔韧且直故也。今药中所用芦根、苇子、苇叶，以此证之，芦、苇乃是一物，皆当用芦，无用荻理。

【译文】药物中有用到芦根和苇子、苇叶的，芦、苇这一类名称有十多种，芦、苇、葭、菼、薍、萑、葸读息理反、华之类都是，名称错讹混乱，人们不能分辨。有人说薍类似苇而小，那么薍就不是苇；犍为舍人说葭又名华，郭璞说葭和苇是同一种东西。据《尔稚》说"菼，薍；葭，芦"，乃是一种东西，名称虽多，综合起来就是两个种类，现在民间只有芦和荻两个名称。《诗》疏也把葭、菼等众多名称区分为两种，说："这二种草，初生是菼，长大是薍，长成了就名叫萑；初生是葭，长大是芦，长成了就名叫苇，所以前代学者把薍释为萑，把葭释为苇。"我现在细究各家注释，葭、芦、苇都是芦，那么菼、薍、萑自然应当是荻了。《诗·卫风·硕人》说"葭菼揭揭"，则葭是芦、菼是荻。《诗·小雅·小弁》说"萑苇"，则萑是荻，苇是芦。连在一起称说，显然不是一种东西。《诗·卫风·硕人》释文说"薍，江东人称之为乌蓲"，现在吴中一带的乌蓲草乃是荻一类植物，那么萑、薍是荻就清楚了。然而《诗·召南·驺虞》"彼茁者葭"说是初生是可以的，《诗·秦风·蒹葭》说"蒹葭苍苍，白露为霜"，要是分开来说，长到霜降时节也能叫做葭，不一定指初生，如果上下文相对而言就必须区别初生、长大的名称。

荻芽类似竹笋，味道甘甜爽口能食用；茎柔弱，能弯曲得像钩子，像马鞭那样有节；花刚开时紫色，长老了就发白如同散丝絮；叶子颜色深重，形状狭长而有白色的筋；有一种小的能用来做曲薄，其他只能当柴烧而已。芦芽味道较甜，作为蔬菜尤其好；茎是直的；花呈穗状像狐尾，褐色；叶片阔大而颜色浅；它能用于制作障席、筐筥以及编墙壁、盖屋顶、绞绳子等各种用途，因为它柔韧且挺直的缘故。现在药物中所用的芦根、苇子、苇叶，由此证明，芦、苇乃是一种东西，都应当用芦，没有用荻的道理。

## 592. 扶移

扶移即白杨也，《本草》有白杨又有扶移，扶移一条本出陈藏器《本草》，盖藏器不知扶移便是白杨，乃重出之。扶移亦谓之蒲移，《诗》疏曰“白杨，蒲移”是也，至今越中人谓白杨只谓之蒲移。藏器又引《诗》云“棠棣之华，偏其反而”，又引郑注云“棠棣，移也，亦名移杨”，此又误也。《论语》乃引逸《诗》“唐棣之华，偏其反而”，此自是白移，小木，比郁李稍大，此非蒲移也，蒲移乃乔木耳。木只有常棣、有唐棣，无棠棣，《尔雅》云“常棣，棣也；唐棣，移也”，常棣即《小雅》所谓“常棣之华，鄂不韡韡”者，唐棣即《论语》所谓“唐棣之华，偏其反而”者，常棣今人谓之“郁李”。《豳诗》云“六月食郁及薁”，注云“郁，棣属”，即白移也，以其似棣，故曰棣属，又谓之“车下李”，又谓之“唐棣”；薁即郁李也，郁、蘡同音，注谓之蘡薁，盖其实似蘡，蘡即含桃也。《晋宫阁铭》曰华林园中有车下李三百一十四株、薁李一株，车下李即郁也、唐棣也、白移也，薁李即郁李也、薁也、常棣也，与蒲移全无交涉。《本草》续添郁李“一名车下李”，此亦误也，《晋宫阁铭》引华林园所种，车下李与薁李自是二物。常棣字或作“棠棣”，亦误耳，今小木中却有棣棠，叶似棣，黄花绿茎而无实，人家庭槛中多种之。

【译文】扶移就是白杨，《开宝本草》中既有白杨又有扶移，扶移这一条原出于陈藏器《本草拾遗》，大概陈藏器不知道扶移就是白杨，所以重复立条。扶移也称为蒲移，就是《诗》疏所说“白杨，蒲移”，到现在浙江一带人称呼白杨只叫它蒲移。陈藏器又引《诗》说“棠棣之华，偏其反而”，并引郑玄注说“棠棣，移也，亦名移杨”，这又错了。《论语》所引的是逸《诗》“唐棣之华，偏其反而”，这原是白移，小树木，比郁李稍大些，这不是蒲移，蒲移乃是乔木。树木中只有常棣、唐棣而没有棠棣，《尔雅·释木》说“常棣，棣也；唐棣，移也”，常棣就是《诗·小雅·常棣》所谓的“常棣之华，鄂不韡韡”，唐棣就是《论语·子罕》所谓的“唐棣之华，偏其反而”，常棣现在人称为“郁李”。《诗·豳风·七月》说“六月食郁及薁”，注说“郁，棣属”，就是白移，因为它像棣，所以说它是棣属，又称为“车下李”，又称为“唐棣”；薁就是郁李，郁、薁读音相同，注称为蘡薁，是因为它的果实像蘡，蘡就是含桃。《晋宫阁铭》说华林园中有车下李三百十四株、薁李一株，车下李就是郁、唐棣、白栘，薁李就是郁李、薁、常棣，与蒲栘毫无关联。《本草》中增加郁李“一名车下李”，这也是错误的，《晋宫阁铭》称引华林园所种的东西，车下李与薁李原就是二种植物。常棣在有的书上写作“棠棣”，也是错误的，现在的小树木中倒有棣棠，叶子像棣，黄色的花、绿色的茎但不结果实，人们住宅庭院里大多栽种它。

## 593. 杜若即高良姜

杜若即今之高良姜，后人不识，又别出高良姜条，如赤箭再出天麻条、天名精再出地菘条、灯笼草再出苦耽条，如此之类极多。或因主疗不同，盖古人所书主疗皆多未尽，后人用久渐见其功，主疗浸广，诸药例皆如此，岂独杜若也。后人又取高良姜中小者为杜若，正如用天麻、芦头为赤箭也。又有用北地山姜为杜若者，杜若古人以为香草，北地山姜何尝有香？高良姜花成穗，芳华可爱，土人用盐梅汁淹以为菹，南人亦谓之山姜花，又曰豆蔻花，《本草图经》云杜若“苗似山姜，花黄赤，子赤色，大如棘子，中似豆蔻，出硖州，岭南者甚好”，正是高良姜，其子乃红豆蔻也，骚人比之兰、芷。然药品中名实错乱者至多，人人自主一说，亦莫能坚决，不患多记，以广异同。

【译文】杜若就是现在的高良姜，后人不认识，又另外列出高良姜条，如同赤箭之外又列出天麻条、天名精之外又列出地菘条、灯笼草之外又列出苦耽条，这类例子极多。也许是因为主治病症不同，由于古人所记载某种药物主治病症都有许多不完全，后人用久了逐渐发现了它们的功效，主治病症有所扩展，各种药物大体都是如此，岂但杜若是这样。后人又取高良姜中形状小的作为杜若，就好比把天麻、芦头作为赤箭一样。又有把北地山姜用作杜若的，古人把杜若作为香草，北地山姜哪里有香味呢？高良姜的花成穗状，芳华可爱，当地人用盐梅汁浸渍成腌菜，南方人也称为山姜花，又叫豆蔻花，《蜀本草》说杜若“苗似山姜，花黄赤，子赤色，大如棘子，中似豆蔻，出硖州、岭南者甚好”，这正是高良姜，它的籽实是红豆蔻，文人将它比作兰、芷。然而药物中名称与实物错误混乱的极多，人人自行采取一种说法，我也不能完全肯定，所以就不厌其烦地多多记载，用以增广异同。

## 594. 钩吻辨

钩吻，《本草》一名野葛，主疗甚多，注释者多端，或云可入药用，或云有大毒，食之杀人。予尝到闽中，土人以野葛毒人及自杀，或误食者，但半叶许入口即死，以流水服之毒尤速，往往投杯已卒矣，经官司勘鞫者极多，灼然如此。予尝令人完取一株观之，其草蔓生，如葛；其藤色赤、节粗，似鹤膝；叶圆有尖如杏叶，而光厚似柿叶，三叶为一枝，如菉豆之类，叶生节间，皆相对；花黄细，戢戢然，一如茴香花，生于节叶之间，《酉阳杂俎》言花似栀子稍大，谬说也；根皮亦赤，闽人呼为"吻莽"，亦谓之"野葛"，岭南人谓之"胡蔓"，俗谓"断肠草"。此草人间至毒之物，不入药用，恐《本草》所出别是一物，非此钩吻也。予见《千金》、《外台》药方中时有用野葛者，特宜子细，不可取其名而误用，正如侯夷鱼与鯸鱼同谓之河豚，不可不审也。

【译文】钩吻，《神农本草》说又名野葛，主治病症很多，注释的人说法多种多样，有的说能入药使用，有的说有大毒，吃下去会毒死。我曾到过福建，当地人用野葛来毒死他人或自杀，也有人误吃，只要半片叶子左右入口就会死，用流动的活水送服毒性发得更快，往往刚放下杯子人已经死了，这类事经官府验明判决的很多，其毒性如此显然。我曾让人完整取来一棵观察过，这种草是蔓生，像葛；它的藤颜色红、节粗，类似鹤膝；叶片圆形有尖像杏叶，但光滑厚实却像柿叶，三片叶一枝，如同绿豆一类植物，叶子长在节上，都相互对生；花黄色细小，聚集在一起，就像茴香花，长在节与叶片之间，《酉阳杂俎》说它的花类似栀子而稍大，是错误的说法；根皮也呈红色，福建人称为"吻莽"，也称为"野葛"，岭南人称为"胡蔓"，俗称"断肠草"。这种草是世上最毒的东西，不能当药用，恐怕《神农本草》所说的另是一种东西，不是这种钩吻。我见到《千金方》、《外台秘要》药方中常有使用野葛的，特别应当仔细，不能取其名称而误用，正如侯夷鱼与鯸鱼都称为河豚，不能不辨别清楚。

## 595. 黄环

黄环即今之朱藤也，天下皆有。叶如槐；其花穗悬，紫色，如葛花，可作菜食，火不熟亦有小毒，京师人家园圃中作大架种之，谓之"紫藤花"者是也；实如皂荚，《蜀都赋》所谓"青珠黄环"者，黄环即此藤之根也，古今皆种以为庭槛之饰。今人采其茎于槐干上接之，伪为矮槐，其根入药用能吐人。

【译文】黄环就是现在的朱藤，天下各地都有。叶子像槐叶；它的花呈穗悬状，紫色，如葛花，能作为蔬菜食用，如不煮熟也有小毒，京城居民园圃中搭大架子种植，称为"紫藤花"的就是它；果实像皂荚，《蜀都赋》所谓的"青珠黄环"，黄环就是这种藤的根，古往今来都栽种作为庭园装饰。现在的人将它的茎接在槐树上，假装成矮槐，它的根入药用能使人呕吐。

## 596. 栾荆

栾有二种，树生，其实可作数珠者谓之"木栾"，即《本草》栾花是也；丛生，可为杖棰者谓之"牡栾"，又名黄荆，即《本草》牡荆是也。此两种之外，唐人补《本草》又有栾荆一条，遂与二栾相乱，栾花出《神农》正经，牡荆见于前汉《郊祀志》，从来甚久，栾荆特出唐人新附，自是一物，非古人所谓栾、荆也。

【译文】栾有两个品种，树形，果实可以做念珠的称为"木栾"，就是《本草》中的栾花；灌木形，能做刑杖的称为"牡栾"，又名黄荆，就是《本草》中的牡荆。这两种之外，唐《新修本草》又有栾荆的条目，因而与这两种栾相互混淆，栾花出于《神农本草》，牡荆见于《汉书·郊祀志》，由来已久，栾荆只是出于唐人新增加，自然另是一种植物，不是古人所谓的栾花与牡荆。

## 597. 紫荆

紫荆，陈藏器云"树似黄荆，叶小，无桠，至秋子熟，正紫，圆如小珠"，大误也。紫荆丛生小木，叶如麻叶，三桠而小；黄荆稍大，圆叶，实如樗荚，著树连冬不脱，人家园庭多种之。

【译文】紫荆，陈藏器《本草拾遗》说"树形似黄荆，叶子小，没有枝桠，到秋天籽实成熟，紫色，圆形如同小珠子"，是大谬误。紫荆是丛生小树木，叶子像芝麻的叶片，有三个枝桠但形状小；黄荆树形稍大，叶片圆形，果实如同樗的果实，挂在树上整个冬天都不脱落，人们住宅庭院大多种植它。

## 598. 枳实枳壳

六朝以前医方唯有枳实，无枳壳，故《本草》亦只有枳实，后人用枳之小嫩者为枳实、大者为枳壳，主疗各有所宜，遂别出枳壳一条以附枳实之后，然两条主疗亦相出入。古人言枳实者便是枳壳，《本草》中枳实主疗便是枳壳主疗，后人既别出枳壳条，便合于枳实条内摘出枳壳主疗别为一条，旧条内只合留枳实主疗，后人以《神农》本经不敢摘破，不免两条相犯，互有出入。予按《神农》本经枳实条内称"主大风在皮肤中如麻豆苦痒，除寒热结，止痢，长肌肉，利五脏，益气轻身，安胃气，止溏泄，明目"，尽是枳壳之功，皆当摘入枳壳条，后来别见主疗，如通利关节，劳气、咳嗽、背膊闷倦，散留结、胸胁痰滞，逐水，消胀满、大肠风，止风痛之类皆附益之，另为枳壳条；旧枳实条内称"除胸胁痰癖，逐停水，破结实，消胀满、心下急痞痛、逆气"，皆是枳实之功，宜存于本条，别有主疗亦附益之可也。如此二条始分，各见所主，不至甚相乱。

【译文】六朝以前的医方中只有枳实，没有枳壳，所以《本草》中也只有枳实，后人把枳的小嫩果实作为枳实、成熟的大果实作为枳壳，主治病症各有不同，于是就另外列出枳壳一条附在枳实后面，但这两条的主治也相互有所出入。古人所说的枳实就是枳壳，《本草》中枳实的主治病症就是枳壳的主治病症，后人既然另外列出枳壳的条目，就应该在枳实条内摘出枳壳的主治病症另作一条，旧条内只该保留枳实的主治病症，后人因为不敢割裂《神农本草》的经文，不免使这两个条目产生矛盾，互有出入。我认为《神农本草》枳实条中所说的“主大风在皮肤中如麻豆苦痒，除寒热结，止痢，长肌肉，利五脏，益气轻身，安胃气，止溏泄，明目”，都是枳壳的功效，都应当摘入枳壳的条目，后来另外发现的主治病症，如通利关节，劳气、咳嗽、背膊闷倦，散留结、胸胁痰滞，逐水，消胀满、大肠风，止风痛之类都补充增加进去，另外设立枳壳条目；原枳实条内所说“除胸胁痰癖，逐停水，破结实，消胀满、心下急痞痛、逆气”，都是枳实的功效，应该留存在原来条目中，另外发现的主治病症也可以补充增加进去。这样这两个条目才区分开来，各显示所主治病症，不至于相互混淆得很厉害。

# 续笔谈

## 599. 鲁肃简劲正不徇

鲁肃简公劲正不徇，爱憎出于天性。素与曹襄悼不协，天圣中因议茶法，曹力挤肃简，因得罪去，赖上察其情，寝前命，止从罚俸，独三司使李谘夺职谪洪州。及肃简病，有人密报肃简，但云“今日有佳事”。鲁闻之，顾婿张昷之曰：“此必曹利用去也。”试往侦之，果襄悼谪随州，肃简曰：“得上殿乎？”张曰：“已差人押出门矣。”鲁大惊曰：“诸公误也，利用何罪至此，进退大臣岂宜如此之遽。利用在枢密院，尽忠于朝廷，但素不学问，倔强不识好恶耳，此外无大过也。”嗟惋久之，遽觉气塞，急召医视之，曰：“此必有大不如意事动其气，脉已绝，不可复治。”是夕肃简薨。李谘在洪州，闻肃简薨，有诗曰：“空令抱恨归黄壤，不见崇山谪去时。”盖未知肃简临终之言也。

【译文】鲁宗道刚正不屈，爱憎出自天性。平时他与曹利用不融洽，天圣中由于讨论茶税法，利用尽力排挤宗道，宗道因此遭罢免，全靠仁宗皇帝了解宗道的情况，收回先前的成命，只是作了减薪的处罚，唯独把三司使李谘免职贬调到洪州。等到宗道患病，有人密报他，只说“今天有喜事”。宗道听了，回头对女婿张昷之说：“这一定是曹利用罢免了。”试着派人前去打听，果然是利用被降调到随州，宗道问：“还能上朝奏对吗？”张昷之说：“已派人押出门了。”宗道十分吃惊地说：“大臣们都错了，利用有什么罪到这个地步，使用罢免大臣怎么能这么突然。利用在枢密院，尽忠朝廷，只是向来不学习，性情刚强固执而不能辨识好坏罢了，其他没有大的过失。”宗道叹息不已，突然觉得气息凝滞，急忙叫医生来诊治，说：“这一定有很不称心的事触发了怒气，脉息已断了，不能再治疗了。”这天晚上宗道去世。李谘在洪州，听到宗道去世，作诗说：“空令抱恨归黄壤，不见崇山谪去时。”他不知道宗道临终所说的话。

## 600. 道理最大

太祖皇帝尝问赵普曰："天下何物最大？"普熟思未答间，再问如前，普对曰："道理最大。"上屡称善。

【译文】太祖皇帝曾问赵普："天下什么东西最大？"赵普正在思考还没回答时，太祖又问了一遍，赵普回答说："道理最大。"太祖皇帝一再称赞说得好。

## 601. 养鬼

杜甫诗有"家家养乌鬼，顿顿食黄鱼"之句，近世注杜甫诗，引《夔州图经》称："峡中人谓鸬鹚为乌鬼。"蜀人临水居者皆养鸬鹚，系绳其颈，使之捕鱼，得鱼则倒提出之，至今如此。又尝有近侍奉使过夔、峡，见居人相率十百为曹，设牲酒于田间，众操兵仗群噪而祭，谓之"养鬼"养读从去声，言乌蛮战殇，多与人为厉，每岁以此禳之。又疑此所谓养乌鬼者。

【译文】杜甫诗有"家家养乌鬼，顿顿食黄鱼"的诗句，近代人注释杜甫诗，引《夔州图经》说："峡中人称鸬鹚为乌鬼。"蜀人临水居住的都养鸬鹚，用绳子系住它的头颈，让它捕鱼，捕到鱼后就倒提着让它把鱼吐出来，直到现在如此。曾有宫廷侍从奉命出差经过夔、峡，看见当地居民十人或百人为群，把祭品和酒陈设田间，大伙拿着兵器一起叫喊着进行祭祀，称为"养鬼"养读从去声，说是乌蛮争斗死难者，常变为厉鬼害人，每年用这种仪式来消灾。又怀疑这就是所谓的养乌鬼。

## 602. 杨大年草麻

寇忠愍拜相白麻杨大年之词，其间四句曰："能断大事，不拘小节。有干将之器，不露锋铓；怀照物之明，而能包纳。"寇得之甚喜，曰："正得我胸中事。"例外别赠白金百两。

【译文】寇准任宰相的诏书是杨亿起草的，其中有四句说："能断大事，不拘小节。有干将之器，不露锋铓；怀照物之明，而能包纳。"寇准得到后很高兴，说："正说到我的抱负。"在规定外又赠给杨亿一百两银子。

## 603. 悠然见南山

陶渊明杂诗"采菊东离下，悠然见南山"，往时校定《文选》改作"悠然望南山"，似未允当。若作"望南山"，则上下句意全不相属，遂非佳作。

【译文】陶渊明杂诗"采菊东篱下，悠然见南山"，过去校定《文选》时改作"悠然望南山"，好像不适当。假如作"望南山"，那么上下句意思完全不连贯，就不是佳作了。

## 604. 诗谶

狄侍郎棐之子遵度有清节美才，年二十余忽梦为诗，其两句曰："夜卧北斗寒挂枕，木落霜拱雁连天。"虽佳句，有丘墓间意，不数月卒。高邮士人朱适，予舅氏之婿也，纳妇之夕梦为诗两句曰："烧残红烛客未起，歌断一声尘绕梁。"不逾月而卒。皆不祥之梦，然诗句清丽，皆为人所传。

【译文】狄棐侍郎的儿子狄遵度有清廉节操、聪颖才干，二十多岁时忽然梦见自己作诗，其中两句说："夜卧北斗寒挂枕，木落霜拱雁连天。"虽然诗句好，却有坟墓间意景，没几个月就去世了。高邮士人朱适，我舅父家的女婿，新婚之夜梦见自己作的诗两句说："烧残红烛客未起，歌断一声尘绕梁。"没过一个月就去世了。这都是不祥之梦，但诗句清丽，都被人们传诵。

## 605. 张詠还牒

成都府知录虽京官，例皆庭参。苏明允常言，张忠定知成都府日，有一生忘其姓名，为京寺丞知录事参军，有司责其庭趋，生坚不可，忠定怒曰："唯致仕即可免。"生遂投牒乞致仕，自袖牒立庭中，仍献一诗辞忠定，其间两句曰："秋光都似宦情薄，山色不如归意浓。"忠定大称赏，自降阶执生手曰："部内有诗人如此而不知，詠罪人也。"遂与之升阶，置酒欢语终日，还其牒，礼为上客。

【译文】成都府知录事参军虽是京官，照例都要到庭参谒主官。苏洵曾说，张咏任成都府主官时，有一年轻人忘了姓名，以京城某机构官员任知录事参军，官吏命他到庭参谒，他坚决不肯，张咏发怒说："只有辞职才能可免此礼节。"那人就呈递文书请求辞职，他带着文书站在公庭，献诗一首辞别张咏，其中两句说："秋光都似宦情薄，山色不如归意浓。"张咏大为赞赏，亲自走下来拉着那人的手说："主管的地方有这样的诗人却不知道，是我的过错。"就拉着他走上公堂，摆宴谈笑一整天，退还辞官文书，礼待为贵宾。

## 606. 王禹偁联谶

王元之知黄州日，有两虎入郡境夜斗，一虎死，食其半，又群鸡夜鸣，司天占之曰"长吏灾"。时元之已病，未几移刺蕲州，到任谢上表两联曰："宣室鬼神之问，绝望生还；茂陵封禅之书，付之身后。"上闻之愕然，顾近侍曰："禹偁安否，何以为此语？"不逾月元之果卒，年四十八，遗表曰："岂知游岱之魂，遂协生桑之梦。"

【译文】王禹偁任黄州知州时，有两只老虎进入郡城夜斗，一只老虎被咬死，并被吃掉了一半，还有许多鸡夜晚鸣叫，掌管天象官吏占卜说"长官有灾祸"。当时禹偁已有病，不久调任蕲州，他在到任后所上谢表有两联说："宣室鬼神之问，绝望生还；茂陵封禅之书，付之身后。"皇帝听说后很吃惊，回头对身边侍臣说："禹偁身体好吗，怎么写这样的话？"不过一个月禹偁果然去世，终年四十八岁，遗表说："岂知游岱之魂，遂协生桒之梦。"

## 607. 观灯诗佳句

元祐六年高丽使人入贡，上元节于阙前赐酒，皆赋观灯诗，时有佳句，进奉副使魏继廷句有"千仞彩山擎日起，一声天乐漏云来"，主簿朴景绰句有"胜事年年传习久，盛观今属远方宾"。

【译文】元祐六年高丽派使节进贡，上元节皇上在宫殿前赏酒，人们都赋观灯诗，时常有佳句，进奉副使魏继廷有诗句"千仞彩山擎日起，一声天乐漏云来"，主簿朴景绰有诗句"胜事年年传习久，盛观今属远方宾"。

## 608. 语情与诗意

欧阳文忠有奉使回寄刘原甫诗云："老我倦鞍马，谁能事吟嘲？"王荆公赠弟和甫诗云："老我孤主恩，结草以为期。"言"老我"则语有情，上下句皆有惜老之意。若作"我老"，与"老我"虽同而语无情，诗意遂颓惰。此文章佳语，独可心喻。

【译文】欧阳修有奉使回寄刘原甫诗说："老我倦鞍马，谁能事吟嘲？"王安石赠弟和甫诗说："老我孤主恩，结草以为期。"句中说"老我"则显得语意有情味，上下句都有惜老的意思。如作"我老"，和"老我"虽然相同却语意没有情味，诗意就消沉、委靡。这种文章佳语，只能用心领会。

## 609. 荆公戏改退之诗

韩退之诗句有"断送一生唯有酒"，又曰"破除万事无过酒"。王荆公戏改此两句为一字题四句曰："酒、酒，破除万事无过，断送一生唯有。"不损一字，而意韵如自为之。

【译文】韩愈诗句有"断送一生唯有酒"，又说"破除万事无过酒"。王安石打趣地改这两句为一字题诗四句："酒、酒，破除万事无过，断送一生唯有。"没有改变一个字，但意韵像是自己创作的。

# 修订后记

读者现在看到的这本《梦溪笔谈》白话译本，是在原贵州人民出版社1998年版《梦溪笔谈全译》的基础上修订而成的。除了去掉了贵州人民版《全译》的注释和条目按语外，修订主要体现在以下几个方面：

一、原文部分。当时采用道静先生的《新校正梦溪笔谈》为工作底本，遇有需要校订文字之处，出注校正。2003年我根据道静先生的意愿，用元刊本《梦溪笔谈》替代《新校正梦溪笔谈》所用底本，并吸收了一些新的校勘成果，做了一个新的《梦溪笔谈》整理本，由上海书店出版社出版。这个整理本后来又应齐鲁书社的要求做过一个简体读本。期间已经发现整理本有一些标点和文字的讹误，有待修正。2011年我参加了道静先生《梦溪笔谈补证稿》的整理工作，接触到了许多新的补证材料，尤觉有迫切的修订需要。在新的修订本还没有出版前，这些整理和修订的成果，就反映在本书的原文部分。

二、译文部分。原贵州人民版《全译》由我和小静兄分担，由于出版比较急促，所以我们俩译笔风格不一致的问题没有妥善解决。书出版后，又发现有一些有待完善之处。我和小静兄有一个共同的想法，如果该书有重版的可能，一定要认真修订一次，解决上述两个问题。现在重新出版的机会来了，但小静兄却已西去多年，感谢小静兄家人的信任，将译文的修订权授予我，得以完成小静兄的遗愿。除了上述因素之外，还由于这次的译本没有注释，所以部分内容需要在译文中体现，这与附注释的译文也应有所不同。

在《梦溪笔谈》方面，我打算做的工作，除了一个质量好的整理本之外，还想做一个适合学者的读本，这个读本可能采取注释的方式，也可能采取选择《梦溪笔谈校证》和《梦溪笔谈补证稿》的材料，并充分吸收多年来学界对《梦溪笔谈》的研究成果，做一个简明扼要的集解本，以完成道静先生未竟的工作。整理本的修订，可能在近期完成，交有关出版社出版；读本的工作，可能要等待一段较长的时间，希望能早日问世。

谨以此书纪念道静先生和小静兄。

金良年

于2013年清明